böhlau

Rechtsgeschichtliche Schriften

Im Auftrage des
Rheinischen Vereins für Rechtsgeschichte e. V.
zu Köln

herausgegeben von
Hans-Peter Haferkamp

Band 35

Carsten Fischer, Hans-Peter Haferkamp (Hg.)

Das Rheinische Recht

Neue Perspektiven auf die Geschichte des französischen Rechts an Rhein und Mosel, ca. 1750 bis 1900

BÖHLAU

ISBN 978-3-412-53087-7
ISBN 978-3-412-53088-4 (PDF)
ISBN 978-3-412-53089-1 (eLibrary)
DOI https://doi.org/10.7788/9783412530891

Bibliografische Information der Deutschen Nationalbibliothek
Die Deutsche Nationalbibliothek verzeichnet diese Publikation in der Deutschen Nationalbibliografie; detaillierte bibliografische Daten sind im Internet über http://dnb.dnb.de abrufbar.

Böhlau und Brill Deutschland GmbH sind Teil von De Gruyter Brill.
www.degruyterbrill.com

Fragen zur allgemeinen Produktsicherheit: productsafety@degruyterbrill.com

Einbandabbildung: Deutsche Rechts- und Gerichtskarte, Ch. G. Fisher & Co., Kassel, 1895.
Einbandgestaltung: Michael Haderer, Wien
Druck: Elanders Waiblingen, Waiblingen

Vorwort

Am 22. und 23. September 2023 fand in Trier die Tagung „Das Rheinische Recht. Neue Perspektiven auf die Geschichte des französischen Rechts an Rhein und Mosel, ca. 1750 bis 1900“ statt. Dieser Band vereint nun die Tagungsbeiträge.

Das rheinische Recht, also das in deutschsprachigen Gebieten im 19. Jahrhundert geltende französische Recht, ist Geschichte. Mit Inkrafttreten des BGB am 1.1.1900 trat die letzte seiner Kodifikationen, der Code civil, außer Kraft. In einigen Bereichen ist es auch heute noch möglich, Normen des rheinischen Rechts anzuwenden, namentlich im Nachbarrecht. Aber die Geltungszeit ganzer Kodifikationen französischer Provenienz ist in Deutschland vorbei.

Gleichzeitig hat das rheinische Recht zahlreiche sichtbare Spuren hinterlassen, nicht nur in seinen ehemaligen Geltungsgebieten. Das gilt für juristisch-dogmatische Vorgänge, aber auch etwa für die Herausbildung einer regionalen Identität und eines Zusammengehörigkeitsgefühls in der Abgrenzung zum häufig ungeliebten Preußen. Das ist nicht zuletzt deswegen bemerkenswert, weil die sogenannte „Franzosenzeit“ zunächst in den Rheinlanden keineswegs nur als Befreiung empfunden worden war.

Als Forschungsgegenstand hat das rheinische Recht Konjunkturen erlebt. Sie wurden entscheidend mitbestimmt von den sehr wechselhaften und zu häufig belasteten deutsch-französischen Beziehungen während des 20. Jahrhunderts. Mal bewirkten die cinq codes Modernisierungsvorsprünge gegenüber Kernpreußen, mal waren sie Ausfluss altgermanischer Einheit, mal rheinisches „Fremdrecht“. „Germanisten“ betonten über die Coutumes die „germanischen“ Wurzeln, „Romanisten“ über Pothier freilich meist schlecht verstandene römische Einflüsse. Immer aber war das wechselhafte Verhältnis zum westlichen Nachbarn Subtext.

Nach 1945 profitierte das rheinische Recht von einer anderen, auch und gerade politisch motivierten Entwicklung: Der Hinwendung zur europäischen Rechtsgeschichte. Die unmittelbar nach dem Zweiten Weltkrieg einsetzende Suche nach gemeinsamen, verbindenden Erzählungen in der Rechtsgeschichte als Ersatz oder Ergänzung für häufig diskreditierte national ausgerichtete verstärkte sich noch einmal spürbar in der Zeit ab 1990 – europäische Rechtsgeschichte war en vogue und sie ist es wegen ihres Analysepotentials nach wie vor. Die europäische Wirkungsgeschichte des französischen Rechts im 19. Jahrhundert bildet damit den großen Rahmen, in dem Forschungen zum rheinischen Recht nicht nur als regionaler Einzelweg, sondern auch als Baustein für eine vergleichend angelegte europäische Rechtsgeschichte interessieren.

Trier hatte und hat in vielfältiger Weise Anteil an der Geschichte des rheinischen Rechts – nicht nur zu seiner Geltungszeit, sondern auch im Rahmen seiner wissenschaftlichen Erschließung. Trier war zeitweilig Sitz eines Appellationsgerichts, des höchsten Gerichts in den vier neuen linksrheinischen Départements Frankreichs. Und von Trier gingen dann später, in den 1990er Jahren, maßgebliche Anstöße zur Erforschung des rheinischen Rechts aus. Mit Blick auf die 90er Jahre darf man von einer – ersten – Blütephase der Erforschung des rheinischen Rechts sprechen. Seitdem ist die Forschung zum rheinischen Recht beileibe nicht eingestellt worden. Aber größere rechtshistorische Treffen fanden lange nicht statt. Mit einer festlichen Tagung zum 200-jährigen Bestehen des Oberlandesgerichts Köln wurde 2019 versucht, die Forschungen wieder aufzunehmen. Mit der Tagung in Trier wurde dieser Beginn weitergeführt und intensiviert.

Ziel dieser Konferenz war, das Gespräch über das rheinische Recht wieder anzustoßen und Experten der Materie mit sehr etablierten Rechtshistorikern ins Gespräch zu bringen, die sich dem Feld nun erstmals zuwenden. Das engere, dem Anlass geschuldete Themenfeld auf der Tagung in Köln wurde dabei erweitert, die in den vergangenen zweieinhalb Jahrzehnten geleistete Forschung zusammengeführt und stärker vernetzt, das rheinische Recht als Thema in über die Region hinausgehenden rechtshistorischen Diskursen platziert, und damit letztlich auch seine europäische Dimension noch einmal betont. Wir freuen uns ungemein, dass die anderen sieben Vortragenden sich auf diese Tagung eingelassen haben und aus teils sehr unterschiedlichen Richtungen frischen Wind in das rheinische Recht bringen.

Dieses Projekt ist durch die Hilfe Vieler ermöglicht worden. Wir bedanken uns herzlich beim Rheinischen Verein für Rechtsgeschichte e. V., Köln, für die großzügige finanzielle Unterstützung der Tagung und der Drucklegung sowie für die Aufnahme des Titels in seine Reihe „Rechtsgeschichtliche Schriften". Dem Dekanat des Trierer Fachbereichs V – Rechtswissenschaft ist zu danken für die Finanzierung des Tagungscaterings. Die Mitarbeiterinnen und Mitarbeiter der Trierer Professur für Bürgerliches Recht, Deutsche und Europäische Rechtsgeschichte haben mit langem Atem und großer Sorgfalt Planung und Ausrichtung der Veranstaltung sowie die Vorbereitung der Texte für den Druck begleitet. Dafür gebührt unser großer Dank Pascal Brüschke, Kevin Heimann, Alina Kiefer, Anouk Linsel, Julia Molner, Ulla Wefels-Lutz, Fatih-Selim Özhan, Philip Zang und vor allem Anna Lena Hermes.

Carsten Fischer und Hans-Peter Haferkamp

Inhalt

Abkürzungen

ALR	Allgemeines Landrecht für die Preußischen Staaten.
BGB	Bürgerliches Gesetzbuch.
CERG	Civilehe-Reichsgesetz bzw. Reichsgesetz über die Beurkundung des Personenstandes und die bürgerliche Eheschließung von 1875.
EGBGB	Einführungsgesetz zum Bürgerlichen Gesetzbuche.
LHA KO	Landeshauptarchiv Koblenz.
Mot.	Motive zu dem Entwurfe eines Bürgerlichen Gesetzbuches für das Deutsche Reich, 5 Bde., Berlin, Leipzig 1888.
N.F.	Neue Folge.
Prot.	Protokolle der Kommission für die zweite Lesung des Entwurfs des Bürgerlichen Gesetzbuchs, 7 Bde., Berlin 1897–1899.
RhA	Archiv für das Civil- und Criminal-Recht der Königlich-Preußischen Rhein-Provinzen; von Bd. 103 (1907) bis Bd. 111 (1915) als neue Fassung unter dem Titel „Archiv für Zivil- und Strafrecht der Königlich Preußischen Rheinprovinz“.

Gregor Albers[1]

Deutsch-französischer Privatrechtsdiskurs im ersten Band des „Rheinischen Archivs“

1. Aufgabe: Eine vieldeutige Beziehung und ihre Chronik

Dass am Rhein unter Napoleon der Code civil galt, wirkt für heutige deutsche Juristen – selbst, wenn sie Rheinländer sind – beinahe unwirklich. Wir sind durch die Staatsexamina an unser BGB in einer Weise gewöhnt, dass wir uns eine Begegnung mit dem französischen Privatrecht, wie sie um 1800 am Rhein begann, nur als exotisches Abenteuer vorstellen können. Aber es blieb nicht bei Fisimatenten: Nach der Ablösung der Franzosen durch die Preußen bewährte sich die Beziehung. Den Berlinern gelang zunächst nicht, sich dazwischenzudrängen.[2] Erst das neue Reich gewann die Rheinländer für die Rechtseinheit, allerdings nicht unter dem staubigen ALR, sondern unter einem neu zu erarbeitenden Gesetzbuch, das 1900 in Kraft trat. Dann – aber auch erst dann – war der Code civil abgeschrieben; französisches und deutsches Privatrecht trennten ihre Wege.

Ging man nach so vielen Jahren auseinander, als hätte man einander nie berührt? Oder trug das französische Privatrecht Spuren des deutschen mit sich davon, ließ es am Rhein Spuren zurück, die ihren Weg bis nach Berlin fanden?

---

1 Der Beitrag entstand im Rahmen meiner Tätigkeit als Forschungsprofessor am Käte Hamburger Kolleg „Einheit und Vielfalt im Recht“, Münster. Für die kritische Durchsicht des Textes danke ich Jan-Luca Helbig und Sebastian Fuchs.

2 Zum „Kampf um das Rheinische Recht“ siehe Landsberg: Gutachten; Schubert: Provinziallandtag. Zum Charakter als „Verfassungsersatz“ siehe Faber: Recht und Verfassung, S. 8 f., 11 f. Wichtiger als das Zivilrecht war dabei allerdings das Strafprozessrecht.

Man möchte vermuten, dass die Begegnung Folgen hatte, die lange Beziehung vielleicht Früchte trug. Annäherungen des preußischen, aber auch des gemeinen deutschen und des französischen Privatrechts rücken in den Blick.

Das gemeine Recht mündete in Deutschland zum Ausgang des Jahrhunderts in das BGB. Zu dessen Anleihen aus dem französischen Recht gehören nach Gustav Boehmer und Dieter Strauch: die Unwirksamkeit lebenslanger Dienstverpflichtung, Kauf bricht nicht Miete, die Erweiterung des Deliktsrechts immerhin um die vorsätzliche sittenwidrige Schädigung und die Nutzung dieser Generalklausel im Wettbewerbsrecht, die Haftung für Hilfspersonen, Schmerzensgeld, Unterlassungsklagen, *possession vaut titre*, der Ehevertrag und das eigenhändige Testament.[3]

Im französischen Privatrecht etwas Deutsches zu finden, gestaltet sich schon deswegen schwieriger, weil es durch den Code civil schon zu Beginn der Begegnung inhaltlich fixiert war. Man diagnostiziert aber, dass Qualitäten abgefärbt haben, die weniger in die Augen stechen als einzelne Rechtsregeln. Methodische Impulse der deutschen Rechtswissenschaft – die Historische Rechtsschule,[4] später Rudolf von Jherings (1818–1892) Kritik der Dogmatik[5] – wurden in Frankreich jedenfalls in gewissem Maße aufgenommen. Den Stil der dogmatischen Bearbeitung des Code civil reicherte Karl Salomo Zachariä (1769–1843) mit der Idee an, das geltende französische Recht in einer eigenen Struktur und von den Sätzen des Gesetzbuchs abstrahierend darzustellen.[6] Mit begrenztem Erfolg suchten französische Gelehrte einzelne dogmatische Figuren wie das Rechtsgeschäft oder das abstrakte Schuldversprechen in die französische Doktrin einzuführen.[7] Was die Frage einer inhaltlichen Übernahme von Rechtssätzen anbelangt, geht Alfons Bürge am weitesten: Er beobachtet, dass das nach der Revolution weiterhin etatistisch geprägte Frankreich eine „von der Pandektenwissenschaft erarbeitete liberale Privatrechtskonzeption" rezipierte.[8]

Einflüsse zwischen Rechtsordnungen nachzuweisen, bereitet methodische Probleme. Hans-Peter Haferkamp hat ausgeführt, wie entscheidend es ist, in welches Ausgangsverhältnis ein Beobachter die beiden Rechtsordnungen setzt: Wem der Code civil als ebenso germanisch erscheint wie das deutsche Recht,

---

3 Boehmer: Einfluß; Strauch: Beitrag; zuletzt nach Gross: Spurensuche, auch Gross: Sonderwege.

4 Zum französischen Interesse an der historischen Rechtsschule siehe zum Beispiel die Zeugnisse bei Motte: Lettres und dazu Bürge: Neue Quellen; außerdem Bürge: Streit aus französischer Sicht.

5 Gény: Méthode, explizit insbesondere S. 8 f.

6 Zachariä: Handbuch; siehe dazu Charmont/Chausse: Les Interprètes, S. 155–158; Halpérin: Einfluß; zur Fortwirkung in Italien Beneduce: Traduttore-traditore, S. 219–225.

7 Saleilles: Déclaration de Volonté; Capitant: De la cause, S. 383.

8 Bürge: Das französische Privatrecht, S. 521.

oder als ebenso gemeinrechtlich, der wird eher keinen Einfluss beobachten, sondern parallel fließende Entwicklungen.[9] Um in der Frage weiterzukommen, erscheint eine möglichst konkrete Betrachtung der Praxis des juristischen Fachdiskurses vielversprechend. Einen solchen spezifischen Zugang zur wechselseitigen Beeinflussung deutschen und französischen Rechts im 19. Jahrhundert gewährt die Frage nach der Mittlerfunktion des rheinischen Rechts.

Die Forschung interessiert sich vor allem dafür, ob das französische Recht in der rheinischen Praxis „eingedeutscht" wurde. Gegenwärtig überwiegt die Skepsis. Schon Erich-Hans Kaden urteilte, der Anschluss des rheinischen Rechts an die deutsche Rechtswissenschaft sei nicht geglückt.[10] Starke Schläge in diese Kerbe hat Stefan Geyer gesetzt: Erstens hat er dargetan, dass der Versuch Carl Friedrich Theodor Cromes (1859–1931) fruchtlos blieb, allgemeine Lehren des französischen Rechts zusammenzutragen.[11] Zweitens hat er ausgeführt, dass der zweite Senat des Reichsgerichts, der für die Revision in rheinischen Sachen zuständig war, rein französisch gedacht und gearbeitet habe.[12] Drittens erscheint ihm in der frühen Rechtsprechung des 1819 gegründeten Appellationsgerichtshofs Köln das französische Recht gegenüber dem des Ancien Regime nicht als fremdes, sondern als bloß neues Recht. Als fremd – so vermutet er im Ausklang – mochten die Rheinländer vielmehr das preußische Recht betrachtet haben.[13]

Hingegen hatte Detlef Schumacher in seiner Studie der Gerichtspraxis des 19. Jahrhunderts Unterschiede zwischen französischen und deutschen Gerichten bei der Auslegung des Code civil betont. Er erkannte darin auch das Ergebnis unterschiedlicher Methoden der Rechtsfindung.[14]

Wir haben das Glück, dass wir über eine zeitgenössische Chronik der Beziehung zwischen den Rheinpreußen und dem französischen Recht verfügen, wie sie sich nach dem Ende der Franzosenherrschaft gestaltete. Es handelt sich um

---

9 Haferkamp: Einfluss. Siehe zu diesen Grundannahmen dann Peters: Wahrnehmung.

10 Kaden: Reichsgericht, S. 86.

11 Geyer: Allgemeiner Teil.

12 Geyer: Der zweite Zivilsenat.

13 Geyer: Altes Recht, S. 157, 166. Geyer sucht „nach Spuren der alten lokalen Statutarrechte und des alten Reichsrechts" (153), wobei er das gemeine Recht nicht mit ins Auge fasst. Aus dem ersten Band des Archivs verwendet er keine Entscheidung; siehe aber zum kanonischen Recht unten Fn. 29, zum Kurtrierer Recht unten Fn. 30. Zur Nachwirkung von Partikularrecht noch in der französischen Zeit am Appellationsgericht Trier siehe Grilli: Partikularrecht und römisches Recht, S. 78–89. Zur früheren Rechtslage in Köln siehe Luig: Kölner Recht.

14 Schumacher: Gerichtspraxis. Dass der Autor versucht, zugleich für das geltende Recht ein Prinzip für den „richtigen" Umgang mit Normen zu formulieren, die aus anderen Rechtsordnungen stammen, erscheint fehl am Platze, schadet aber der Substanz seiner Beobachtungen nicht.

das „Archiv für das Civil- und Criminal-Recht der Königlich Preußischen Rhein-Provinzen", das in 111 Bänden von 1820 bis 1915 erschien. Es setzte die kurze Tradition des „Niederrheinischen Archivs für Gesetzgebung, Rechtswissenschaft und Rechtspflege" fort, dessen vier Bände von 1817 bis 1819 ein Forum für die Debatte geboten hatten, die dem Rheinland unter preußischer Herrschaft seine französisch geprägte Rechtsordnung erhielt.[15] Einer der Herausgeber beider Zeitschriften war Gottfried von Sandt (1786–1839), General-Advokat zunächst am vorläufigen königlich preußischen Appellationshof,[16] dann am 1819 neu gegründeten Rheinischen Appellationsgerichtshof zu Köln. Sein Mitherausgeber bei der jüngeren Zeitschrift war Franz Joseph Hanf (gestorben 1844), der zweite Prokurator desselben Gerichtshofs.[17] Dieses sogenannte „Rheinische Archiv"[18] dokumentiert das Bild der rheinischen Justiz von ihrer eigenen Praxis. An ihm lässt sich wie an einem Tagebuch die Beziehung zum französischen Recht ablesen.

Ausweislich des „Prospektus" aus dem September 1819, den man dem ersten Band beigebunden findet, ging es – nachdem der König die „hiesigen Gesetze" bestätigt hatte – darum, „zur Bildung einer festen Praxis möglichst beizutragen". Die erste Abteilung sollte die Entscheidungen des Appellationsgerichtshofs in Köln enthalten, wobei die Herausgeber „möglichste Vollständigkeit" versprachen, da ihnen „die hierzu nöthigen Quellen unmittelbar offenstehen". In der zweiten Abteilung war für alles andere Platz: vor allem für Entscheidungen anderer Gerichte, nämlich die „merkwürdigsten" der Untergerichte, sowie für eine Übersicht über die Entscheidungen des eigens geschaffenen Revisions- und Kassationshofs in Berlin,[19] wobei interessanterweise auch aufgenommen werden sollte, wenn „wichtige Rechtsfragen von belgischen oder französischen Gerichtshöfen im nämlichen oder entgegengesetzten Sinne entschieden werden". Außerdem sollten Abhandlungen ebenso abgedruckt werden wie Nachrichten und allerlei Verordnungen aus Berlin.[20]

---

15 Nach Frohn: Arbeitsmittel, S. 232, war „dessen Hauptanliegen der Kampf gegen die Einführung des Preußischen Allgemeinen Landrechts und für den Erhalt der französischen Gesetze im Rheinland gewesen".

16 Es handelte sich um die nach Köln verlegte deutsche Abteilung des Appellationsgerichtshofs Lüttich; siehe Klein: Rheinische Justiz, S. 129.

17 Zu den Herausgebern Frohn: Arbeitsmittel, S. 230–232. Zur Besetzung des Appellationsgerichtshofs Wiefling: Borussifizierung oder Rheinischer Sonderweg.

18 Für den medienhistorischen Hintergrund vgl. Klippel: Zeitschriften, S. 21–23 (als Nr. 13 in Tabelle 5), S. 30–34 (zur Rolle partikularrechtlicher Zeitschriften).

19 Dazu Seynsche: Revisions- und Kassationshof, insbesondere zu seiner Rechtsprechung S. 372–441. Seine Funktion übernahm dann der zweite Senat des Reichsgerichts(oben bei Fn. 12).

20 Zum Zweck des Archivs siehe außer dem „Prospektus" noch die „Vorrede" des Ergänzungsbandes: RhA 7 (1825), S. I–VIII.

Sachverhalt und Prozessgeschichte der Entscheidungen des Appellhofs werden im Archiv recht frei geschildert. Den Entscheidungen sind vielfach anonyme Kommentare beigegeben, die vermutlich nicht immer aus derselben Feder stammen.[21]

Im Folgenden möchte ich wenigstens für eine sehr kurze Zeitspanne einen Überblick über den Charakter der zivilrechtlichen Rechtsprechung zum rheinischen Recht gewinnen, und zwar mit Hilfe des allerersten Jahrgangs des Rheinischen Archivs aus dem Jahr 1820.[22] Die Frage ist, wie die Entscheidungen und die Zeitschrift mit verschiedenen Rechtsmassen umgehen – wie das gemeine Recht, das preußische Recht und das Recht französischen Ursprungs darin erscheinen, und wie sich die rheinischen Gerichte zu ausländischen Autoritäten des französischen Rechts verhielten.

2. Der erste Band des „Rheinischen Archivs“

Der erste Band enthält 42 Entscheidungen des Appellhofs, die aus den Jahren 1817 bis 1820 stammen. Acht davon sind strafrechtlich, 34 zivilrechtlich. Bei den zivilrechtlichen gibt es einen Schwerpunkt im Handelsrecht, insbesondere im Wechselrecht. Daneben geht es viel um Fragen des Prozesses, Appellationssummen und um Beweisrecht, das sich im Code civil mit Formfragen verschränkt.[23] Das infame Judendekret spielt ebenso eine Rolle wie Fragen des Kollisionsrechts.[24] Die zweite Abteilung enthält neben den verschiedenen Mitteilungen

21 Siehe zu einem inhaltlichen Widerspruch unten bei Fn. 73.

22 Aus dieser Quelle schöpft schon Egon Schneider für seine methodologische Untersuchung der Spruchpraxis des Appellhofs. Ihm geht es dabei um ein Plädoyer für topisches Argumentieren und den Vorrang der Einzelfallgerechtigkeit vor Formalismus. Er verwertet die Bände eins bis zwölf und konstatiert, „daß vor einhundertfünfzig Jahren in der Rechtsprechung im Grunde nicht anders gearbeitet worden ist als heute.“ (Schneider: Spruchpraxis, S. 332). Auf dem Archiv beruhen auch die Passagen zur rheinpreußischen Judikatur bei Schumacher: Gerichtspraxis (oben Fn. 14) und die Untersuchung von Geyer: Altes Recht (oben Fn. 13) – siehe nun auch Peter Oestmann in diesem Band (S. 201 ff.), S. 211 ff.

23 Der Beweis für Geschäfte eines bestimmten Wertes kann nur durch Urkunden erbracht werden; Art. 1341 Code civil: „Il doit être passé acte devant notaires ou sous signatures privées de toutes choses excédant la somme ou la valeur de cent cinquante francs, même pour dépôts volontaires, et il n'est reçu aucune preuve par témoins contre et outre le contenu aux actes, ni sur ce qui serait allégué avoir été dit avant, lors ou depuis les actes, encore qu'il s'agisse d'une somme ou valeur moindre de cent cinquante francs. Le tout sans préjudice de ce qui est prescrit dans les lois relatives au commerce.“

24 Um einen ausländischen Juden als Gläubiger geht es im Urteil vom 31.3.1817, W. gegen G., RhA 1/1 (1820), S. 10–12 (Nr. 4); dazu Oestmann, Fn. 62. Zum Judendekret siehe in diesem Band den Beitrag von Franz Dorn (S. 65 ff.), zum Kollisionsrecht den von Kristin Boosfeld (S. 39 ff.).

sieben Entscheidungen niederer Gerichte, die alle zivilrechtlicher Natur und von denen die interessanten vier hier mitverarbeitet sind. Vom Berliner Kassationshof sind bislang nur vier, sämtlich strafrechtliche Entscheidungen abgedruckt, die hier nicht besprochen werden.

2.1 Gemeines Recht

Gemeinrechtliche Sprache und Doktrin ziehen sich unauslöslich durch alle Urteile. Das gemeine Recht ist eben das Recht im allgemeinen Sinn, gegenüber dem preußisches und französisches bloß als einzelne Rechte auftreten können. Doch mitunter werden die „römischen Gesetze" oder das „vor der Einführung des neuen Kodex" geltende Recht als besondere Rechtsmasse angesprochen; nur das will ich hier darstellen.

Ein Urteil gibt sich geradezu rechtsvergleichend.[25] Es datiert vom 26. März 1817 und ist als Nr. 2 abgedruckt.[26] Darin wird erörtert, welche Wirkung es auf einen Pachtvertrag hat, wenn der Verpächter stirbt, der Nießbraucher des Grundstücks war, und zwar in der besonderen Konstellation, dass er den Eigentümer des Grundstücks zum Erben eingesetzt hat. Es stellte sich die Frage, ob der Eigentümer, obwohl die Rechte eines Nießbrauchers mit dessen Tod enden, dessen Pächter entschädigen musste, weil er als Erbe in den Pachtvertrag eintrat. Der Appellationsgerichtshof verneinte dies mit der

> Erwägung, daß zwar das französische B.G. [Bürgerliche Gesetzbuch] die Frage, ob der Pächter [...] eine Entschädigungsklage gegen die Erben des Nießbrauchers habe, nicht ausdrücklich entschieden hat, daß aber die verneinende Antwort auf diese Frage aus allgemeinen Rechtsgrundsätzen fließt und so auch ausdrücklich in andere Gesetzgebungen und zwar namentlich in die römische (l. 9 § 1 ff. locati)[27] und in das allgemeine Preuß. Landrecht (Theil 1 Tit. 21 § 390)[28] aufgenommen worden [ist].

---

25 Schneider: Spruchpraxis, S. 316: „der innerstaatlichen Rechtsvergleichung bedient."

26 Urteil vom 26.3.1817, August gegen Kaul, RhA 1/1 (1820), S. 3–7 (Nr. 2); Oestmann, Fn. 60.

27 Ulpian D. 19, 2, 9, 1 (32 *ad edictum*): *Hic subiungi potest, quod Marcellus libro sexto digestorum scripsit: si fructuarius locaverit fundum in quinquennium et decesserit, heredem eius non teneri, ut frui praestet, non magis quam insula exusta teneretur locator conductori [...].* Übersetzung von Behrends/Knütel/Kupisch/Seiler: Corpus Iuris Civilis III (Vorübersetzung: Wacke): „Hierzu kann ergänzt werden, was Marcellus im 6. Buch seiner Digesten geschrieben hat: Wenn ein Nießbraucher ein Landgut für fünf Jahre verpachtet hat und [vor Ablauf dieser Zeit] stirbt, dann ist sein Erbe nicht verpflichtet, für die Nutzung [des Landguts] einzustehen, ebensowenig wie der Vermieter dem Mieter haftet, wenn das Mietshaus [aus von ihm nicht zu vertretenden Gründen] abgebrannt ist."

28 Im Kontext: „§. 388. War der Verpächter oder Vermiether über die Sache nur auf seine Lebens- oder irgend eine andre bestimmte Zeit zu verfügen berechtigt: so ist der Nachfolger den Con-

Das römische Recht erscheint hier als eine „andre Gesetzgebung“ auf einer Ebene mit dem ALR. Aus diesen Autoritäten schließt der Kölner Gerichtshof selbständig,

> daß, wenn gegen den Erben, der nicht zugleich Eigenthümer ist, keine Entschädigungsklage angestellt werden kann, eben so wenig der Erbe, welcher Eigenthümer ist, zur Aushaltung der ganzen Pachtzeit verbunden ist.

Dem Urteil folgt im Rheinischen Archiv eine kurze Anmerkung, wonach der Fall anders zu entscheiden gewesen wäre, wenn der Verpächter sich als Eigentümer ausgegeben hätte – und zwar nach französischem Recht ebenso wie nach römischem und nach preußischem Recht. So ordnet der anonyme Kommentator ein Urteil des Appellationshofs Brüssel ein: In dem Fall hatte der Verpächter jedenfalls im Pachtbrief nicht behauptet, Eigentümer zu sein, und mangels anderer Anzeichen habe der Brüsseler Gerichtshof vermuten können, dass jeder die Eigenschaften seiner Vertragspartner kennt.

Diese Betrachtungen sind ersichtlich von dem Bemühen geprägt, zur Füllung einer Lücke in der französischen Gesetzgebung aus verschiedenen Rechtsordnungen „allgemeine Rechtsgrundsätze“ zu destillieren; bei diesem Unternehmen steht das römische Recht immerhin an erster Stelle.

Mehrere andere Entscheidungen adressieren das römische als das Recht, das früher gegolten hat – weil das Fallgeschehen so weit zurückreicht, oder um die neueren Gesetze vor diesem Hintergrund zu deuten. In gleicher Weise begegnet auch das kanonische Recht[29] oder – in einer untergerichtlichen Entscheidung – das Kurtrierische Landrecht.[30]

Um römisches Recht geht es in dem Urteil mit der Nr. 15, dem ein Datum fehlt.[31] Die vorinstanzliche Entscheidung des Kreisgerichts Krefeld ist vom 28. April 1819. Ein Bruder hatte seinen Geschwistern deren Anteile an der Erbschaft abgekauft und war später in Konkurs gefallen. In dem Kaufvertrag hatten sich die Geschwister das Eigentum an ihren Anteilen bis zur Bezahlung vorbehalten. Zwei Schwestern waren noch nicht bezahlt worden und verlangten

---

trakt fortzusetzen nicht verbunden. [...] §. 390. Von dem Verpächter oder Vermiether, oder dessen Erben, kann ein solcher Pächter oder Miether, wegen des aus der frühern Räumung der Sache ihm erwachsenden Nachtheils, nur alsdann Entschädigung fordern, wenn ihm die Eigenschaft des bloß zeitigen Rechts verheimlicht, oder Schadloshaltung ausdrücklich versprochen worden.“

29 Urteil vom 27.8.1818, Goffin gegen Görissen, RhA 1/1 (1820), S. 26–33 (Nr. 7), dazu unten bei Fn. 48.

30 Urteil des Gerichts erster Instanz zu Trier vom 29.11.1819, RhA 1/2 (1820), S. 136–140.

31 Urteil, Sybertz gegen Lützeler als Kurator massae und die Hypotheken Gläubiger Dreling und Sapin, RhA 1/1 (1820), S. 90–95 (Nr. 15); siehe dazu den Beitrag Oestmann, Fn. 76.

vorrangige Befriedigung aus den noch immer aus der Erbschaft vorhandenen Grundstücken. Das Krefelder Kreisgericht gewährte ihnen vorrangige Befriedigung nur an dem Anteil jedes Grundstücks, der ihrer Erbquote entsprach: Es sei nicht ersichtlich, warum ihnen mehr zustehen solle. Dass das Vorrecht auch für die Zinsen besteht, begründet das Kreisgericht mit einem Digestentext[32] und dem Hinweis auf eine Sammlung von Tübinger Rechtsgutachten. Die appellierenden Schwestern beriefen sich darauf, wie die Erbschaft zum Zeitpunkt des Erbteilskaufs am 14. April 1789 aufgefasst worden war: „Nach den damals geltenden römischen Gesetzen hatte jeder Erbe ein Recht auf jedes Theilchen der Erbschaft und zwar so, daß das Ganze ihm gehörte […]“. Hier tritt also das römische Recht einfach als das auf, das vor dem französischen galt. Die Schwestern stützten sich für seinen Inhalt auf eine französische Autorität:

> Diese Lehre ist allgemein von allen Autoren anerkannt und besonders klar drückt sich hierüber der Staatsrath Merlin in seinem Répertoire au mot partage § 6 aus: Jusqu'au partage, (sagt er) chaque cohéritier avait un droit indivis dans le tout ou sorte que tout lui appartenait […].

Die Gegenseite berief sich auf Art. 30 und 31 eines französischen Gesetzes vom 11. Brumaire des Jahres 7,[33] wonach ein Konkursprivileg hätte registriert werden müssen. Der Appellationshof bestätigte die erste Instanz ohne eigene Begründung. Zwar wird es nicht klar ausgesprochen, doch dürfte der im bündigen französischen Stil entscheidende Gerichtshof die alten Vorgänge nach römischem Recht beurteilt haben. Darauf deutet auch der knappe Kommentar der Zeitschrift:

---

32 Scaevola D. 20, 4, 18 (1 *responsorum*): *Lucius Titius pecuniam mutuam dedit sub usuris acceptis pignoribus, eidemque debitori Maevius sub isdem pignoribus pecuniam dedit: quaero, an Titius non tantum sortis et earum usurarum nomine, quae accesserunt antequam Maevius crederet, sed etiam earum, quae postea accesserunt, potior esset. respondit Lucium Titium in omne quod ei debetur potiorem esse.* Übersetzung von Behrends/Knütel/Kupisch/Seiler: Corpus Iuris Civilis III (Vorübersetzung: Wacke): „Lucius Titius gewährte, nachdem ihm Pfänder bestellt waren, ein Darlehen gegen Zinsen; demselben Schuldner gab auch Maevius unter Verpfändung derselben Sachen ein Darlehen. Ich frage, ob Titius den Vorrang nicht nur hinsichtlich des Kapitals und der Zinsen hat, die hinzukamen, ehe Maevius das Darlehen gewährte, sondern auch hinsichtlich der Zinsen, die später hinzukamen. Er hat entschieden, Lucius Titius habe für alles, was ihm geschuldet werde, den Vorrang.“

33 Hypothekengesetz vom 1. November 1798.

Die Rechtmäßigkeit des Urtheils findet sich noch besonders durch die L. 44 pr. L. 54 D. famil. hercisc.[34] L. 7 § 4 D. quib. mod. pig.[35] bestätigt, und werden die Geschwister Syberz contra tertios possessores die actio communi dividundo noch mit Erfolg anstellen können.

Die genannten Digestenstellen kann man in der Tat so lesen, dass Nachlassgegenstände nicht mehr zum Nachlass zählen, wenn auch nur ein Miterbe seinen Anteil daran veräußert hat (Neraz D. 10, 2, 54), und dass ideelle Anteile an einer Sache nach einer Verfügung fixiert bleiben und nicht anwachsen, wenn weitere Berechtigte entfallen (Gaius D. 20, 6, 7, 4; die Fälle sind aber sehr unterschiedlich). Der Kommentar widerlegt also rein inhaltlich das, wofür die Appellantinnen das römische Recht in Anspruch genommen hatten.

---

34 Paulus D. 10, 2, 44 pr. (6 *ad Sabinum*): *Inter coheredes etiam communi dividundo agi potest, ut res dumtaxat quae eorum communes sint et causae ex his rebus pendentes in iudicium veniant, de ceteris vero in integro sit familiae erciscundae iudicium*, auf Deutsch: „Unter Miterben kann auch mit der Teilungsklage vorgegangen werden, damit vom Teilungsprozeß lediglich die Sachen, die sie in Miteigentum haben, sowie die Rechtsverhältnisse, die zu diesen Sachen gehören, erfaßt werden; dagegen bleibt für die anderen Sachen die Erbteilungsklage unbeschadet."; Neraz D. 10, 2, 54 (3 *membranorum*): *Ex hereditate Lucii Titii, quae mihi et tibi communis erat, fundi partem meam alienavi, deinde familiae erciscundae iudicium inter nos acceptum est. neque ea pars quae mea fuit in iudicio veniet, cum alienata de hereditate exierit, neque tua, quia etiamsi remanet in pristino iure hereditariaque est, tamen alienatione meae partis exit de communione. utrum autem unus heres partem suam non alienaverit an plures, nihil interest, si modo aliqua portio alienata ab aliquo ex heredibus hereditaria esse desiit*, auf Deutsch: „Ich habe meinen Anteil an einem Grundstück aus der Erbschaft des Lucius Titius, die mir und dir gemeinsam zustand, veräußert; danach ist zwischen uns ein Erbteilungsprozeß begründet worden. Weder der Anteil, der mir gehörte, wird von der Klage erfaßt, weil er durch die Veräußerung aus der Erbschaft herausfiel, noch deiner, weil er, obwohl er in der ursprünglichen Rechtslage verblieb und ein Erbschaftsgegenstand ist, dennoch durch die Veräußerung meines Anteils aus der Gemeinschaft herausgefallen ist. Ob aber nur ein einziger Erbe seinen Anteil nicht veräußert hat oder mehrere, macht keinen Unterschied, solange nur irgendein Bruchteil, der von irgendeinem der Erben veräußert worden ist, aus der Erbschaft ausscheidet." Die Übersetzungen stammen von Behrends/Knütel/Kupisch/Seiler: Corpus Iuris Civilis II (Vorübersetzung: Behrends).

35 Gaius D. 20, 6, 7, 4 (*liber singularis ad formulam hypothecariam*): *Illud tenendum est, si quis communis rei partem pro indiviso dederit hypothecae, divisione facta cum socio non utique eam partem creditori obligatam esse, quae ei obtingit qui pignori dedit, sed utriusque pars pro indiviso pro parte dimidia manebit obligata.* Übersetzung von Behrends/Knütel/Kupisch/Seiler: Corpus Iuris Civilis III (Vorübersetzung: Wacke): „Hat jemand seinen Bruchteil an einer gemeinschaftlichen Sache zum Pfand gegeben, so ist festzuhalten, daß nach Vornahme der realen Teilung mit dem Miteigentümer keinesfalls jener Teil [der Sache] dem Gläubiger haftet, der dem Verpfänder zugeteilt wurde; vielmehr bleiben die realen Teile beider zur Hälfte nach ideellen Bruchteilen verhaftet."

Im Urteil Nr. 28 vom 7. Januar 1820[36] wird das gemeine Recht nicht benannt, doch der abgedruckte Kommentar erhebt den Vorwurf, dass das Urteil eine gemeinrechtliche Lehre zu Unrecht fortschreibt, indem es eine Entscheidung des Code civil außer Acht lässt. Es geht um das beweisrechtliche Problem der Teilbarkeit eines Geständnisses.[37] Der Kläger konnte als Beweis seiner Forderung nur einen zerrissenen Schuldschein vorlegen. Der Beklagte räumte ein, dass eine Forderung ursprünglich bestanden hatte, trug jedoch zunächst vor, dass er Gegenforderungen abrechnen könne, später, dass der Schein zerrissen worden sei, nachdem die Parteien die Forderung in eine Rentenschuld umgewandelt hätten, sodass er das Kapital nicht mehr schulde. Nach dem Vortrag im Ganzen hätte die Forderung also nicht (mehr) bestanden. Das Kreisgericht Krefeld sah den Kläger in der Beweislast, weil „die Geständnisse des Beklagten, wegen ihrer Untheilbarkeit, die klägerische Forderung nicht begründen können“. Es berief sich in seiner Entscheidung auch auf Johannes Balthasar Wernher (1676–1742) und Augustin Leyser (1683–1752). Der Appellationshof beurteilte das Geständnis anders. Man müsse unterscheiden, ob klagebegründende Tatsachen nur eingeschränkt zugestanden würden; dann dürfe das Geständnis nicht geteilt werden. Würden hingegen die Umstände, auf die sich die Klage gründe, umfassend zugestanden und nur daneben anderes vorgetragen, sei die Klage begründet.[38]

Der Kommentator weist demgegenüber auf Art. 1356 Code civil hin: „L'aveu judiciaire est la déclaration que fait en justice la partie ou son fondé de pouvoir spécial. [...] Il ne peut être divisé contre lui. [...]“.

Er führt aus:

> Die in diesem Urtheile in Betreff des qualifizirten Geständnisses aufgestellten Grundsätze finden sich fast wörtlich in der vortrefflichen Schrift des H. Professor Weber: über die Verbindlichkeit zur Beweisführung im Civil-Prozeß. Ob aber Webers Lehre mit dem Art. 1356 des B.G.B. vereinbarlich sey; darüber dürften sich wohl einige Zweifel erheben. Bekanntlich war diese Rechtsmaterie vor der Einführung des neuen Kodex sehr streitig, [...]. Das war in Frankreich eben so wie in Deutschland der Fall. Man sehe Merlin Récueil des questions voce confession §. 2. Ist es allgemeine Regel, daß ein streitender Theil das gegenseitige qualifizirte Geständniß nicht theils annehmen, theils verwerfen könne; oder müssen Distinktionen gemacht werden, und welche? – Ueber diese Frage wurde gestritten. Wenn nun das B.G.B. ganz lakonisch sagt: Das gerichtliche Geständniß kann gegen den, der es gemacht hat, nicht getheilt werden, sollen dann gleichwohl die von den Autoren gemachten Distinktionen noch an-

---

36 Urteil vom 7.1.1820, Schulmeister gegen Winnekes, RhA 1/1 (1820), S. 156–163 (Nr. 28).

37 Das Thema beschäftigte den Appellationshof wiederholt; siehe zum Bach: Unzertrennlichkeit; Schneider: Spruchpraxis, S. 326–329.

38 Eine ähnliche Unterscheidung findet sich noch immer in den beiden Absätzen von § 289 ZPO.

genommen werden dürfen? Merlin betrachtet die verschiedenen Doktrinen als durch den Art. 1356 beseitigt, und erwähnt ihrer nur in rechtsgeschichtlicher Hinsicht.

Der Kommentator ist derselben Ansicht wie Philippe-Antoine Merlin de Douai (1754–1838) und unterstützt das durch Zitate aus der Gesetzgebungsgeschichte. Hinzu fügt er Sachargumente für die Unteilbarkeit: Der kluge Schuldner müsse sonst vor Gericht das Bestehen der Forderung leugnen, und selbst eine nicht beurkundete Forderung könne niemand mehr erfüllen, ohne sich eine Quittung geben zu lassen.

Man beobachtet hier also einerseits, wie der Appellhof ohne erkennbare Reflektion am bekannten gemeinen Recht festhält. Vielleicht lag den Richtern am Ergebnis; jedenfalls wirkt der Beklagte, zu dessen Lasten sie entscheiden, in ihrer Fallschilderung wenig glaubwürdig. Andererseits liest man, wie ein sehr reflektierter Kommentator betont, dass der Code civil die Rechtslage geändert hat, und dazu den Code civil vor dem gemeinrechtlichen Hintergrund auslegt. Überall gleich bewandert, weist er darauf hin, dass sich das Problem „in Frankreich ebenso wie in Deutschland" stellt.

Insgesamt erscheint im Rheinischen Archiv das gemeine Recht nicht nur als Vergleichspunkt oder als Indiz für die Existenz eines allgemeinen Rechtsgrundsatzes,[39] sondern als selbstverständlicher Hintergrund des rheinischen Rechts: als das Recht, das früher im Rheinland galt,[40] aber auch als das Recht, das der auch im Rheinland geltende Napoleonische Kodex in Frankreich zu gestalten antrat, ohne es damit ganz zu verdrängen.[41] Das römische Recht ist in den Augen des Rheinlands keine deutsche Angelegenheit, sondern erschließt sich mitunter über die französischen Schriftsteller.

2.2 Preußisches Recht

Das ALR spielt in den Entscheidungen die geringste Rolle. Einerseits ist das wenig verwunderlich, weil es im Rheinland gerade nicht in Geltung gesetzt wor-

---

39 Hierauf beschränkt sich Schumacher: Gerichtspraxis, S. 144–147.

40 Für diesen Blick auf das „Reichsrecht" siehe Geyer: Altes Recht.

41 Trotz Art. 7 des Einführungsgesetzes zum Code civil: „A compter du jour où ces lois sont exécutoires, les lois Romaines, les ordonnances, les coutumes générales ou locales, les statuts et les règlements cessent d'avoir force de loi générale ou particulière dans les matières qui sont l'objet desdites lois composant le présent Code." Vgl. die Darstellung der französischen Diskussion bei Grilli: Partikularrecht und römisches Recht, S. 69–71, 72–78. Der Autor untersucht die Verwendung des römischen Rechts als auf alte Sachverhalte anzuwendendes Recht sowie als Ausdruck allgemeiner Rechtsgrundsätze in 57 Entscheidungen des Appellationsgerichts Trier aus den Jahren 1804 bis 1813 (Grilli: Partikularrecht und römisches Recht, S. 89–103).

den war, andererseits hätte auch nicht verwundert, wenn die Richter, die immerhin im preußischen Dienst standen, diesem Gesetzbuch eine gewisse Autorität zugebilligt und es in ihre Überlegungen miteinbezogen hätten.

Nur in zwei der 34 zivilrechtlichen Urteile wird das ALR erwähnt. Bereits berichtet wurde der Fall, dass der Nießbraucher verpachtete und verstarb. Hier zog der Appellhof die preußische neben der römischen „Gesetzgebung" heran, um ein allgemeines Prinzip herzuleiten und so eine Lücke der französischen zu füllen.[42]

In dem anderen Urteil, das vom 24. Februar 1819 stammt und unter der Nr. 6 abgedruckt ist,[43] entschied der Kölner Gerichtshof gegen das preußische Recht. Es behandelt einen Fall am Schnittpunkt des Rechts kaufmännischer Anweisungen mit dem Recht des Konkurses: Ein Kaufmann hatte seinen Schuldner angewiesen, eine noch nicht fällige Forderung an seinen Gläubiger zu zahlen, und der Schuldner hatte dies gegenüber dem Gläubiger formlos akzeptiert. Dann fiel der Kaufmann in den Konkurs. Nun fragte sich, ob die Forderung der Masse zustand oder vom Anweisungsempfänger eingezogen werden durfte. Das Handelsgericht Aachen hatte am 15. Mai 1818 zu Gunsten der Masse entschieden: Nach dem „BGB", also dem Code civil, bewirke die einfache Anweisung keine Übertragung der Forderung, und nach dem „HGB", also dem Code de commerce, seien Leistungen an einzelne Gläubiger nach Eintritt des Konkurses unzulässig.[44] Der Kölner Appellhof entschied anders, weil die Forderung dadurch übertragen worden sei, dass der Angewiesene die Anweisung angenommen habe, oder jedenfalls zwischen dem Angewiesenen und dem Empfänger „ein neues Rechtsverhältniß entsteht, das ohne beidseitige Einwilligung nicht mehr aufgehoben werden kann", genau wie beim angenommenen Wechsel. Zur Auslegung der französischen Gesetzbücher oder zum dortigen Meinungsstand äußert der Gerichtshof sich nicht, die Richter argumentieren wie zu einem universellen – gemeinen – Recht. Hingegen zitiert der Gerichtshof das ALR, dies wohl deswegen, weil es explizit auch für den Fall der angenommenen Anweisung die Forderung der Masse zuweist.[45] Der Appellhof bemerkt:

---

42 Siehe zu Nr. 2 oben bei Fn. 26. Der Kommentar geht noch etwas näher auf das preußische Recht ein.

43 Urteil vom 24.2.1819, Stein gegen Konkursmasse Lynen, RhA 1/1 (1820), S. 18–26 (Nr. 6). Hierzu auch Schneider: Spruchpraxis, S. 332 f. (fälschlich zitiert als „Bd. 6, S. 13 ff.").

44 In Bezug genommen sind Art. 1277 Code civil und Art. 442, 446 und 447 Code de commerce.

45 II 8 § 1295 ALR: „Ist jedoch über das Vermögen des Ausstellers vor eingetretenem Verfalltage Concurs entstanden: so ist der Assignat dem Inhaber, auch auf eine schon acceptirte Assignation Zahlung zu leisten weder schuldig, noch berechtigt."

> Daß [...] das allgemeine Landrecht gleichwohl in den Rheinprovinzen bis jetzt nicht verkündet, und also die vorliegende Frage nach allgemeinen Grundsätzen des Rechts über Wirkungen der Verträge zu beurtheilen ist.

Der Gerichtshof schließt:

> Daß also, abgesehen von den Bestimmungen eines positiven Gesetzes, kein Grund vorhanden ist, einem solchen Geschäfte zwischen dem Inhaber der Anweisung und dem Assignanten, [...], alle Wirkung abzusprechen, [...].

Damit haben die Richter die Regel des ALR als eine gekennzeichnet, für deren Geltung sie keinen anderen Grund angeben könnten als den Gehorsamsbefehl des Gesetzgebers, die also zu Rechtsgrundsätzen im Widerspruch stehe. Dass das Gesetzbuch in den Rheinprovinzen nicht verkündet wurde, erscheint willkommen. Ein Jahr später wurde die Entscheidung vom Revisions- und Kassationshof im Ergebnis bestätigt. Die Berliner Richter[46] stellten zur Begründung allerdings nur darauf ab, dass ein Auftrag durch die Konkurseröffnung nicht beendet werde und ohnehin nicht rückwirkend widerrufen werden könne.[47]

Auch wenn die Entscheidungen selbst das ALR nicht bringen, begegnet es noch dreimal in den nachgeschobenen Kommentaren, und zwar jeweils, um auf einen Unterschied hinzuweisen. Zweimal wirkt es, als freuten sich die Rheinländer ihres Sonderwegs: Im ersten Fall hätte ein Pächter nach preußischem Recht seinen Hof räumen müssen, weil er nicht rechtzeitig zahlte; das ergebe sich aus einer Regelung der Wirkung von auflösenden Bedingungen.[48] Im zweiten Fall hätte eine außerhalb des Wechsels brieflich erklärte Annahme nach preußischem Recht als formunwirksam keine Wechselverbindlichkeit begründet.[49]

Bei der dritten Entscheidung hingegen zieht der Kommentar die Rechtslage nach preußischem ALR der rheinischen Lesart des Code de commerce vor. Es ging wieder um Wechselrecht:[50] Das Kölner Bankhaus Oppenheim hatte einen Wechsel ausgestellt, die bezogenen Pariser Scherer et Finguerlin aber angewiesen, den Wechsel dem Berliner Wolf Levi zu berechnen. Der Berliner hatte den

46 Zur Besetzung – Rheinländer und Altpreußen gemischt – siehe Seynsche: Revisions- und Kassationshof, S. 95–135.

47 Revisions- und Kassationshof vom 7.1.1820, RhA 2/2 (1821), S. 3–5.

48 Nr. 7 vom 27.8.1818, Goffin gegen Görissen, RhA 1/1 (1820), S. 26–33 (Hinweis auf I 4 § 115 ALR); siehe dazu im Beitrag von Oestmann bei Fn. 67–69.

49 Nr. 18 vom 3.12.1819, Kümmerer gegen Meurers, RhA 1/1 (1820), S. 111–117 (Hinweis auf II [fälschlich: „I"] 8 §§ 983 und 984 ALR). Zur Heranziehung der französischen Autoritäten im Kommentar noch unten bei Fn. 79.

50 Nr. 17 vom 1.12.1819, Oppenheim Junior et Co. gegen Scherer et Finguerlin, RhA 1/1 (1820), S. 102–111; siehe dazu im Beitrag von Oestmann bei Fn. 70.

Kölnern mitgeteilt, in Paris über ein entsprechendes Guthaben zu verfügen. Die Pariser informierten die Kölner, dass der Kredit des Berliners nicht ausreichte, akzeptierten aber gegenüber dem Begünstigten und zahlten den Betrag aus, dessen Erstattung sie nun von den Kölnern verlangten. Das Handelsgericht Köln gab den Klägern Recht; der Appellhof bestätigte dieses Urteil. Ausschlaggebend war Art. 115 des „HGB", wonach der Trassant auch bei einem auf Rechnung Dritter gezogenen Wechsel persönlich hafte.[51] Die Appellanten wollten aus dieser Norm nur die Haftung gegenüber Indossanten und Inhaber des Wechsels entnehmen, nicht aber gegenüber dem Bezogenen, und sahen andernfalls Grundsätze der Stellvertretung verletzt: Wer für fremde Rechnung handeln zu wollen erklärte, der handele eben nicht in eigenem Namen. Dieser Auffassung schloss sich der Kommentar an, in dem allerdings eingestanden wurde, dass der Wortlaut des Code de commerce einem solchen Verständnis entgegenstehe.[52] Der Kommentator wies darauf hin, dass französische Gerichte die Anwendung des Artikels zu umgehen gewusst hatten. Ein französisches Gesetz vom 19. März 1817 hatte dann den Code de commerce abgeändert, sodass der Aussteller beim Wechsel auf fremde Rechnung nun ausdrücklich nur noch gegenüber Indossanten und dem Inhaber haftete.[53] Dieses Gesetz galt im preußischen Rheinland natürlich nicht; doch wies der Kommentator darauf hin, dass es in Frankreich bloß als Klarstellung aufgefasst und deshalb auch für Altfälle angewendet werde. Er buchstabiert die Folge nicht aus, doch soll dies offenbar auch im Rheinland ein entsprechendes Verständnis des Code de commerce anregen. Das preußische Recht kommt nach der Auslegung des Kommentators zum selben Ergebnis wie der Appellant und das neue französische Recht, und zwar weil sich der Bezogene danach regelmäßig daran halten muss, was der Aussteller im Avisbrief anordnet. Das folgert der Kommentator im Umkehrschluss aus einer Regelung des ALR für die bloß ehrenhalber erfolgte Annahme.[54] Die Konsequenz: „Hat ihm der Aussteller im Avisbrief angezeigt, daß nicht er sondern ein Dritter ihn für den Inhalt des Wechsels decken werde, so kann der Bezogene sich auch nur an den Dritten halten." Die Pariser Bank hätte sich also nach Berlin wenden müssen.

---

51 Art. 115 Code de commerce: „La provision doit être faite par le tireur, ou par celui pour le compte de qui la lettre de change sera tirée, sans que le tireur cesse d'être personnellement obligé."

52 Dazu noch das Zitat unten bei Fn. 58.

53 Der Art. 115 Code de commerce wurde ergänzt um die Worte: „envers les endosseurs et le porteur seulement."

54 II 8 § 1031 ALR: „Hat der Bezogene selbst per honor acceptirt: so erhält er mit einem solchen fremden Acceptanten völlig gleiche Rechte."; § 1032: „Er wird dadurch von der Verbindlichkeit frey, sich die im Avis-Briefe von dem Aussteller, wegen der Deckung, oder sonst, getroffenen Verfügungen gefallen zu lassen."

Insgesamt zeigt sich: Natürlich wenden die rheinischen Gerichte das preußische Recht nicht an, ebenso natürlich ist es aber für die Leser von Interesse. Deswegen nehmen die Herausgeber des Archivs es vergleichend in den Blick, auch wenn es in den Entscheidungen kaum erwähnt wird. Zu besonderer Rücksichtnahme sehen die Kommentatoren sich nicht veranlasst: Zu einer preußischen Regel führen sie ohne Scheu aus, dass nichts dafür spricht außer der Anordnung durch das Gesetz, von dem sie zufrieden betonen, dass es im Rheinland nicht gilt. Ohne Vorbehalte weisen sie aber auch darauf hin, wenn das preußische Recht ihrer Auffassung nach zum richtigen Ergebnis kommt. Durchaus sehen sie sich dabei in der Lage, das preußische Gesetz auch selbständig auszulegen. Insgesamt bleibt aber schon für das erste Jahr der Tätigkeit des Appellhofs bezeichnend, was er später in seiner Bibliothek auswies:

> Im systematischen Katalog von 1862 füllt allein das Verzeichnis der Titel zum französischen Zivilrecht 14 Seiten, ebenso viel wie die Titelliste zum römischen und gemeinen Recht, während diejenige zum preußischen Zivilrecht auf 3 Seiten abgetan ist.[55]

2.3 Französisches Recht

Die Gesetze, nach denen er beinahe alle seine Fälle entscheidet, zitiert der Appellhof unter deutschen Titeln als „BGB" und „HGB". Es handelt sich um die von Napoleon erlassenen Kodizes. Auch wenn das gemeinrechtliche Denken überall durchschimmert und das preußische Recht vergleichend in den Blick genommen wird: Das im Rheinland praktizierte Recht ist fast immer Recht französischen Ursprungs. Eine Aufzählung der französischstämmigen Normen, die den Entscheidungen vorangestellt sind oder in ihnen zitiert werden, erübrigt sich, weil es so viele sind. Interessant ist, wenn das Gesetz bewertet wird; das geschieht aber nur vereinzelt.

In einem Fall beglückwünscht der Appellhof den französischen Gesetzgeber dazu, alte Zöpfe abgeschnitten zu haben. Es geht darum, ob eine Schenkung deswegen zurückgefordert werden kann, weil sie auf den Todesfall hin gemacht worden war. Der Appellhof erwägt:

> Daß die zur Zeit der befragten Schenkung bestandene und noch bestehende Gesetzgebung keine Schenkungen auf den Todesfall kennt, und somit jede Schenkung als unter den Lebenden und unwiderruflich geschehen, im zweifelhaften Falle um so mehr angesehen werden muß, als dieselbe [...] in einem Vertrag gegründet ist; und mithin den Satz: voluntas ambulatoria usque ad mortem – ausschließt, der nur bei Testamenten

55 Frohn: Arbeitsmittel, S. 233.

> [...] noch gelten kann, und in der römischen Gesetzgebung Beschenkungen auf den Todesfall nur durch eine anomalie beibehalten wurden; von der französischen Gesetzgebung aber mittelst Auslassung der Schenkungen auf den Todesfall mit Recht in seine Grenzen zurückgewiesen ist. [56]

Der Appellhof setzt aber versöhnlich fort, dass die konkrete Sache auch nach gemeinem Recht ihr gutes Ende gefunden hätte:

> Daß auch nach der römischen Gesetzgebung sowohl, als nach der Jurisprudenz des gemeinen deutschen Rechtes, jenes Satzes ungeachtet, im zweifelhaften Falle jede Schenkung eher für unter Lebenden, als auf den Todesfall geschehen, vermuthet worden.

Auch die französischen Gesetze sind dem Archiv nicht heilig. Im Fall des Wechsels auf Rechnung eines Dritten, von dem oben bereits berichtet wurde,[57] kritisiert der Kommentator die ursprüngliche Fassung des Code de commerce als prinzipienwidrig:

> Wenn einerseits nicht zu leugnen ist, daß in dem Art. 115 des H.G.B. die Verantwortlichkeit desjenigen, welcher für Rechnung eines Dritten einen Wechsel zieht, in so allgemeinen Ausdrücken ausgesprochen wird, daß man nicht wohl umhin kann, diese Verantwortlichkeit auch auf den Trassanten zu beziehen; so ist es auch andrerseits unverkennbar, daß die Verfügung des Artikels in dieser Hinsicht mit den Grundsätzen des Vollmachts-Vertrages in offenbarem Widerspruch stehe und man von dieser Abweichung keinen befriedigenden Grund angeben könne.[58]

Hier geht es also dem Code de commerce insofern nicht besser als an anderer Stelle dem Allgemeinen Landrecht.[59] Der Appellhof stimmt in seiner Kritik aber – wie ausgeführt – mit der späteren französischen Gesetzgebung und Praxis überein, die die ursprüngliche Fassung des Code de commerce korrigiert hatten.

---

56 Nr. 34 vom 18.4.1820, Erben Schenk gegen Nic. Bell, RhA 1/1 (1820), S. 178–183.

57 Nr. 17, Oppenheim gegen Scherer et Finguerlin (oben bei Fn. 50).

58 RhA 1/1 (1820), S. 108. Dazu oben bei Fn. 52.

59 Vgl. oben bei Fn. 45.

2.4 Französische Autoritäten

Das leitet über zu der Frage, wie das Rheinische Archiv zu den Autoritäten der französischen Praxis steht. Dabei wird deutlich, dass die Rheinländer an die französische Diskussion anknüpfen.[60] Mitunter wird auf Literatur verwiesen, insbesondere auf das *répertoire* von Merlin.[61] Bei mehr als einem Drittel der Fälle begegnen Verweise auf französische Rechtsprechung. Die Herausgeber des Archivs erstellen ganze Listen von Entscheidungen, die manchmal aus dem Vortrag der Appellanten geschöpft wurden.

In der als Nr. 40 abgedruckten Entscheidung vom 1. Februar 1820[62] geht es um die Einhaltung der Schriftform bei mehreren Gesamtschuldnern, die nicht alle den gesamten Text eigenhändig schreiben. Gegen die Entscheidung des Kreisgerichts Trier vom 10. August 1819 appellierten beide Parteien. Nach dem Referat ihrer Gründe heißt es in der von den Herausgebern redigierten Prozessgeschichte: „Da die Frage eine zeitlang kontrovers gewesen war, so hatten beide Parteien Judikate für sich; allein in jüngern Zeiten hatte sich die Jurisprudenz festgestellt und war ganz auf der Seite der Appellatinn“. Dann werden fünf Appellentscheidungen und zwei Urteile der Cour de cassation angeführt, zitiert wird insbesondere die letzte vom 6. Mai 1816. Unmittelbar darauf folgt das Urteil des Rheinischen Appellationsgerichtshofs zu Köln, der dieselbe Position einnimmt wie die Cour de cassation.

Meist finden sich diese Aufstellungen nicht in der Wiedergabe des Prozesses, sondern in den nachgeschobenen Kommentaren. In der Entscheidung Nr. 21 vom 14. Dezember 1819[63] ging es um einen Vertrag, durch den sich jemand verpflichtete, anstelle eines anderen gegen Entgelt dessen eventuellen Wehrdienst in der französischen Armee zu übernehmen.[64] Zu diesen Fällen war in Preußen 1817 eine königliche Verordnung ergangen. Der Kommentar beginnt:

---

60 Auch Schumacher: Gerichtspraxis, S. 130–133, sieht Anzeichen dafür, „daß man in Deutschland die französische Judikatur aufmerksam verfolgte und den Aussprüchen französischer Gerichte eine erhebliche Autorität zuerkannte.“ Dafür würdigt er überzeugend die Darstellungen im Rheinischen Archiv, die – auch wenn die Urteile keine französischen Autoritäten zitieren – Rückschlüsse auf den Parteivortrag und das von der Redaktion für wichtig Erachtete erlauben.

61 Merlin war dem Gerichtspräsidenten Daniels aus seiner Zeit bei der Cour de cassation persönlich bekannt; siehe unten Fn. 79.

62 Nr. 40 vom 1.2.1820, Schweich gegen Danisch, RhA 1/1 (1820), S. 206–213.

63 Nr. 21 vom 14.12.1819, Engels gegen Schreuer, RhA 1/1 (1820), S. 129–136.

64 Ein ähnlicher Fall lag der Entscheidung vom 7.12.1819 zugrunde, die als Nr. 19 abgedruckt ist (Steves gegen Engels, RhA 1/1 (1820), S. 117–125). Hier war allerdings ein Vermittler eingeschaltet, der nur berechnen durfte, was er tatsächlich ausgelegt hatte. Der Schwerpunkt lag dort auf der Frage, ob die öffentliche Ordnung solche Verträge verbot. Siehe dazu Haferkamp: Appellationsgerichtshof. – Siehe im Übrigen Rütten: Remplacant-Verträge.

> Bei den Gerichten in Frankreich sind eine Menge Prozesse über ähnliche Einstandsverträge vorgekommen, worüber verschiedentlich geurtheilt wurde. Hier eine kurze Übersicht derselben.

Darauf folgt ein vergleichendes Referat von dreizehn Entscheidungen verschiedener Gerichte aus dem Geltungsbereich des französischen Rechts, das in der Feststellung kulminiert, dass die Cour d'appel von Montpellier zu derselben Auffassung gelangt sei wie der preußische Verordnungsgeber, „daß die Einstandsverträge als gewagte Verträge beurtheilt werden müßten". Der Vertreter könne daher grundsätzlich volle Vergütung verlangen, egal wie lange er gedient hatte, sofern er nur den Dienst überhaupt angetreten hatte.

Der französische Diskurs bildet also den selbstverständlichen Bezugsrahmen der abgedruckten Entscheidungen. Köln positioniert sich aber gegenüber Paris durchaus selbstbewusst. In Hörigkeit zur Cour de cassation begibt die Rheinische Rechtsprechung sich nicht.

Besonders deutlich machen das Entscheidungen aus der zweiten Abteilung des Archivs. Als „[m]erkwürdige Entscheidungen von Tribunalen erster Instanz" wurden dort nämlich gerade solche abgedruckt, die von der Linie der Cour de cassation abwichen. Zu Beginn der ersten abgedruckten Entscheidung – sie steht im zweiten Heft – heißt es:

> Wenn der Kassationshof zu Paris mehrmalen über eine Rechtsfrage auf die nämliche Art entschieden, und seine Jurisprudenz darüber festgesetzt hat, so ist es natürlich, daß alsdann die Gerichtshöfe in Frankreich, um ihre Urtheile der gewissen Kassation nicht bloß zu stellen, über eine solche Frage im Sinne des Kassationshofes sprechen. Es bildet sich ein überall befolgter Gerichtsgebrauch. Nun giebt es aber verschiedene Entscheidungen des Pariser Kassationshofes, deren Richtigkeit sehr bezweifelt wird: es dürfte ein Gewinn für die Wissenschaft seyn, wenn wir Rheinländer jetzt, da wir nicht mehr von jenem Kassationshofe abhangen, auf dergleichen durch Jurisprudenz entschiedene Fragen zurückkommen, und dieselbe einer neuen gründlichen Erörterung unterwerfen.

Eine dieser Fragen sei, ob der Inhaber einer nicht fortwährenden Dienstbarkeit Besitzschutz genieße. Es handele sich um eine Frage „welche der Kassationshof mehrfach verneint, das Kreisgericht zu Koblenz aber neuerdings durch folgendes Urtheil im entgegengesetzten Sinne entschieden hat."[65] Das Koblenzer Gericht erwägt, dass solche Dienstbarkeiten zwar nach französischem Recht

65 Ohne Datum, Kreisgericht zu Koblenz, Daniel gegen Michel, RhA 1/2 (1820), S. 72–78.

nicht ersessen werden können,[66] man daraus aber nicht schließen dürfe, dass keine andere Folge des Besitzes eintreten könne. Unter Heranziehung römischer Quellen argumentiert Koblenz, dass es hier um den Besitz gehe[67] und der Besitz etwas anderes sei als die Berechtigung,[68] folglich auch erworben werden könne, wenn diese nicht ersessen werde; dass auch Pächter nicht ersitzen und gleichwohl Besitzschutz genießen.[69] Das Gericht räumt allerdings ein, dass mit der Ersitzung auch die Vermutungswirkung des Besitzes[70] entfallen müsse; dem sollte im Archiv alsbald widersprochen werden. Jedenfalls besage dies nichts über die possessorischen Rechtsbehelfe. Letztlich wollte das Gericht die Waffengleichheit zwischen Eigentümer und Dienstbarkeitsberechtigtem herstellen. Es formulierte, dass es

> dem Wesen der Rechtssprechung widerstreitet, daß das Friedensgericht zwar die Gewalt habe, in dem Besitze der Freiheit von nicht fortwährenden Dienstbarkeiten zu schützen, nicht aber in dem gegentheiligen Besitze.[71]

Dazu lautet der Kommentar:

> Die in diesem Urtheil enthaltenen aus der Natur des Besitzes und der persönlichen Klage geschöpften Gründe sind ganz geeignet, um über die Urtheile des Kassationshofes wichtige Zweifel zu erregen.

Die auf das römische Recht gestützte Argumentation des Koblenzer Gerichts wird also in der „Natur" der betroffenen Rechtsinstitute rekonstruiert. Der Kommentator berichtet über die Rechtsprechung der Cour de cassation und for-

66 Art. 691 Code civil: „(1) Les servitudes continues non apparentes, et les servitudes discontinues apparentes ou non apparentes, ne peuvent s'établir que par titres. (2) La possession même immémoriale ne suffit pas pour les établir, sans cependant qu'on puisse attaquer aujourd'hui les servitudes de cette nature déjà acquises par la possession, dans les pays où elles pouvaient s'acquérir de cette manière."

67 Verwiesen wird auf den Abschnitt der Institutionen, in dem die Besitzschutzinterdikte vorgestellt werden (Inst. 4,15,6).

68 Zitiert wird Venuleius (1 interdictorum) D. 41, 2, 52 pr. (hier als: „l. 52. princ. dig. de adquir. vel amitt. possess.").

69 Zitiert wird Papinian (26 quaestionum) D. 43, 16, 18 pr. (hier als: „l. 18 princ. dig. De vi et vi arm.").

70 Zur Beweislast verweist das Gericht auf Gaius (7 ad edictum provinciale) D. 6, 1, 24 (hier: „l. 24 dig. de rei vindicat.") und Ulpian (69 ad edictum) D. 43, 17, 1, 3 („l. 1 § 3 dig. uti possid.").

71 Dafür wird verwiesen auf Ulpian (51 ad Sabinum) D. 50, 17, 37 (hier: „l. 37 dig. de reg. jur."): *Nemo, qui condemnare potest, absolvere non potest* („Jeder, der verurteilen kann, kann auch freisprechen").

muliert eine mögliche Gegenposition, etwas anders als das Koblenzer Gericht: „Wenn nun auch bei den unterbrochenen Dienstbarkeiten der Erwerb durch Besitz nicht vermuthet werden kann, weil er gar nicht möglich ist, so bleibt doch die Vermutung des Titels". Aufgrund dieser Vermutung werde dem Besitzer der Gegenstand einstweilen zugewiesen, um eine tätliche Auseinandersetzung zu verhindern. Dass Gewalt droht, illustriert der Kommentator mit Seneca: *si exigua contentio est de modo finium, ad lapides et arma discurrunt*[72] („Bei der kleinsten Streiterei über Grenzen greifen sie hastig zu Steinen und Waffen"); und der Kommentator setzt hinzu: „das nämliche gilt von den Dienstbarkeiten". Er schließt: „Wir sind weit entfernt, über die Streitfrage absprechen zu wollen, glauben aber, daß dieselbe noch einer ernstlichen Erörterung nicht unwerth sey".

Uneinig waren sich das Koblenzer Gericht und der Kommentator des Archivs in der Frage der Beweislast, wenn ein Grundstückseigentümer gegen einen anderen klagt, der sich einer nicht fortwährenden Dienstbarkeit berühmt und diese ausübt. Darum ging es in der im dritten Heft desselben Bandes abgedruckten Entscheidung des Gerichts erster Instanz zu Trier vom 29. November 1819.[73] Die Position des Archivs ist hier eine andere; vielleicht war mit dem folgenden Heft ein anderer der beiden Herausgeber betraut. Einen Verweis auf die Koblenzer Entscheidung und den Kommentar dazu gibt es nicht. Der Referent leitet ein:

> Eine der berühmtesten und ältesten Rechtskontroversen ist die Frage, wem überhaupt, bei einer Negatorienklage, die Last des Beweises obliege. Viele bewährte Rechtslehrer, welche man vorzüglich in einer Abhandlung von G. Hufeland [...] angeführt findet, stehen sich in diesem Kampfe gegenüber, wobei hauptsächlich von Vermuthungen für den Besitz und für die Freiheit die Rede ist, indem bald der einen, bald der andern das Uebergewicht beigelegt wird.

Während Anton Friedrich Justus Thibaut (1772–1840) den Rechtsbesitzer im Vorteil sah, votierten Friedrich Carl von Savigny (1779–1861) und Adolph Dietrich Weber (1753–1817) für die Lastenfreiheit des Grundstücks. Das hält der Referent schon „im Allgemeinen" für vorzugswürdig, „nach der französischen Gesetzgebung" aber für zweifellos, weil danach – wie eben gesehen – solche Dienstbarkeiten gar nicht durch langen Besitz erworben werden können (was schon auf der *Coutume de Paris* beruhe). Der Referent ist also gerade nicht bereit, Ersitzung und Vermutungswirkung des Besitzes zu trennen. Schon Robert-Joseph Pothier (1699–1772) habe vermutet, dass der Gebrauch des Grundstücks nur zum jederzeitigen Entzug (prekarisch) überlassen sei. In diesem Sinne habe

72 Seneca de brevitate vitae, 3.

73 Gericht erster Instanz zu Trier vom 29.11.1819, Orth gegen Klein, RhA 1/2 (1820), S. 136–140.

auch die Cour de cassation entschieden. Zwar sei im Rheinland zu beachten, dass die Dienstbarkeit vor Verkündung des Code civil ersessen werden konnte; dies müsse aber bewiesen werden. Nach dieser langen Einführung folgt die damit übereinstimmende Entscheidung des Trierer Gerichts mit der Bemerkung, dass solche Fälle häufig vorkämen und wichtig seien, weil Besitzer von Dienstbarkeiten, wenn sie keine Anerkennung des Eigentümers erwirkten, immer größere Not haben würden, den Eintritt unvordenklicher Verjährung vor 1804 zu beweisen.

Das vierte Heft der zweiten Abteilung des ersten Bandes enthält eine weitere Entscheidung aus Trier,[74] in der es wieder um die Frage des Besitzschutzes für den Inhaber einer Dienstbarkeit ging – also genau die in Koblenz entschiedene Frage. Das Trierer Gericht entschied auch diese Frage anders als die Koblenzer, nämlich – in Übereinstimmung mit der eigenen Position zur Vermutung – zu Lasten des Servituteninhabers. Das Archiv bringt dazu keinerlei Hinweis oder Kommentar. Der erstrebten Einheit der rheinischen Rechtsprechung konnte dies alles nur insoweit dienen, als ein aufmerksamer Leser die zu behebenden Unterschiede bemerken konnte.

Noch ein weiteres Urteil ist für das Selbstverständnis der Richter des Appellhofs aufschlussreich.[75] Das Archiv leitet ein:

> Bei dieser Frage gilt eben dasjenige, was wir bei der vorhergehenden bemerkten. Das hier folgende Urtheil des Kreisgerichtes von Köln steht mit der vom Pariser Kassationshofe angenommenen Jurisprudenz im Widerspruch.

Das Kreisgericht Köln bejaht am 29. Mai 1818 die Frage, ob trotz der französischen Gesetzgebung die Mobilien des Nachlasses der Witwe gehören. Es handele sich nicht um eine Schenkung oder eine erbrechtliche Regelung, sondern um die eheliche Gütergemeinschaft des früheren Rechts. Hierzu wird kommentiert:

> Im nämlichen Sinne entschied auch erstens der Revisionshof zu Koblenz am 31. Januar 1818. Zweitens. Der Kassationshof zu Brüssel am 31. Oktober 1815 auf den übereinstimmenden Antrag des damaligen General-Prokurators, jetzigen Geh. Staatsraths und ersten Präsidenten des Rheinischen Appellations-Gerichtshofes, Herrn Daniels. Wir besitzen diesen Antrag und da derselbe die Materie ganz erschöpft und keinen

74 Gericht erster Instanz zu Trier vom 28.2.1820, Worms gegen Hecking, RhA 1/2 (1820), S. 157–159.

75 Kreisgericht Köln, 29.5.1818, Horn gegen Masse Horn, RhA 1/2 (1820), S. 78–80.

> Zweifel über die Frage übrig läßt: so werden wir solchen nächstens unsern Lesern in deutscher Uebersetzung mittheilen.

Im folgenden Heft füllt dieser Antrag über dreißig Seiten.[76] Die Person des Gerichtspräsidenten Heinrich Gottfried Wilhelm Daniels (1754–1827),[77] der unter dem Kurfürsten begonnen, dann in Paris und Brüssel unter Napoleon Karriere gemacht hatte, verkörpert den Anspruch des Kölner Appellhofs, gleichberechtigt am Diskurs über das französische Recht teilzunehmen. Denselben Stolz auf Daniels zeigt auch der Kommentar zur Appellationsentscheidung in der Sache des brieflich angenommenen Wechsels:[78] Vor seiner Brüsseler Zeit war Daniels General-Advokat an der Cour de cassation gewesen und hatte dort dieselbe Meinung vertreten wie der berühmte Merlin; der Kommentator zitiert beide genüsslich nebeneinander.[79]

3. Ergebnis: Gemeinsamer Boden

Die Beobachtungen bei der Durchsicht der zivilrechtlichen Entscheidungen im ersten Band des „Rheinischen Archivs" von 1820 lassen sich auf drei Ebenen zusammenfassen.

Erstens lässt sich – als ein Beitrag zur Geschichte der juristischen Zeitschriften und der Veröffentlichung von Urteilen – das Medium selbst näher charakterisieren. Die Herausgeber berufen sich schon in ihrer Ankündigung auf ihre intime Nähe zum Appellhof, und das Archiv legt von dieser Nähe Zeugnis ab: Die Zeitschrift diente auch als Forum für offizielle Verlautbarungen, und die Schilderungen der Entscheidungen und ihrer Prozessgeschichte basierte offenbar auf den Akten. Es gibt Anzeichen dafür, dass die Redaktion sich mit dem Gerichtspräsidenten auch über die Schilderung und Kommentierung von Entscheidungen austauschte: Jedenfalls weist sie zweimal auf die Umstände hin, unter denen Daniels sich im Laufe seiner Karriere mit einem ähnlichen Fall befasst hatte, und druckt einmal das von ihm damals dazu verfasste Gutachten in deutscher Übersetzung ab.[80] Trotz dieser Nähe positioniert sich das Archiv gegen-

---

76 RhA 1/2 (1820), S. 101–135.

77 Siehe Liermann: Daniels.

78 Nr. 18, Kümmerer gegen Meurers, siehe oben bei Fn. 49.

79 RhA 1/1 (1820), S. 116 f.: „Die Sache kam an den Kassationshof, wo Hr. Merlin bei der Sektion der Bittschriften und Hr. Daniels (damals General-Advokat) bei der Civil-Sektion der Meinung waren [...]. Zugleich aber bestätigt gedachtes Kassations-Urtheil den von Merlin und Daniels behaupteten Satz [...]".

80 Siehe oben bei Fn. 76 und 79.

über dem Appellhof selbständig: Einmal widerspricht der Kommentar unter Heranziehung der Autorität von Merlin dem ersten Senat, weil der zu Unrecht Distinktionen des gemeinen Rechts ins neue Recht hineintrage.[81] In ihrer Bewertung niederinstanzlicher Entscheidungen aus Koblenz und Trier widersprechen sich ein Kommentar aus dem zweiten und einer aus dem dritten Heft der zweiten Abteilung; sie stammen offenbar aus verschiedenen Federn und wurden von der Redaktion nicht inhaltlich aufeinander abgestimmt.[82]

Zweitens zeigt sich das Selbstbild der rheinpreußischen Rechtsprechung, so wie das Rheinische Archiv es zeichnet: Stolz nimmt die rheinische Justiz ihr Schicksal in die eigene Hand. Das preußische Recht verdient immerhin einen Seitenblick. Ausdrücklich erklärt man seine Zufriedenheit darüber, nicht mehr von der Cour de cassation kontrolliert zu werden und manchen Irrweg aufgeben zu können.[83] Sorgfältig sichtet man aber die französische Rechtsprechung und Literatur, deren sachliche Autorität man anerkennt, ohne sich selbst das letzte Wort vorzuenthalten. Ein Urteil traut man sich nicht nur zum französischen, sondern auch zum preußischen oder zum gemeinen römischen Recht uneingeschränkt zu.

Drittens präsentiert das Rheinische Archiv das gemeine Recht nicht nur als die gemeinsame Sprache des Rechts, sondern auch als die gemeinsame frühere Rechtslage, an der die Gesetzgebung seit der Revolution manches geändert, die sie aber in vielen Bereichen nicht umgestülpt hat. Das gemeine Recht erscheint nicht als Gegenüber, sondern als Hintergrund des französischen Rechts, und dies nicht nur im Rheinland, sondern auch im französischen Mutterland. Dass die rheinischen Richter sich den gemeinrechtlichen Hintergrund mitunter über die französische Literatur erschließen,[84] macht überdeutlich, dass dieses Recht für sie keine deutsche Angelegenheit war, und es erinnert daran, dass der zivilrechtliche Diskurs auch in Frankreich in den ersten Jahrzehnten der Geltung des Code civil die Fäden mit dem gemeinen Recht nicht durchtrennt hatte. So bewirkt die französische Gesetzgebung für den rheinischen Richter mitunter nicht mehr als eine – wenn auch unhintergehbare – Verschiebung innerhalb der gemeinrechtlichen Diskussion, in die sie sich einfügt. Die beiden, die sich am Rhein begegnet waren, waren sich später, als sie weitergingen, vielleicht fremd geworden, aber sie standen sich von Anfang an näher, als ihnen und ihrem Stolz dann lieb wurde. Jeder baut an seinem eigenen Rom.

81 Siehe zu Nr. 28 oben bei Fn. 36.
82 Siehe oben bei Fn. 65 und 73.
83 Siehe das Zitat, das oben vor Fn. 65 abgedruckt ist.
84 Siehe zu Urteil Nr. 15 oben bei Fn. 31.

Das führt zurück zu der Ausgangsfrage nach einer Beeinflussung zwischen dem französischen und den deutschen Privatrechtsdiskursen.[85] Am Appellhof und im Rheinischen Archiv spielten die französische Literatur und Praxis jedenfalls eine große Rolle. Man war in der Lage und gewillt, von dort Anregungen aufzunehmen. Umgekehrt hätte auch ein französischer Jurist mit deutschen Sprachkenntnissen aus dem Studium des Rheinischen Archivs wertvolle Anregungen ziehen können; dass man die rheinischen Gerichte als fachliche Autoritäten respektiert hätte und dies geschehen wäre, ist aber bislang nicht bekannt geworden.

Quellen und Literatur

ALBERS, GREGOR: Die causa vom Code civil zum BGB. Zuwendungen tragen statt Verpflichtungen begründen, in: ALBERS, GREGOR/PATTI, FRANCESCO PAOLO/PERROUIN-VERBE, DOROTHÉE (Hg.): Causa contractus (Beiträge zum ausländischen und internationalen Privatrecht Bd. 137), Tübingen 2020, S. 263–321.

ALBERS, GREGOR: The Attempt to Suppress causa in German Contract Law, in: RODRÍGUEZ-ROSADO, BRUNO/GÁNDARA, ROCIO CARO/LEGERÉN-MOLINA, ANTONIO (Hg.): Cause and Consideration. Exploring the Foundations of Contract Law (Hart Studies in Private Law), Oxford 2025, S. 141–158.

85 Zur Einzelfrage der Beeinflussung der deutschen Debatte über die *causa* des Vertrages siehe ALBERS: Die causa vom Code civil zum BGB. Die Auseinandersetzung mit dem Code civil in Schriften wie denen von ZACHARIÄ: Handbuch und WINDSCHEID: Lehre des Code Napoleon entfachte eine neue Debatte, in der manche zum Erfordernis der *causa* zurückkehrten, andere nach dem Muster der römischen Stipulation abstrakte Versprechen einführen und so die Beweislast bei Schuldscheinen ohne Angabe eines Verpflichtungsgrundes neugestalten wollten (was sich dank BÄHR: Anerkennung letztlich durchsetzte). Dazu ist zu ergänzen: In Frankreich schwelte zum praktischen Problem der Beweislast eine Paralleldebatte über den Art. 1132 Code civil. Der Rheinische Appellhof äußerte sich zu der entscheidenden Frage in den Jahren 1832 und 1848 entgegengesetzt (2. Senat vom 22.11.1832, von Renesse gegen Erben Pauels, RhA 17/1 (1832), S. 199–202; 3. Senat vom 5.7.1848, Aßmann gegen Rudloff, RhA 43/1 (1848), S. 133–135), wobei die spätere Entscheidung die anonyme Kritik erntete, sie trage eine nur von Zachariä vertretene gemeinrechtlich fundierte Position in den Code civil hinein (RhA 43/2 [1848], Teil B, S. 14–16). Der Vorwurf erscheint angesichts der französischen Debatte allerdings ungerechtfertigt, auch wenn die Cour de cassation im selben Jahr anders entschied. Eine gewisse Wirkung des Rheinlands nach Frankreich kann man immerhin darin sehen, dass die Übersetzer Zachariäs Position ins zwanzigste Jahrhundert fortschrieben. Zur französischen Debatte und diesem rheinischen Schlagabtausch nun auch ALBERS: The Attempt to Suppress causa, S. 145–148.

Archiv für das Civil- und Criminal-Recht der Königlich-Preußischen Rhein-Provinzen; von Bd. 103 (1907) bis Bd. 111 (1915) als neue Fassung unter dem Titel „Archiv für Zivil- und Strafrecht der Königlich Preußischen Rheinprovinz“.

Bähr, Otto: Die Anerkennung als Verpflichtungsgrund. Civilistische Abhandlung, Cassel 1855.

Behrends, Okko/Knütel, Rolf/Kupisch, Berthold/Seiler, Hans Hermann (Hg.): Corpus Iuris Civilis. Text und Übersetzung, Bd. 2: Digesten 1–10, Heidelberg 1995, Bd. 3: Digesten 11–20, Heidelberg 1999.

Beneduce, Pasquale: „Traduttore-traditore“. Das französische Zivilrecht in Italien in den Handbüchern der Rechtswissenschaft und -praxis, in: Schulze (Hg.): Französisches Zivilrecht in Europa während des 19. Jahrhunderts, S. 205–251.

Boehmer, Gustav: Der Einfluß des Code Civil auf die Rechtsentwicklung in Deutschland. Bericht erstattet für die Semaine Internationale de Droit in Paris vom 16. bis 20. Oktober 1950, in: Archiv für die civilistische Praxis 151 (1959), S. 289–310.

Bürge, Alfons: Das französische Privatrecht im 19. Jahrhundert. Zwischen Tradition und Pandektenwissenschaft, Liberalismus und Etatismus (Ius Commune Sonderheft Bd. 52), Frankfurt am Main 1991.

Bürge, Alfons: Neue Quellen zur Begegnung der deutschen und französischen Rechtswissenschaft im 19. Jahrhundert, Zeitschrift der Savigny-Stiftung für Rechtsgeschichte, Germanistische Abteilung 110 (1993), S. 546–570.

Bürge, Alfons: Der Streit zwischen „philosophischer“ und „historischer“ Rechtsschule aus französischer Sicht, in: Blänkner, Reinhard/Göhler, Gerhard/Waszek, Norbert (Hg.): Eduard Gans (1797–1839). Politischer Professor zwischen Restauration und Vormärz (Deutsch-Französische Kulturbibliothek Bd. 15), Leipzig 2002, S. 313–338.

Capitant, Henri: De la cause des Obligations (Contrats, Engagements unilatéraux, Legs), ^{3}1927, Nachdruck Paris 2012 (Paris ^{1}1923).

Charmont, J.[oseph]/ Chausse, A.: Les Interprètes du Code civil, in: La Société d'etudes législatives (Hg.): Le Code civil 1804–1904. Livre du Centennaire, Bd. 1, Paris 1904, S. 131–172.

Faber, Karl-Georg: Recht und Verfassung. Die politische Funktion des rheinischen Rechts im 19. Jahrhundert, in: Verein für Rheinische Rechtsgeschichte e.V. (Hg.): 150 Jahre Oberlandesgericht Köln. Der Festakt im Gürzenich zu Köln am 21. Juni 1969, Köln 1969.

Frohn, Michael: Arbeitsmittel und rheinische Traditionspflege – die Bibliothek des Appellationsgerichtshofs, in: Haferkamp/Schwerin (Hg.): Das Oberlandesgericht Köln zwischen dem Rheinland, Frankreich und Preußen, S. 227–249.

Gény, François: Méthode d'interprétation et sources en droit privé positif: essai critique, Paris ^{2}1919.

Geyer, Stefan: Code civil Allgemeiner Teil? Zur pandektenwissenschaftlichen Umdeutung des Code civil in Deutschland, forum historiae iuris, 02.06.2005 (abrufbar unter https://forhistiur.net/2005-06-geyer/, letzter Zugriff: 22.7.2024).

Geyer, Stefan: Den Code civil „richtiger“ auslegen. Der zweite Zivilsenat des Reichsgerichts und das französische Zivilrecht (Rechtsprechung. Materialien und Studien Bd. 29), Frankfurt am Main 2009.

Geyer, Stefan: Altes Recht, fremdes Recht, neues Recht. Das Ancien Droit in der Rechtsprechung des Appellationsgerichtshofs Köln, in: Haferkamp/Schwerin (Hg.): Das Oberlandesgericht Köln zwischen dem Rheinland, Frankreich und Preußen, S. 151–168.

Grilli, Antonio: Das linksrheinische Partikularrecht und das römische Recht in der Rechtsprechung der Cour d’Appel/Cour Impérial de Trèves nach 1804, in: Schulze (Hg.): Französisches Zivilrecht in Europa während des 19. Jahrhunderts, S. 67–105.

Gross, Norbert: Vom Code Civil zum BGB – eine Spurensuche, Juristenzeitung 2004, S. 1137–1143.

Gross, Norbert: Deutsche Wege und Sonderwege des Code civil, Juristenzeitung 2023, S. 719–722.

Haferkamp, Hans-Peter: Der Einfluss des Code civil auf das Bürgerliche Gesetzbuch – Wissenschaftsgeschichtliche Komplementärbetrachtungen zur Studie von Dieter Strauch, forum historiae iuris, 02.06.2005 (abrufbar unter https://forhistiur.net/2005-06-haferkamp/?l=de, letzter Zugriff: 22.7.2024).

Haferkamp, Hans-Peter/Schwerin, Margarete Gräfin von (Hg.): Das Oberlandesgericht Köln zwischen dem Rheinland, Frankreich und Preußen. Festschrift zum 200-jährigen Bestehen (1819 bis 2019) (Rechtsgeschichtliche Schriften Bd. 32), Wien, Köln, Weimar 2019.

Haferkamp, Hans-Peter Der Rheinische Appellationsgerichtshof zwischen dem Rheinland, Frankreich und Preußen – Überlegungen anhand der rheinischen Judikatur zu Art. 1133 CC, in: Haferkamp/Schwerin (Hg.): Das Oberlandesgericht Köln zwischen dem Rheinland, Frankreich und Preußen, S. 15–34.

Halpérin, Jean-Louis: Der Einfluß der deutschen Rechtsliteratur zum Code civil in Frankreich von Lassaulx bis Zachariä, in: Schulze, Reiner (Hg.): Rheinisches Recht und Europäische Rechtsgeschichte (Schriften zur Europäischen Rechts- und Verfassungsgeschichte Bd. 24), Berlin 1998, S. 215–237.

Kaden, Erich-Hans: Das Reichsgericht und das französische Zivilrecht, in: Die Reichsgerichtspraxis im deutschen Rechtsleben. Festgabe der juristischen Fakultäten zum 50jährigen Bestehen des Reichsgerichts, Bd. 2, Berlin, Leipzig 1929, S. 82–109.

Klein, Adolf: Die rheinische Justiz und der rechtsstaatliche Gedanke in Deutschland. Zur Geschichte des Oberlandesgerichts Köln und der Gerichtsbarkeit in seinem Bezirk, in: Wolffram/Klein (Hg.): Recht und Rechtspflege in den Rheinlanden, S. 113–264.

KLIPPEL, DIETHELM: Die juristischen Zeitschriften im Übergang vom 18. zum 19. Jahrhundert, in: STOLLEIS, MICHAEL (Hg.): Juristische Zeitschriften. Die neuen Medien des 18.–20. Jahrhunderts (Ius Commune Sonderheft 128), Frankfurt am Main 1999, S. 15–39.

LANDSBERG, ERNST: Die Gutachten der Rheinischen Immediat-Justiz-Kommission und der Kampf um die rheinische Rechts- und Gerichtsverfassung 1814–1819, Nachdruck der Ausgabe Bonn 1914, Düsseldorf 2000.

LIERMANN, STEPHAN: Heinrich Gottfried Wilhelm Daniels, der erste Präsident des Rheinischen Appellationsgerichtshofes in Köln, in: WOLFFRAM/KLEIN (Hg.): Recht und Rechtspflege in den Rheinlanden, S. 57–77.

LUIG, KLAUS: Kölner Recht und Usus modernus pandectarum, in: LAUM, DIETER/KLEIN, ADOLF/STRAUCH, DIETER (Hg.): Rheinische Justiz. Geschichte und Gegenwart. 175 Jahre Oberlandesgericht Köln, Köln 1994, S. 681–699.

MOTTE, OLIVIER: Lettres inédites de juristes français du XIXe siècle conservées dans les archives et bibliothèques allemandes (Pariser Historische Studien Bd. 25, Hefte 1 u. 2), Bonn 1989/90.

PETERS, VERENA: Der „germanische" Code civil. Zur Wahrnehmung des Code civil in den Diskussionen der deutschen Öffentlichkeit (Beiträge zur Rechtsgeschichte des 20. Jahrhunderts Bd. 95), Tübingen 2017.

RÜTTEN, WILHELM: Remplacant-Verträge, in: DORN, FRANZ/SCHRÖDER, JAN (Hg.): Festschrift für Gerd Kleinheyer zum 70. Geburtstag, Heidelberg 2001, S. 403–418.

SALEILLES, RAYMOND: De la Déclaration de Volonté: Contribution à l'Etude de l'Acte Juridique dans le Code Civil Allemand (Art. 116 à 144), Paris 1901.

SCHNEIDER, EGON: Aus der Spruchpraxis des Rheinischen Appellationsgerichtshofes in den ersten Jahren seines Bestehens. Eine methodologische Untersuchung, in: WOLFFRAM/KLEIN (Hg.): Recht und Rechtspflege in den Rheinlanden, S. 306–337.

SCHUBERT, WERNER: Der Rheinische Provinziallandtag und der Kampf um die Beibehaltung des französisch-rheinischen Rechts (1826–1845), in: SCHULZE (Hg.): Französisches Zivilrecht in Europa während des 19. Jahrhunderts, S. 123–155.

SCHULZE, REINER (Hg.): Französisches Zivilrecht in Europa während des 19. Jahrhunderts (Schriften zur Europäischen Rechts- und Verfassungsgeschichte Bd. 12), Berlin 1994.

SCHUMACHER, DETLEF: Das Rheinische Recht in der Gerichtspraxis des 19. Jahrhunderts. Ein Beitrag zur Auslegung rezipierter Rechtsnormen (Schriftenreihe des Instituts für Europäisches Recht der Universität des Saarlandes Bd. 9, Serie A: Monographien), Stuttgart, Brüssel 1969.

SEYNSCHE, GUDRUN: Der Rheinische Revisions- und Kassationshof in Berlin (1819–1852). Ein rheinisches Gericht auf fremdem Boden (Schriften zur Europäischen Rechts- und Verfassungsgeschichte Bd. 43), Berlin 2003.

Strauch, Dieter: Der rheinische Beitrag zur Entstehung des BGB, forum historiae iuris, 15.03.2005 (abrufbar unter https://forhistiur.net/2005-03-strauch/, letzter Zugriff: 22.7.2024).

Wiefling, Christian: Die preußische Personalpolitik am Rheinischen Appellationsgerichtshof bis 1879 – Borussifizierung oder Rheinischer Sonderweg? (Rechtsgeschichtliche Schriften Bd. 34), Wien, Köln 2023.

Windscheid, Bernhard: Zur Lehre des Code Napoleon von der Ungültigkeit der Rechtsgeschäfte, Düsseldorf 1847.

Wolffram, Josef/Klein, Adolf (Hg.): Recht und Rechtspflege in den Rheinlanden, Köln 1969.

Zachariä, Karl Salomo: Handbuch des Französischen Civilrechts, 2 Bde. und Nachtrag, Heidelberg [1]1808–1809, [2]1811, [3]1827.

Zum Bach, Carl Adolf: Das Geständniß vor dem Civilgerichte in seiner Unzertrennlichkeit nach Grundlinien des rationalen, gemeinen so wie des rheinländischen Rechts, Köln 1845.

Kristin Boosfeld

Eheschließungen minderjähriger Rheinländer im Ausland

Rheinisches Kollisionsrecht zwischen 1804 und 1900

Johann Gerhard Ranft wurde der Bigamie beschuldigt. Der aus Krefeld stammende Ranft hatte am 3. Februar 1806 während eines dreimonatigen Aufenthalts in Barmen im Herzogtum Berg Sibilla Margaretha Tannenberg geheiratet. Obwohl er zu diesem Zeitpunkt noch keine 18 Jahre alt war, hatte er dafür keine Einwilligung seiner Eltern eingeholt. Auch hatte er seine Absicht, Sibilla zu heiraten – wie nach in Krefeld geltendem, rheinischem Recht vorgesehen – nicht vorab in Krefeld öffentlich bekannt gemacht. Wieder zu Hause hielt er die Ehe dann auch geheim. Fast 14 Jahre später heiratete der mittlerweile erwachsene Ranft am 6. Januar 1820 in Krefeld Anna Elisabeth Schiffgens. Als er festgenommen und der Bigamie angeklagt wurde, wendete Ranft ein, dass die erste Ehe ungültig sei und er Sibilla Tannenberg seinerzeit nicht wirksam geheiratet habe.

Dieser Sachverhalt steht für eine ganze Reihe von Fällen, in denen sich die rheinischen Gerichte damit zu beschäftigten hatten, wie mit Eheschließungen minderjähriger Rheinländer außerhalb des Rheinlands umzugehen war. Vier Entscheidungen finden sich zu solchen Fällen im „Archiv für das Civil- und Criminal-Recht der Königlich Preußischen Rhein-Provinzen" zwischen 1820 und 1906.[1] Der Beitrag beschäftigt sich mit diesen Entscheidungen und untersucht, inwiefern sich die Rechtsprechung der rheinischen Gerichte im Laufe des 19. Jahrhunderts änderte.

1. Der rechtliche Hintergrund

1.1 Rheinisch-französisches Ehe(kollisions)recht in der ersten Hälfte des 19. Jahrhunderts

In den 1798 von Napoleon annektierten linksrheinischen Gebieten trat 1804 der Code civil in Kraft. Infolgedessen galten hier nun auch die französischen eherechtlichen sowie ehekollisionsrechtlichen Regelungen des Code civil. Nach Art. 3 Abs. 3 Code civil[2] sollte in Bezug auf Fragen der rechtlichen Fähigkeiten von Franzosen und insofern auch auf ihre Ehefähigkeit das französische Recht Anwendung finden.[3] Damit stand für die rheinischen Gerichte fest, dass auf Rheinländer in dieser Frage das rheinisch-französische Recht anwendbar sein müsse. Aus Art. 144 Code civil[4] ergab sich, dass das Mindestalter für die Eheschließung für Männer bei 18 und für Frauen bei 15 Jahren liegen sollte. Darüber hinaus bedurften Söhne, die nicht das 25. und Töchter, die nicht das 21. Lebensjahr vollendet hatten, zur Schließung einer gültigen Ehe nach Art. 148 Code civil[5] der Einwilligung ihrer Eltern. Sollte es doch zu einer Eheschließung eines Mannes, der nicht das 18., oder einer Frau, die nicht das 15. Lebensjahr vollendet hatte, kommen, oder sollte die notwendige Einwilligung der Eltern fehlen, zog das nicht die absolute Nichtigkeit der Ehe nach sich. Sie konnte durch nachträgliche elterliche Genehmigung (auch konkludent) geheilt werden.

---

1 RhA 3/1 (1822), S. 99–108; RhA 6/1 (1825), S. 161–166; RhA 71 = N.F. 64/1 (1880), S. 72–75; RhA 83 = N.F. 76/1 (1892), S. 35–39; RhA 83 = N.F. 76/2 (1892), S. 89–91.

2 „Les lois concernant l'état et la capacité des personnes régissent les Français même résidant en pays étranger."

3 Vgl. auch die Entscheidung des Gerichts erster Instanz zu Trier vom 26. Januar 1820: RhA 1/2 (1820), S. 159–169 (166), die aus Art. 3 Abs. 3 Code civil eine allseitige Kollisionsnorm ableitet: „In Erwägung, daß [...] gemäß Art. 3 des B. G. B., welcher in dem [...] Großherzogthum Niederrhein gesetzliche Kraft hat, die persönlichen Eigenschaften und Fähigkeiten eines Fremden nach den Gesetzen seines Landes beurtheilt werden müssen; [...]".

4 „L'homme avant dix-huit ans révolus, la femme avant quinze ans révolus, ne peuvent contracter mariage."

5 „Le fils qui n'a pas atteint l'âge de vingt-cinq ans accomplis, la fille qui n'a pas atteint l'âge de vingt-un ans accomplis, ne peuvent contracter mariage sans le consentement de leurs père et mère: en cas de dissentiment, le consentement du père suffit."

Zudem galt die Eheschließung als geheilt, wenn der Minderjährige sie nach Erlangung der Volljährigkeit nicht anfocht.[6]

In Bezug auf die Form galt nach rheinisch-französischem Kollisionsrecht das Ortsrecht. Für Eheschließungen im Rheinland bedeutete das insbesondere, dass die Ehe vor dem Standesbeamten geschlossen werden musste (Art. 165 Code civil). Im Ausland konnten zwar (im Rheinland wirksame) Ehen nach dem dortigen Recht geschlossen werden, dies allerdings gem. Art. 170 Code civil[7] unter der Bedingung, dass die Eheleute vor der Eheschließung im Rheinland das in Art. 63 Code civil[8] vorgesehene, zweistufige Aufgebotsverfahren durchlaufen hatten.[9] Vor der Eheschließung mussten die vollständigen Namen, Alter und Berufe der Eheschließenden, geplanter Ehewohnsitz, Name und Wohnsitz der Eltern veröffentlicht werden, um Angehörigen und Dritten die Möglichkeit zu geben, auf eventuelle Ehehindernisse hinzuweisen. Hintergrund dieses zwingenden örtlichen Formerfordernisses war das französische Bestreben nach Publizität und nach vollständigen und zuverlässigen Registern. Dieses schlug sich nicht zuletzt darin nieder, dass nicht nur die Eheleute, sondern auch französische Standesbeamte, die ohne Durchführung eines Aufgebotsverfahrens eine Ehe geschlossen hatten, nach Art. 192 Code civil[10] mit empfindlichen Strafen zu rechnen hatten.[11]

6 RhA 6/1 (1825), S. 161 (163): „Daß der Appellant sich auf den Abgang des Alters oder der Einwilligung seiner Eltern dermalen zwar nicht mehr beziehen kann, weil er die Ehe in der gesetzlichen Frist nicht angefochten hat, und seine Eltern sie ebenfalls in der Folge, wenn nicht ausdrücklich, doch stillschweigend bewilliget, und nachdem sie ihnen bekannt geworden, auf ihre Vernichtung nicht angetragen haben; [...]".

7 „Le mariage contracté en pays étranger, entre Français et entre Français et étrangers, sera valable, s'il a été célébré dans les formes usitées dans le pays, pourvu qu'il ait été précédé des publications prescrites par l'article 63, au Titre des Actes de l'état civil, et que le Français n'ait point contrevenu aux dispositions contenues au Chapitre précédent."

8 „Avant la célébration du mariage, l'officier de l'état civil fera deux publications, à huit jours d'intervalle, un jour de dimanche, devant la porte de la maison commune. Ces publications, et l'acte qui en sera dressé, énonceront les prénoms, noms, professions et domiciles des futurs époux, leur qualité de majeurs ou de mineurs, et les prénoms, noms, professions et domiciles de leurs pères et mères. Cet acte énoncera, en outre, les jours, lieux et heures où les publications auront été faites; il sera inscrit sur un seul registre, qui sera coté et paraphé comme il est dit en l'article 41, et déposé, à la fin de chaque année, au greffe du tribunal de l'arrondissement."

9 Aus den Gesetzgebungsmaterialien ergibt sich, dass Art. 170 Code civil die Durchführung eines Aufgebotsverfahrens in Frankreich (und nicht etwa am Ort der Eheschließung im Ausland) voraussetzte, Fenet: Travaux Préparatoires IX, S. 35 f.

10 „Si le mariage n'a point été précédé des deux publications requises [...] le procureur impérial fera prononcer contre l'officier public une amende qui ne pourra excéder droits cents francs; et contre les parties contractantes, ou ceux sous la puissance desquels elles ont agi, une amende proportionnée à leur fortune."

11 Fenet: Travaux Préparatoires IX, S. 90 f.: „L'exécution de la loi sera donc mieux assurée par la crainte d'une amende."

1.2 Eheschließungsvoraussetzungen außerhalb des Rheinlands

Mangels kodifizierten Ehekollisionsrechts griffen die Gerichte in den an das Rheinland angrenzenden Gebieten jedenfalls in der ersten Hälfte des 19. Jahrhunderts auf die allgemeinen Grundsätze der Statutenkollisionslehre zurück. Auch wenn deutsche Juristen sich ab der Mitte des 19. Jahrhunderts von den Lehren der Statutisten abzugrenzen suchten, änderte das doch nichts daran, dass auch sie in Fragen der Eheschließungsform das Ortsrecht anwenden wollten.[12] Hingegen war das auf die Ehefähigkeit anwendbare Recht nunmehr umstritten. Während Carl Georg von Wächter (1797–1880) in erster Linie an das Wohnsitzrecht des bzw. der jeweiligen Verlobten anknüpfen wollte,[13] wollte Friedrich Carl von Savigny (1779–1861) in Bezug auf die Ehefähigkeit der Ehefrau auf das Recht am Wohnsitz des Ehemannes zurückgreifen.[14]

In den preußischen, traditionell evangelisch geprägten Gebieten fand in eherechtlichen Fragen seit 1794 das Allgemeine Landrecht für die Preußischen Staaten (ALR) Anwendung, wenn es nicht vorrangige lokale Regelungen zu beachten galt. Nach dem ALR lag das Mindestalter für Eheschließungen für Männer bei 18 und für Frauen bei 14 Jahren (II 1 § 37 ALR). Alle Kinder bedurften darüber hinaus der Einwilligung ihres Vaters, und zwar unabhängig davon, ob es sich um eheliche, uneheliche oder adoptierte, volljährige oder bereits zuvor verheiratete Kinder handelte (II 1 §§ 45–48 ALR). War der Vater bereits verstorben, musste die Einwilligung der Mutter, und wenn auch diese bereits ver-

---

12 Vgl. Savigny: System VIII, S. 350 f.: „Die neu gebildete Regel wird so ausgedrückt: Locus regit actum, und hat den Sinn, daß die Form eines Rechtsgeschäfts als genügend angesehen werden soll, wenn sie dem Gesetz des Ortes entspricht, an welchem das Geschäft vorgenommen wird, selbst wenn an dem Ort, wo das Rechtsverhältniß selbst seinen Sitz hat, eine andere Form gesetzlich vorgeschrieben ist." Ebenso Wächter: Collision I, S. 268: „So hat namentlich unser Richter bei einem im Auslande nach den vom ausländischen Gesetze vorgeschriebenen Formen geschlossenen Rechtsgeschäfte die formelle Gültigkeit des Geschäfts in der Regel nach den Gesetzen des Auslandes zu beurtheilen, weil hier ein gemeines deutsches Gewohnheitsrecht die Anwendung des fremden Rechts zuläßt".

13 Vgl. Wächter: Collision III, S. 162: „Man wird nicht in Abrede ziehen können, daß die Statusgesetze des Staates ihrem Zwecke und ihrer Absicht nach den Unterthanen überall hin begleiten, wo er sich auch befinden mag."

14 Savigny: System VIII, S. 326: „Nach allgemeinen Grundsätzen nun möchte man annehmen, daß die persönliche Fähigkeit der Frau nach dem Gesetz ihrer Heimath zu beurtheilen wäre (§ 362). Allein gerade die hier einschlagenden Gesetze, die auf sittlichen Rücksichten beruhen, haben eine streng positive Natur, und daher sind die in dem Wohnsitz des Mannes geltenden Ehehindernisse schlechthin bindend, ohne Rücksicht auf die vielleicht abweichenden Gesetze in der Heimath der Frau, oder in dem Ort, an welchem die Trauung vorgenommen wird." Zum Meinungsstand am Ende des 19. Jahrhunderts siehe Niemeyer: Vorgeschichte des IPR, S. 170–183. Dazu auch sogleich unter 3.2.

storben war, die Einwilligung der Großeltern eingeholt werden (II 1 §§ 49–53 ALR). Waren auch keine Großeltern mehr vorhanden, sollte die Einwilligung des Vormunds eingeholt werden, der wiederum eine Genehmigung des vormundschaftlichen Gerichts einholen musste (II 1 § 54 ALR).

Die Form der Eheschließung war in den II 1 §§ 136 ff. ALR geregelt. Insbesondere wurde die Ehe durch den Priester geschlossen (II 1 § 136 ALR), der vor der Eheschließung ein Aufgebotsverfahren nach den II 1 §§ 138–153 ALR durchzuführen hatte.[15] Ab dem 30. März 1847 galt in Preußen eine Eheverordnung, die das Aufgebotsverfahren regelte und in diesem Punkt das ALR als *lex specialis* verdrängte.[16]

Außerhalb der preußischen Gebiete gab es eine Vielzahl örtlicher Ehegesetze, die in der Regel an das kanonische *ius commune* angelehnt waren und jeweils individuelle Regelungen des Mindestalters für die Eheschließung vorsahen. Auch kannten sie jeweils Aufgebotsverfahren,[17] in deren Rahmen die Eheschließungsabsichten der zukünftigen Eheleute bekannt zu machen waren, um Angehörigen und Mitbürgern die Möglichkeit zu geben, auf Ehehindernisse hinzuweisen und im Falle einer Nichtanzeige von einer späteren Geltendmachung auszuschließen.[18] Diese kirchlichen Aufgebotsverfahren waren indes zum einen niedrigschwelliger als das französische zweistufige Verfahren des Art. 63 Code civil, das nicht nur von staatlicher Stelle durchgeführt wurde, sondern auch zwingend mit einer Registereintragung einherging. Zum anderen gab es keine dem Art. 170 Code civil vergleichbare Regelung, wonach Ehen nichtig waren, die im Ausland ohne Aufgebotsverfahren in der Heimat geschlossen worden waren.

1.3 Preußisches Edikt vom 27. Februar 1816 (Friedrich Wilhelm III.)

Schon während der napoleonischen Besatzungszeit zeigte sich, dass die Anwendung des Code civil auf Ehen, die auf deutschem Boden geschlossen worden

---

15 Zur Tradition der Aufgebotsverfahren in den evangelischen Kirchenordnungen ab dem 16. Jahrhundert siehe Kramp: Aufgebot, S. 58–61.

16 Verordnung vom 30. März 1847, in: Friedberg: Eheschließung, S. 786–788.

17 Zu den Einzelheiten der Eheschließungsvoraussetzungen auf deutschem Boden siehe Kramp: Aufgebot, S. 67–69, der zwar kurz auf das durch den Code civil geprägte badische Recht eingeht, das rheinische Recht aber außen vor lässt. Speziell zur Notwendigkeit des Aufgebotsverfahren in nahezu allen deutschen Ländern ebd., S. 67, Fn. 232 m.N. Siehe auch Friedberg, Eheschließung: Im Anhang dieses Bandes sind die deutschen Civilehegesetze der Mitte des 19. Jahrhunderts abgedruckt.

18 Vgl. Löhnig: Vorbemerkung §§ 1310–1312, Rn. 2: Da Verlobte heute in der Regel nicht mehr am Wohnort bekannt seien, habe das Aufgebot seinen Zweck verloren und sei deswegen durch das Eheschließungsreformgesetz 1998 abgeschafft worden. Der Code civil sieht ein eheliches Aufgebotsverfahren weiterhin in den Art. 63–76 Code civil vor.

waren, zu erheblichen praktischen Problemen führte. Den Ehen, die den französischen Formerfordernissen nicht genügten, insbesondere weil sie nicht vor einem Standesbeamten geschlossen worden waren, drohte die Nichtigkeit. Insofern bestand in vielen Fällen erhebliche Rechtsunsicherheit nicht nur in Bezug auf die Gültigkeit der Ehe, sondern auch hinsichtlich der Ehelichkeit der Kinder. Deswegen erließ Friedrich Wilhelm III. von Preußen (1770–1840) am 27. Februar 1816 ein Edikt, um die „beunruhigenden Zweifel über die Gültigkeit [der] unförmlich eingegangenen Verbindungen, so wie über die Rechtmäßigkeit der darin erzeugten Kinder"[19] zu klären (Edikt, die Gültigkeit der Ehen betreffend, welche in den mit der Preußischen Monarchie vereinigten, vormals Französischen oder Westphälischen Provinzen unter Beseitigung der Vorschriften des Französischen Gesetzbuchs vollzogen sind).

Das Edikt war denkbar kurz. Nach seinem § 1 sollten alle Ehen, die in den Gebieten, die unter französischer Herrschaft gestanden hatten, durch priesterliche Einsegnung vollzogen worden waren, als gültig und die darin gezeugten Kinder als ehelich angesehen werden, auch wenn die Eheschließung nicht den französischen Formerfordernissen entsprach. Nach § 2 sollten Ehen ausgeschlossen sein, denen ein Verbot entgegenstand, das auch nach dem ALR die Nichtigkeit nach sich ziehen würde. In § 3 war schließlich geregelt, dass es den betreffenden Eheleuten oblag, sich Atteste über die priesterliche Einsegnung ausstellen zu lassen, und ihre Ehen in die Zivilstandsregister und Kirchenbücher eintragen zu lassen.

1.4 Das Civilehe-Reichsgesetz von 1875 (Wilhelm I.)

Durch das Reichsgesetz über die Beurkundung des Personenstandes und die bürgerliche Eheschließung von 1875 (Civilehe-Reichsgesetz – CERG), das am 1. Januar 1876 in Kraft trat, wurde im gesamten deutschen Reich die obligatorische Zivilehe unter Ausschluss von Geistlichen eingeführt.[20] Angekündigt wor-

19 Präambel zum Edikt No. 347, die Gültigkeit der Ehe betreffend, welche in den, mit der Preußischen Monarchie vereinigten vormals Französischen oder Westphälischen Provinzen unter Beseitigung der Vorschriften des Französischen Gesetzbuches vollzogen sind vom 27sten Februar 1816.

20 Zur Kritik hieran insbesondere in Sachsen und Bayern Reber: Civilehe-Gesetz, S. 3–6. Vorläufer des Reichsgesetzes war das Gesetz des Norddeutschen Bundes betreffend die Eheschließung von Bundesangehörigen im Auslande von 1870. Nachdem sich die deutschen Staaten nördlich der Mainlinie unter preußischer Führung im Norddeutschen Bund zusammengeschlossen hatten, hatte Wilhelm I. mit Zustimmung des Bundesrats und des Reichstags das Gesetz erlassen, um das Verfahren der Eheschließung von Bundesangehörigen zu vereinheitlichen. Dieses sah unter anderem in den §§ 3–6 ein Aufgebotsverfahren vor.

den war dieses Gesetz bereits in Art. 19 der Verfassungsurkunde für den Preußischen Staat vom 31. Januar 1850. Ein Motiv für die Einführung der obligatorischen Zivilehe dürfte nicht zuletzt darin gelegen haben, dass der protestantische Kaiser Wilhelm I. (1797–1888) der katholischen Kirche, die in weiten Teilen Deutschlands eine zentrale Rolle bei der Eheschließung spielte, kritisch gegenüberstand und ihr diesen Bereich entziehen wollte.[21]

Im Civilehe-Reichsgesetz von 1875 wurde im gesamten Reich verbindlich geregelt, dass die Eheschließung vor dem Standesbeamten erfolgen müsse. In den §§ 28–40 CERG fanden sich Regelungen dazu, unter welchen Umständen Standesbeamte eine Eheschließung vornehmen sollten,[22] insbesondere welche Form- und Alterserfordernisse es zu beachten galt. Nach § 28 CERG sollten Männer ab dem 20., Frauen ab dem 16. Lebensjahr ehemündig sein. Nach §§ 29 f. CERG bedurften Söhne bis zum 25. Lebensjahr und Töchter bis zum 24. Lebensjahr der elterlichen Einwilligung. Nach den §§ 44 ff. CERG sollte der Eheschließung ein Aufgebot vorhergehen.[23]

Rechtsfolgen bei Verstößen gegen die statuierten Voraussetzungen der Eheschließung setzte das Civilehe-Reichsgesetz von 1875 nicht fest.[24] Das führte dazu, dass es sich in Fällen, in denen ein Standesbeamter eine Ehe geschlossen

---

21 Zum Verhältnis Wilhelms I. zum Katholizismus siehe Markert: Wider die „Coalition der Jesuiten", S. 5–25.

22 Vgl. auch Mot. IV, S. 8.

23 Die Vorschriften zum Aufgebotsverfahren blieben bei Erlass des BGB 1900 in Kraft (vgl. Mot. IV, S. 9 f., 15). Im BGB geregelt wurden nicht sämtliche Verfahrensvorschriften für den Standesbeamten, sondern nur die Vorschriften, deren Nichteinhaltung die Anfechtbarkeit oder Nichtigkeit der Ehe nach sich zog. Die Regelungen zum Aufgebotsverfahren fielen für den BGB-Gesetzgeber nicht darunter. Das Civilehe-Reichsgesetz von 1875 wurde 1938 durch das Gesetz zur Vereinheitlichung des Rechts der Eheschließung und der Ehescheidung im Lande Österreich und im übrigen Reichsgebiet vom 6. Juli 1938, RGBl. 1938 I, S. 807, abgelöst. Dieses sah in § 16 ein Aufgebotsverfahren vor, das aber eine Publikation der Einzelheiten der Eheschließung nicht mehr vorschrieb. Nach dem Zweiten Weltkrieg wurde dieses Gesetz durch das Kontrollratsgesetz Nr. 16 vom 20. Februar 1946 (Ehegesetz, ABl. AK S. 77, 294, BGBl. III, S. 404–1) abgelöst, das in seinem § 12 ein inhaltsgleiches Aufgebotsverfahren vorsah. Mit Außerkrafttreten dieses Gesetzes durch das Gesetz zur Neuordnung des Eheschließungsrecht vom 4. Mai 1998, BGBl. I, S. 833, fand die überholte Terminologie des Aufgebots ihr Ende und wurde durch „Anmeldung der Eheschließung" ersetzt.

24 Die Verfasser des ersten BGB-Entwurfs von 1888 sprachen sich dann auch mit Nachdruck für eine einheitliche Regelung der materiellen sowie formellen Eheschließungsvoraussetzungen sowie der Fehlerfolgen im BGB aus, vgl. Mot. IV, S. 9. Nach § 1233 des Entwurfs setzte die Eheschließung Ehemündigkeit voraus, die bei Männern mit dem zurückgelegten 20. Lebensjahr, bei Frauen mit dem zurückgelegten 16. Lebensjahr eintreten sollte. Bei beschränkt geschäftsfähigen Ehepartnern wurde nach § 1232 Abs. 2 des Entwurfs eine Einwilligung der gesetzlichen Vertreter vorausgesetzt. Durchsetzen konnte sich diese Lösung nicht. Mit Inkrafttreten des BGB 1900 setzte man einheitlich Volljährigkeit für die Eheschließung voraus (§ 1303 BGB). Hintergrund

hatte, obwohl bestimmte formelle oder materielle Eheschließungsvoraussetzungen nicht vorlagen, gem. § 36 CERG nach den Vorschriften des Ortes beurteilte, an dem die Eheschließenden bei der Eheschließung ihren Wohnsitz hatten, ob die fehlerhafte Ehe nichtig, aufhebbar oder heilbar sein sollte.[25]

2. Vier Entscheidungen

2.1 Sibilla (1825)

In der eingangs vorgestellten Entscheidung aus dem Jahr 1825 beschäftigte sich der Appellationsgerichtshof Köln mit der Frage, ob die Ehe, die Sibilla Tannenberg 1806 im Herzogtum Berg mit Johann Gerhard Ranft eingegangen war, wirksam geschlossen worden war, und wenn ja, ob die Krefelder Behörden der unter Verstoß gegen die Formerfordernisse und die Altersanforderungen des rheinischen Rechts geschlossenen Ehe gleichwohl die Anerkennung versagen konnten.[26] Je nach Beantwortung dieser Fragen könnte Johann Gerhard Ranft nämlich unter Umständen nicht der strafrechtliche Vorwurf der Bigamie gemacht werden.

In der ersten Instanz hatte das Landgericht Düsseldorf die erste Ehe für gültig und sie für die Krefelder Behörden für verbindlich gehalten. Auf das Rechtsmittel der zweiten Ehefrau hob der Appellationsgerichtshof Köln das Urteil auf, weil es

> eben so ungerecht als unbillig seyn würde, die am 3. Februar 1806 im Auslande, ohne Beobachtung der gesetzlichen Formen und dem 170. Art. zuwider, eingegangene Ehe der Appellantin Anna Elisabeth Schiffgens, die davon keine Wissenschaft hatte, entgegen zu setzen.

---

hierfür waren insbesondere Praktikabilitätserwägungen, wie die Vermeidung nicht (voll) geschäftsfähiger Eheleute, Prot. IV, S. 19–22.

25 RhA 83 = N.F. 76/1 (1892), S. 35 (38): „Für die rechtlichen Folgen [...] sind nach § 36 des zuletzt bezogenen Gesetzes die Bestimmungen des Landesrechts maßgebend, und zwar, soweit dieses im Heimathstaate des Eheschließenden ein verschiedenes sein sollte, das Gesetz desjenigen Landestheils, dem der Eheschließende durch sein inländisches Domizil vor der Eheschließung angehörte; [...]".

26 RhA 6/1 (1825), S. 161–166. Dazu auch bereits Schneider: Rheinischer Appellationsgerichtshof, S. 322 f., der das Urteil als Beleg für die „konkrete Sachgerechtigkeit" der Entscheidungen des Rheinischen Appellationsgerichtshofs sieht. Dabei verkennt er indes die Bedeutung des Art. 170 Code civil für die Entscheidung und geht davon aus, dass die Nichtigkeit der ersten Ehe auf Ranfts Minderjährigkeit zurückzuführen ist.

Der Appellationsgerichtshof Köln beurteilte nach rheinisch-französischem Kollisionsrecht, welches Recht auf den zu entscheidenden Sachverhalt Anwendung finden sollte[27]: Nach Art. 3 Abs. 3 Code civil sollte auf die rechtlichen Fähigkeiten eines Rheinländers (Johann Gerhard Ranft) rheinisch-französisches Recht anwendbar sein. Hiernach hätte er nach Art. 144 Code civil das 18. Lebensjahr erreicht haben müssen, um eine Ehe schließen zu können. Zudem hätte er nach Art. 148 Code civil zur Schließung einer gültigen Ehe der Einwilligung der Eltern bedurft, weil er nicht das 25. Lebensjahr vollendet hatte. Damit war die Ehe zunächst (schwebend) unwirksam. Indes ging der Appellationsgerichtshof davon aus, dass der Mangel geheilt sei, weil Johann Gerhard Ranft mittlerweile volljährig sei und weder er noch seine Eltern die Ehe angefochten haben.[28]

In Bezug auf die Frage der Form der Eheschließung verwies der Appellationsgerichtshof auf Art. 170 Code civil, wonach auf die Form der Eheschließung im Ausgangspunkt das Ortsrecht anwendbar sei. Zwar seien die Formerfordernisse des bergischen Rechts eingehalten worden, aber gleichwohl hätte in Krefeld nach Art. 63 Code civil zwingend ein Aufgebotsverfahren mit Publikation der Daten der Eheleute stattfinden müssen. Da ein solches Aufgebotsverfahren – das auch bei Anwendbarkeit fremden Rechts zwingend sei – nicht stattgefunden habe, sei die erste Eheschließung für die Krefelder Behörden nicht verbindlich. Eine Heilung, wie sie in Bezug auf das Alter möglich sei, komme hier nicht in Betracht.

Das strenge rheinisch-französische Recht hatte damit fatale Folgen für Sibilla. Obwohl die Eheschließung den bergischen – nach Art. 170 Code civil anwendbaren – Formerfordernissen genügte, hielt der Appellationsgerichtshof sie für unwirksam, weil eine zwingende Formvorschrift des rheinischen Rechts unberücksichtigt geblieben war. Letztlich standen dahinter Erwägungen der Generalprävention, wie der Appellationsgerichtshof selbst hervorhob:

> daß es, wie bei der Berathschlagung über diesen Artikel bemerkt worden, an Beispielen einer doppelten, einmal im Auslande, dann im Inlande mit einem Andern, geschlossenen Ehe nicht fehlte, und ähnliche Fälle, besonders auf den Grenzorten sich leicht ereignen könnten, welche der Gesetzgeber nur dadurch verhüten konnte, daß er solche im Auslande geschlossene Ehen für ungültig erklärte, und denjenigen in Schutz nahm, dem es im entgegengesetzten Falle unmöglich seyn würde, sich für solche Irrthümer und für einen auf keine andere Weise zu ersetzenden Schaden zu hüten.

---

27 Dass sich die Frage des anwendbarem Recht nach der *lex fori* richten sollte, war weithin anerkannt; ein Überblick über den Meinungsstand findet sich bei Wächter: Collision I, S. 230–240.

28 RhA 6/1 (1825), S. 161 (163 f.).

Vor diesem Hintergrund hielt es der Appellationsgerichtshof auch für unerheblich, dass Ehen, die unter Verstoß gegen die Aufgebotspflicht im Inland geschlossen worden waren, nach rheinisch-französischem Recht nicht nichtig waren. Denn im Inland sei es möglich, die Standesbeamten genau zu beaufsichtigen und zu verpflichten, die gesetzlichen Formen einzuhalten, was sich bei ausländischen Standesbeamten als weitaus schwieriger erweise. Insofern bestehe in grenzüberschreitenden Fällen eine andere Interessenlage als in Fällen, in denen im Inland gegen das Publizitätsgebot verstoßen worden sei.[29]

Für beide Frauen, Sibilla Tannenberg wie Anna Elisabeth Schiffgens, dürfte die rechtliche Bewertung ihrer Ehen erhebliche praktische und soziale Konsequenzen gehabt haben, sei es in Bezug auf das eheliche Güterrecht oder die Ehelichkeit möglicher Kinder. Letztlich erging die Entscheidung zu Gunsten des Johann Gerhard Ranft, der – jedenfalls soweit die Entscheidungsgründe es offenlegen – derjenige war, der bewusst zwei Frauen geheiratet hatte. Offen bleibt, ob die zur Entscheidung berufenen Vereinigten Zivilsenate des Appellationsgerichtshofs auch in dieser Weise – zu Gunsten des Ehemanns, der sich von der ersten Ehe lossagen will – entschieden hätten, wenn es keine zweite Eheschließung gegeben hätte. Jedenfalls hätte es dann kein schutzwürdiges Vertrauen einer zweiten Ehefrau gegeben. Ebenso bleibt offen, ob die Vereinigten Zivilsenate anders entschieden hätten, wenn die Ehelichkeit möglicher Kinder in Streit gestanden hätte.[30] Ihre Argumentation bezieht sich ausschließlich auf die Angemessenheit gegenüber der gutgläubigen Anna Elisabeth Schiffgens, die sich darauf verlassen durfte, dass Johann Gerhard Ranft unverheiratet gewesen sei, weil nichts anderes publik gemacht worden sei. Im Gegenzug sah das Gericht Sibilla Tannenberg als weniger schutzwürdig, weil sie eben einen Rheinländer geheiratet hatte und hätte sicherstellen müssen, dass die rheinischen Formerfordernisse eingehalten werden.

2.2 Titia (1822)

Mehr Glück hatte Titia. Zwar war auch sie unter Verstoß gegen die rheinischen materiellen und formellen Eheschließungsvoraussetzungen eine Ehe mit einem Rheinländer eingegangen. Doch gingen die Vereinigten Zivilsenate des Rheinischen Appellationsgerichtshofs in ihrem Fall – den sie nur zweieinhalb Jahre vor Sibillas Fall entschieden hatten – davon aus, dass die Ehe nach dem Edikt vom 27. Februar 1816 *(ex nunc)* geheilt sei. Zudem räumte das Gericht ihr eine

29 RhA 6/1 (1825), S. 161 (164 f.).

30 Laut Schneider: Rheinischer Appellationsgerichtshof, S. 322 f. hatte Anna Elisabeth Kinder; er belegt das indes nicht.

vierwöchige Frist ein, um Tatsachen vorzutragen, aus denen sich ergebe, dass ihre Ehe öffentlich bekannt und ihre Tochter als eheliches Kind anerkannt gewesen sei, wodurch die Ehe dann auch vor dem 27. Februar 1816 als geheilt anzusehen sei.[31]

Die katholische Titia hatte im Oktober 1805 den 20-Jährigen, lutherischen N, der aus dem Gebiet des späteren Großherzogtums Niederrhein stammte, in einer bergischen Gemeinde vor einem katholischen Pfarrer und im Anschluss vor dem lutherischen Pfarrer geheiratet. Ein Aufgebotsverfahren hatten die Eheleute weder in Berg noch im Rheinland durchgeführt. In den Entscheidungsgründen bleibt offen, ob Titia selbst Rheinländerin war oder aus der bergischen Gemeinde stammte, in der die Ehe geschlossen wurde. Jedenfalls nahmen die Eheleute nach der Eheschließung ihren Wohnsitz im Rheinland.

Im Folgejahr, 1806, wurde dort eine Tochter geboren. 1815 verstarb N. Als auch seine Mutter 1821 verstarb, verlangte Titia als Vormundin ihrer Tochter, dass diese als rechtmäßige Enkelin am Nachlass der Großeltern beteiligt werde. Ihre Schwägerin verwies nun darauf, dass die Ehe ihres Bruders mit Titia nichtig und auch nicht durch die Verordnung vom 27. Februar 1816 wirksam geworden sei, weil ihr Bruder, als die Verordnung 1816 in Kraft trat, bereits verstorben gewesen sei.

Aufgrund der politischen Verschiebungen zu Beginn des 19. Jahrhunderts erweist sich die Frage nach dem anwendbaren Recht als kompliziert. Bis 1805 hatte das Herzogtum Berg östlich des Rheins an das Erzbistum Köln angegrenzt, das seit der Annektion durch Napoleon 1801 unter französischer Herrschaft stand. Von 1806 (also nach der Eheschließung von Titia und N) bis 1813 stand auch das Herzogtum Berg – als napoleonischer Satellitenstaat Großherzogtum Berg mit Hauptstadt Düsseldorf – unter französischer Herrschaft. Nach dem Wiener Kongress von 1814 bis 1815 waren die Provinzen Großherzogtum Niederrhein und Jülich-Kleve-Berg Teil des Königreichs Preußen. Am 22. Juni 1822 wurden sie zur preußischen Rheinprovinz vereinigt. Im „Rheinischen Archiv" von 1822 wird von der Entscheidung nun als Fall einer „Ehe im Ausland geschlossen" berichtet. Denn im Zeitpunkt der Eheschließung (1805) wendete man in Berg noch das kanonische *ius commune* an, während westlich des Rheins bereits der Code civil Anwendung fand.

Nach rheinischem Recht hätte N für die Eheschließung nach Art. 148 Code civil der Einwilligung seiner Eltern bedurft. Der lutherische Pfarrer hatte im Kirchenbuch bestätigt, dass die notwendigen Unterlagen vorgelegt worden seien, war dabei jedoch nicht explizit auf die erforderliche Einwilligung der Mutter eingegangen. In formeller Hinsicht war die Eheschließung gleich aus

31 RhA 3/1 (1822), S. 99–108.

mehreren Gesichtspunkten problematisch. Erstens verstieß sie gegen Art. 165 Code civil, weil sie ausschließlich vor kirchlichen Amtsträgern geschlossen worden war. Infolgedessen hätte die Ehe nach Art. 191 Code civil[32] von den Eheleuten, ihren Eltern oder sonstigen Personen mit einem Interesse angefochten werden können, wenn denn auf die Form rheinisches Recht anwendbar wäre. Allerdings wendete der Appellationsgerichtshof nach dem Prinzip der *lex fori* auf die Eheschließung im Großherzogtum Berg die dortigen Formvorschriften an. Das galt indes nicht für die rheinische Notwendigkeit des Aufgebotsverfahrens (Art. 65 Code civil). Dieses war wegen Art. 170 Code civil zwingend durchzuführen, auch dann, wenn die Ehe im Ausland geschlossen worden war.

Vor dem Kölner Landgericht hatte Titia mit ihrem Begehren Erfolg. Der Appellationsgerichtshof musste nun über die dagegen eingelegte Berufung ihrer Schwägerin entscheiden. Das Gericht bejahte die Beteiligung am Nachlass der Großmutter vor dem Hintergrund des Edikts vom 27. Februar 1816. Zwar sei N schon 1815 verstorben, aber nach dem Sinn und Zweck des Gesetzes könne es auch Ehen zur Wirksamkeit verhelfen, bei denen ein Ehepartner bereits verstorben sei. Die Ehe zwischen Titia und N sei 1816 *ex nunc* wirksam geworden, sodass ihre Tochter am Nachlass der 1821 verstorbenen Großmutter beteiligt werden müsse. Der Appellationsgerichtshof erstreckte die Heilungswirkung des Edikts damit nicht nur auf die formellen, sondern auch auf die materiellen Fehler der Eheschließung.

Darüber hinaus wies der Appellationsgerichtshof darauf hin, dass die Fehler der Eheschließung auch bereits früher geheilt worden sein könnten. Doch müssten hierzu Tatsachen dargelegt worden sein, die beweisen, dass die Ehe am Heimatort öffentlich bekannt war und die Tochter als eheliche Tochter des N anerkannt gewesen sei.[33] Da Titia diesen Beweis nicht geführt hatte, setzte der Appellationsgerichtshof ihr eine vierwöchige Frist, um Tatsachen vorzutragen, aus denen sich ergebe, dass ihre Ehe öffentlich bekannt und ihre Tochter als eheliches Kind anerkannt gewesen sei.[34] In diesem Fall könne die Ehe auch bereits ab dem Zeitpunkt, an dem sie öffentlich bekannt wurde, als wirksam anerkannt werden.

Anders als im Fall von Sibilla führte das preußische Edikt vom 27. Februar 1816 in Titias Fall zum nachträglichen Wirksamwerden der Ehe. Die Vereinigten Zivilsenate wendeten dabei das Edikt durchaus weit an. Denn nach seinem Wortlaut ging es um Eheschließungen in Regionen, in denen der Code civil auf-

32 „Tout mariage qui n'a point été contracté publiquement, et qui n'a point été célébré devant l'officier public compétent, peut être attaqué par les époux eux-mêmes, par les père et mère, par les ascendans, et par tous ceux qui y ont un intérêt né et actuel, ainsi que par le ministère public."

33 RhA 3/1 (1822), S. 99 (107).

34 RhA 3/1 (1822), S. 99 (107).

grund der französischen Besatzung zeitweise gegolten hatte und in denen während der Besatzungszeit Ehen geschlossen worden waren, die den Formerfordernissen des Code civil nicht genügten. Im Fall von Titia ging es dagegen um eine Ehe, die im Großherzogtum Berg nach den dortigen Formvorgaben geschlossen worden war, bei der aber einerseits das im Rheinland zwingende Aufgebotsverfahren nicht durchgeführt worden war und andererseits die elterliche Einwilligung fehlte, die der rheinische Ehemann nach seinem Heimatrecht benötigte. Insofern ging das Gericht davon aus, dass nicht nur formelle, sondern auch materielle Fehler durch das Edikt vom 27. Februar 1816 geheilt werden könnten.

2.3 Anna Catharina (1880)

Ein gutes halbes Jahrhundert später hatten die rheinischen Gerichte wieder einen Fall zu entscheiden, in dem es um die Wirksamkeit einer Eheschließung im Ausland ging – nun aber in einer ganz anderen kollisionsrechtlichen Konstellation. Am 14. Januar 1879 hatte die am 28. März 1857 geborene Anna Catharina Lüps in England die Ehe mit dem aus dem Rheinland stammenden und dort wohnhaften Plümacher geschlossen.[35] Nach der Eheschließung ließ das Ehepaar sich im Rheinland nieder. Anna Catharinas Vater, der „in früherer Zeit aus der preußischen Staatsangehörigkeit entlassen worden“ war, in Holland lebte, aber gleichzeitig einen Wohnsitz in Düsseldorf behalten hatte, war mit der Eheschließung nicht einverstanden und klagte vor den rheinischen Gerichten auf Nichtigerklärung der Ehe. Das begründete er damit, dass er in die Eheschließung der am Hochzeitstag noch nicht 24 Jahre alten Anna Catharina nicht eingewilligt habe.

Das Oberlandesgericht Köln bestätigte in seiner Entscheidung vom 10. März 1880 die Entscheidung des Kölner Landgerichts vom 23. Juli 1879 und erklärte die Ehe für unwirksam, weil eine wirksame Eheschließung der 21-jährigen Anna Catharina ohne Einwilligung ihres Vaters ausgeschlossen gewesen sei. Dabei ging es davon aus, dass auf die Frage nach der Notwendigkeit der Einwilligung des Vaters in die Ehe der Tochter das Recht des Orts angewendet werden müsse, an dem die Ehe „ihre Wirkungen äußere“ und das sei am Wohnsitz des Ehemanns im Rheinland.[36] Hilfsweise knüpfte es an den Vater an, um dessen

---

35 RhA 71 = N.F. 64/1 (1880), S. 72–75.

36 RhA 71 = N.F. 64/1 (1880), S. 72: „Im Gebiete des Rheinischen Rechts bildet der Mangel der väterlichen beziehungsweise der mütterlichen Einwilligung zur Eheschließung für die Tochter auch dann, wenn sie nach erlangter Großjährigkeit, aber vor vollendetem vier und zwanzigsten Lebensjahre zur Ehe schreitet, ein trennendes Hinderniß. Die desfallsige Nichtigkeitsklage ge-

„Recht“ es schließlich gehe, über die Eheschließung seiner Tochter zu entscheiden. In Bezug auf dieses väterliche Recht, das bis zum 24. Lebensjahr seiner Tochter durch § 29 des Reichsgesetzes vom 6. Februar 1875 begründet werde, komme es auf seinen Wohnsitz (in der Provinz Holland bzw. im Rheinland) an. Der Vereinigte I. und II. Senat des Oberlandesgerichts Köln entschied letztlich nicht, ob es auf das rheinische oder das holländische Recht ankomme, da die Ehe nach beiden Rechten unwirksam sei. Denn einerseits hätte Anna Catharina nach dem im Rheinland anwendbaren Civilehe-Reichsgesetz von 1875 der Einwilligung ihres Vaters bedurft. Für die Rechtsfolge der fehlenden Einwilligung griff das Gericht auf das rheinisch-französische Recht zurück, wonach die fehlerhafte Ehe zwar geheilt werden konnte, was aber nicht geschehen sei – Anna Catharina war im Entscheidungszeitpunkt 1880 immer noch 22 und ihr Vater war weiterhin mit der Ehe nicht einverstanden –, sodass die Ehe unwirksam sei. Andererseits hätte Anna Catharina aber nach holländischem Recht ebenso der Einwilligung bedurft, weil sie nach dortigem Recht als noch nicht 23-Jährige minderjährig war, sodass die Ehe mangels elterlicher Einwilligung jedenfalls auch (schwebend) unwirksam war.

Anders als in den Fällen von Sibilla und Titia ging es in der Entscheidung nicht um Formfehler, sondern ausschließlich um materielle Eheschließungsvoraussetzungen in Form des Alters eines Ehepartners und der fehlenden elterlichen Einwilligung. Die in England von der 21-jährigen Anna Catharina ohne Einwilligung ihres Vaters am 14. Januar 1879 eingegangene Ehe wurde am 10. März 1880 vom Oberlandesgericht Köln für unwirksam erklärt.

2.4 K (1892)

Um einen weiteren Fall einer Eheschließung in England, die vor den rheinischen Gerichten angefochten wurde, handelt es sich bei der Sache K gegen K, in der ein junges Paar aus Bonn ohne Einwilligung der Eltern in London geheiratet hatte.[37] Nach der Eheschließung waren sie nach Bonn zurückgekehrt, hatten die Ehe aber nicht im Heiratsregister eintragen lassen. Der Ehemann hatte das 25. Lebensjahr im Zeitpunkt der Eheschließung noch nicht vollendet. Sein Vater beantragte nun die Ungültigerklärung der Ehe und hatte vor dem Land-

hört auch alsdann vor das Gericht des Wohnsitzes des inländischen Ehemannes, wenn die Eheschließung im Auslande stattgefunden hat, und ist dieselbe ebenso in materieller Beziehung nach dem diesseitigen Rechte zu beurtheilen.“

37 RhA 83 = N.F. 76/1 (1892), S. 35–39; die Revisionsentscheidung des Reichsgerichts findet sich in RhA 83 = N.F. 76/2 (1892), S. 89–91.

gericht am 10. Juni 1890 Erfolg: Mangels väterlicher Einwilligung sei die Ehe unwirksam.

Das erstinstanzliche Gericht war davon ausgegangen, dass es sich um eine Frage der Ehewirkungen handle, für die es auf das Recht am ersten ehelichen Domizil in Bonn ankommen solle. Nach dem dort geltenden § 29 CERG setzte die Eheschließung die väterliche Einwilligung voraus, da der Sohn das 25. Lebensjahr noch nicht erreicht hatte. Da eine solche nicht vorliege, sei die Ehe unwirksam.

Der III. Senat des Oberlandesgerichts Köln bestätigte die Entscheidung, begründete die Anwendbarkeit rheinischen Rechts aber anders. Es komme nicht auf das (geplante) eheliche Domizil an, weil es nicht um eine Frage der allgemeinen Ehewirkungen gehe,[38] sondern um eine Frage der materiellen Eheschließungsvoraussetzungen. Da der Ehemann aus Bonn stamme und sein Wohnsitz bis zur Eheschließung im Gebiet des rheinischen Rechts gelegen habe, komme es nach Art. 3 Abs. 3 Code civil auf das rheinische Recht an. Da nach dem – auch im Rheinland anwendbaren – § 29 CERG die Einwilligung fehle, könne der Vater die Ehe nach Art. 182 Code civil für ungültig erklären lassen. Art. 170 Code civil bestätige das noch einmal deklaratorisch, indem hier explizit festgehalten sei, dass Inländer auch bei Eingehung einer Ehe im Ausland an die Art. 144–164 Code civil gebunden seien und damit auch an das in Art. 148 Code civil geregelte Erfordernis der väterlichen Einwilligung.

Der zweite Zivilsenat des 1879 gegründeten Reichsgerichts bestätigte am 27. Oktober 1891 die Entscheidung des Oberlandesgerichts.[39] Wenngleich die Wirkungen der Ehe sich nach dem Recht des Ortes beurteilen, an dem sich die Eheleute niederlassen, handle es sich hier doch nicht um eine Frage der Ehewirkungen, sondern der materiellen Eheschließungsvoraussetzungen, die sich nach dem Heimatrecht des Ehemanns beurteilen. Dass der Sohn am 29. Juli 1891

---

38 Dass die Qualifikation von Ehewirkungen sich generell als schwierig erwies, zeigt sich auch in einer Entscheidung des Reichsgerichts aus dem Jahr 1889, in der der Ehemann über die bestehende Schwangerschaft seiner Ehefrau im Zeitpunkt der Eheschließung geirrt hatte (RhA 80 = N.F. 73/3 (1889), S. 110–114): Das Paar hatte im Gebiet des gemeinen Rechts geheiratet und ließ sich nach der Eheschließung im Rheinland nieder. Die Ehefrau war im Zeitpunkt der Eheschließung bereits von einem anderen Mann schwanger gewesen. Der Ehemann beantragte nun die Aufhebung der Ehe unter Hinweis auf seine Unkenntnis der Schwangerschaft. Das Reichsgericht entschied, dass es sich um eine Frage der Ehewirkungen (und nicht der materiellen Eheschließungsvoraussetzungen) handle. Diese seien nach dem Recht des Ortes zu beurteilen, an dem sich die Eheleute niedergelassen hätten, also dem rheinischen Recht. Hiernach komme eine Aufhebung der Ehe nur bei einem Irrtum in Bezug auf die Identität der Person in Betracht (Art. 180 Code civil). Da es sich nicht um einen solchen handle, scheide die Aufhebung der Ehe aus.

39 RhA 83 = N.F. 76/2 (1892), S. 89–91.

nun das 25. Lebensjahr erreicht hatte, hielt der Senat für unerheblich, da das Reichsgericht als Revisionsinstanz neue Tatsachen nicht berücksichtige.

3. Entwicklungslinien des rheinischen Ehekollisionsrechts

Die beiden hier dargestellten frühen Entscheidungen sind anders gelagert als die beiden späteren. Grund hierfür ist die Reichsgesetzgebung, die 1875 einheitliche Form- und Alterserfordernisse für die Eheschließung formulierte und zur Folge hatte, dass innerdeutsche Kollisionsfälle weitaus seltener wurden. Streitigkeiten traten jetzt insbesondere noch dann auf, wenn junge Paare die strengen Reichsregeln zu unterlaufen suchten, indem sie im nicht-deutschen Ausland eine Ehe schlossen. Rheinische Besonderheiten gab es in diesen Fällen noch bis zum Inkrafttreten des BGB in Bezug auf die Rechtsfolgen des Verstoßes gegen das Civilehe-Reichsgesetz von 1875. Insbesondere bedeutete das, dass Ehen, die trotz bestehender materieller Eheschließungshindernisse im Ausland geschlossen worden waren, geheilt werden konnten, während Ehen, die trotz bestehender formeller Eheschließungshindernisse im Ausland geschlossen worden waren, als nichtig eingeordnet wurden.

3.1 Aufgebotsverfahren und Art. 170 Code civil

In den Entscheidungen Sibilla (1825) und Titia (1822) ging es um Ehen, die außerhalb des Rheinlands geschlossen worden waren, wobei nicht nur die elterliche Einwilligung bei der Eheschließung fehlte, sondern auch das vorgeschriebene Aufgebotsverfahren nicht stattgefunden hatte. Diese Konstellation gleichzeitiger formeller sowie materieller Fehlerhaftigkeit der Eheschließung war häufig. Denn es bot sich für Minderjährige, die ohne Einwilligung ihrer Eltern heiraten wollten (oder mussten), geradezu an, den Rhein zu überqueren, um Publikationserfordernisse zu unterlaufen und ihre Eheschließung zu verheimlichen.

Die Entscheidungen, die in derartigen Fällen ergingen, erweisen sich als komplex, weil materielle und formelle Fehler der Eheschließung verschiedene Rechtsfolgen hatten. Bei der Minderjährigkeit kam eine nachträgliche Heilung der fehlerhaften Ehe in Betracht, nämlich dann, wenn die Minderjährigen mittlerweile volljährig waren und der Ehe weiterhin zustimmten. Denn der Minderjährigenschutz sowie der Schutz des elterlichen Bestimmungsrechts erledigten sich von selbst, wenn die jeweiligen Altersgrenzen erreicht waren und Eheleute und Eltern (konkludent) an der Ehe festhielten. Bei Formfehlern lag das anders, und zwar speziell wegen Art. 170 Code civil, der eine Heilung in der Regel ausschloss. Bei dieser Vorschrift, die die zwingende Durchführung eines Aufgebotsverfahrens im Rheinland anordnete, handelte es sich um einen Fremdkörper im deutschen Recht.

Die Praxis des ehelichen Aufgebotsverfahrens stammt aus dem kanonischen Recht und war im 19. Jahrhundert nicht nur in Frankreich, sondern auch in Deutschland verbreitet und in örtlichen Ehegesetzen geregelt.[40] Dabei finden sich in den Ehegesetzen indes keine Regelungen dazu, wie damit umzugehen war, wenn das Aufgebotsverfahren nicht durchgeführt worden war. Dass Eheschließungen, die ohne Aufgebotsverfahren geschlossen worden sind, nicht unwirksam sein sollen, ergibt sich nicht zuletzt aus den Motiven zum BGB. Hier liest man, dass die (fehlende) Durchführung des Aufgebotsverfahrens keinen Einfluss auf die Wirksamkeit der Eheschließung haben könne, und dass es vor diesem Hintergrund nicht im BGB geregelt werden sollte.[41] Die Einführung einer dem Art. 170 Code civil entsprechenden Vorschrift lehnte der Verfasser des Entwurfs des EGBGB, Albert Gebhard (1832–1907), dann auch nachdrücklich ab.[42]

Art. 170 Code civil legte hingegen für das Rheinland explizit fest, dass eine im Ausland geschlossene Ehe nur wirksam *(valable)* sein könne, wenn das Aufgebotsverfahren in der Heimat durchgeführt worden sei.[43] Sei dies nicht der Fall, sei die geschlossene Ehe nicht nur fehlerhaft, sondern auch unheilbar nichtig. Insofern legt der Code civil einen besonderen Fokus auf die Bedeutung der Publizität im Inland. Rheinische Verlobte sollten sich im Rheinland darauf verlassen können, dass Rheinländer, deren frühere Eheschließungsabsichten nicht im Rahmen eines Aufgebotsverfahrens bekannt gemacht worden waren, auch nicht verheiratet waren. Dass es sich bei Art. 170 Code civil um eine politisch motivierte Regelung handelt, ergibt sich unter anderem daraus, dass sich in den Schriften von Jean Domat[44] (1625–1696) und Robert-Joseph Pothier[45]

---

40 Siehe oben 1.2.

41 Mot. IV, S. 8–10.

42 Niemeyer: Vorschläge und Materialien, S. 194, und ganz explizit Niemeyer: Vorgeschichte des IPR, S. 182 f.: „Besondere Gründe, welche angezeigt erscheinen lassen könnten, von den im Auslande heiratenden Deutschen zu fordern, daß sie das Aufgebot im Gebiete des Deutschen Reichs bewirken lassen, auch wenn das Recht des Eingehungsortes dies nicht verlangt, sind nicht vorhanden."

43 RhA 6/1 (1825), S. 161 (163): „Daß der Appelant die Absicht, zu heirathen, weder vor dem 3. Februar 1806 in Krefeld durch öffentliche Aufgebote gehörig bekannt gemacht, noch bei seiner Wiederkunft die hierüber aufgenommene Urkunde dem Personenstandes-Beamten eingehändiget hat, um sie den Registern einzutragen, mithin von dieser Seite alles geschehen ist, um dem 16. Art. des B. G. B. zuwider, die Ehe zu verheimlichen; [...]".

44 Domat behandelt im 3. Kapitel seines Traité des lois, S. 8–12 das Recht der Eheschließung, sieht aber keine vergleichbare Regel vor.

45 Pothier: Contrat de Mariage, erläutert auf den S. 72–89 das Aufgebotsverfahren (*bans de mariage*). Unter den Gründen (S. 363–463), aufgrund derer eine Ehe nichtig sein kann, findet sich das Aufgebotsverfahren indes nicht. Im Gegenteil heißt es auf S. 464 explizit: „l'inobservation de

(1699–1772), die einen wichtigen Ausgangspunkt für den Code civil bieten, ebenso wenig eine vergleichbare Regel findet wie im *droit coutumier*, obwohl überall das Aufgebotsverfahren *(publication des bans)* eine feste Tradition hatte.[46] Auch die Tatsache, dass sich – anders als später im BGB – im 2. Titel des 1. Buchs des Code civil umfassende Regelungen zu den „Actes de l'État civil" und damit auch zum ehelichen Aufgebotsverfahren (Art. 63–76 Code civil) finden, belegt die Bedeutung, die der französische Gesetzgeber der Publizitätswirkung seines Aufgebotsverfahrens und den in diesem Zusammenhang gepflegten Registern einräumte.

Auf diese Regelungen verwies nun der 1804 in Kraft getretene Art. 170 Code civil, den der französische Staatsrat (Conseil d'État) am 26. September 1801 als im Wesentlichen gleichlautenden Art. 8 des Eherechtsentwurfs von Jean-Jacques-Régis de Combacérès (1753–1824) diskutierte.[47] Für die Einführung der Regelung führte man verschiedene Gründe an: Zwar gestalte es sich unter Umständen für lange im Ausland lebende Franzosen schwierig, ein Aufgebotsverfahren in Frankreich durchzuführen. Doch rechtfertige sich die Regelung vor dem Hintergrund der Gefahr, dass andernfalls Minderjährige ohne Kenntnis und Einwilligung ihrer Eltern im Ausland heirateten, und dass auf diese Weise auch die Bigamie vermieden werden könne.[48] Zudem sei es vorzugswürdig, bestimmte, fehlerhafte Ehen zu vermeiden und nicht erst nachträglich aufzuheben.[49] Der Tribunat folgte diesen Argumenten in seinen Sitzungen im August 1802 und auch in der Präsentation der Vorschrift vor dem corps législatif griff man sie wieder auf.[50]

---

cette regle (des bans de mariage, *K.B.*) n'empêche pas le mariage d'être valable." Speziell auf im Ausland geschlossene Ehen geht Pothier dabei freilich nicht ein.

46 Siehe nur Bossière: Us et coutumes, S. 245, 257 f.

47 Fenet: Travaux Préparatoires IX, S. 26, 34–37. Zwischen 1793 und 1796 hatte Jean-Jacques-Régis de Combacérès drei Entwürfe für den Code civil vorgelegt. Art. 8 des finalen Entwurfs, der zur Grundlage des Gesetzgebungsverfahrens wurde, lautete: „Le mariage contracté en pays étranger entre Français, et entre Français et étranger, sera valable s'il a été célébré dans les formes usitées dans le pays, pourvu qu'il ait été précédé des publications prescrites par l'article 3, et qu'il n'ait point été contracté en contravention aux dispositions contenues au chapitre Ier du présent titre."

48 Fenet: Travaux Préparatoires IX, S. 36.

49 Fenet: Travaux Préparatoires IX, S. 36 f.: „la formalité de la publication est fondée sur le principe qu'il vaut mieux prévenir un mariage vicieux que de l'annuler après qu'il est contracté: ainsi la publicité des mariages se lie à l'intérêt public."

50 Fenet: Travaux Préparatoires IX, S. 129, 156–164, 204, insbesondere S. 164: „On place encore parmi les mariages clandestins ceux qui n'ont point été précédés des publications requises, [...] ou dans lesquels le consentement des père et mère, des aïeuls et aïeules et des tuteurs, n'est point intervenu [...]. La nullité des mariages clandestins est évidente."

Durch die strikte Anwendung des Art. 170 Code civil wurden indes nicht nur die neuen Ehepartner geschützt, sondern auch – wie im Fall von Sibilla – der zweifache Ehemann, der durch die Nichtigerklärung der ersten Ehe dem Vorwurf der Bigamie entgehen konnte. Erwägungen zum Schutz der ersten Ehefrau oder möglicher (ehelicher) Kinder finden in der Entscheidung Sibilla keine Berücksichtigung. Der Verstoß gegen die französische Formvorschrift wiegt für das rheinische Gericht per se schwerer als die einschneidenden Konsequenzen, die die Unwirksamkeit der Ehe für die erste Ehefrau und ihre Kinder hatte.

In der Entscheidung Titia geht es dann konkret um ebensolche Konsequenzen. Die Unwirksamkeit ihrer Ehe hätte zur Folge gehabt, dass ihre Tochter kein ehelicher Abkömmling ihres mittlerweile verstorbenen Ehemanns wäre, was wiederum zur Folge gehabt hätte, dass sie dessen Eltern – ihre Großeltern – nicht würde beerben können. Seinerzeit mussten Titia und ihr Mann zügig heiraten, weil Titia ein Kind erwartete. Die nötige, schnelle Eheschließung war einfacher im Ausland zu erreichen, weil hier kein Standesbeamter bemüht werden musste und niedrigere Anforderungen an das Aufgebotsverfahren gestellt wurden. Gleichzeitig gab es in Titias Fall keine – wegen ihres Vertrauens auf den Rechtsschein – schutzwürdige zweite Ehefrau. Damit war die Interessenlage in der Entscheidung Titia eine grundlegend andere als bei Sibilla. Auch wenn in ähnlicher Weise einerseits gegen das Einwilligungserfordernis und andererseits gegen die Pflicht zur Durchführung eines Aufgebotsverfahren verstoßen wurde, kommen die Vereinigten Zivilsenate des Rheinischen Appellationsgerichtshofs hier zu einer Heilung der Ehe durch das preußische Edikt vom 27. Februar 1816.

Trotzdem überrascht es, dass nur wenige Jahre später in der Entscheidung Sibilla (1825) die Möglichkeit einer Heilung der Ehe über das Preußische Edikt vom 27. Februar 1816 dann nicht einmal zur Sprache kommt. In diesem – in kollisionsrechtlicher Hinsicht parallel gelagerten Fall – erscheint es doch eher fernliegend, dass der Strafverfolgungsbehörde und den Vereinigten Zivilsenaten des Appellationsgerichtshofs das Edikt nicht mehr geläufig war. Schließlich hatte Friedrich Wilhelm III. das Edikt vom 27. Februar 1816 ja gerade auch erlassen, um Klarheit in Fällen zu schaffen, in denen ein Verdacht auf Bigamie bestand. Die Entscheidung spricht jedenfalls für das erhebliche Gewicht, das der Appellationsgerichtshof der Publizität durch das Aufgebotsverfahren und dem Vertrauen darauf einräumte. Auch wenn Mängel der Ehe, die auf Verstößen gegen die Regelungen des Code civil beruhten, durch das Edikt geheilt werden sollten, kam eine Heilung von Ehen, die unter Verstoß gegen Art. 63 Code civil geschlossen worden waren, dann nicht in Betracht, wenn sich eine außenstehende Person auf die Publizität verlassen hatte.

3.2 Elterliches „Bestimmungsrecht“ und anwendbares Recht auf die Ehefähigkeit der Frau

Die Fragen, die es an den rheinischen Gerichten nach Erlass des Civilehe-Reichsgesetz von 1875 zu klären galt, entstanden jeweils in Konstellationen, in denen junge Paare die strengen Reichsregeln zu unterlaufen suchten, indem sie im nicht-deutschen Ausland eine Ehe schlossen, so auch in den Entscheidungen Anna Catharina (1880) und K (1892). Das preußische Recht erwies sich als besonders streng hinsichtlich der elterlichen Einwilligung zur Ehe. Bis zum 25. Lebensjahr konnten Männer, bis zum 24. Lebensjahr Frauen nur mit Einwilligung ihrer Eltern die Ehe eingehen. In England bedurfte es der elterlichen Einwilligung bei volljährigen Eheleuten hingegen nicht.[51] In den Entscheidungen Anna Catharina (1880) und K (1892) hatten junge Paare aus dem Rheinland jeweils in England die Ehe geschlossen mit dem Ziel, das Erfordernis der elterlichen Einwilligung zu unterlaufen. Während in der Sache Anna Catharina (1880) der Vater der Ehefrau die Einwilligung in die Eheschließung verweigert hatte und sich gerichtlich gegen die in England geschlossene Ehe zur Wehr setzte, fehlte in der Sache K (1892) dem Ehemann die väterliche Einwilligung und sein Vater ging dann auch gerichtlich gegen die Ehe vor. Die beiden Urteilsbegründungen sind nun erstaunlich unterschiedlich. Während der III. Zivilsenat des Oberlandesgerichts Köln in der Entscheidung K (1892) ganz klassisch die Ehefähigkeit des Ehemanns nach seinem Heimat- und Wohnsitzrecht beurteilt, geht der Vereinigte I. und II. Zivilsenat in der Entscheidung Anna Catharina (1880) davon aus, dass es bei der Frage, ob eine 21-jährige Tochter ohne Einwilligung der Eltern eine Ehe schließen kann, entweder auf das Recht am Wohnsitz des Vaters ankomme (weil sein „Bestimmungsrecht“ beeinträchtigt sei) oder aber auf das Recht am Wohnsitz ihres Ehemanns, weil die Ehe hier ihre Wirkungen äußere.

Das ist in zweierlei Hinsicht überraschend. Denn erstens verstanden die rheinischen Gerichte Art. 3 Abs. 3 Code civil traditionell so, dass die Frage nach dem auf die Ehefähigkeit des jeweiligen Verlobten anwendbaren Recht auch die Notwendigkeit der elterlichen Einwilligung (die sog. Ehevormundschaft) mit umfasste.[52] Zweitens knüpften sie im Rahmen des Art. 3 Abs. 3 Code civil tradi-

---

51 Ruding v. Smith, 161 E.R. 774 (= 2 Hagg. Cons. 371), dazu Story: Commentaries, § 79 (S. 101).

52 So explizit in der Entscheidung Titia: RhA 3/1 (1822), S. 99 (107): „Daß nach dem Art. 3 des B. G. B. die Frage, ob ein Minderjähriger fähig sey, eine gültige Ehe ohne Einwilligung seiner Mutter zu schließen, nicht nach den Gesetzen seines zufälligen Aufenthaltes, sondern nach jenen seines eigentlichen Wohnortes beurtheilt werden muss; [...]“. Auch in der Entscheidung Sibilla, RhA 6/1 (1825), S. 161 (163), wird das Erfordernis der elterlichen Einwilligung unter die kollisionsrechtliche Vorschrift des Art. 3 Abs. 3 Code civil gefasst. In den Gesetzesmaterialien zum Code civil finden sich keine Hinweise zu derart konkreten Fällen. Der Wortlaut des Art. 3

tionell unabhängig davon an das Heimat- bzw. Wohnsitzrecht des (verlobten) Kindes an, ob es sich um die Ehefrau oder den Ehemann handelte. Insofern stellt sich der Vereinigte I. und II. Zivilsenat des Oberlandesgerichts Köln in seiner Entscheidung gleich in zweifacher Hinsicht gegen Art. 3 Abs. 3 Code civil und folgt damit letztlich dem patriarchalen deutschen Zeitgeist der zweiten Hälfte des 19. Jahrhunderts, der das Mannesrecht im Familienrecht bevorzugte.[53]

Dafür, dass für die Ehefähigkeit der Frau an das Wohnsitzrecht des Ehemannes angeknüpft werden sollte, hatte sich Savigny im 8. Band seines Systems des heutigen römischen Rechts ausgesprochen und sich damit – trotz seiner langjährigen Tätigkeit am Rheinischen Revisions- und Kassationshof in Berlin (zwischenzeitlich war er sogar dessen Vizepräsident)[54] – in dieser Frage vom Code civil distanziert.[55] Savigny begründet seine Auffassung nicht weiter und verweist lediglich auf die kollisionsrechtlichen Arbeiten von Wächter und Schaeffner,[56] bei denen sich indes nichts zu einer Anknüpfung der Ehefähigkeit der Frau an das Wohnsitzrecht des Mannes findet. Zudem zitiert er seinen berühmten amerikanischen Kollegen Joseph Story und hebt hervor, dass „die Praxis mehrerer Länder [...] über diesen Punkt sehr verschieden [sei]".[57] Dabei erwähnt Story mit keinem Wort eine mögliche Anwendung des Wohnsitzrechts des Mannes auf die Ehefähigkeit der Ehefrau.[58]

Code civil war im Gesetzgebungsverfahren jedenfalls stark umstritten. Der 3. Absatz zur Anwendbarkeit des französischen Rechts in Fragen der Rechtsfähigkeit auf Franzosen im Ausland fehlte zunächst und wurde erst im Laufe des Gesetzgebungsverfahren eingefügt, FENET: Travaux Préparatoires XI, S. 15, 19, 30, 65 f., 73, 90, 103 f., 137, 185 f., 227, 266, 309 f., 334, insbesondere S. 341, 343, 356 f., 386 f.

53 Vgl. HEIN: Einleitung IPR, Rn. 22.

54 Vgl. SEYNSCHE: Rheinischer Revisions- und Kassationshof, S. 106 ff., 312 ff. und die Nachweise bei HAFERKAMP: Pandektistik, S. 178, Fn. 8. Für die Entscheidungen, an denen er beteiligt war, siehe VOLKMAR: Jurisprudenz.

55 Siehe oben Fn. 14.

56 WÄCHTER: Collision III, S. 185, 187 und SCHAEFFNER: Internationales Privatrecht, § 102 f.

57 SAVIGNY: System VIII, S. 326.

58 STORY: Commentaries, § 79 f. Savignys Ansatz findet sich dann aber im Bürgerlichen Gesetzbuch für das Königreich Sachsen vom 2. Januar 1863. Hier heißt es in § 13: „Eingehung und Auflösung der Ehe werden nach den Gesetzen des Staates beurtheilt, dessen Unterthan der Ehemann ist." Motive zu dieser Vorschrift wurden nicht veröffentlicht, vgl. HARTWIEG/KORKISCH: Geheime Materialien zum IPR, S. 58 Fn. 1. Eine vergleichbare Regelung findet sich auch noch in § 9 des Kollisionsrechtsentwurfs von Friedrich Mommsen: „Eingehung und Auflösung der Ehe sind nach dem Recht des Staates zu beurtheilen, dem der Ehemann zur Zeit der Eingehung, bezw. Auflösung der Ehe angehört, bezw. angehört hat.", abgedruckt bei HARTWIEG/KORKISCH: Geheime Materialien zum IPR, S. 58 ff. Vgl. zur Stellung der Frau bei Mommsen (allerdings im Kontext des Erbrechts) ANDRES: Erbrechtsentwurf Mommsen, S. 459–461. Wenige Jahre später findet sich im EGBGB von 1900 von dieser hier so selbstverständlich vorgetragenen Ansicht je-

Dass nun innerhalb des Kölner Oberlandesgerichts derart unterschiedlich argumentiert wurde, lässt sich vor dem Hintergrund der individuellen Besetzungen der Richterposten verstehen. An den rheinischen Gerichten wuchs zum Ende des 19. Jahrhunderts die Zahl der Richter, die dem preußischen Recht näherstanden als dem Code civil und sich für ein einheitliches deutsches Recht einsetzten. Schon die in der Entscheidung Anna Catharina (1880) gewählte Terminologie spricht dafür, dass solche Richter maßgeblich an der Entscheidung beteiligt gewesen sein dürften. Während in vielen rheinischen Entscheidungen der Code civil in den Entscheidungsgründen mit B. G. B. abgekürzt wird (Bürgerliches Gesetzbuch), ist das in der Entscheidung Anna Catharina nicht der Fall. Wenn hier von „Code civil" die Rede ist, zeigt sich darin die inhaltliche Distanz zum französischen Recht. Das steht in einer Linie mit dem Inhalt der Entscheidung, die mit keinem Wort auf den möglicherweise anzuwendenden Art. 3 Abs. 3 Code civil eingeht. Dass hierin aber keine generelle Abkehr von dieser Vorschrift im Rheinland liegt, ergibt sich aus der zwölf Jahre später ergangenen Entscheidung in der Sache K (1892). Denn hier wendete der III. Senat des Oberlandesgerichts Köln nun doch wieder in vollem Umfang Art. 3 Abs. 3 Code civil an.

Eine einheitliche Linie verfolgen die Entscheidungen hingegen, wenn es um die Bestimmungshoheit der Eltern über die Eheschließungen ihrer Kinder geht, die den in § 29 CERG jedenfalls auch bezweckten Minderjährigenschutz[59] klar überwiegt. Denn im Ergebnis werden in beiden Entscheidungen Ehen für un-

---

denfalls keine Spur mehr. Hier hieß es in Art. 13: „Die Eingehung der Ehe wird, sofern auch nur einer der Verlobten ein Deutscher ist, in Ansehung eines jeden der Verlobten nach den Gesetzen des Staates beurtheilt, dem er angehört." Aus den Protokollen ergibt sich aber, dass eine abweichende Formulierung diskutiert wurde: „Die Eingehung einer Ehe wird nach den Gesetzen des Staates beurtheilt, welchem der Mann angehört. Für die Frau sind jedoch in Ansehung der Geschäftsfähigkeit, der Ehemündigkeit und der sich aus einem familienrechtlichen Verhältnisse der Frau zu einem Dritten ergebenden Ehehindernisse die Gesetze ihres Heimathstaats maßgebend." (Prot. VI, S. 47). Vor dem Hintergrund der Ergebnisse der Haager Konferenzen und aus Gründen des Schutzes der Ehefrau und der Kinder entschied sich der BGB-Gesetzgeber gegen diese Lösungen. Schließlich hätten sie zur Folge, dass der Ehefrau möglicherweise die Nichtanerkennung ihrer Ehe in ihrer Heimat drohe, was dann auch die Unehelichkeit ihrer Kinder zur Folge hätte (Prot. VI, S. 48).

59 § 29 CERG wurde 1900 in abgewandelter Form in § 1305 BGB a.F. übernommen: Bis zum 21. Lebensjahr bedurften Kinder der Einwilligung ihrer Eltern. Allerdings durften Männer nach § 1303 BGB a.F. ohnehin erst ab dem 21. Lebensjahr die Ehe eingehen. Damit war der Einwilligungsvorbehalt insbesondere für Frauen, die gem. § 1303 BGB a.F. ab dem sechzehnten Lebensjahr die Ehe eingehen durften, relevant. Nach § 3 des Gesetzes zur Vereinheitlichung des Rechts der Eheschließung und der Ehescheidung im Lande Österreich und im übrigen Reichsgebiet vom 6. Juli 1938 war dann die Einwilligung des gesetzlichen Vertreters nur noch bei Minderjährigkeit erforderlich. Durch das Gesetz zur Neuordnung des Eheschließungsrechts vom 4. Mai 1998 wurde § 1305 BGB a.F. dann gestrichen.

wirksam erklärt, obwohl die Eheschließenden daran festhalten wollen und im Fall K (1892) der Ehemann, dessen Vater die Ehe anficht, im Zeitpunkt des letztinstanzlichen Urteils mittlerweile sogar das Alter erreicht hat, in dem eine Eheschließung ohne elterliche Einwilligung zulässig wäre. Erwägungen zum Schutz der Eheleute oder ihrer – möglicherweise durch eine Unwirksamkeitserklärung der Ehe unehelichen – Kinder finden sich hingegen in den Entscheidungen nicht.

4. Fazit

Nicht nur im deutschen, auch im französischen (im Rheinland angewendeten) Recht gilt das 19. Jahrhundert als Schlüsselzeit des Internationalen Privatrechts.[60] Nicht zuletzt die Nationalstaatsbildung trug zur Entwicklung des universellen Statutenkollisionsrechts hin zu einem national gedachten Internationalen Privatrecht bei.

Im Bereich des Ehekollisionsrechts spielte in der ersten Hälfte des 19. Jahrhunderts Art. 170 Code civil eine zentrale Rolle, der die Nichtigkeit im Ausland geschlossener Ehen anordnete, die ohne Durchführung des strengen französischen Aufgebotsverfahrens geschlossen worden waren. Die erhebliche Bedeutung, die der Rheinische Appellationsgerichtshof dieser Vorschrift einräumte, zeigt sich darin, dass es – obwohl Friedrich Wilhelm III. von Preußen in seinem Edikt von 1816 die Heilung aller insofern formfehlerhaft geschlossenen Ehen angeordnet hatte – die Ehe, die Sibilla Tannenberg mit Johann Gerhard Ranft ohne Durchführung eines Aufgebotsverfahrens in der Heimat geschlossen hatte, für unwirksam erklärt. Dabei hält das Gericht es nicht einmal für nötig, auf das Edikt hinzuweisen, weil der Schutz der Publizität und der Rheinländerin, die sich darauf verlassen hatte, überwiegen.

Die Reichsgesetzgebung reduzierte die deutsche Rechtsvielfalt der zweiten Hälfte des 19. Jahrhunderts erheblich. Das hatte einen unmittelbaren Einfluss auf die Fälle, die im Laufe des 19. Jahrhunderts die Senate erst des Kölner Appellationsgerichtshofs und dann des Oberlandesgerichts Köln zu beurteilen hatten.

Quellen und Literatur

Ancel, Bertrand: Éléments d'histoire du droit international privé, Paris 2017.

Andres, Ingrid: Der Erbrechtsentwurf von Friedrich Mommsen. Ein Beitrag zur Entstehung des BGB (Schriften zur Rechtsgeschichte Bd. 67), Berlin 1996.

60 Vgl. Ancel: Histoire du DIP, S. 423–427.

Archiv für das Civil- und Criminal-Recht der Königlich-Preußischen Rhein-Provinzen; von Bd. 103 (1907) bis Bd. 111 (1915) als neue Fassung unter dem Titel „Archiv für Zivil- und Strafrecht der Königlich Preußischen Rheinprovinz".

Bossière, Jean: Us et coutumes du mariage dans l'ancienne France: les unions à Fontainebleau dans la première moitié du XVIIIe siècle, in: Ethnologie française 4/3 (1974), S. 245–290.

Domat, Jean: Traité des lois, Paris 1828.

Fenet, P.[ierre] A.[ntoine]: Recueil Complet des Travaux Préparatoires du Code Civil, Bd. 6, Paris 1827 (abrufbar unter https://books.google.de/books?id=6Ak7AAAAcAAJ&printsec=frontcover&hl=de&source=gbs_ge_summary_r&cad=0#v=onepage&q&f=false, letzter Zugriff: 5.1.2023), Bd. 9, Paris 1828 (abrufbar unter https://www.google.de/books/edition/_/v0sDAAAAQAAJ?hl=de&gbpv=1, letzter Zugriff: 5.1.2023).

Friedberg, Emil: Das Recht der Eheschließung in seiner geschichtlichen Entwicklung, Leipzig 1865 (abrufbar unter https://www.digitale-sammlungen.de/de/view/bsb10545073?page=802,803, letzter Zugriff: 5.1.2023).

Haferkamp, Hans-Peter: Pandektistik und Gerichtspraxis, in: Quaderni Fiorentini per la storia del pensiero giuridico moderno 40/1 (2011), S. 177–211.

Hartwieg, Oskar/Korkisch, Friedrich: Die geheimen Materialien zur Kodifikation des deutschen Internationalen Privatrechts 1881–1896 (Materialien zum ausländischen und internationalen Privatrecht Bd. 19), Tübingen 1973.

Hein, Jan von: Einleitung zum Internationalen Privatrecht, in: Säcker, Franz Jürgen/Rixecker, Roland/Oetker, Hartmut/Limperg, Bettina (Hg.): Münchener Kommentar zum BGB, Bd. 12, München [8]2020.

Kramp, Ole: Vom Aufgebot zum europäischen Heiratsregister. Entwicklung und Perspektiven der Prüfung im Vorfeld der Eheschließung (Untersuchungen zum Europäischen Privatrecht Bd. 21), Berlin 2007.

Löhnig, Martin: Vorbemerkung zu §§ 1310–1312, in: Staudinger, Kommentar zum Bürgerlichen Gesetzbuch, Buch 4: Familienrecht, Berlin 2023.

Markert, Jan: Wider die „Coalition der Jesuiten und Ultramontanen und Revolution". Kaiser Wilhelm I. und die Zentrumspartei, in: Historisch-Politische Mitteilungen Bd. 27 (2020), S. 5–25.

Motive zu dem Entwurfe eines Bürgerlichen Gesetzbuches für das Deutsche Reich, Bd. 4: Familienrecht, Berlin, Leipzig 1888.

Niemeyer, Theodor: Vorschläge und Materialien zur Kodifikation des internationalen Privatrechts, Leipzig 1895.

Niemeyer, Theodor: Zur Vorgeschichte des Internationalen Privatrechts im Deutschen Bürgerlichen Gesetzbuch (Veröffentlichungen des Kieler Seminars für Internationales Recht Heft 1 Bd. 8), Leipzig, München 1915.

Pothier, Robert-Joseph: Traité du Contrat de Mariage, Bd. 1, Paris 1771 (abrufbar unter https://books.google.de/books?id=s9wDAAAAMAAJ&printsec=frontcover&hl=

de&source=gbs_ge_summary_r&cad=0#v=onepage&q&f=false, letzter Zugriff: 5.1.2023).

Protokolle der Kommission für die zweite Lesung des Entwurfs des Bürgerlichen Gesetzbuchs, hgg. von Albrecht Achilles, Albert Gebhard und Peter Spahn, Bd. 4: Familienrecht, Berlin 1897.

Protokolle der Kommission für die zweite Lesung des Entwurfs des Bürgerlichen Gesetzbuchs, hgg. von Albrecht Achilles, Albert Gebhard und Peter Spahn, Bd. 6: Anwendung ausländischer Gesetze, Entwurf II des Bürgerlichen Gesetzbuchs; Revision, Entwurf des Einführungsgesetzes, Entwurf eines Gesetzes, betr. Aenderungen des Gerichtsverfassungsgesetzes 2c, Berlin 1899.

Reber, Oskar: Deutsches Civilehe-Gesetz, München 1875.

Savigny, Friedrich Carl von: System des heutigen Römischen Rechts, Bd. 8, Berlin 1849.

Schaeffner, Wilhelm: Entwicklung des internationalen Privatrechts, Frankfurt am Main 1841 (abrufbar unter https://www.digitale-sammlungen.de/de/view/bsb10557602?page=,1, letzter Zugriff: 5.1.2023).

Schneider, Egon: Aus der Spruchpraxis des Rheinischen Appellationsgerichtshofs in den ersten Jahren seines Bestehens, in: Wolffram, Josef/Klein, Adolf (Hg.): Recht und Rechtspraxis in den Rheinlanden, Köln 1969, S. 307–337.

Seynsche, Gudrun: Der Rheinische Revisions- und Kassationshof in Berlin (1819–1852). Ein rheinisches Gericht auf fremdem Boden (Schriften zur Europäischen Rechts- und Verfassungsgeschichte Bd. 43), Berlin 2003.

Story, Joseph: Commentaries on the Conflict of Laws, Foreign and Domestic, in regard to Contracts, Rights, and Remedies, and especially in regard to Marriage, Divorces, Wills, Successions, and Judgments, Boston ^{8}1883 (Nachdruck 2008).

Volkmar, Leopold: Die Jurisprudenz des Rheinischen Cassationshofs zu Berlin, 1819–1846, Berlin 1848.

Wächter, Carl Georg von: Ueber die Collision der Privatrechtsgesetze verschiedener Staaten, Teil 1, in: Archiv für die civilistische Praxis 24 (1841), S. 230–311; Teil 3, in: Archiv für die civilistische Praxis 25 (1842), S. 161–200.

Franz Dorn

Judendiskriminierung im rheinisch-französischen Recht

Napoleons „décret infâme“ und seine Weitergeltung in den Rheinlanden bis 1847

1. Die Änderung der Rechtsstellung der Juden durch das französische Recht und das napoleonische Dekret vom 17. März 1808

Nach der Eroberung der linksrheinischen Gebiete durch die Franzosen im Jahr 1794 wurden die dort lebenden Juden zunächst weiter nach den bislang geltenden Regeln behandelt. Gerichts- und Verwaltungsakten belegen, dass die linksrheinischen Juden nach wie vor als Schutz- oder Geleitsjuden angesehen wurden.[1] Dementsprechend wurden von ihnen in der Regel auch weiterhin die Neujahrs- und Schutzgelder sowie Abgaben für gemeindliche Nutzungsrechte eingezogen.[2] Daneben hatten sie, obwohl dies an sich ihrer Rechtsstellung als Schutz- und Geleitsjuden widersprach, auch die von den Besatzern der Bevölkerung allgemein auferlegten Steuern und Kontributionen zu zahlen.[3] Vielerorts war die Rechtslage unübersichtlich.[4] Die endgültige Klärung des Rechtsstatus der Juden trat erst mit der Eingliederung des linken Rheinufers in den französischen Staat im Jahr 1801 ein. In den annektierten Gebieten galt fortan unmittel-

---

1 Kasper-Holtkotte: Juden im Aufbruch, S. 195; Engelbrecht: Judenpolitik, S. 41.

2 Kasper-Holtkotte: Juden im Aufbruch, S. 199 f. Zur Heranziehung der Juden zu Gemeindeabgaben und der diesbezüglichen Auseinandersetzungen mit den Behörden eingehend S. 200–206.

3 Kasper-Holtkotte: Juden im Aufbruch, S. 198.

4 Siehe hierzu Kasper-Holtkotte: Juden im Aufbruch, S. 200–206.

bar französisches Recht und damit auch das Dekret der Nationalversammlung vom 28. September 1791, mit dem allen französischen Juden die bürgerliche Gleichberechtigung gewährt worden war. Das Dekret hatte nach einer kontroversen Debatte in ganz Frankreich die von christlichen und jüdischen Aufklärern geforderte Gleichstellung der Juden eingeführt und ihnen das volle Bürgerrecht erteilt.[5] Wie sich allerdings anhand einer Reihe von Beispielen aufzeigen lässt, ist die bürgerliche Gleichstellung der Juden von den Gemeinden in den besetzten Gebieten häufig nicht verwirklicht worden. Sie verlangten vielmehr von ihren jüdischen Bürgern auch weiterhin die Zahlung besonderer Abgaben für die Gewährung gemeindlicher Nutzungsrechte (Wald, Weide, Wasser) und behandelten sie wie zuvor als gesellschaftliche Randgruppe, wobei auch die seit langem üblichen antijüdischen Argumente und Argumentationsmuster ins Feld geführt wurden.[6] In den Städten spielte die Zulassung zu den gemeindlichen Nutzungsrechten zwar keine Rolle. Auch hier ließ sich die bürgerliche Gleichheit der Juden aber nicht ohne weiteres durchsetzen. Belegt wird dies etwa durch die Schwierigkeiten, jüdischen Kindern in der Praxis den durch Gesetz eröffneten Zugang zu nichtjüdischen Schulen zu verschaffen.[7]

Auf rechtlicher Ebene erfuhr die gesetzliche Gleichbehandlung der Juden in den ostfranzösischen Départements unter Napoleon einen herben Rückschlag. Anlass für Napoleons neue Judenpolitik waren Klagen aus dem Elsass, wo sich zahlreiche Kleinbauern und Winzer beim Ankauf von ehemals dem Adel gehörenden Land bei jüdischen Finanziers und Geldverleihern hoch verschuldet hatten. Den Juden wurde nunmehr vorgeworfen, in üblicher Weise schädlichen Wucher betrieben und die Landbevölkerung unterjocht zu haben.[8] Solche Klagen waren nicht neu, sondern aus elsässischen Kreisen schon gegen die Gleichstellung der Juden durch die Nationalversammlung erhoben worden[9] und wur-

5 Gerson: Französische Revolution, S. 134–136.

6 Kasper-Holtkotte: Juden im Aufbruch, S. 209–224; Engelbrecht: Judenpolitik, S. 42.

7 Kasper-Holtkotte: Juden im Aufbruch, S. 224–226.

8 Die Juden kauften die vom Adel verpfändeten Güter auf und veräußerten sie dann gegen Schuldverschreibung an die Bauern oder gewährten ihnen einen hypothekarisch gesicherten Kredit, siehe Dubnow: Weltgeschichte VIII, S. 132 f.; siehe ferner Kastner: Einleitung, S. 14; Engelbrecht: Judenpolitik, S. 44 f. mit Anm. 27.

9 Adresse der Stadt Straßburg an die Nationalversammlung (auf Deutsch) in: Schlözer: Stats-Anzeigen XV, Heft 60, S. 439–452. Die judenfeindliche Adresse spricht den Juden die Fähigkeit, der Gleichberechtigung würdige Bürger zu sein, ab, solange sie ihre Religion nicht abändern. Ihr Verhalten wird u. a. wie folgt beschrieben, S. 446: „Man schlage unserer Justiz-Höfe auf; und unter einer großen Menge von Proceduren, wo Verbrechen herausgebracht wurden, die die Gesellschaft verletzen, wird man einen Juden, wenigstens als Heler, figuriren sehen. Man untersuche ihr Betragen in dem, was sie Handel nennen, was aber eigentlicher Räuberei heißen sollte: immer und von allen Seiten wird man sie in voller Arbeit sehen wie sie, auf Bedürfnisse lauren, – viel-

den nun von unterschiedlichen Seiten an Napoleon herangetragen, als er auf der Rückkehr von der Schlacht von Austerlitz nach Paris im Januar 1806 in Straßburg Station machte.[10] Er versprach umgehend Abhilfe und setzte im Staatsrat allen dort geäußerten Bedenken[11] zuwider ein rigoroses Vorgehen gegen den vermeintlichen „jüdischen Wucher" durch. Er nahm dabei eben auch eine Abkehr vom Grundsatz der Gleichbehandlung in Kauf und begründete dies damit, dass die Juden „eine Nation innerhalb der Nation" bildeten und deshalb nach „politischem Recht" und nicht nach „bürgerlichem Recht" zu behandeln seien.[12]

Als erste „Hilfsmaßnahme" für die angeblich von jüdischen Wucherern in Bedrängnis gebrachten Bauern ordnete er am 30. Mai 1806 per Dekret an, dass ab sofort in allen acht deutschsprachigen Départements für ein Jahr Urteile und Kontrakte zugunsten jüdischer Gläubiger gegen „nichthandelstreibende Ackersleute" nicht mehr vollstreckt werden sollten.[13] Damit waren die Juden der betreffenden Départements ein Jahr lang bei Geschäften mit Bauern ohne Rechtsschutz und dies unabhängig davon, ob im Einzelfall tatsächlich rechts- oder sittenwidriges Verhalten vorlag oder der Vorwurf des Wuchers berechtigt war oder nicht. Eine weitere Diskriminierung lag darin, dass sich die Bestimmung nur auf von Juden getätigte Geschäfte bezog, obwohl – wie allseits bekannt und auch im Staatsrat vorgebracht worden war – Wuchergeschäfte nicht nur von Juden, sondern auch und je nach Region in nicht wesentlich geringerem Ausmaß von christlichen Geldverleihern betrieben wurden.[14] Dies galt auch für das El-

---

leicht diese Bedürfnisse erst entstehen machen –, betrügerische Reiz präsentiren, eben diese Bedürfnisse durch treulose Leichtigkeiten [*facilités perfides*] vermeren, junge Leute und Domestiken verfüren, dass sie ihnen Sachen zum Verschachern zubringen, und die Opfer ihrer Habsucht, nicht eher faren lassen, als bis sie sie völlig ruinirt haben." Hinsichtlich der Folgen, die eine Gleichstellung der Juden für den Handel hätte, heißt es, S. 450: „dieser gedeiht nur beim öffentlichen Zutrauen, und dieses Zutrauen setzt anerkannte Ehrlichkeit voraus. Nun weiß aber alle Welt, daß der Handel der Juden nur durch entgegengesetzte Mittel subsistirt: der durch ihre Schurkerei veranlaßte Haß würde auf unsern Handel zurückfallen, und beide würden unvermeidlich verloren sein." Siehe ferner Dubnow: Weltgeschichte VIII, S. 113 f.

10 Dubnow: Weltgeschichte VIII, S. 136; Schwarzfuchs: Napoleon, S. 45; Mathy: Einleitung, S. 78.

11 Zu den Beratungen im Staatsrat Schwarzfuchs: Napoleon, S. 46–51; Dubnow: Weltgeschichte VIII, S. 137 f.

12 Dubnow: Weltgeschichte VIII, S. 137; Schwarzfuchs: Napoleon, S. 49; Mathy: Einleitung, S. 78 f.; Brand: Rechtsprechung, S. 121.

13 Art. 1 des Dekrets, Bulletin des lois IV (N° 1631), S. 582–584. Übersetzt abgedruckt in: Landesarchivverwaltung: Dokumentation I/1, Nr. 26, S. 135 f. (135). Dass die angeordnete Maßnahme als Hilfe für die Landbevölkerung gegenüber den Wucher treibenden Juden gedacht war, wird im ersten Satz der Einleitung des Dekrets unterstrichen.

14 Belege hierfür aus zeitgenössischen Artikeln sowie aus Behörden- und ministeriellen Berichten bei Szajkowski: Agricultural Credit, S. 21–23, zur Beratung im Staatsrat, S. 22. Siehe ferner

sass.[15] Bezeichnenderweise richtete sich denn auch das am 3. September 1807 erlassene Dekret, mit dem für Kredite an Privatleute ein Zinssatz von höchstens fünf Prozent und für Kredite an Geschäftsleute ein Zinssatz von höchstens sechs Prozent festgesetzt wurde, nicht allein gegen Juden, sondern galt allgemein.[16]

Im Dekret vom 30. Mai 1806 wurde ferner für Juli 1806 eine Versammlung jüdischer Notabeln nach Paris einberufen.[17] Sie sollte Reformen beraten und dabei – so die einleitende Begründung – „die Gefühle bürgerlicher Sittlichkeit wieder aufleben" lassen, „die zum Unglück bei einer großen Anzahl von ihnen durch den Stand der Erniedrigung, worin sie lange geschmachtet, [...] ausgelöscht worden" seien.[18] Die Notabelnversammlung trat am 29. Juli 1806 zusammen und gab – wie von Napoleon eingefordert – unter anderem ein Bekenntnis zur französischen Nation und zu deren Gesetzen ab und erklärte die Bereitschaft zur Verteidigung des Vaterlandes.[19] Auf die Notabelnversammlung folgte vom 9. Februar bis zum 9. März 1807 in Paris der „Große Synhedrion". Diese Versammlung von Repräsentanten der französischen Juden bestätigte zum einen die Beschlüsse der Notabelnversammlung und sprach sich des Weiteren für die von Napoleon für die Juden seines Kaiserreichs vorgesehene Verfassung aus.[20] Diese wurde dann per Dekret vom 17. März 1808 erlassen und sah für die Juden eine den anderen Religionsgemeinschaften angeglichene zentralistisch-bürokratische Organisationsstruktur vor.[21]

So wie durch diese Maßnahmen die Eingliederung der Juden in den französischen Staat gefördert werden sollte, sollte mit einem weiteren, gleichfalls am 17. März 1808 erlassenen Dekret die Umerziehung der Juden weg von Handel und Geldgeschäften hin zu bürgerlichen Erwerbsarten, wie Handwerk und selbstbetriebener Landwirtschaft erreicht werden. Die Handel und Geldge-

---

Schlesier: Bürger, S. 65 und 67 sowie Dubnow: Weltgeschichte VIII, S. 133, Anm. 1 zum Bericht des Präfekten des Départements Moselle (Metz und Umgebung) sowie den ein judenkritisches Bild zeichnenden Berichten des Präfekten des Départements Meurth (Nancy) und der Vorstände der Départements Haut- und Bas-Rhin.

15 Belege bei Szajkowski: Agricultural Credit, S. 24–30.

16 Bulletin des lois VII, N° 158 (N° 2740), S. 49 f. Siehe auch Daniels: Handbuch V, Nr. 147, S. 282.

17 Art. 2–8 des Dekrets, siehe Fn. 13.

18 So die Begründung des Dekrets, siehe Fn. 13.

19 Kastner: Einleitung, S. 14; ausführlich zur Notabelnversammlung Dubnow: Weltgeschichte VIII, S. 141–153; Schwarzfuchs: Napoleon, S. 64–87; Mathy: Einleitung, S. 79–81; Hahn: Das „schändliche Dekret", S. 23 f.

20 Kastner: Einleitung, S. 14 f.; ausführlich Dubnow: Weltgeschichte VIII, S. 153–157; Schwarzfuchs: Napoleon, S. 88–114; Hahn: Das „schändliche Dekret", S. 25 f; Mathy: Einleitung, S. 82–84.

21 Bulletin des lois VIII, N° 187 (N° 3237) S. 217–220. Siehe auch Daniels: Handbuch V, Nr. 172, S. 338–341.

schäft betreibenden Juden sollten deshalb staatlicher Kontrolle und restriktiven, ihre bürgerliche Rechtstellung stark einschränkenden Vorschriften unterworfen werden.[22]

Juden durften fortan Handelsgeschäfte nur ausüben, wenn sie über ein ihnen vom Präfekt des Départements ausgestelltes Handelspatent verfügten. Voraussetzung für dessen Erteilung war zum einen ein Zeugnis der Munizipalverwaltung darüber, dass der Jude weder Wuchergeschäften noch unerlaubter „Schacherei" nachgegangen war, und zum anderen ein Zeugnis des Konsistoriums seiner jüdischen Gemeinde über sein gutes Betragen und seine Redlichkeit. Das Patent musste jedes Jahr neu ausgestellt werden. Es wurde auf Antrag des Generalprokurators durch Gerichtsentscheidung annulliert, wenn der Jude des Wuchers oder des betrügerischen Handels überführt wurde. Handelsgeschäfte, die ein Jude vornahm, ohne Inhaber eines Handelspatents zu sein, waren nichtig. Dasselbe galt für Hypotheken, die einem nicht patentierten Juden für Verbindlichkeiten aus Wechselbriefen oder Handelsgeschäften bestellt worden waren (Art. 7–11).

Alle Verträge und Verbindlichkeiten zugunsten nicht patentierter Juden, die nichts mit „Handel, Mäklerei und Schacherei" zu tun hatten, konnten gerichtlich untersucht werden. Dem Schuldner wurde ausdrücklich die Möglichkeit eröffnet, zu beweisen, dass Wucher oder ein betrügerisches Geschäft vorlag. War der Beweis – etwa durch Zeugen – erbracht, konnte das Gericht die Forderung heruntersetzen oder ganz aufheben, wenn der Wucher zehn Prozent überstieg (Art. 12).

In dieselbe Richtung ging die für alle, also auch für Juden mit Handelspatent, geltende Regelung des Art. 5. Danach sollten die Gerichte Schuldforderungen herabsetzen, die zu einem Zinssatz von mehr als fünf Prozent verzinslich waren. Belief sich der Zinssatz auf über zehn Prozent, sollte die Schuldforderung für wucherisch und nichtig erklärt werden. Auch bei nicht wucherischen Schuldforderungen konnten die Gerichte gem. Art. 6 den Schuldnern der Billigkeit entsprechende Zahlungsfristen bestimmen. Darlehen, die Minderjährigen ohne Zustimmung des Vormunds, Frauen ohne Zustimmung des Ehemanns, und Angehörigen des Militärs ohne Zustimmung der jeweiligen Vorgesetzten gewährt wurden, waren nach Art. 3 gleichfalls nichtig und nicht einklagbar.

Bei anderen Verbindlichkeiten wurde den jüdischen Gläubigern die Durchsetzung durch eine Beweislastumkehr erschwert, wenn nicht unmöglich gemacht. Nach Art. 4 konnten Wechsel, Schuldscheine, Schuldverschreibungen

---

22 Bulletin des lois VIII, N° 186 (N°3210), S. 200–203. Das Dekret in deutscher Übersetzung abgedruckt in: Gesetzbuch Napoleons, S. 550–553, zweisprachige Fassung abgedruckt in: Landesarchivverwaltung: Dokumentation I/1, Nr. 44, S. 167–170.

und Schuldversprechen, die von nicht handeltreibenden Personen zugunsten eines Juden unterzeichnet worden waren, vom Inhaber des Papiers nur eingefordert werden, wenn dieser nachwies, dass der ganze Wert der Forderung tatsächlich und ohne Betrug ausgezahlt worden war. Diese Regelung galt gem. Art. 13 nicht nur für die Zukunft, sondern auch für die Vergangenheit, hatte also Rückwirkung, was an sich Art. 2 Code civil zuwiderlief. Im Blick hatte Art. 4 des Dekrets Darlehen, deren Valuta nicht voll ausgezahlt wurde, aber in voller Höhe verzinslich war.

Pfandleihgeschäfte mit Dienstboten und Lohnarbeitern waren Juden gänzlich untersagt. Pfandleihen zugunsten anderer Personen mussten von einem Notar beurkundet werden. Dabei hatte der Notar in der Urkunde festzuhalten, dass die Darlehnssumme in seiner und in Gegenwart zweier Zeugen ausgezahlt worden war. Bei einem Verstoß gegen diese Regeln hatte der Pfandleiher keinerlei Recht auf das Pfand und musste es unentgeltlich wieder herausgeben (Art. 14). Dasselbe galt, wenn ein Jude sich von Arbeitsleuten, Dienstboten und Tagelöhnern Instrumente, Gerätschaften, Werkzeuge und Kleidungsstücke als Pfand geben ließ (Art. 15).

Neben den Handelsbeschränkungen sah das Dekret Einschränkungen der Freizügigkeit vor: In den Départements Ober- und Niederrhein (Elsass) durften sich keine weiteren Juden ansiedeln und in andere Départements war Juden der Zuzug grundsätzlich nur gestattet, wenn sie dort Grundeigentum erwarben und sich niederließen, um Ackerbau statt Handel zu treiben. Des Weiteren versagte das Dekret es den wehrfähigen Juden, einen Stellvertreter für den Militärdienst zu stellen. Im Gegensatz zu anderen Franzosen hatten Juden also ihren Militärdienst persönlich zu leisten (Art. 16 f.). Dahinter stand der Gedanke, dass die Juden durch den Militärdienst besonders gut an die französische Gesellschaft assimiliert würden.

Das Dekret sollte zunächst für zehn Jahre gelten (Art. 18) und durch die in ihm getroffenen Maßregeln eine Besserung des Geschäftsgebarens der Juden und die Abkehr von den ihnen vorgeworfenen Verhaltensweisen bewirken. Des Weiteren war beabsichtigt, die Juden dazu zu bewegen, sich anderen Erwerbsquellen, wie Handwerk und Landwirtschaft zuzuwenden. Dementsprechend wurde ihnen für den Fall, dass nach Ablauf der zehn Jahre kein Unterschied mehr zwischen ihnen und den anderen Bürgern bestehen sollte, die Aufhebung des Dekrets in Aussicht gestellt, anderenfalls aber dessen Verlängerung angedroht (Art. 18).

Der diskriminierende Charakter des Dekrets hat ihm in der Folge zunächst bei den Juden, dann allgemein die Bezeichnung „le décret infâme", „das schändliche Dekret" eingebracht. Kritik von Seiten jüdischer Gemeinden führte zwar letztendlich dazu, dass 15 Départements vom Dekret ausgenommen wurden.[23] Die neuen Départements links des Rheins zählten aber nicht dazu. Die dem Innenminister eröffnete Möglichkeit, die Juden einzelner Städte für eine Befreiung vom Dekret vorzuschlagen, wurde hier gleichfalls nicht genutzt, sodass das Dekret bis zum Ende der französischen Herrschaft in den linksrheinischen Départements uneingeschränkt angewandt und durchgeführt wurde.

2. Preußische Zeit

2.1 Verlängerung des „décret infâme"

Nachdem die linksrheinischen Gebiete im Sommer 1815 an Preußen gefallen waren, stellte sich die Rechtslage für die dort lebenden Juden wie folgt dar: In Preußen galt seit 11. März 1812 das „Edikt betreffend die bürgerlichen Verhältnisse der Juden". Es erklärte die Juden zu preußischen Staatsbürgern und stellte sie weitgehend den anderen preußischen Staatsbürgern gleich.[24] Abgesehen von akademischen Lehr- und Schul- sowie Gemeindeämtern (§ 8) blieb Juden allerdings der Zugang zu allen sonstigen öffentlichen „Bedienungen" und Staatsämtern verschlossen (§ 9). Aufgrund Art. 16 der in Wien beschlossenen Deutschen Bundesakte trat jedoch für die linksrheinischen Juden das Emanzipationsedikt von 1812 nicht in Kraft. Vielmehr sollten bis zur allgemeinen Regelung „den Juden die in den einzelnen Bundesstaaten eingeräumten Rechte erhalten bleiben."[25] Man verstand dies dahin, dass für die Juden in den Gebieten links des Rheins weder das preußische Edikt galt, noch das französische Recht; denn die im Edikt von 1812 den preußischen Juden gewährten Rechte waren den linksrheinischen Juden eben (noch) nicht eingeräumt und die ihnen unter französischer Herrschaft eingeräumten Rechte waren eben keine in einem Bundesstaat eingeräumten Rechte. In Frage stand also, ob man zu dem vor der französischen Besetzung geltenden Recht zurückkehren, das preußische einführen oder es beim französischen Recht belassen sollte.[26]

Von jüdischer Seite aus bemühte man sich von Anfang an um die Abschaffung des napoleonischen „décret infâme". Bereits im Juni 1815 wandte sich der Vater von Karl Marx (1818–1889), der damals noch dem Judentum angehö-

23 Die Départements sind aufgeführt in: Gesetzbuch Napoleons, S. 553, Anm. Siehe ferner Schlesier: Bürger, S. 71.

24 Abgedruckt in: Landesarchivverwaltung: Dokumentation II/1, Nr. 1, S. 45–48.

25 Abgedruckt in: Landesarchivverwaltung: Dokumentation II/1, Nr. 2, S. 49.

26 Wilmanns: Einleitung, S. 31 f.; Kastner: Einführung, S. 20 f.; Hahn: Das „schändliche Dekret", S. 46.

rende Advokat am Appellationshof zu Trier Heinrich Marx (1777–1838) mit einer Denkschrift an den Generalgouverneur des Gouvernements Nieder- und Mittelrhein, Johann August Sack (1764–1831), um „bei Gelegenheit der glücklichen Vereinigung unseres Landes mit der königlich-preußischen Monarchie" für die Aufhebung des „monströsen" Dekrets zu plädieren.[27] In dieselbe Richtung ging eine Eingabe des Konsistoriums der Krefelder jüdischen Gemeinde an die Immediat-Justiz-Kommission in Köln.[28] Diese war am 2. Juni 1816 eingesetzt worden, um zum einen die Justizverfassung und -verwaltung zu organisieren und zum andern die Frage zu eruieren, ob und inwieweit das französische Recht in den neuen Provinzen erhalten bleiben oder durch preußisches Recht ersetzt werden sollte. Auf die Eingabe des Krefelder Konsistoriums hin holte die Immediat-Justiz-Kommission bei den Bezirksregierungen Gutachten über das Geschäftsgebaren der Juden ein, um festzustellen, ob das napoleonische Dekret die beabsichtigte erzieherische Wirkung gehabt hatte.[29] Die Stellungnahmen fielen durchweg negativ aus. Allerdings gaben nicht alle Bezirksregierungen die Voten der ihnen untergeordneten Landräte zutreffend wieder.[30] So sprach sich etwa die Bezirksregierung Kleve für eine Fortdauer des Dekrets aus, ohne zu erwähnen, dass vier Landräte für die Aufhebung eingetreten waren, wobei unter anderem darauf verwiesen worden war, dass auch viele Christen Wucher betrieben und eine „moralische Besserung" der Juden nur „durch Gestattung freier Übung in Wesen und Wirken" zu erreichen sei.[31] Veranlasst durch die negativen Stellungnahmen der Regierungen und ein gleichfalls äußerst negatives Gutachten des Kommissionsmitglieds Bartholomäus Fischenich (1768–1831)[32]

---

27 Abgedruckt in: LANDESARCHIVVERWALTUNG: Dokumentation II/1, Nr. 3, S. 49–52.

28 WILMANNS: Einleitung, S. 32; KASTNER: Einführung, S. 21.

29 WILMANNS: Einleitung, S. 32 f.; KASTNER: Einführung, S. 21 f.; BRAMMER: Judenpolitik, S. 126; SCHULTE: Rechtslage, S. 95 f.

30 SCHULTE: Rechtslage, S. 96.

31 Ebd.

32 Fischenich, am 2. August 1768 in Bonn geboren, stammte aus relativ einfachen Verhältnissen, konnte aber durch die Unterstützung eines adeligen Förderers das Gymnasium und die Bonner Universität (1777 als kurfürstliche Akademie eröffnet und 1786 in eine Universität umgewandelt) besuchen, wo er alsbald als Professor für Staats- und Naturrecht tätig wurde. 1791 durfte er mit Erlaubnis des Kurfürsten zu weiteren Studien nach Jena, wo er zu einem engen Freund Friedrich Schillers (1759–1805) wurde, dessen Familie er über den Tod des Dichters hinaus verbunden blieb. 1792 kehrte er nach Bonn zurück und lehrte dort an der Universität mit großem Erfolg und setzte auch nach Besetzung der Rheinlande durch die Franzosen die Lehrtätigkeit trotz sinkender Studentenzahlen fort, bis die Franzosen die Universität 1797 schlossen. An der 1800 von den Franzosen stattdessen geschaffenen Centralschule lehrte Fischenich Gesetzeskunde. Nach Schließung der Centralschule 1804 wurde er zunächst Substitut des Generalstaatsprokurators, und 1811 Präsident des Bezirksgerichts in Aachen. 1816 wurde er Mitglied der in Köln eingesetzten Immediat-Justiz-Kommission für die Rheinprovinz und nach deren Auflö-

sprach sich die Immediat-Justiz-Kommission in ihrem Gutachten vom 30. Januar 1818 für die Verlängerung des napoleonischen Dekrets aus.[33]

2.1.1 Das Votum Fischenichs

Fischenich hatte dagegen in seinem Votum Vorschläge gemacht, die mehr oder weniger auf eine restriktive Judenordnung alten Musters hinausliefen.[34] Die Kommission folgte dem zwar nicht, ließ das Votum aber als Anhang zu ihrem Gutachten gleichfalls dem Ministerium zukommen.[35] Deutlich geprägt durch antijüdische Ressentiments ging Fischenich davon aus, dass alle Völker den Juden seit jeher mit Hass und tiefer, entschiedener Abneigung begegnet seien. Gegenstand dieses Hasses sei allerdings nicht der einzelne Jude als Individuum. Vielmehr seien es „der Judensinn, der Judengeist, [...] das Judentum, die Jüdischheit, [...], die diesen bis zum Widerwillen und Abscheu gesteigerten Hass erzeugt" hätten und fortwährend unterhielten.[36]

Den Grund für die „Verderbtheit" der Juden „und ihren Charakter" sah Fischenich nicht in der Unterdrückung, die den Juden allerorten widerfahren sei; denn – so die Begründung – ansonsten hätten sich die Juden in Ländern, in denen man ihnen alle oder doch die meisten bürgerlichen Rechte gewährt habe, ganz oder zum Teil ändern müssen, was aber nicht der Fall sei. „Der wahre Grund" liege in ihrer „religiös-politischen Verfassung", mit der „alles übrige, ihre physische Absonderung, ihre Lebensweise und Beschäftigung, ihr ganzes isoliertes, feindseliges Dasein" zusammenhänge.[37] Fischenich spricht deshalb den Juden als solchen die Fähigkeit ab, als vollwertige Bürger in christliche Gesellschaften integriert zu werden:

---

sung 1819 als geheimer Oberjustizrat im Justizministerium für die rheinischen Angelegenheiten nach Berlin berufen und dort auch Mitglied des soeben neu eingerichteten Rheinischen Revisions- und Cassationshofes. Dieses Amt nahm er bis zu seinem Tod am 4. Juni 1831 wahr. Siehe Warentrapp: Fischenich, Bartholomäus Ludwig; Teschner: Bartholomäus Fischenich.

33 Gutachten der Immediat-Justiz-Kommission in: Landesarchivverwaltung: Dokumentation II/1, Nr. 6, S. 53–56. Fischenich hatte demgegenüber in seinem Votum (ebd., S. 57–66) Vorschläge gemacht, die mehr oder weniger auf eine Judenordnung alten Musters hinausliefen. Geprägt durch antijüdische Ressentiments sprach er den Juden aufgrund der ihnen eigenen „Verderbtheit" und wegen der Eigenheiten ihrer Religion jegliche Fähigkeit ab, jemals Teil der bürgerlichen Gesellschaft zu werden.

34 Das Votum Fischenichs ist abgedruckt in: Landesarchivverwaltung: Dokumentation II/1, Nr. 7, S. 57–66.

35 Landesarchivverwaltung: Dokumentation II/1, Nr. 7, S. 57 (Überschrift).

36 Landesarchivverwaltung: Dokumentation II/1, Nr. 7, S. 57.

37 Landesarchivverwaltung: Dokumentation II/1, Nr. 7, S. 58.

> So hart es klingen mag, [...], es ist leider wahr, dass ein echter Jude kein Bürger sein könne; und inwiefern man einen solchen unter ihnen finde, er notwendig ein schlechter Jude oder vielmehr gar kein Jude sei.
> So lange sie also bleiben wollen, was sie sind, d. h. Juden mit jüdischem Sinn und Geist, so lange können sie keine Ansprüche auf bürgerliche Rechte machen. Um dieser teilhaftig zu werden, müssten sie aufhören, Staat im Staat zu bilden: sie müssten das Judentum gänzlich verlassen. Und da die Seele desselben der Handel ist, wodurch ihr Zusammenhang unterhalten und täglich gefährlicher wird: so müssten sie vor allem zu anderen Gewerben, insbesondere zum Ackerbau, wovon alle wahre Kultur ausgegangen, angehalten werden.[38]

Eine derartige Umerziehung hielt Fischenich aber nur im Wege einer umfassenden Reform in ganz Deutschland und den Nachbarstaaten für erreichbar.[39] Eine solche allgemeine durchgreifende Reform sei denn auch die einzig verbleibende Alternative, wolle man „diese Nation nicht gänzlich aus Europa entfernen und sie in ihre alten Wohnsitze verweisen."[40] Seiner Auffassung entsprechend sollten den Juden einstweilen nur die Rechte von Schutzgenossen zugestanden werden. Das volle Bürgerrecht sollte ein Jude dagegen nur erhalten, wenn „er in einer christlichen Schule unterrichtet worden, aus dem Judentum heraustrete und eine christliche Konfession annehme." Auch die Frau müsse sich zu einer dieser Konfessionen bekennen.[41]

Wie das napoleonische Dekret wollte auch Fischenich Juden nur dann Handel treiben lassen, wenn sie über ein jährlich zu erneuerndes Patent der Regierung verfügten, dass ihnen bestätigte, „weder dem Wucher ergeben" zu sein „noch sonst ein unerlaubtes Gewerbe" zu betreiben. Geschäfte nicht patentierter Juden sollten nichtig ein. Außerdem sollte der Jude nachweisen, dass er über das für seinen Handel erforderliche Kapital verfügte und ein Handelsbuch in deutscher Sprache führen konnte.[42] Weitere den Handel beschränkende Regelungen schlug Fischenich nicht vor.

Mit seiner These der mangelnden Integrierbarkeit der Juden stand Fischenich nicht allein da. In dieselbe Richtung ging etwa auch die Auffassung des Göttinger Rechtsprofessors Justus Friedrich Runde (1741–1807), der sie bereits 1784

---

38 Landesarchivverwaltung: Dokumentation II/1, Nr. 7, S. 62.

39 Ebd.

40 Landesarchivverwaltung: Dokumentation II/1, Nr. 7, S. 64.

41 Landesarchivverwaltung: Dokumentation II/1, Nr. 7, S. 66.

42 Landesarchivverwaltung: Dokumentation II/1, Nr. 7, S. 65 f.

in einer Abhandlung[43] vertreten hatte und in seinem erstmals 1791 und bis 1829 in acht Auflagen erschienenen Lehrbuch „Grundsätze gemeinen deutschen Privatrechts" wiederholte.[44] Vergleichbare Ansichten wurden in den Jahren 1814 und 1816 von Ernst Moritz Arndt (1769–1860), dem Historiker Friedrich Rühs (1781–1820) und dem Philosophen Jakob Friedrich Fries (1773–1843) propagiert.[45] Die von ihnen und Fischenich vertretene Meinung stand in diametralem Gegensatz zur Auffassung des preußischen Staatsrats Christian Wilhelm Dohm (1751–1820), die europaweit in aufklärerischen Kreisen auf breites Echo gestoßen war.[46] In seinem 1781–1783 erschienenen Werk „Über die bürgerliche Verbesserung der Juden" hatte Dohm sich für die rechtliche Gleichstellung der Juden stark gemacht. Nach seiner Ansicht traf die Juden selbst keine Schuld daran, dass sie nahezu ausschließlich Handel und Geldgeschäfte betrieben. Diese Erwerbsarten waren ihnen vielmehr von den Regierungen aufgezwungen worden, die sie als Finanziers und Einnahmequelle brauchten und nutzten. Dass die Worte „Jude" und „Wucher" synonym verwandt würden, sei auf die immer noch bestehende Beschränkung der Juden auf den Handel zurückzuführen. Da die Juden also nicht von Natur aus, sondern aufgrund der lang andauernden Unterdrückung „verdorben" seien, hielt Dohm ihre „Umerziehung zum Besseren" für möglich und machte sich hierfür stark. Grundvoraussetzung dafür war seiner Ansicht nach die staatsrechtliche Anerkennung und rechtliche Gleichstellung der Juden. Ferner sollte die „religiös-ethnische Differenz" zwischen Juden und Christen beseitigt werden.[47]

Wie sich im Folgenden zeigen wird, klingen in den Stellungnahmen zur Aufhebung oder Beibehaltung des „schändlichen Dekrets" immer wieder auch Auffassungen an, die entweder in die Richtung der Ansicht Dohms oder der Fischenichs gehen.

2.1.2 Gutachten der Immediat-Justiz-Kommission und Verlängerung des Dekrets

Das Gutachten der Immediat-Justiz-Kommission zum napoleonischen Dekret ließ von der Auffassung Fischenichs zwar nichts verlauten. Auch hier wurden

---

43 Runde: Bürgerliche Verbesserung, S. 63–67. Siehe ferner auch die bereits oben in Fn. 9 angesprochene Adresse der Stadt Straßburg an die Nationalversammlung, in: Schlözer: Stats-Anzeigen XV, Heft 60, S. 439–452.

44 Runde: Grundsätze, § 638, S. 570 a. E.; wortgleich Danz: Handbuch VII, § 638 a. E., S. 228; Danz' gesamtes Werk bezieht sich im Titel auf Runde.

45 Zu Arndt, Rühs und Fries: Brammer: Judenpolitik, S. 78–88.

46 Zur Biographie Bruchmann: Dohm.

47 Siehe zum Ganzen auch Kasper-Holtkotte: Juden im Aufbruch, S. 22; Brammer: Judenpolitik, S. 19–22; Schlesier: Bürger, S. 56–58.

aber, wenngleich deutlich zurückhaltender als im Votum Fischenichs, hinlänglich bekannte Vorbehalte gegen die Juden vorgebracht. Bislang hatten sie sich aus Sicht der von der Kommission befragten Regierungen nicht gebessert, sondern entsprachen in ihrem Verhalten nach wie vor den ihnen zugeschriebenen Charakterzügen:

> Fast alle Nachrichten stimmen darin überein, dass sie [die Juden] noch immer von demselben Schachergeist [...] beseelt sind; daß sie sich noch immer ausschließend dem Handel und dem Trödel, am allerwenigsten dem Ackerbau widmen; daß sie größtenteils, besonders auf dem platten Land einen höchst schädlichen Wucher treiben.[48]

Deshalb hätten – so heißt es im Gutachten der Immediat-Justiz-Kommission weiter – sich fast alle Regierungen für die Beibehaltung des Dekrets ausgesprochen. Selbst dort, wo nur wenige Juden lebten und deshalb keine besonderen Klagen geführt würden, befürworte man die Beibehaltung des Dekrets, da die Juden sich ohne die dort getroffenen Bestimmungen und ohne Aufsicht „nur zu leicht dem eingewurzelten Hang zum Wucher überlassen würden."[49] Von einer Einführung des preußischen Emanzipationsedikts von 1812 riet die Immediat-Justiz-Kommission gleichfalls ab.[50] Es enthalte zwar teilweise Bestimmungen, die mit der Gesetzgebung in den ehemals französischen Gebieten übereinstimmten. Andere würden aber zu den dortigen Verhältnissen nicht passen.

König Friedrich Wilhelm III. (1770–1840) folgte dem Vorschlag der Kommission und verlängerte durch Kabinettsorder vom 3. März 1818 das Dekret Napoleons wenige Tage vor Ablauf der Zehnjahresfrist auf unbestimmte Dauer.[51] Eine Ausdehnung der Geltung auf die rechtsrheinischen Gebiete der Rheinprovinz erfolgte nicht, sodass für die jüdischen Untertanen links und

---

48 Landesarchivverwaltung: Dokumentation II/1, Nr. 6, S. 54.

49 Ebd.

50 Landesarchivverwaltung: Dokumentation II/1, Nr. 6, S. 55.

51 Publikation der Kabinettsorder abgedruckt in: Landesarchivverwaltung: Dokumentation II/1, Nr. 9, S. 67 f. Der Staatskanzler Carl August von Hardenberg (1750–1822) wollte bei der Veröffentlichung der Kabinettsorder darauf hinweisen, dass das Dekret verlängert werde, weil die Beratungen des Staatsministeriums über die „rechtliche Verfassung der jüdischen Bevölkerung" noch nicht abgeschlossen seien; damit wollte er den Eindruck vermeiden, dass mit der Kabinettsorder eine endgültige Entscheidung getroffen sei. Er hatte zwar eine entsprechende Anweisung gegeben, diese konnte jedoch nicht mehr durchgeführt werden, weil die Immediat-Justiz-Kommission dem Staatskanzler mit der Veröffentlichung der Kabinettsorder zuvorkam, Erlass des Staatsministers mit eigenhändigem Marginalbericht des Oberpräsidenten Karl Heinrich Ludwig von Ingersleben (1753–1831) abgedruckt in Landesarchivverwaltung: Dokumentation II/1, Nr. 10, S. 88 f.; siehe auch Brammer: Judenpolitik, S. 137 f.

rechts des Rheins – obwohl in ein und derselben Provinz lebend – weiterhin unterschiedliche Rechtsordnungen galten.[52]

Allerdings hielt nicht nur Preußen am „décret infâme“ fest. Es galt vielmehr auch in den sonstigen ehemals französischen Gebieten links des Rheins durchweg in vollem Umfang fort, so in der nun bayerischen Rheinpfalz bis 1851,[53] in dem zur Landgrafschaft Hessen-Homburg gehörenden Oberamt Meisenheim bis 1846,[54] in dem zunächst unter sachsen-coburgischer, ab 1837 unter preußischer Herrschaft stehenden Fürstentum Lichtenberg[55] sowie in dem zum Großherzogtum Oldenburg gehörenden Fürstentum Birkenfeld.[56] In dem an das Großherzogtum Hessen gefallenen Rheinhessen wurde zwar nicht an dem gesamten Dekret, wohl aber an den besonders diskriminierenden Bestimmungen der Art. 7–11 sowie der Art. 16 und 17 festgehalten.[57]

2.2 Beratungen auf den Rheinischen Provinziallandtagen 1826, 1834 und 1837

Zu einer erneuten Auseinandersetzung mit den bürgerlichen Verhältnissen der Juden im Rheinland und damit auch mit der Frage, ob das napoleonische Dekret aufrecht erhalten bleiben sollte oder nicht, kam es anlässlich der Beratungen des ersten Rheinischen Provinziallandtags, der im April 1824 vom König einberufen worden war und erstmals am 29. Oktober 1826 zusammentrat.

Im Jahr 1825 lebten in den beiden Rheinprovinzen insgesamt 20.742 Juden, davon 15.391 links und 5.351 rechts des Rheins. 10.969 Juden lebten in Städten

---

52 Im ehemaligen Großherzogtum Berg galt seit 1809 für Juden wie für andere Untertanen der Code civil, das schändliche Dekret war nicht übernommen worden. In den übrigen rechtsrheinischen Gebieten der Provinz galten die partikularen Judenordnungen des Ancien Régime, u. a. die nassauische. Siehe hierzu: Carl Joseph von Mylius in der dem Provinziallandtag von 1826 überreichten Denkschrift, abgedruckt in: Kastner: Provinziallandtag I, Nr. 17, S. 140–147 (143).

53 Aufgrund Verordnung vom 6. April, abgedruckt in: Landesarchivverwaltung: Dokumentation II/3, Nr. 3 b, S. 304.

54 Aufgrund Verordnung vom 7. Mai 1818, siehe den Bericht des Staatsprokurators zu Meisenheim, in: Landesarchivverwaltung: Dokumentation II/2, S. 233 f. (233). Das Dekret wurde 1842 erneuert, ebd., Nr. 28, S. 237–240. 1846 wurde es aufgehoben, ebd., Nr. 32, S. 244.

55 Verordnung vom 19. Juli 1818, abgedruckt in: Landesarchivverwaltung: Dokumentation II/2, S. 230.

56 Schmidt: Einleitung, S. 173 f.

57 Verordnung vom 13. März 1818, abgedruckt in: Landesarchivverwaltung: Dokumentation II/4, Nr. 1, S. 427.

und Flecken und 9.773 auf dem „platten Land“.[58] An den Erwerbsarten, denen die Juden nachgingen, hatte sich – dies sollte in der Folge immer wieder beklagt und den Juden vorgeworfen werden – nichts Wesentliches geändert. Die weitaus meisten, nämlich 3.198, betrieben Handel, 147 waren Hausierer, 729 übten ein Handwerk aus, drei „fabrizierten“ Getränke, 37 betrieben eine Schankwirtschaft und 145 waren in Kunst und Wissenschaft tätig. 729 Juden waren „Grundbesitzer“, „Ackerwirtschaft“ betrieben nur 89.[59] Für die Ökonomie auf dem Land spielten jüdische Händler eine wichtige Rolle, denn einerseits sorgten sie für den Vertrieb der landwirtschaftlichen Produkte, betrieben nicht zuletzt Viehhandel, andererseits versorgten jüdische Händler die Landbevölkerung mit Produkten, die es auf dem Land nicht gab oder deren man, wie zum Beispiel Saatgut, dringend bedurfte. Des Weiteren – und dies war und blieb in der Folgezeit Gegenstand heftiger Kritik – waren die jüdischen Händler diejenigen und oft die einzigen, die in Regionen mit Kleinbesitz die weniger wohlhabenden Bauern mit Kleinkrediten versorgten.[60]

Im Vorfeld des Ersten Landtags wurde ein Teil der rheinischen Regierungen zur Berichterstattung über die Verhältnisse der Juden in ihrem Bezirk aufgefordert, teils wurde auf bereits vorliegende Berichte zurückgegriffen.[61] Die in den Stellungnahmen vertretenen Ansichten über die Behandlung der jüdischen Bevölkerung gingen auseinander. Die Regierung Trier[62] hatte zustimmend auf die Schriften Dohms und seiner Gefolgsleute verwiesen und der Abschaffung des napoleonischen Dekrets das Wort geredet.[63] Sie hatte zugleich ein allgemeines Gesetz gegen den Wucher gefordert, weil „es unter den Christen leider ebenso große Wucherer als unter den Juden“ gebe und „es eine alte, bisher durch Erfahrung bestätigte Sage“ sei, „daß in den mehrsten kleinen Städten der Eifel kein Jude aufkommen könne, weil manche darin wohnende christliche Familien sie in Ansehung des Wuchers übertreffen.“[64]

Auch die Regierung in Köln tendierte wohl in Richtung einer grundsätzlichen Gleichbehandlung der Juden.[65] Die Düsseldorfer Regierung[66] sprach sich demgegenüber zwar einerseits für eine prinzipielle Gleichstellung von Juden und Christen aus, plädierte andererseits aber für eine Verschärfung des Dekrets und

58 Denkschrift des Oberpräsidenten der Rheinprovinz aus 1825/1826, in: Kastner: Provinziallandtag I, Nr. 8, S. 99–122 (99 f.).

59 Ebd., S. 110.

60 Siehe dazu Schlesier: Bürger, S. 208–211 und S. 545.

61 Siehe die Vorbemerkung zu Kastner: Provinziallandtag I, Nr. 8, S. 99.

62 Landesarchivverwaltung: Dokumentation II/1, Nr. 15, S. 74–81.

63 Ebd., S. 79.

64 Ebd.

65 Kastner: Provinziallandtag I, Nr. 3, S. 92–95, besonders S. 95.

66 Kastner: Provinziallandtag I, Nr. 2, S. 88–92.

dessen Ausdehnung auf die rechte Rheinseite, „in Hinsicht aller Gewerbszweige und in dem gesellschaftlichen Verkehr, worin die Juden bisher gesündigt haben und noch fortwährend sündigen.“[67] Die Koblenzer Regierung schließlich ging wie Fischenich davon aus, dass die Juden nach den Erfahrungen, die man mit ihnen trotz und ungeachtet der ihnen gewährten Rechte gemacht habe, in ihrem Verhalten unverbesserlich seien, und sprach sich deshalb gegen deren bürgerliche Gleichbehandlung aus.[68]

Auf der Grundlage dieser Berichte erarbeitete der Oberpräsident der Rheinprovinz eine Gesamtdarstellung und einen Gesetzesentwurf. Er vertrat dabei die Linie der Trierer und der Kölner Regierung und schlug ein Gesetz vor, das sich weitgehend am preußischen Edikt vom 11. März 1812 orientierte. Das napoleonische Dekret solle abgeschafft und durch die Bestimmung ersetzt werden, dass die privatrechtlichen Verhältnisse nach denselben Gesetzen zu beurteilen seien, die auch für die anderen rheinischen Untertanen galten. Ausgenommen sollten nur Handlungen und Geschäfte sein, die wegen der Verschiedenheit der Religionsbegriffe und des Kultus an besondere Bestimmungen und Formen gebunden seien.[69] Begründet wurde die privatrechtliche Gleichstellung der Juden mit der von Dohm propagierten Ansicht, dass die einschränkenden Gesetze den „moralischen Untergang“ der Juden verursacht hätten und dem „nur eine aus ganz entgegengesetzten Ansichten hervorgegangene Gesetzgebung“ ein Ende setzen könne.[70] Darstellung und Entwurf wurden am 9. Juni 1825 vom Oberpräsidenten dem Innenminister vorgelegt.[71]

Der Minister war jedoch mit dem Gesetzesentwurf nicht einverstanden und ordnete deshalb an, den Provinzialständen allein die Darstellung der derzeitigen Verhältnisse der Juden zuzuleiten, da der König nicht beabsichtigt habe, den Ständen einen Gesetzesentwurf zur Beratung vorzulegen.[72] Die Provinzialstände wurden dementsprechend lediglich aufgefordert, ihren Standpunkt zur Regelung der rechtlichen Verhältnisse der Juden zum Ausdruck zu bringen. Das Resultat der Beratungen fiel für die Juden ungünstig aus. Nach Ansicht der

67 Ebd., S. 90.

68 Landesarchivverwaltung: Dokumentation II/1, Nr. 16, S. 82–86, besonders S. 84–86.

69 Der Gesetzentwurf ist abgedruckt in: Landesarchivverwaltung: Dokumentation II, Nr. 20, S. 103–108, ab S. 105, ebenso: Kastner: Provinziallandtag I, Nr. 10, S. 122–126, ab S. 124. Die oben angeführten Bestimmungen finden sich in §§ 19 und 20, Landesarchivverwaltung: Dokumentation II/1, Nr. 20, S. 107; Kastner: Provinziallandtag I, Nr. 10, S. 125.

70 Landesarchivverwaltung: Dokumentation II/1, Nr. 20, S. 104; Kastner: Provinziallandtag I, Nr. 10, S. 123.

71 Landesarchivverwaltung: Dokumentation II/1, Vorbemerkung zu Nr. 20, S. 103; Kastner: Provinziallandtag I, Vorbemerkung zu Nr. 8, S. 99.

72 Landesarchivverwaltung: Dokumentation II/1, Vorbemerkung zu Nr. 20, S. 103 sowie Wilmanns: Einleitung, S. 36; ferner Kastner: Einführung, S. 42.

Mehrheit des Provinziallandtags sollte den Juden lediglich der Status von Schutzverwandten eingeräumt werden und damit der Zugang zu öffentlichen Ämtern verstellt bleiben. Des Weiteren sprach sich die Mehrheit der Provinzialstände zwar dafür aus, die Bestimmungen des napoleonischen Dekrets über die jährlich einzuholenden Handelspatente zu streichen. Sie hätten sich insofern als unzweckmäßig erwiesen, als die Mitglieder der Gemeinderäte jährlich durch sie vor die „unangenehme Alternative" gestellt würden,

> entweder ein ihrer Überzeugung nicht zusagendes Zeugnis auszustellen oder durch die Verweigerung desselben das Vermögen und den Gewerbebetrieb ihrer jüdischen Miteinwohner zu gefährden.[73]

Ansonsten sollte aber das Dekret beibehalten und sogar auf die gesamte Rheinprovinz erstreckt werden.[74] Begründet wurde dies damit, dass die Juden in Sitte und Moral noch nicht soweit fortgeschritten seien, dass sie den christlichen Einwohnern gleichgestellt werden könnten, dass es vielmehr „höchst notwendig" sei, die bestehenden Maßregeln aufrecht zu halten oder neu zu ordnen, „um den christlichen Landsmann gegen die Kniffe und Ränke des schlechteren Teils der jüdischen Bevölkerung sicher zu stellen."[75]

Man folgte damit der Einschätzung, die bereits der Abgeordnete für den zweiten Stand Carl Joseph von Mylius (1778–1838) in seiner dem Provinziallandtag überreichten Denkschrift vorgetragen hatte.[76] Nach seinen Ausführungen hatte Napoleon das Dekret vom 17. März 1808 erlassen, weil die Juden die ihnen 1791 gewährte Freiheit – anders als vom Gesetzgeber und „dem so oft von den Juden betrogenen Publikum berechtigterweise erwartet"– missbraucht

73 So das Gutachten des Oberpräsidenten an den König und das Innenministerium zur Adresse des Provinziallandtags, Landesarchivverwaltung: Dokumentation II/1, Nr. 22, S. 108–110 (109).

74 Zu den Beschlüssen: Protokoll über die 28. Plenarsitzung des 1. Rheinischen Provinziallandtags, 1. Dezember 1826, in: Kastner: Provinziallandtag I, Nr. 19, S. 148–151, zum „décret infâme" S. 149 unter 4. und S. 150 unter ad 4.; Protokoll über die 24. Plenarsitzung des 1. Rheinischen Provinziallandtags, 6. Dezember 1826, in: Kastner: Provinziallandtag I, Nr. 20, S. 151–153, zum „décret infâme" S. 152 unter 8.; Verhandlung des 1. Rheinischen Provinziallandtags mit Petition an den König, Kastner: Provinziallandtag I, Nr. 21, S. 153–156, zum „décret infâme" S. 154 f. unter 3) und S. 155 f. unter 9).

75 Siehe hierzu das Gutachten des Oberpräsidenten an den König und das Innenministerium zur Adresse des Provinziallandtags, Landesarchivverwaltung: Dokumentation II/1, Nr. 22, S. 108–110 (108 f.), wo er die Mehrheitsmeinung referiert und sich ihr anschließt.

76 Siehe oben Fn. 52. Mylius war Jurist und der erste Kölner Oberbürgermeister unter preußischer Herrschaft, in den Jahren 1814/15 dann Senatspräsident am Appellationsgericht des Großherzogtums Berg und ab 1819 Appellationgerichtsrat beim Rheinischen Appellationshof in Köln, siehe die Anm. 1 zu Kastner: Provinziallandtag I, Nr. 17, S. 147.

und dem Land unersetzlichen Schaden gebracht hätten. Sie hätten sich auch nach Erlass des Dekrets nicht – wie von diesem intendiert – vom „so hoch verpönten Schacher und Wucher“ ab- und dem Ackerbau oder anderem „bürgerlichem“ Gewerbe zugewandt:

> Allein dies sind wie fürderhin abermals fromme Wünsche geblieben, die 10 Jahre abgelaufen, und unsere Israeliten sind, einige wenige Ausnahmen vielleicht abgerechnet, noch die nemlichen Juden, die sie von jeher waren.[77]

Dass der König das Dekret 1818 verlängert und auch das Edikt von 1812 Einschränkungen erfahren hatte, war für Mylius der Beleg für die von ihm propagierte Unverbesserlichkeit der Juden und die Annahme, dass sie noch nicht reif dafür seien, dieselben „staats- und gemeindsbürgerlichen“ Rechte wie die übrigen Bürger zu genießen.[78] Da er zudem die im östlichen Teil der Rheinprovinz lebenden Juden nicht für besser hielt als die im westlichen Teil, musste seines Erachtens konsequenterweise das Dekret auch auf den östlichen Teil der Provinz ausgedehnt werden.[79] Konkrete Belege für seine Behauptungen lieferte Mylius nicht, sondern stützte sich ausschließlich auf die hergebrachten Stereotypen von den unverbesserlichen, ausschließlich Wucher und Schacher treibenden, schadenbringenden Juden und sah bereits in den gesetzgeberischen Einschränkungen zuvor gewährter Rechte die Bestätigung für die Richtigkeit der Vorbehalte gegenüber den Juden und den Beleg für ihre bislang gezeigte Unverbesserlichkeit. Gleichwohl vermochte er die Mehrheit der Provinziallandstände zu überzeugen.

Per Kabinettsordre vom 13. Juli 1827 sagte der König den Landständen zu, man werde ihr Gutachten über die bürgerlichen Verhältnisse der Juden in der Rheinprovinz „bei definitiver Entschließung über den Gegenstand in weitere Erwägung ziehen“.[80] Mehr als die Klarstellung durch Kabinettsorder vom 8. August 1830, dass das preußische Edikt vom 11. Marz 1812 nur in den Provinzen gelte, in denen es bei seinem Erlass publiziert worden sei, erfolgte zunächst allerdings nicht.

Die Thematik wurde in der Folge dann erneut auf dem vierten und fünften Provinziallandtag 1834 und 1837 behandelt. 1834 hatte der jüdische Bankier M. L. Scheuer aus Düsseldorf die Debatte mit einer beim Provinziallandtag eingereichten Denkschrift ausgelöst, mit der er die völlige bürgerliche Gleichstel-

---

77 Kastner: Provinziallandtag I, Nr. 17, S. 144 f. Bemerkenswerterweise wird hier das Wort „Jude“ benutzt, um die vorgeblichen negativen Charakterzüge der „Israeliten“ zu umschreiben.

78 Kastner: Provinziallandtag I, Nr. 17, S. 145.

79 Ebd.

80 Kastner: Provinziallandtag I, Nr. 25, S. 161.

lung der Juden verlangte. Der zuständige Ausschuss konnte sich jedoch nicht zu einer Entscheidung in der Frage verstehen, zum einen weil die Zeit für eine gründliche Behandlung des Themas fehlte, zum anderen weil sich der erste Rheinische Provinziallandtag gegen eine solche Gleichbehandlung ausgesprochen hatte und man erwartete, dass „eine Allerhöchste Entscheidung über diesen Gegenstand [...] sicherem Vernehmen nach ehestens erfolgen" werde. Dies müsse abgewartet werden, bevor der Gegenstand einer erneuten Beratung unterzogen werden könne.[81] Dabei hatte der Referent des Ausschusses konzediert, „mehrere der zur Unterstützung des vorliegenden Gesuchs vorgebrachten Gründe" schienen „nicht unerheblich zu sein und Berücksichtigung zu verdienen". Er gestand auch zu, dass die Bildung der Juden in den größeren Städten der Rheinprovinz so weit fortgeschritten sei, „dass kein Grund zur Verweigerung des von ihnen in Anspruch genommenen Gesuchs aller bürgerlichen Rechte mehr vorhanden seye".[82] Bankier Scheuer teilte man dementsprechend mit, dass „berücksichtigungswerthe Gründe" sein Anliegen unterstützten, der Landtag aber aus Zeitgründen auf eine nähere Behandlung verzichten müsse.[83]

Auf dem fünften Provinziallandtag griff der Abgeordnete Dr. Friedrich Bracht (1781–1855) unter Verweis auf den unerledigt gebliebenen Scheuer'schen Antrag die Thematik wieder auf. Im Zuge der anschließenden Verhandlungen redeten auf der einen Seite zwar einige Abgeordnete der Emanzipation der Juden das Wort, auf der anderen Seite aber plädierten die Gegner einer Gleichstellung erneut für eine Ausdehnung des napoleonischen Dekrets auf die rechte Rheinseite. Es fand aber weder dieser noch der auf völlige Emanzipation der Juden gerichtete Antrag eine Mehrheit.[84]

Während sich in der Rheinprovinz also keine Mehrheit für eine Ausdehnung des Dekrets fand, hatte man sich im westfälischen Provinziallandtag für seine Einführung in Westfalen stark gemacht, dies aber ebenfalls nicht erreichen können. 1836 wurden dann allerdings für die Landkreise Paderborn, Büren, Warburg und Höxter per Kabinettsordre vom 20. September 1836 ähnliche, zum Teil noch härtere Bestimmungen eingeführt,[85] durch die der Handel der Landjuden in den betreffenden Landkreisen zum Erliegen kam.[86]

81 Kastner: Provinziallandtag I, Nr. 49, S. 199 f.; Nr. 50, S. 201.
82 Kastner: Provinziallandtag I, Nr. 49, S. 199 f. (199).
83 Kastner: Provinziallandtag I, Nr. 50, S. 201.
84 Siehe zum Ganzen Kastner: Provinziallandtag I, Nr. 68, S. 246–249; Nr. 69, S. 251; Kastner: Einleitung, S. 43.
85 Gesetz-Sammlung für die Königlichen Preußischen Staaten 1836, S. 248.
86 Kastner: Einleitung, S. 44 m. w. N.

2.3 Auf dem Weg zu einem allgemeinen Gesetz über die rechtlichen Verhältnisse der Juden in Preußen

Zu neuen Impulsen für die Schaffung eines Gesetzes zur Regelung der bürgerlichen Verhältnisse der Juden in Preußen kam es nach dem Regierungsantritt Friedrich Wilhelms IV. (1795–1861) am 7. Juli 1840. Der König und sein Beraterstab gingen dabei von der Vorstellung vom „christlich-germanischen Staat" aus. Danach erschien ein staatliches Gemeinschaftsleben von Christen und Juden unmöglich, weil man die Juden aufgrund ihrer Religion als eine eigene politische und nationale Einheit ansah. Sie sollten deshalb auch nicht in den Staat integriert werden, geschweige denn Amtsgewalt in ihm ausüben dürfen, sondern eine eigene Körperschaft außerhalb des christlichen Staatsvolks bilden. Als die Pläne durch die Kabinettsorder vom 13. Dezember 1841 publik wurden, löste dies in der Öffentlichkeit, vor allem im Rheinland, heftige Proteste und eine Flut von Zeitungsartikeln und Flugschriften sowie eine Welle von Eingaben und Petitionen aus. Hierauf wird zurückzukommen sein.[87]

Ungeachtet dieses öffentlichen Echos ging man in Berlin daran, nach den Vorgaben der Kabinettsorder vom 13. Dezember 1841 ein Gesetz zur Regelung der bürgerlichen Verhältnisse der Juden zu erarbeiten. Durch Zirkularreskript des Innenministers vom 1. April 1842 wurden die einzelnen Regierungen erneut aufgefordert, über die Verhältnisse der Juden in ihren Bezirken Untersuchungen vorzunehmen und Bericht zu erstatten. Die Regierungen der Rheinprovinz wies man insbesondere an, zum Für und Wider einer Beibehaltung des napoleonischen Dekrets Stellung zu nehmen. Dabei sollte man sich „speziell" dazu äußern, ob im Fall der Fortdauer des Dekrets die Bestimmungen über die jährliche Erneuerung der Handelspatente (Art. 7–9) und die Vorschriften über Darlehen an Minderjährige, Frauen und Soldaten und über die Pfandnahme (Art. 13–15) aufgehoben oder modifiziert werden sollten. Nicht zuletzt sollte mitgeteilt werden, wie man die Frage der Freizügigkeit der Juden beurteile.

Um das Jahr 1843 war die Zahl der Juden in der Rheinprovinz laut der Regierungsberichte auf etwa 26.700 angewachsen,[88] von denen ca. 3.600 in den grö-

---

87 Zum Ganzen Kastner: Einleitung, S. 45 m. w. N.; Zittartz-Weber: Religion und Staat, S. 155–158. Siehe auch unten bei Fn. 171.

88 Siehe die Angaben der Regierungsberichte, Jehle: Juden und jüdische Gemeinden, Teil 4, Nr. 168, S. 1271–1310 (Köln); Nr. 171, S. 1315–1325 (Aachen); Nr. 173, S. 1330–1370 (Düsseldorf), Nr. 179, S. 1434–1443 (Koblenz); Nr. 186, S. 1495–1504 (Trier). Danach lebten in den Regierungsbezirken Köln 5.121 (Nr. 176, S. 1259), Aachen 2.395 (S. 1325), Düsseldorf 7.003 (S. 1338), Koblenz 7.587 (S. 1442) und Trier 5.612 Juden (S. 1504), in der Rheinprovinz insgesamt also 26.718. Inwieweit die Zahlen zutreffen ist offen: Andere Zahlen bietet Neumann: Statistik, S. 29 für das Jahr 1843 in den Regierungsbezirken: Köln 5.248, Aachen 2.524, Düssel-

ßeren Städten,[89] also rund 23.100 auf dem Land in kleinen Landstädten, Flecken und Dörfern lebten. An den Erwerbsarten hatte sich nicht viel geändert. Die weitaus meisten Juden betrieben nach wie vor Handelsgeschäfte, wobei die Spannbreite von der Tätigkeit als Bankier in den größeren Städten bis zum Hausierer und Geldverleiher auf dem Land reichte. Auch der Viehhandel war und blieb eine Domäne jüdischer Gewerbetreibender, häufig waren sie zugleich Schlachter und das Schlachterhandwerk das von Juden am häufigsten betriebene Handwerk.

2.3.1 Berichte aus der unteren Verwaltungsebene (Landräte, Bürgermeister)

Die vom Innenministerium zur Berichterstattung aufgeforderten Regierungen wiesen ihrerseits die ihnen unterstellten Behörden an, zu den Verhältnissen der Juden in ihren Amtsbereichen Stellung zu nehmen.[90] Das dabei zu Tage tretende Bild stellt sich wie folgt dar: Nach wie vor hielt die Mehrheit der Landräte und Bürgermeister an der negativen und ablehnenden Haltung den Juden gegenüber fest und plädierte dafür, an dem Dekret festzuhalten. Als Gründe wurden erneut ins Feld geführt, dass die Juden sich mehrheitlich eben noch immer durch Handel, Wucher und Schacher, statt durch Ackerbau und bürgerliche Gewerbe ernährten, dass sie einen Hang zur Prellerei und Hehlerei hätten und dass vor allem die Landbevölkerung vor den Juden geschützt werden müsste, da sie schlauer und gewitzter seien als die einfältigen und schlichten Leute auf dem Land, die die Juden durch ihr wucherisches, allein auf die eigene Bereicherung zielende Geschäftsgebaren mehr und mehr in finanzielle Abhängigkeit brächten und letztendlich in den Ruin führten.[91]

---

dorf 7.130, Koblenz 8.011, Trier 4.781 Juden (insgesamt also 27.694); wieder andere Zahlen nennt Dieterici: Tabellen, S. 17: Köln 5.186, Aachen 2.521, Düsseldorf 7.130, Koblenz 6.267, Trier 4.780 Juden (insgesamt 25.884).

89 Zittartz-Weber: Religion und Staat, S. 81, Tabelle mit der Übersicht über die jüdische Bevölkerung in den größeren Städten der Rheinprovinz (Zahlen entnommen aus den in Fn. 88 angeführten Berichten): Köln 680, Bonn 506, Düsseldorf 451, Krefeld 356, Essen 310, Mühlheim 302, Aachen 250, Deutz 238 Juden. Nimmt man Koblenz mit 276 (Jehle: Juden und jüdische Gemeinden, Teil 4, Nr. 179, S. 1436), Trier mit 210 (Nr. 186, S. 1502) und Saarbrücken mit 44 (S. 1499) Juden hinzu, kommt man auf 3.623 in größeren Städten lebende Juden.

90 Kastner: Provinziallandtag I, Nr. 121–125, S. 355–362.

91 Geradezu paradigmatisch die Stellungnahme des Bürgermeisters von Waldorf, Kastner: Provinziallandtag I, Nr. 139 unter i), S. 390–392 (390 f.); siehe ferner den Bericht des Landrats von Erkelenz, I, Nr. 142, S. 410–412 (411), den Bericht des Landrats von Schleiden, Nr. 144, S. 416–418 (417), den Bericht des Landrats von Geilenkirchen, Nr. 145, S. 428–440 (419); den Bericht des Landrats von Heinsberg, Nr. 149, S. 428 f. (429), Bericht des Landrats von Bonn, Nr. 164, S. 475 f. (476). Zum Vorwurf des Hangs zur Prellerei und Hehlerei siehe den Bericht des Landrats von Jülich, Nr. 136, S. 381 (381).

Nicht selten dürften diese Stellungnahmen jedoch eher auf Vorurteilen als auf tatsächlichen Feststellungen im jeweiligen Amtsbezirk beruhen. So führt etwa der Bürgermeister von Godesberg aus, das Dekret müsse beibehalten werden, weil es offenbar „dem Publikum gegenüber manch Böses“ von Seiten der Juden verhindert habe, auch wenn „solches [...] nicht immer bekannt geworden“ sei und „sich also nicht articulieren“ lasse. Es habe sich aber bislang nicht auf die Moralität der Juden ausgewirkt:

> Sie sind Juden geblieben und werden es bei Modificationen und Aufhebungen [des Dekrets], welcher Art sie auch sein mögen, weiterhin sein und bleiben, besonders die hiesigen sogenannten Stockjuden; quod erant, quod sunt, et erunt [was immer sie waren, was immer sie sind, werden sie auch sein].[92]

Seine Voreingenommenheit und antijüdischen Ressentiments bringt der Bürgermeister des Weiteren dadurch zum Ausdruck, dass er zunächst feststellt, der Wunsch einer Aufhebung oder Modifizierung des Dekrets werde seiner Kenntnis nach, „von den hiesigen Juden zwar nicht laut geäußert,“ dann aber fortfährt, er glaube jedoch,

> mit viel Bestimmtheit sagen zu dürfen [...], dass eins oder andere von ihnen, wie überall, bei dem angeborenen Schachergeist, gewünscht wird, indem sie dadurch von manchem Zwang befreit würden, der sie an der freien und ungebundenen Befriedigung ihrer Schacherlust hindert.[93]

Die Vorteile einer Aufhebung träfen seiner Ansicht nach die Juden, die Nachteile die Christen,

> indem diese den Einflüsterungen jener leider nur zu oft Gehör geben und hier auf dem platten Land nicht Entscheidungskraft genug besitzen, den Wolf im Schafspelze zu erkennen, und ihn erst kennen lernen, wenn es zu spät ist.[94]

Ähnlich äußert sich der Bürgermeister von Poppelsdorf. Als Grund für die Beibehaltung des Dekrets führt er an, dass es dem Wucher zwar Einhalt geboten, ihn aber noch nicht ganz beseitigt habe. Wo er noch vorkomme, werde er mit so großer Vorsicht betrieben, dass Beweise darüber nur schwer oder gar nicht zu liefern seien.[95] Der Bürgermeister von Oedekoven teilt einerseits zwar mit,

---

92 Kastner: Provinziallandtag I, Nr. 139 unter e), S. 387 f. (388). Klammerzusätze vom Verf.
93 Ebd.
94 Kastner: Provinziallandtag I, Nr. 139 unter e), S. 388.
95 Kastner: Provinziallandtag I, Nr. 139 unter c), S. 386.

dass in seinem Ort keine Juden ansässig seien und er deshalb zu den Vor- und Nachteilen des Dekrets nicht sagen könne. Gleichwohl spricht er sich für die Beibehaltung der jährlichen Patentierung aus, da „in der Regel die Juden doch immer noch mehr Hang zum Handel als zu einem Handwerke oder andern bürgerlichen Geschäfte“ hätten „und die letzteren auch selten durch Juden betrieben“ würden.[96] Auch der Bürgermeister von Waldorf gesteht zu, mangels hinreichender Erfahrung in seiner Gemeinde keine Aussagen über das Für und Wider des Dekrets machen zu können. Er verweist zudem darauf, dass es Bürgermeistern aufgrund ihrer amtlichen Stellung nicht möglich sei, das Verhalten der Juden zu kontrollieren, und man von ihnen deshalb auch keine oder keine vollständige Stellungnahme zur Regulierung der jüdischen Verhältnisse verlangen könne. Dieses Eingeständnis mangelnder Erfahrung und Sachkenntnis hält ihn jedoch nicht davon ab, seine „persönliche Meinung“ mitzuteilen und sich dafür auszusprechen, das Dekret beizubehalten, solange die Juden sich nicht vom Handel und Schacher ab- und einem bürgerlichen Gewerbe zuwenden würden. Es folgt dann der bereits bekannte Hinweis auf die angeblich besondere Raffinesse der Juden:

> Der von Kindheit an im Handel geübte und gewitzte Jude versteht es jetzt noch bei dem beschränkten Dekrete, den einfältigen und schlichten Landmann durch seine sogenannten Handelskniffe zu hintergehen und zu unterdrücken, oft und meistens sogar mit solchem Scheine von Ehrlichkeit, dass der arme Bauer die Schlinge nicht einmal ahnt, die ihn bald verdirbt.[97]

Nach Aufhebung des Dekrets – so ist sich der Waldorfer Bürgermeister sicher – würden „Betrügerei und Unterdrückung“ alsbald Überhand nehmen. Es lasse sich auch schwer bestimmen, ob das Dekret eine Besserung der Moralität der Juden bewirkt habe. Sie hätten häufig nur eine ganz geringe Schulbildung und könnten kaum ihren Namen schreiben. Es sei daher anzunehmen, dass die gegenüber 1808 spürbar eingetretene Besserung nicht „eine Folge ihrer moralischen Kraft, sondern nur die Folge des Gesetzeszwangs“ sei. Volle Gewissheit sei darüber aber nur zu erlangen, wenn man die Juden in ihren Rechtsverhältnissen eine Zeitlang den Christen völlig gleichsetzen würde, „da sich nur über den Willen eines freien, nicht durch Spezialgesetze beschränkten Menschen ein Urtheil fällen“ lasse. Mit dieser Aussage gerät der Bürgermeister aber in Widerspruch zu seiner nur wenige Sätze zuvor getroffenen Feststellung, dass durch

96 Kastner: Provinziallandtag I, Nr. 139 unter g), S. 389.
97 Ebd.

die Aufhebung des Dekrets „Betrügereien und Unterdrückung“ von Seiten der Juden alsbald überhand nehmen würden.[98]

Zuweilen zeichnen die lokalen Behörden einander widersprechende Bilder von den Verhältnissen. So beklagt der Landrat des Kreises Geilenkirchen,[99] dass auf dem Lande „selbst die reichern Juden, unter dem Deckmantel eines ehrlichen Handels, in der Regel eine Schaar von Schacherjuden zur Führung eines systematischen Wucherhandels zu Gebot“ hätten „und eben dadurch als eine wahre Landplage betrachtet werden“ müssten. Die Einräumung von Freizügigkeit werde deshalb unweigerlich genutzt werden,

> fast in jedem Dorfe einen Schacherjuden als stehenden Agenten zu unterhalten, der dann bei Geldverlegenheiten, Unglücksfällen pp. sofort Hülfe, sei es an Vieh, Waaren oder selbst an Baarschaft anbiethen und den in Verlegenheit gerathenen Christen umgarnen würde.

Wie dies angeblich von statten geht, wird dann im Detail beschrieben. Völlig anders wird dagegen die Situation im benachbarten Kreis Heinsberg[100] dargestellt.[101] Der dortige Landrat berichtet, wegen der „intellectuelle[n] Bildung“ der Landbevölkerung in seiner Gegend würden Schacher und Gewerbe der Juden nicht mehr begünstigt als bei entsprechenden von Christen betriebenen Geschäften. Dies sei auch der Grund dafür, dass an kleinen Orten und Landgemeinden die jüdische Bevölkerung nicht mehr wie ehemals durch Reichtum hervorrage. Er weiß denn auch nur einen als reich geltenden Juden im Kreis zu benennen. Ansonsten führt er den jüdischen Gerichtsvollzieher Benedikt[102] aus Heinsberg an, der als „vermöglich betrachtet werden könnte.“ Weiter heißt es dann: „Die jüdische Bevölkerung windet sich nur mit großer Anstrengung durchs Leben, und von betrügerischem Verkehr hört man fast gar nichts.“ Dennoch vermag sich auch der Heinsberger Landrat nicht für die Aufhebung des Dekrets vom 17. März 1808 auszusprechen, da das Bestreben, den Sanktionen zu entgehen, den „Wuchergeist“ abtöte und die Juden immer mehr der christli-

---

98 Kastner: Provinziallandtag I, Nr. 139 unter i), S. 390 f.

99 Kastner: Provinziallandtag I, Nr. 145, S. 418–420 (419).

100 Heinsberg liegt nur ca. 12 km von Geilenkirchen entfernt.

101 Kastner: Provinziallandtag I, Nr. 149, S. 428 f. (428).

102 Philipp Benedikt war schon unter französischer Herrschaft Gerichtsvollzieher („Huissier“) in Heinsberg. Er konnte sich gegen langjährigen erheblichen Widerstand des Berliner Justizministeriums aufgrund königlicher Entscheidung in diesem Amt behaupten. Siehe hierzu Strenge: Juden im preußischen Justizdienst, S. 32 f. Benedikt wurde 1840 das „Allgemeine Ehrenzeichen“ verliehen. Darüber berichtet die Allgemeine Zeitung des Judentums vom 29. Februar 1840, abgedruckt in Kastner: Provinziallandtag I, S. 275.

chen Bevölkerung assimiliere.[103] Auch wenn man seiner Aussage nach von einem „betrügerischem Verkehr" der Juden kaum mehr etwas hört, unterstellt er ihnen generell einen „Wuchergeist" und führt eine „Besserung" letztlich allein auf die Bestimmungen des Dekrets zurück.

Eine positive Beurteilung der Juden findet sich in den amtlichen Stellungnahmen der Landräte und Bürgermeister nur einmal, wenngleich auch hier Vorbehalte mitschwingen. Nach dem Bericht des Bürgermeisters von Saarbrücken haben sich die Juden gegenüber früher „bedeutend zu ihrem Vorteil geändert [...], indem von niedrigem, schmutzigen Handel, Schacher oder Wucher auch nicht mehr die entfernteste Idee vorhanden ist." Auch er stellt aber in Frage, ob eigener Trieb der Vervollkommnung oder der Gesetzeszwang diesen Wandel bewirkt habe. In jedem Fall spricht sich der Bürgermeister angesichts des feststellbaren Wandels für die Aufhebung des Dekrets aus, da es sich aufgrund seiner „jede freie Thätigkeit hemmenden, das Selbstgefühl verletzenden Bestimmungen" nunmehr eher schade als nütze. Als Beleg hierfür führt er an, dass die jüdische Jugend freiwillig nach Frankreich gehe, wo das Dekret seit langem nicht mehr galt.[104]

Für eine Aufhebung des Dekrets spricht sich ferner der Bürgermeister von Rhaunen aus. Nach seinem Dafürhalten hat das Dekret keinen Nutzen gebracht. Die Bevölkerung stehe den Juden in der Erfahrung mit dem Handel nichts nach, sodass es höchst selten zu Übervorteilungen komme, auf die dann das Dekret gewöhnlich keine Anwendung finde. Es sei zudem auch deshalb nutzlos, weil es leicht zu umgehen sei.[105]

Die Frage, ob bei einer Beibehaltung des Dekrets auch die Vorschriften über die jährliche Erneuerung der Handelspatente aufrecht erhalten sollten, wird in den Stellungnahmen unterschiedlich beantwortet. Die meisten befürworten eine uneingeschränkte Beibehaltung,[106] teilweise spricht man sich aber auch dafür aus, die Juden, die sich durch besondere „Rechtlichkeit"[107] ausgezeichnet hätten, von der Pflicht der jährlichen Patenteinholung auszunehmen.[108] In einigen Stellungnahmen wird das Erfordernis der jährlichen Patentierung als nutzlose

---

103 Kastner: Provinziallandtag I, S. 419.

104 Kastner: Provinziallandtag I, Nr. 148, S. 425–428 (425 f.).

105 Kastner: Provinziallandtag I, Nr. 152, S. 438.

106 So die Bürgermeister von Godesberg, Oedekoven, Villip, Waldorf, Kastner: Provinziallandtag I, Nr. 139, S. 385–392 (388 f., 391); ferner der Landrat von Heinsberg, Kastner: Provinziallandtag I, Nr. 149, S. 428 f. (429) und der Landrat von Geilenkirchen, Kastner: Provinziallandtag I, Nr. 145, S. 418–420 (420), der sich sogar für eine Schärfung ausspricht, da die derzeitige Patentierung nur eine Formsache sei.

107 Damit ist nach damaligem Sprachgebrauch Rechtschaffenheit oder Redlichkeit gemeint.

108 Bericht des Landrats von Aachen für den Kreis Aachen, Kastner: Provinziallandtag I, Nr. 134, S. 378–380 (379); siehe ferner den Bericht des Landrats von Jülich, Kastner:

Formsache und bloße Schreiberei bezeichnet, da das Patent durchweg nicht verweigert werde. Es wird deshalb entweder die Aufhebung der Vorschriften empfohlen[109] oder angeraten, stattdessen entweder allen – also auch den christlichen – Untertanen, die wegen Wuchers verurteilt worden seien,[110] oder nur Juden, die des Wuchers überführt seien, die Handelsberechtigung zu entziehen.[111] Vereinzelt wird empfohlen die Regelung über die Handelspatente zu streichen und stattdessen nur Juden, die des Wuchers überführt oder sonst unter einem Verdacht stünden, zu verpflichten, entweder eine Reihe von Jahren oder auf immer ein Patent einzuholen.[112]

Hinsichtlich der Vorschriften über Darlehen an Minderjährige, Frauen und Soldaten und die Regeln über Pfandleihe an Gesinde und Dienstleute spricht sich die Mehrheit gleichfalls für eine Beibehaltung aus. Daneben werden zum Teil unterschiedliche Modifikationen empfohlen.[113] So wird etwa auch hier vorgeschlagen, Juden von besonderer „Rechtlichkeit" von den Darlehensregelungen auszunehmen.[114]

2.3.2 Berichte der Regierungen

Wie in den Berichten der unteren Behörden hat das negative, von Ressentiments geprägte Bild von den Juden auch in den Stellungnahmen der Regierungen seinen Niederschlag gefunden.[115] Immer wieder werden auch hier die üblichen Stereotypen gebraucht, um die Juden und ihr Geschäftsgebaren zu charakterisieren, insbesondere auf den ihnen „angeborenen Wucher- und Schachergeist" verwiesen. Dabei wird ihnen oder zumindest einem Teil von ihnen und vor allem den städtischen Juden in einigen Berichten eine „moralische Besserung" gegenüber

---

Provinziallandtag I, Nr. 136, S. 381 f. (382). Er schlägt vor, den besonders rechtschaffenen Juden ein Patent von längerer Dauer oder auf Lebenszeit auszustellen.

109 Bericht des Bürgermeisters von Rhaunen, Kastner: Provinziallandtag I, Nr. 152, S. 438; der Bürgermeister von Düren hält die Aufhebung der Regeln für ungefährlich, da die Patentierung eine bloße Schreiberei darstelle. Andererseits sei die Patenteinholung für die Juden nicht sonderlich belästigend. Die Patentierung sei eine Art Zensur und bei milder Ausübung zumindest nicht schädlich, Kastner: Provinziallandtag I, Nr. 146, S. 420–422 (422).

110 So der Oberbürgermeister von Bonn, Kastner: Provinziallandtag I, Nr. 140, S. 392–394 (394).

111 Eine derartige Regelung hat offenbar der Bürgermeister von Poppelsdorf im Blick, Kastner: Provinziallandtag I, Nr. 139, S. 385–392 (386 f.).

112 So der Landrat von Schleiden, Kastner: Provinziallandtag I, Nr. 144, S. 416–418 (418).

113 Siehe die in Fn. 106–112 angeführten Berichte.

114 Bericht des Landrats von Aachen für den Kreis Aachen, Kastner: Provinziallandtag I, Nr. 134, S. 378–380 (379).

115 Positiver, nämlich als emanzipationsfreundlich, bewertet die Berichte der rheinischen Regierungen Brammer: Judenpolitik, S. 280–282. Siehe demgegenüber das Folgende.

früher attestiert, womit die Zeit vor Erlass des napoleonischen Dekrets gemeint ist. So führt etwa die Kölner Regierung aus:

> Im Allgemeinen glauben wir annehmen zu dürfen, daß die Juden der Rhein-Provinz, womit sie auch den eigenthümlichen Typus ihrer Nation, eine besondere List und Verschlagenheit, die Neigung zu gewinnsüchtigen Bestrebungen, ohne es mit den Grundsätzen des Rechts und der Redlichkeit besonders streng zu nehmen und eine gewisse, bald größere, bald geringere Unehrenhaftigkeit im Handelsverkehr, welche zwar nicht dem Gesetze verfällt, aber doch die Sitte, das feinere Gefühl und das öffentliche Vertrauen verletzt, keinesweges verläugnen, dennoch sich nach dem Zustande ihrer geistigen Entwickelung, besonders in den größern Städten, von denen meisten übrigen Provinzen durch Sitte und Lebensweise günstig auszeichnen. Man hört deshalb aus andern Kreisen über Wucher und Betrug der Juden auch seltener und verhältnißmäßig nicht mehr Klagen, als bei den Christen selbst.[116]

Von den fünf rheinischen Regierungen sprechen sich erneut nur die Kölner und die Trierer Regierung gegen das napoleonische Dekret aus.[117] Beide sind der Auffassung, dass es keinen sichtbaren Nutzen und keine positiven Auswirkungen auf die Juden gehabt habe und haben werde.[118] Aus der Sicht beider Regierungen führen die Vorschriften des Dekrets vielmehr dazu, das Verhalten der Juden zu verschlimmern, statt es zu verbessern. Nach Ansicht der Kölner Regierung verleitet es sie dazu, „statt gemeiner Benachtheiligungen recht qualifizierte Betrügereien auszusinnen", insbesondere sich Helfer zu suchen und „die einfache Übervortheilung zu Verbrechen der Fälschung, der Verführung, des Meineides und dergleichen zu steigern".[119] Laut der Regierung in Trier geht der Wucherer infolge des Dekrets nur „abgefeimter" vor:

> Durch absichtliche Vieldeutigkeit und Dunkelheit der schriftlichen Verträge, wie durch schlaue Verbindung verschiedenartiger Geschäfte miteinander, entstehen viele Processe, und die allgemeine Gesetzgebung bietet dem Juden Gelegenheit, dem be-

---

116 Bericht Regierung Köln, in: Kastner: Provinziallandtag I, Nr. 181, S. 521–532 (522); ebenso in: Jehle: Juden und jüdische Gemeinden, Teil 2, Nr. 55, S. 445–459 (446).

117 Bericht Regierung Köln wie vorige Anm.; Bericht der Regierung Trier, Kastner: Provinziallandtag I, Nr. 177, S. 508–518, ebenso in: Jehle: Juden und jüdische Gemeinden, Teil 2, Nr. 76, S. 521–534.

118 Bericht Regierung Köln, in: Kastner: Provinziallandtag I, Nr. 181, S. 524 f.; ebenso in: Jehle: Juden und jüdische Gemeinden, Teil 2, Nr. 55, S. 450 f.; Bericht der Regierung Trier, in: Kastner: Provinziallandtag I, Nr. 177, S. 514 f.; ebenso in: Jehle: Juden und jüdische Gemeinden, Teil 2, Nr. 76, S. 531.

119 Bericht der Regierung Köln, Kastner: Provinziallandtag I, Nr. 181, S. 525; ebenso: Jehle: Juden und jüdische Gemeinden, Teil 2, Nr. 55, S. 451.

> drohenden Decrete zu entgehen. Der bedrängte Schuldner entschließt sich meistens zum Vergleiche, wobei schon die hohen Mandatarien-Gebühren der unvermeidliche Verlust sind, und die letzte Zuflucht gewährt dem schlechten Juden der Meineid.[120]

Auch den Art. 4 des Dekrets – die Beweislastumkehr zulasten der Juden bei Wechseln, Schuldverschreibungen und Schuldversprechen – wüssten die Juden zu umgehen. Diese Norm fördere aber umgekehrt auch unredliches Verhalten christlicher Schuldner, da diese sich die Beweisschwierigkeiten ihrer jüdischen Gläubiger zu Nutze machen könnten, um sich hoher Zahlungsverbindlichkeiten zu entziehen. Dies veranlasse die Juden wiederum, den Verlust durch den übermäßigen Vorteil bei anderen Geschäften auszugleichen. Das Dekret hebe so das gegenseitige Vertrauen im Geschäftsverkehr auf.[121] Für die Regierung in Trier bleibt deshalb ungeachtet der anderslautenden Voten einiger Landräte und Behörden nur die unbedingte Aufhebung des Dekrets, und sie ist sich gewiss, „daß die einsichtsvolleren und mit den bürgerlichen Zuständen der Provinz vertrauten Stimmen“ ihr „beipflichten werden.“[122] Denn einerseits sei nicht zu leugnen, dass es noch viele Juden gebe, „die Wucher und Schacher trieben und den leichtgläubigen Landmann in seinem Nahrungszustande“ gefährdeten und mehrere Landräte stimmten hierüber „in lauten Klagen“ überein. Andererseits werde aber „von den Vorurtheilsfreieren ein günstiges Urteil“ über die jüdische Bevölkerung gefällt:

> Größtenteils führen sie ein geregeltes häusliches Leben, sind thätig in ihren Geschäften und auch unbescholten im Verkehr. Ihr sittliches Fortschreiten und ihre geistige Entwickelung ist nicht zu verkennen. Ihr Streben darnach offenbart sich in der Sorge für ihre Schulen und darin, daß sie ihre Kinder in Orten, wo keine jüdische Schulen bestehen, streng zum Besuch der christlichen Schulen anhalten. Die Statistik der Vergehen und Verbrechen bestätigt die aufgestellte Behauptung.[123]

Bei der rechtlichen Behandlung des Geschäftsgebarens der Juden auf dem Land muss nach Auffassung der Trierer Regierung das „sittliche Fortschreiten“ der

---

120 Bericht der Regierung Trier, Kastner: Provinziallandtag I, Nr. 177, S. 515, ebenso: Jehle: Juden und jüdische Gemeinden, Teil 2, Nr. 76, S. 531.

121 Kastner: Provinziallandtag I, Nr. 177, S. 514–516; ebenso: Jehle: Juden und jüdische Gemeinden, Teil 2, Nr. 76, S. 531–533.

122 Kastner: Provinziallandtag I, Nr. 177, S. 517, ebenso: Jehle: Juden und jüdische Gemeinden, Teil 2, Nr. 76, S. 534.

123 Kastner: Provinziallandtag I, Nr. 177, S. 510; ebenso: Jehle: Juden und jüdische Gemeinden, Teil 2, Nr. 76, S. 525.

Juden ebenfalls positiv berücksichtigt werden. Einerseits sei zwar nicht zu bestreiten, dass

> die entsittlichteren Juden für ihr Wucher- und Ausbeute-System auf dem Lande ein freieres, ungehemmteres Gebiet finden, als in den Städten, und dort ihre schädliche, verderbliche Einwirkung in grellen Beispielen hervorgetreten

sei. Andererseits müsse aber „in der anerkannt fortschreitenden Versittlichung" der Juden und deren Förderung durch den Staat der stärkste Schutz gesucht werden. Auch bedürfe „der an Einsicht zunehmende Landmann keiner speciellen Gesetze mehr zum Schutze gegen jüdische Ueberlistung." Sodann wird die wirtschaftliche Bedeutung der Juden im ländlichen Raum unterstrichen:

> Der Nutzen der Juden auf dem Lande selbst bei ihren bisherigen Beschäftigungen ist, abgesehen vom Wucher, von fast allen Landräthen anerkannt. Die Juden beleben den Handel auf den Märkten, die insofern sie auf jüdische Festtage fallen, verlegt werden, befördern den Absatz der Producte, erhöhen die Concurrenz, verwerthen manche sonst nutzlos vergehende Gegenstände und versorgen den Landmann mit vielerlei Bedürfnissen, die er ohne ihre Hülfe auf weiten Wegen herbeiholen müßte. Nur jener unsittliche Auswuchs des Wuchers und des Schachers muß vertilgt werden, aber nicht durch äußere die freie Thätigkeit und die gewerbliche Entwickelung hemmende Maaßregeln, als vielmehr durch Belebung des moralischen und religiösen Bewußtseins.[124]

Die wirtschaftliche Bedeutung der Juden auf dem Land liegt nicht zuletzt in den von ihnen getätigten Kreditgeschäften; denn – so die Trierer Regierung:

> Außer den Juden schießt fast Niemand dem armen, auf eine gute Weinerndte so oft vergebens harrenden, Winzer und dem Landmanne, der durch den Verlust einer Zugkuh oder eines Ochsen in Bedrängniß gerathen ist, ein Paar Thaler zu seiner Retablirung vor, und daher sind die Landbewohner stets auf die Hülfe der Juden beschränkt. Die Fälle, in denen das Decret vor Gericht angewendet wird, sind verhältnißmäßig spärlich. Ohne Noth treibt der Christ nicht dazu, er unterlässt es schon deshalb, um sich die Aussicht auf Hülfe bei künftigen Verlegenheiten, denen er bei der Geringfügigkeit seiner Landwirtschaft so oft ausgesetzt ist, nicht zu benehmen. Auf der andern Seite treibt der Art. 4 den jüdischen Darleiher zur Vorsicht, er sucht durch die Aussicht auf einen hohen Gewinn das Mißliche seines Unternehmens auszugleichen.[125]

---

124 Kastner: Provinziallandtag I, Nr. 177, S. 513; ebenso: Jehle: Juden und jüdische Gemeinden, Teil 2, Nr. 76, S. 529.

125 Kastner: Provinziallandtag I, Nr. 177, S. 515; ebenso: Jehle: Juden und jüdische Gemeinden, Teil 2, Nr. 76, S. 531.

Dem Vorwurf, die Juden hätten den Viehhandel an sich gerissen und nutzten das Gewerbe für Betrügereien, hält die Trierer Regierung entgegen, dass die allgemeinen Gesetze gegen Betrug beim Viehhandel Schutz gewährten und das Dekret keine sich hierauf beziehenden Vorschriften enthalte. Daher könnten diese Vorwürfe auch keine Gründe für eine Fortdauer des Dekrets sein:

> Die Schmach desselben lastet schwer auf der gesammten diesseitigen Judenschaft. Es drückt ihr das Brandmal des Betruges und des Wuchers auf, versperrt den Einzelnen den Weg aus der moralischen Verbannung zur freien sittlichen Bewegung.[126]

Die Kölner Regierung sieht die Dinge ähnlich und meint, die „Versunkenheit eines großen Theils des jüdischen Volks" sei zwar nicht zu leugnen. Deren Ursache seien allerdings nicht

> die abgesonderte Nationalität oder die Religionslehre der Juden an und für sich allein, als vielmehr der jahrhundertelange Druck und die Ausschließung von gleicher bürgerlicher Berechtigung, unter denen dies Volk sich von je her befunden

habe. Die Empfehlung der Regierung lautet deshalb:

> Der Staat behandele die Juden in religiöser Beziehung, wie alle andern geduldeten Religions-Gesellschaften, in jeder andern Beziehung aber, in der sie als Unterthanen und Staatsbürger stehen, gestehe er ihnen dieselben Rechte zu und lege ihnen dieselben Pflichten auf wie jedem andern Staatsbürger. So von außen her gehoben, werden sie sich auch innerlich, geistig und moralisch heben, und es wird der Erfolg für das Ganze ein gesegneterer sein, als wenn, durch die jetzigen Beschränkungen genöthigt, hie und da ein Jude äußerlich zum Christenthume übertritt.[127]

Schon zu Beginn ihres Berichts argumentiert die Kölner Regierung in diese Richtung und erklärt, dass sich der „Cultur- und sittliche Zustand der rheinischen Juden" wahrscheinlich noch weiter bessern würde, ließe „man die Hindernisse fallen, die es ihnen so schwer machen, mit den Christen gleichen Schritt zu halten und ihre industrielle Thätigkeit nach allen Richtungen hin zu entwickeln." Zum Beleg wird auf die Nachbarländer Frankreich, Holland, Belgien und England verwiesen, wo die Unterschiede zwischen Juden und Christen in bürgerlichen Rechtsverhältnissen aufgehoben seien und sich zeige, dass „die

---

126 Kastner: Provinziallandtag I, Nr. 177, S. 517; ebenso: Jehle: Juden und jüdische Gemeinden, Teil 2, Nr. 76, S. 534.

127 Bericht der Regierung Köln, in: Kastner: Provinziallandtag I, Nr. 181, S. 527, ebenso: Jehle: Juden und jüdische Gemeinden, Teil 2, Nr. 55, S. 453.

den Juden gewährte bürgerliche Gleichstellung auf ihre Sittigung vortheilhaft eingewirkt" habe. Das gelte nicht zuletzt für Frankreich, wo bei der Debatte über das jüngste Gesetz zugunsten der Juden von keiner Seite der Vorwurf erhoben worden sei, die Juden hätten sich der ihnen gewährten bürgerlichen Rechte unwürdig gezeigt. Für die Kölner Regierung steht vor diesem Hintergrund außer Zweifel, „daß eine Beseitigung der drückenden Gesetze, die noch theilweise auf ihnen lasten, nur die besten Früchte bringen wird."[128]

Der Standpunkt der Düsseldorfer Regierung ist zwiegespalten. Einerseits stellt sie fest, dass die auf der rechten Rheinseite lebenden Juden, auf die das Dekret keine Anwendung finde, „nicht unmoralischer und gefährlicher" seien als die auf der linken Rheinseite und dass man „deshalb hinsichtlich der Israeliten des hiesigen Verwaltungs-Bezirkes wenig Bedenken" habe, „auf die gänzliche Aufhebung des Dekretes vom 17. März 1808 anzutragen." Die Regierung verweist dann aber auf den von ihr in Auftrag gegebenen Bericht des Generalprokurators am Appellationsgericht zu Köln und meint, dass danach „die Beibehaltung des Dekretes in den übrigen Regierungs-Bezirken der Rheinprovinz noch als wünschenswerth erscheinen dürfte." Gleichwohl lehnt die Regierung eine Ausdehnung des Dekrets auf die Juden rechts des Rheins ausdrücklich ab und bringt damit noch einmal ihre Vorbehalte gegen das Dekret zum Ausdruck.[129]

Die Aachener und die Koblenzer Regierung sprechen sich für die Beibehaltung des Dekrets aus, die Aachener allerdings mit der Einschränkung, dass „Juden, die mit kaufmännischen Rechten Handel treiben," von der Beweislastumkehr des Art. 4 ausgenommen werden sollten.[130] Es sei eine bekannte Tatsache, dass bei Wechseln und Obligationen der größeren jüdischen Handelshäuser im Fall der Nichtzahlung die Umstände mehr für den (jüdischen) Gläubiger als für den Schuldner sprächen. Ansonsten aber seien die Vorschriften des Dekrets durchaus von Nutzen gewesen, um die unredlichen Geschäftspraktiken der Juden zu bekämpfen.[131] Die Koblenzer Regierung geht in ihrem Bericht von der Annahme Dohms aus, dass der „verlassene Zustand" der Juden aus der Jahrhunderte währenden Trennung von der christlichen Gesellschaft herrühre

---

128 Kastner: Provinziallandtag I, Nr. 181, S. 522; ebenso: Jehle: Juden und jüdische Gemeinden, Teil 2, Nr. 55, S. 446.

129 Bericht der Regierung Düsseldorf, in: Kastner: Provinziallandtag I, Nr. 158, S. 454–457; ebenso: Jehle: Juden und jüdische Gemeinden, Teil 2, Nr. 60, S. 475–479 (478).

130 Bericht der Regierung Aachen, in: Kastner: Provinziallandtag I, Nr. 174, S. 498–502 (502); ebenso: Jehle: Juden und jüdische Gemeinden, Teil 2, Nr. 58, S. 464–469 (468 f.). Bericht der Regierung Koblenz, in: Kastner: Provinziallandtag I, Nr. 176, S. 504–508; ebenso in: Jehle: Juden und jüdische Gemeinden, Teil 2, Nr. 69, S. 495–499.

131 Jehle: Juden und jüdische Gemeinden, Teil 2, Nr. 58, S. 467 f. Zur Charakterisierung der Juden aufgrund der Berichte der Landräte siehe S. 466; danach sollen fast alle Juden Schacherhandel und Wuchergeschäfte betrieben haben.

und nur durch ihre Gleichbehandlung überwunden werden könne. Sie unterstreicht dann, dass die männlichen Juden körperlich zwar schwächer seien als die Christen, da sie nicht an Arbeit gewöhnt seien, dass sie aber, wie die Erfahrung zeige, in intellektueller Hinsicht gleichfalls zu ausgezeichneten wissenschaftlichen, literarischen und künstlerischen Leistungen befähigt seien, sodass lediglich der „Schachergeist" das wesentlichste Hindernis sei, das der Emanzipation der Juden entgegenstehe.[132] Es müsse daher bei einer Reform in erster Linie darum gehen, diesen „Schachergeist" zu verbannen. Die Regierung spricht sich deshalb zum einen für ein Verbot des Handels von Haus zu Haus und Einschränkung des umherziehenden Hausierens aus und rät zum anderen bis zum Erlass eines allgemeinen Emanzipationsgesetzes noch von einer Aufhebung des Dekrets ab. Sie verweist dabei einerseits auf die sich ebenfalls für eine Beibehaltung des Dekrets aussprechenden Voten der Landstände sowie der Kreis- und Kommunalversammlungen, vor allem aber darauf, dass die durch das Dekret angeordneten Schranken nicht niedergerissen werden dürften, ehe eine andere und bessere Anordnung an deren Stelle trete.[133]

Hinsichtlich der einzelnen Bestimmungen des Dekrets wird von den Regierungen wie folgt Stellung genommen: Der Zwang, alljährlich ein neues Handelspatent einzuholen, stellte nach den Berichten mehr oder weniger nur noch eine Formsache dar. Die Erteilung eines Patents wurde nur in äußerst wenigen Fällen versagt[134] und Annullierungen eines Patents auf Antrag des Generalpro-

---

132 Kastner: Provinziallandtag I, Nr. 176, S. 506, ebenso: Jehle: Juden und jüdische Gemeinden, Teil 2, Nr. 69, S. 497 f.

133 Kastner: Provinziallandtag I 1, Nr. 176, S. 507; ebenso: Jehle: Juden und jüdische Gemeinden, Teil 2, Nr. 69, S. 498 f. Der Standpunkt des Oberregierungsrats Heuberger, Referent für den Bericht, wich deutlich von der im Bericht zum Ausdruck gebrachten Auffassung ab. Er fügte dem Bericht ein Sondervotum an, in dem eine deutlich judenfeindlichere Einstellung zum Ausdruck kommt; abgedruckt in: Jehle: Juden und jüdische Gemeinden, Teil 2, Nr. 70 f., S. 499–511. Heuberger war Anhänger der These, dass die Juden aufgrund ihrer Religion eine eigene Nation seien und ihre Gleichstellung in einem christlichen Staat nicht in Frage komme. Ihre Lebensweise sei zudem anders, sie beteiligten sich nicht an der Arbeit der Christen, sondern profitierten nur von dieser und seien arbeitsscheu. Siehe dazu auch Brammer: Judenpolitik, S. 280.

134 Bericht der Regierung Köln, in: Kastner: Provinziallandtag I, Nr. 181, S. 526; ebenso: Jehle: Juden und jüdische Gemeinden, Teil 2, Nr. 55, S. 452; Bericht der Regierung Aachen, Kastner: Provinziallandtag I, Nr. 174, S. 502; ebenso: Jehle: Juden und jüdische Gemeinden, Teil 2, Nr. 58, S. 458; Bericht der Regierung Düsseldorf, Kastner: Provinziallandtag I, Nr. 158, S. 456; ebenso: Jehle: Juden und jüdische Gemeinden, Teil 2, Nr. 60, S. 478 sowie Nr. 62, S. 481 (Tabelle der Ausstellung/Versagung von Legitimationsscheinen); Bericht der Regierung Koblenz, Kastner: Provinziallandtag I, Nr. 176, S. 507; ebenso: Jehle: Juden und jüdische Gemeinden, Teil 2, Nr. 69, S. 498; Bericht der Regierung Trier, Kastner: Provinzial-

kurators gem. Art. 9 des Dekrets kamen nicht vor.[135] Die Auffassungen zur Beweislastumkehr gem. Art. 4 des Dekrets gehen auseinander. Die Koblenzer Regierung will an ihr festhalten,[136] die Aachener sie dagegen für kaufmännisch tätige Juden abschaffen.[137] Die Regierungen in Köln und Trier lehnen die Bestimmung dagegen in toto ab. Die Trierer Regierung kritisiert, wie erwähnt, dass die Vorschrift einerseits von den Juden umgangen werde und dass sie sich andererseits ungünstig auf die Moral der christlichen Schuldner auswirke.[138] Die Kölner Regierung macht geltend, dass christliche und jüdische Wucherer ungleich behandelt würden und den Juden härtere Strafen träfen. Eine Person dürfe aber nicht nach ihrer Religion, sondern müsse nach ihren Handlungen bestraft werden.[139] In dieselbe Richtung argumentiert die Regierung Trier, wenn sie ausführt, „verbietende und strafende Gesetze" dürften „nicht gegen die Person, sondern die Sache gerichtet sein." Wenn sich also die allgemeinen Bestimmungen gegen den Wucher nicht bewährt hätten, müssten sie zeitgemäß abgeändert werden, nicht aber dürften „exceptionelle Vorschriften das System durchlöchern."[140]

Auf die Bestimmungen über die Darlehen an Minderjährige, Frauen und Militärpersonen und die Vorschriften über die Pfandleihe an Dienstboten und Gesinde gehen lediglich die Kölner und die Trierer Regierung näher ein und monieren, dass die Vorschriften Ausnahmen vom allgemeinen Recht darstellten[141] bzw. mit den Grundsätzen der allgemeinen Gesetzgebung in Widerspruch stünden.[142] Die Trierer Regierung kritisiert zudem, dass diese Artikel Strafgesetze in das Zivilrecht „eingeschwärzt" hätten, die „wegen Mangels an jedem Principe, in dem Strafrechte keine Aufnahme gefunden hätten."[143]

---

landtag I, Nr. 177, S. 516; ebenso: Jehle: Juden und jüdische Gemeinden, Teil 2, Nr. 76, S. 533.

135 Regierung Trier wie vorige Fn.

136 Bericht der Regierung Koblenz, Kastner: Provinziallandtag I, Nr. 176, S. 507; ebenso: Jehle: Juden und jüdische Gemeinden, Teil 2, Nr. 69, S. 499.

137 Siehe oben bei Fn. 130 und 131.

138 Kastner: Provinziallandtag I, Nr. 177, S. 514–516; Jehle: Juden und jüdische Gemeinden, Teil 2, Nr. 76, S. 531–533.

139 Kastner: Provinziallandtag I, Nr. 181, S. 526; ebenso: Jehle: Juden und jüdische Gemeinden, Teil 2, Nr. 55, S. 452.

140 Kastner: Provinziallandtag I, Nr. 177, S. 516; ebenso: Jehle: Juden und jüdische Gemeinden, Teil 2, Nr. 76, S. 533.

141 Bericht der Regierung Köln, Kastner: Provinziallandtag I, Nr. 181, S. 526; ebenso: Jehle: Juden und jüdische Gemeinden, Teil 2, Nr. 55, S. 452.

142 Bericht der Regierung Trier, Kastner: Provinziallandtag I, Nr. 177, S. 516; ebenso: Jehle: Juden und jüdische Gemeinden, Teil 2, Nr. 76, S. 533.

143 Ebd.

Die durch das Dekret vorgeschriebenen Einschränkungen der Freizügigkeit wollen die Regierungen Düsseldorf, Trier und Koblenz aufgehoben wissen, sobald bzw. soweit in den Provinzen dieselben Rechtszustände herrschen.[144] Die Regierungen Köln und Aachen sprechen sich dagegen für eine bedingte Freizügigkeit aus, bei der der Zuzug eines Juden von der Zustimmung der Gemeinde abhängt.[145] Dabei möchte die Kölner Regierung die Gründe für eine Ablehnung der Zustimmung beschränken.[146] Auch der Ansiedlung auf dem „platten Land“ sollen nach Ansicht der Regierungen in Köln, Düsseldorf und Trier keine sonderlichen Hindernisse in den Weg gestellt werden.[147]

2.3.3 Stellungnahme des Generalprokurators am Appellationsgerichtshof zu Köln Berghaus

Auf Ersuchen der Düsseldorfer Regierung nahm der Generalprokurator am Appellationsgerichtshof zu Köln, Franz Xaver Berghaus (1783–1869),[148] in einem ausführlichen Bericht zur Frage der Anwendung des Dekrets vom 17. März 1808 durch die rheinischen Friedens- und Landgerichte Stellung.[149] Er stützte sich dabei auf die Berichte der Oberprokuratoren an den Landgerichten zu Köln, Koblenz, Trier, Saarbrücken, Aachen, Kleve und Düsseldorf sowie auf die Auskünfte einiger Friedensgerichte. Das Bild, das er auf dieser Grundlage

---

144 Bericht der Regierung Düsseldorf, Kastner: Provinziallandtag I, Nr. 158, S. 456; ebenso: Jehle: Juden und jüdische Gemeinden, Teil 2, Nr. 60, S. 477; Bericht der Regierung Trier, Kastner: Provinziallandtag I, Nr. 177, S. 512 f.; ebenso: Jehle: Juden und jüdische Gemeinden, Teil 2, Nr. 76, S. 528 f.; Regierung Koblenz, Kastner: Provinziallandtag I, Nr. 176, S. 506; ebenso: Jehle: Juden und jüdische Gemeinden, Teil 2, Nr. 74, S. 518 f.

145 Bericht der Regierung Köln, Kastner: Provinziallandtag I, Nr. 181, S. 528; ebenso: Jehle: Juden und jüdische Gemeinden, Teil 2, Nr. 55, S. 453 f. Bericht der Regierung Aachen, Kastner: Provinziallandtag I, Nr. 174, S. 499 f.; ebenso: Jehle: Juden und jüdische Gemeinden, Teil 2, Nr. 58, S. 466 f.

146 Ebd.

147 Bericht der Regierung Köln, Kastner: Provinziallandtag I, Nr. 181, S. 528; ebenso: Jehle: Juden und jüdische Gemeinden, Teil 2, Nr. 55, S. 455 f.; Bericht der Regierung Düsseldorf, Kastner: Provinziallandtag I, Nr. 158, S. 456; ebenso: Jehle: Juden und jüdische Gemeinden, Teil 2, Nr. 60, S. 477; Bericht der Regierung Trier, Kastner: Provinziallandtag I, Nr. 177, S. 513; ebenso: Jehle: Juden und jüdische Gemeinden, Teil 2, Nr. 76, S. 529. Die Regierung Aachen will für eine Ansiedlung auf dem Land den Ankauf eines Ritterguts nicht ausreichen lassen, weil diese billiger zu haben seien als anderwärts, Bericht der Regierung Aachen, Kastner: Provinziallandtag I, Nr. 174, S. 500; ebenso: Jehle: Juden und jüdische Gemeinden, Teil 2, Nr. 58, S. 466 f.

148 Zu Berghaus Adenauer/Klein: Franz Xaver Berghaus.

149 Bericht des Generalprokurators Berghaus, Kastner: Provinziallandtag I, Nr. 154, S. 441–446; ebenso: Jehle: Juden und jüdische Gemeinden, Teil 2, Nr. 63, S. 482–488.

zeichnet, fällt überaus düster aus und führt gleich zu Beginn seiner Stellungnahme zu dem – nach seiner Aussage auch von den meisten Oberprokuratoren geteilten – Votum, „dass es keineswegs an der Zeit sein dürfte, das Dekret vom 17. März 1808 ganz oder theilweise außer Kraft zu setzen."[150]

Die von ihm zur Unterstützung dieses Standpunkts ins Feld geführten Berichte stellen den Juden und ihrem Geschäftsgebaren von wenigen Ausnahmen abgesehen ein überaus negatives Zeugnis aus. Erneut wird konstatiert, dass die Juden nach wie vor überwiegend dem Handel und eben keinem bürgerlichem Gewerbe nachgingen, das körperliche Anstrengung erfordere.[151] Regelmäßig wird ihnen vorgeworfen, notleidende Bauern, als deren Bankiers sie in aller Regel fungierten, in immer höhere Verschuldung und schließlich in den Ruin zu treiben, indem sie sich allmählich das gesamte Vermögen, nicht zuletzt die Grundstücke ihrer Schuldner aneigneten und so aus kleinsten Anfängen zu ansehnlichen Vermögen kämen. Beispielhaft ist etwa die vom Generalprokurator wörtlich angeführte Schilderung des Oberprokurators am Landgericht zu Trier:

> Die Noth der Landleute wird immer benutzt, ein Geschäft mit denselben zu machen, oder eine bestehende Forderung zu vergrößern. Der Landmann, der nicht bezahlen kann, geht auf alle Bedingungen des Juden ein, um die gerichtliche Einklage einer Forderung zu beseitigen, er macht Abschlagslieferungen, Abschlagszahlungen ohne Quittung, kauft Waaren, die er gar nicht brauchen kann, zu hohen Preisen, läßt sich baare Zuschüsse zu der frühern Schuld geben, wenn er auch kein Geld nöthig hat, verkauft seine Ernte vor der Zeit und ohne daß er den Preis zu übersehen im Stande ist, um den dringenden Juden augenblicklich zu beschwichtigen. Dieser verfolgt aber sein Ziel unermüdlich, gelangt zu einer Hypothekarverschreibung, oder gar einem freiwilligen Urtheile und ist am Ende durch die Subhastation in dem Besitze des Vermögens des Landmannes, ohne daß dieser weiß, wie er dazu gekommen ist.[152]

Die anderen Oberprokuratoren schildern das Verhalten ganz ähnlich.[153]

Immer wieder nimmt der Generalprokurator auf die Prozesslage in einzelnen Gerichtsbezirken Bezug, um die negative Charakterisierung der Juden zu belegen. Die Hinweise bleiben jedoch durchgängig an der Oberfläche und besagen

150 Kastner: Provinziallandtag I, Nr. 154, S. 441, siehe ferner S. 445 f.; ebenso: Jehle: Juden und jüdische Gemeinden, Teil 2, Nr. 63, S. 482 sowie S. 487.

151 Kastner: Provinziallandtag I, Nr. 154, S. 441–443; ebenso: Jehle: Juden und jüdische Gemeinden, Teil 2, Nr. 63, S. 482–484.

152 Kastner: Provinziallandtag I, Nr. 154, S. 442 f.; ebenso: Jehle: Juden und jüdische Gemeinden, Teil 2, Nr. 63, S. 484.

153 Kastner: Provinziallandtag I, Nr. 154, S. 441–444; ebenso: Jehle: Juden und jüdische Gemeinden, Teil 2, Nr. 63, S. 482–486.

letztlich wenig. So wird der Koblenzer Oberprokurator mit der Aussage zitiert, in Gerichtsverfahren habe sich das beschriebene wucherische Verhalten der jüdischen Darlehnsgeber in der Eifel und am Moselufer „oft genug herausgestellt“.[154] Der Friedensrichter von Kirchberg wiederum soll darauf hingewiesen haben, „daß die Juden fast an einem Drittel der beim dortigen Friedensgericht vorkommenden Rechtsstreitigkeiten betheiligt seien.“[155] Angaben, um welche Prozessgegenstände es gegangen ist und wer am Ende obsiegt hat, fehlen indessen. Aus dem Landgerichtsbezirk Saarbrücken wird vermeldet, „daß in den Friedensgerichten, in deren Bezirk Juden wohnten, die meisten Prozesse und verschiedentlich sogar der vierte, fünfte oder sechste Theil derselben von Juden erhoben“ würden.[156] Auch wenn dies für sich genommen nicht mehr aussagt, als dass Juden sich häufig zu Klagen berufen sahen, was angesichts der Tatsache, dass der Viehhandel und die Kreditverschaffung auf dem Land in ihrer Hand lagen, an sich nicht verwundern kann, sieht der Generalprokurator in der großen Zahl der von Juden angestrengten Prozesse einen Beleg dafür, „wie verderblich und nachsichtslos ihr Benehmen“ sei.[157] Dasselbe gilt für die Mitteilung aus dem Landgerichtsbezirk Aachen, dass beim Friedensgericht Gemünd im letzten Jahr, d. h. 1841, „von den Juden nicht weniger als 64 Prozesse anhängig gemacht“ worden seien, bei denen es um Ansprüche „aus Darlehen, Waarenschuld und Viehhandel“ gegangen sei.[158]

Am vorteilhaftesten erscheint dem Generalprokurator der Verkehr mit Juden auf der linken Rheinseite des Landgerichtsbezirks Düsseldorf, da nach den Angaben des dortigen Oberprokurators sowohl beim Landgericht als auch bei den Friedensgerichten das napoleonische Dekret nur selten zur Anwendung gekommen ist. Er führt dies darauf zurück, dass den Landleuten hier andere Mittel der Geldbeschaffung zu Gebote stünden und sie deshalb nicht in die Lage gerieten, sich wucherischen Geschäften hingeben zu müssen.[159] Vergleichbar stellt sich die Lage im Landgerichtsbezirk Aachen in den Friedensgerichtsbezirken dar, wo der Ackerbau blüht. Auch hier „findet der jüdische Verkehr [...] wenig Nahrung und ist daselbst von Gelddarlehen besonders in kleineren Summen wenig

---

154 Kastner: Provinziallandtag I, Nr. 154, S. 442; ebenso: Jehle: Juden und jüdische Gemeinden, Teil 2, Nr. 63, S. 483.

155 Ebd.

156 Kastner: Provinziallandtag I, Nr. 154, S. 444; ebenso: Jehle: Juden und jüdische Gemeinden, Teil 2, Nr. 63, S. 486.

157 Ebd.

158 Kastner: Provinziallandtag I, Nr. 154, S. 445; ebenso: Jehle: Juden und jüdische Gemeinden, Teil 2, Nr. 63, S. 486.

159 Kastner: Provinziallandtag I, Nr. 154, S. 445; ebenso: Jehle: Juden und jüdische Gemeinden, Teil 2, Nr. 63, S. 487.

die Rede."[160] Beim Landgericht Kleve seien Prozesse, an denen Juden als Parteien beteiligt seien, gleichfalls selten, allerdings – so der Generalprokurator – würden außergerichtlich viele Klagen über die Juden und ihre Geschäftspraktiken geführt. Von den Friedensgerichten heißt es dann einerseits, dass dort der Verkehr der Juden nur verhältnismäßig selten zur gerichtlichen Entscheidung komme, andererseits aber, dass „die Friedensrichter zu Geldern, Goch und Kleve häufig das Judendekret angewandt, oder sonst Verträge zwischen Juden und Christen wegen Betrugs vernichtet" hätten.[161]

Nur am Rande erwähnt der Generalprokurator, dass in den größeren Städten der jüdische Verkehr ebenfalls wenig Nahrung finde, woraus sich erkläre, „daß namentlich die Friedensrichter zu Cöln No. I, II und III sowie der Friedensrichter zu Trier No. I und einige andere Friedensrichter, in deren Amtsbezirk keine oder nur wenige Juden wohnen", sich für die Aufhebung des Dekrets ausgesprochen oder eine Aufhebung zumindest für unschädlich erklärt hätten. „Von diesen Städten und Friedensgerichtsbezirken" – so konstatiert der Generalprokurator sogleich – dürfe „aber auf das Ganze nicht geschlossen werden" und verweist stattdessen auf die von ihm geschilderten Verhältnisse in anderen Gerichtsbezirken. Dabei werde jedoch keineswegs verkannt, „dass es unter den Juden hin und wieder achtungswerthe Ausnahmen" gebe, „die indessen nicht in Betracht kommen" könnten, „wenn von der Beibehaltung oder Abschaffung eines bestehenden Gesetzes die Rede" sei.[162]

Nicht zuletzt diese Äußerung lässt vermuten, dass der Standpunkt des Generalprokurators nicht nur auf einer objektiven Auswertung der ihm zugegangenen Berichte beruht, sondern dass er auch von antijüdischen Ressentiments getragen ist. Wie objektiv die Berichte der Oberprokuratoren und Friedensrichter waren, ließe sich nur nach einer gründlichen Analyse der von und gegen Juden geführten und auf das Dekret vom 17. März 1808 gestützten Prozesse sagen, was allerdings angesichts der Überlieferungslage eine überaus mühsame und schwierige Recherche erfordern würde, die einer Suche der Stecknadel im Heuhaufen gleichkäme.[163]

Reine Spekulation sind schließlich die Ausführungen des Generalprokurators gegen Ende seines Berichts, die er allerdings für „einen schlagenden Beweis für

---

160 Kastner: Provinziallandtag I, Nr. 154, S. 444; ebenso: Jehle: Juden und jüdische Gemeinden, Teil 2, Nr. 63, S. 486.

161 Kastner: Provinziallandtag I, Nr. 154, S. 445; ebenso: Jehle: Juden und jüdische Gemeinden, Teil 2, Nr. 63, S. 486 f.

162 Kastner: Provinziallandtag I, Nr. 154, S. 446; ebenso: Jehle: Juden und jüdische Gemeinden, Teil 2, Nr. 63, S. 487 f.

163 Zur Überlieferung von Prozessakten rheinischer Gerichte siehe Strack: Ungedruckte Quellen zur Rechtsprechung; Oestmann: Der Zivilprozess im Rheinland und in Lübeck, S. 132–135.

die heilsamen Wirkungen“ des Dekrets hält. Er selbst habe in den 1820er Jahren die Erfahrung gemacht, dass in den Friedensgerichtsbezirken Siegburg, Hennef und Königswinter, wo das Dekret nicht gelte, das „verderbliche Treiben der Juden“ so überhandgenommen hatte, daß eine große Anzahl der kleinen Landleute verarmt und deswegen „ein bedeutender Theil des Grundeigentums in jüdischen Händen sei.“ Nach Ansicht des Generalprokurators wäre es hierzu nicht gekommen, „wenn für die rechte Rheinseite das mehrerwähnte Decret Anwendung gefunden hätte“, eine Aussage, die angesichts der sonst vorgebrachten Klagen über die Wirkungslosigkeit des Dekrets und der zuvor vom Generalprokurator angeführten Berichte vom „wucherischen Treiben“ der Juden unter Geltung des Dekrets überrascht und im Widerspruch zu den Ausführungen der Regierung zu Düsseldorf steht, nach deren Ansicht die außerhalb des Geltungsbereichs des Dekrets auf der rechten Rheinseite lebenden Juden „nicht unmoralischer und gefährlicher“ waren als die auf der linken Rheinseite.

2.3.4 Bericht des Oberpräsidenten der Rheinprovinz von Schaper

Wegen der divergierenden Ergebnisse der Regierung zu Trier und des Generalprokurators am Appellationsgerichtshof zu Köln hinsichtlich der Frage der Aufhebung des napoleonischen Dekrets – die Regierung zu Trier war dafür, der Generalprokurator dagegen – wurde der Oberpräsident der Rheinprovinz Justus Wilhelm Eduard von Schaper (1792–1868)[164] seinerseits vom Innenminister zu einer Stellungnahme zur Frage der Aufhebung des Dekrets aufgefordert.[165] Er kam dem im August 1844 nach.[166] Hinsichtlich der Frage, welche Wirkungen das Dekret während der nun 36-jährigen Geltungsdauer gehabt habe, fällt die Antwort in gewohnter Weise aus. Das Dekret habe entgegen seiner Intention den Wucher nicht beseitigen können. Landräte und Gerichtsbehörden berichteten, dass es – abgesehen von ehrenwerten Ausnahmen – nach wie vor Fälle gebe, „wo das fortwährende wucherische Bestreben der Juden keinem Zweifel“ unterliege. Statt eine Besserung der Juden herbeizuführen, habe das Dekret lediglich dazu beigetragen, den Erfindungsgeist der Juden in seiner Umgehung zu

164 Schaper (1792–1868) war von 1837 bis 1842 Regierungspräsident in Trier, von 1842 bis 1845 Oberpräsident der Rheinprovinz, anschließend 1845–1846 Oberpräsident der Provinz Westfalen. Von 1846 bis 1849 Generalpostmeister und Chef des Postwesens; 1852 wurde er aus dem Staatsdienst entlassen, vgl. Jehle: Juden und jüdische Gemeinden, Teil 4, S. 1379, Anm. 67 m. w. N.

165 Siehe zu den Kritikpunkten und Monita des Innenministers: Dekretschreiben des preußischen Ministers des Innern, v. Arnim, an den Oberpräsidenten der Rheinprovinz, v. Schaper, zu den Berichten der rheinischen Regierungen über die Regulierung des Judenwesens vom 8. Dezember 1843, in: Kastner: Provinziallandtag II, Nr. 312, S. 815–818.

166 Kastner: Provinziallandtag II, Nr. 333, S. 839–843.

schärfen, was dazu führe, dass der an den Buchstaben des Gesetzes gebundene Richter oder Notar der Übervorteilung eines Landmanns zusehen müsse, ohne dagegen vorgehen zu können.[167]

Auch der Oberpräsident beklagt des Weiteren, die Juden scheuten anstrengende Arbeit und trieben deshalb nach wie vor in erster Linie Handel. Dabei hätten sie es „vorzugsweise auf die Landleute abgesehen, und unter diesen wiederum vornehmlich [auf] die Bevölkerung armer Distrikte." Dabei klingt auch hier an, dass die nicht über die nötigen finanziellen Mittel verfügende Landbevölkerung auf die Juden und Geschäfte mit ihnen – insbesondere beim Viehkauf – angewiesen war, weil sie von Christen kein Geld bekamen, es sei denn – so räumt von Schaper ein – zu denselben wucherischen Bedingungen. Hier komme es ausweislich der Berichte von Friedensrichtern und Verwaltungsbeamten immer wieder dazu, dass Landleute von Juden in hohe Schulden verstrickt würden und am Ende ihres Vermögens beraubt seien. Der Zweck des Dekrets, die Bevölkerung vor dem Wucher der Juden zu schützen, ist deshalb aus Sicht des Oberpräsidenten nicht erreicht.[168]

Der Oberpräsident kommt daher zum Resümee, dass sich eine Beibehaltung des Dekrets nicht empfehle, weil es weder eine sittliche Besserung der Juden noch einen wirklichen Schutz für die christliche Bevölkerung bewirkt habe. Die Düsseldorfer Regierung habe zudem keinen wesentlichen Unterschied zwischen den Juden links und den rechts des Rheins festgesellt, wo das Dekret nicht gelte. Diese Beobachtung habe sich auch ihm aufgedrängt und er glaube nicht, dass ein Gesetz, dass sich 36 Jahre nicht bewährt habe, zukünftig einen günstigen Erfolg erwarten lasse.[169]

Für den Fall, dass man sich für die Beibehaltung des Dekrets entscheide, schlägt er eine Modifikation der Regelung über die jährliche Erneuerung der Handelspatente für Juden vor. Zum einen sollten die Patente für Juden, die sich durch „redliche Handlungsweise auszeichnen, unter Genehmigung der Regierung entweder auf Lebenszeit oder für die Dauer von zehn Jahren" erteilt werden. Zum anderen sollten die Gemeinderäte verpflichtet werden, die Gründe einer Patentverweigerung auf Verlangen der Regierung mitzuteilen, ohne sich jedoch einer Klage auf Beweisführung auszusetzen. Die Erteilung eines Patents auf Lebenszeit oder für die Dauer von zehn Jahren sollte vor allem den größeren jüdischen Handelshäusern zugutekommen, die schon um ihres Kredits willen zu vorwurfsfreier Geschäftsführung gezwungen seien und für die die Pflicht zur jährlichen Patenteinholung eine „schmerzliche Erniedrigung" sei. Die Regelung

167 Kastner: Provinziallandtag II, Nr. 333, S. 840.
168 Kastner: Provinziallandtag II, Nr. 333, S. 841.
169 Ebd.

könne zugleich ein Ansporn für andere Juden sein, zu einem dauerhaft redlichen Geschäftsgebaren zu gelangen, um gleichfalls ein dauerhaftes Patent zu erlangen.[170]

2.3.5 Die Beratungen des siebten und des achten Provinziallandtags 1843 und 1845

Obwohl von Seiten der Regierung in Berlin nicht zu einer Stellungnahme aufgefordert, befassten sich sowohl der siebte als auch der achte Provinziallandtag in den Jahren 1843 und 1845 mit den Fragen der Judenemanzipation und der Beseitigung des napoleonischen Dekrets. Ein Grund war, dass die rheinische Presse seit dem Beginn der 1840er Jahre die Fragen immer wieder thematisierte und sich überwiegend vehement für die Gleichberechtigung der Juden aussprach. Vor allem aber wurde im Mai und Juni 1843, als der siebte Landtag zusammentrat und seine Beratungen aufnahm, eine Vielzahl Petitionen an ihn gerichtet, die sich u. a. für die Emanzipation der Juden und die Abschaffung des Judendekrets einsetzten. Die Forderung standen in krassem Gegensatz zu den negativen Berichten der Regierungen, der Landräte und aus der Justiz, die weit überwiegend für ein Beibehalten des „décret infâme“ plädierten. Die positive Stimmung gegenüber den Juden und die Forderung nach deren Gleichstellung hatten sich im liberalen Bürgertum – gefördert von der liberalen Presse – mehr und mehr durchgesetzt, zumal man sich damit nicht nur als „fortschrittlich“ erwies, sondern zugleich gegen die preußische Regierung stellen konnte, der, wie man empört zu Kenntnis nehmen musste, ein christlich-germanischer Staat ohne Gleichberechtigung der Juden vorschwebte.[171] Die Petitionen kamen aus den Städten Köln, Bonn, Saarbrücken, St. Johann, Düsseldorf, Aachen und Trier[172] und waren jeweils von zahlreichen Bürgern, nicht zuletzt den Honoratioren und Notabeln der Städte unterschrieben. Des Weiteren wurden von mehreren Abgeordneten Anträge an den Provinziallandtag gestellt, die sich für die Gleichstellung der Juden stark machten.[173] Sie stießen in der Presse auf breites, meist zustimmendes Echo.

Anlass, die Judenemanzipation zum Gegenstand der Landtagsberatungen zu machen, waren die Beratungen über die neue Gemeindeordnung und der Auf-

---

170 Kastner: Provinziallandtag II, Nr. 333, S. 841 f.

171 Siehe oben bei Fn. 87.

172 Kastner: Provinziallandtag II, Nr. 205, S. 587–591 (Köln), Nr. 206, S. 295 (Bonn), Nr. 207, S. 597–600 (Saarbrücken, St. Johann und Umgebung), Nr. 212, S. 607 f. (Düsseldorf), Nr. 215, S. 609–612 (Aachen), Nr. 225, S. 629–632 (Trier).

173 Kastner: Provinziallandtag II, Nr. 212, S. 606 f.; Nr. 216, S. 614; Nr. 217, S. 612–616; Nr. 220, S. 623–626; Nr. 222, S. 627.

hänger war die Frage, ob Juden zu Gemeindeämtern zugelassen werden sollten, was der Entwurf der Gemeindeordnung nicht vorsah. Die in der Debatte vertretenen Auffassungen gingen in drei Richtungen: (1) Völlige Ablehnung sowohl der Gleichstellung der Juden als auch der Aufhebung des napoleonischen Dekrets, (2) Ablehnung der Emanzipation, aber Aufhebung des Dekrets und (3) völlige Emanzipation. In der Abstimmung stimmten dann 68 Abgeordnete für die Abschaffung des Dekrets und fünf dagegen, für die völlige Emanzipation der Juden stimmten 54, dagegen 19 Abgeordnete. Die meisten ablehnenden Stimmen kamen aus den ländlichen Regionen. Aus der Städtekurie stimmten lediglich die Abgeordneten aus Koblenz und Barmen gegen die völlige Gleichstellung. Sie vertraten die Position des Mittelwegs: keine Emanzipation, aber Abschaffung des Dekrets.

Das Votum des Landtags zugunsten der Juden löste in der Öffentlichkeit auf breiter Ebene Begeisterung aus, stieß bei den Behörden jedoch auf Zurückhaltung. Der Oberpräsident von Schaper monierte in seinem Gutachten gegenüber König und Innenminister, der Landtag habe mit dem Beschluss seine Befugnisse überschritten, indem er für ganz Preußen die Gleichstellung der Juden postuliert habe. Zugleich weist von Schaper darauf hin, dass er seinerseits den Antrag auf Abschaffung des napoleonischen Dekrets befürwortet hätte, wenn sich der Provinziallandtag darauf beschränkt hätte.[174]

Die nur langsam an dem Gesetzesvorhaben über die bürgerlichen Verhältnisse der Juden arbeitenden rheinischen und Berliner Behörden wurden von dem Landtagsbeschluss völlig überrascht. Aus Berlin teilte man den Landständen lediglich mit, man wolle den Antrag auf Aufhebung des napoleonischen Dekrets künftig in Erwägung ziehen. Der Antrag auf völlige Emanzipation der Juden fand dagegen keinerlei Erwähnung.

Das Gesetzesvorhaben der Berliner Regierung kam im Jahr 1844 nicht weiter voran. Der einzige Fortschritt war, dass man auf Initiative der Trierer Regierung die Gewerbepatente mit Ausnahme der Patente für Hausierer und umherziehende Händler abschaffte.[175] Die Trierer Regierung hatte geltend gemacht, dass die den Juden durch das napoleonische Dekret auferlegte Pflicht zur jährlichen Erneuerung ihres Handelspatents nicht mit § 60 der Gewerbeordnung vereinbar sei, die im Januar 1845 in Kraft getreten war. Das Innenministerium stimmte dem am 21. Juni 1845 für stehende Gewerbe zu, weil ansonsten die größeren Handelsgeschäfte jüdischer Kaufleute unverhältnismäßige Nachteile erlitten

---

174 Kastner: Provinziallandtag II, Nr. 279, S. 748 f. (749). Er nimmt zudem Bezug auf den Bericht der Regierung Koblenz (Kastner: Provinziallandtag I, Nr. 176, S. 504–508), an dem er beteiligt war, und macht ihn sich zu eigen.

175 Kastner: Einführung, S. 58.

und sie anders als die dem Hausierhandel nachgehenden Juden nicht von ihrem Gewerbe abgebracht werden müssten.[176]

Die rheinischen Liberalen ließen sich von der zurückhaltenden Berliner Reaktion auf das Votum des Provinziallandtags von 1843 nicht entmutigen und brachten – erneut unterstützt durch eine Reihe von Petitionen rheinischer Städte und Anträgen von Abgeordneten – die Frage der Judenemanzipation auf dem Provinziallandtag von 1845 wieder zur Debatte. In der Schlussabstimmung standen wie 1843 zwei Entscheidungsmöglichkeiten zur Wahl. Für eine Abschaffung des „décret infâme" stimmte „die große Mehrheit" der Abgeordneten, für die völlige Gleichstellung der Juden waren 56, dagegen 16 Abgeordnete. Diese Entscheidung wurde in der rheinischen Presse gleichfalls sehr positiv aufgenommen, die Reaktionen insgesamt aber weniger enthusiastisch als zwei Jahre zuvor. Der Oberpräsident der Rheinprovinz von Schaper trug in seinem Gutachten über das Landtagsvotum gegenüber König und Innenminister dieses Mal vor, die Emanzipation der Juden gehöre in den Rheinlanden „zu den beliebtesten Tagesfragen" und sei „der bequemste Weg, sich Popularität und Aufmerksamkeit in der Tagespresse zu verschaffen," die ohnehin zum größten Teil in jüdischen Händen sei. Der Provinziallandtag habe deshalb geglaubt, seine „wesentlichste Bestimmung zu verfehlen, wenn er nicht die Emancipation der Juden von neuem beantragt hätte." Der Oberpräsident rügte dann einerseits den neuerlichen Antrag auf Gleichstellung der Juden als „ungesetzlich" und „ungehörig", wies andererseits aber hinsichtlich des Antrags, das napoleonische Dekret abzuschaffen, auf seine dahingehende Äußerung in seinem Gutachten zum Votum des siebten Provinziallandtags 1843 hin.[177]

2.4 Die Beratungen des Vereinigten Preußischen Landtags 1847 und das „Gesetz über die Verhältnisse der Juden" vom 23. Juli 1847

Die durch die Kabinettsordre vom 13. Dezember 1841 in Gang gesetzte Arbeit des Innenministeriums an einem Gesetz über die rechtlichen Verhältnisse der Juden konnte nach fünf Jahren endlich zu einem Ende gebracht und dem am 11. April 1847 zusammentretenden ersten Vereinigten Preußischen Landtag ein Gesetzesentwurf zur Beratung vorgelegt werden. Der Vereinigte Landtag hatte keine Gesetzgebungsfunktion, sondern sollte die Regierung beraten. Die Abgeordneten verstanden sich selbst jedoch als eine Art Ersatzparlament. Die Debat-

176 Kastner: Provinziallandtag II, Nr. 387, S. 947 f.

177 Kastner: Provinziallandtag II, Nr. 382, S. 938 f. (939). Schaper verweist zudem auf den oben Fn. 174 angeführten Bericht der Regierung Koblenz (Kastner: Provinziallandtag I, Nr. 176, S. 504–508).

ten wurden dementsprechend mit großem Ernst und auf hohem Niveau geführt. Über den Entwurf für das Gesetz über die rechtlichen Verhältnisse der Juden wurde eingehend in der Sitzungswoche vom 14. bis zum 19. Juni 1847 debattiert. In den dabei durchgeführten Abstimmungen wurde zwar mehrheitlich dafür gestimmt, Mischehen zwischen Juden und Christen zu gestatten und Juden zu allen Staatsämtern zuzulassen, mit Ausnahme derer, die der Leitung und Beaufsichtigung christlicher Kultusangelegenheiten dienten. Mehrheitlich versagt wurde den Juden jedoch die Einräumung der ständischen Rechte und vor allem die völlige Emanzipation.

Das dann vom König am 23. Juli erlassene „Gesetz über die Verhältnisse der Juden" stellt einen Kompromiss zwischen dem Regierungsentwurf und den auf dem Landtag artikulierten liberalen Forderungen dar. Gemäß § 1 hatten die Juden, soweit im Gesetz nichts anderes bestimmt war, in der gesamten Monarchie die gleichen Pflichten und bürgerlichen Rechte wie die christlichen Untertanen. Dies bedeutete für die linksrheinischen Juden, dass von nun an das „décret infâme" nach 39-jähriger Geltungsdauer endgültig aufgehoben war und ihnen dieselbe Gewerbefreiheit zukam wie der christlichen Bevölkerung.

Volle Gleichberechtigung wurde den Juden dann durch die Verordnung vom 6. April 1848 und die Verfassung vom 5. Dezember 1848 eingeräumt,[178] was von der revidierten Verfassung vom 31. Januar 1850 zum Teil wieder zurückgenommen wurde, die Möglichkeiten für Einschränkungen vorsah.[179] Erst durch ein Gesetz vom 3. Juli 1869 wurde dies beseitigt, und den Juden volle Gleichbehandlung gewährt.[180]

3. Schlussbemerkungen

Das „décret infâme" stellt im rheinischen-französischen Recht in zweierlei Hinsicht eine Besonderheit dar. Zum einen sind seine Vorschriften die ersten und wohl einzigen französischen Regelungen, die vom preußischen König durch einen gesetzgeberischen Akt bewusst und zustimmend übernommen worden sind. Während man das französische Recht sonst auf Vorschlag der Immediat-Justiz-Kommission als Provisorium bis zu einer Reform des ALR einfach fortgelten lassen wollte und fortgelten ließ, ist das „décret infâme" durch eine königliche Kabinettsorder ausdrücklich auf unbestimmte Zeit verlängert worden. Zum andern fällt das Dekret wegen seines diskriminierenden Charakters aus

178 Jeweils Art. 4, siehe Landesarchivverwaltung: Dokumentation II/1, Nr. 40, S. 155–157 (155) und Nr. 41, S. 157–160 (157).

179 Kastner: Einführung, S. 70 f.

180 Kastner: Einführung, S. 71.

dem Rahmen: Seine Vorschriften können anders als das rheinisch-französische Recht sonst gerade nicht als fortschrittlich, vom revolutionären Gedankengut geprägt gelten. Es war vielmehr rückwärtsgewandt, da es dem Gleichheitsgrundsatz zuwider die Juden (wenn auch vorgeblich aus erzieherischem Impetus) Vorschriften unterwarf, die – den alten Judenordnungen vergleichbar – ausschließlich sie betrafen und sie als Personengruppe unter den Generalverdacht unredlichen Geschäftsgebarens stellte, statt gegen bestimmte Geschäftspraktiken vorzugehen und diese zu sanktionieren. Die Ungleichbehandlung wurde durch die Verlängerung seiner Geltung noch ausgeweitet, da nun für die linksrheinischen Juden nicht nur andere Regelungen als für die linksrheinischen Christen, sondern auch andere Regelungen als für die Juden in den rechtsrheinischen Regionen der Rheinprovinz und in den anderen preußischen Provinzen galten, nicht zuletzt den Provinzen, in denen das preußische Emanzipationsedikt vom 11. März 1812 galt.[181]

Der Grund, warum das Dekret nach seiner Einführung noch einmal fast dreißig Jahre in Geltung blieb, sind die Voreingenommenheit, die Antipathie und die Ressentiments, mit denen man den Juden in weiten Teilen und auf allen Ebenen der preußischen Behörden auch in der Rheinprovinz begegnete. Kennzeichnend für die antijüdische Stimmung sind Charakterisierungen der Juden als von jeher von „Wucher- und Schachergeist" geprägt, denen man immer wieder in den Berichten der Behörden und selbst in Stellungnahmen begegnet, die sich positiv über die Juden äußerten und eine Abschaffung des Dekrets befürworteten. Dass es Juden gab, die Wuchergeschäfte betrieben, kann nicht bestritten werden. Allerdings wird in den Berichten der Behörden ein merklicher Unterschied zwischen den in Städten und den auf dem „platten" Land lebenden Juden und zwischen Regionen mit blühender Landwirtschaft und den armen, notleidenden Gebieten in der Eifel, an der Mosel und auf dem Hunsrück deutlich. Gerade in diesen armen Regionen, in denen auch die jüdische Bevölkerung überwiegend arm war, kamen Wuchergeschäfte von Juden, aber auch – wenngleich wohl in geringerem Umfang – von Christen vor. Dabei ist zu berücksichtigen, dass die jüdischen Hausierer, Klein- und Viehhändler für die Landwirtschaft in diesen Gebieten eine durchaus wichtige Rolle spielten. Zum einen versorgten sie die Landbevölkerung mit Dingen, die ansonsten auf dem Land nicht zu haben waren, sei es auf den lokalen Märkten oder im Handel von Haus zu Haus. Zum anderen kauften sie landwirtschaftliche Produkte auf, um sie in den Städten weiterzuveräußern. Insbesondere der Viehhandel in großem wie in

181 Das Edikt galt nur für Juden, die in den vier Provinzen Brandenburg, Schlesien, Pommern und Ostpreußen ansässig und Inhaber von Schutzbriefen und Konzessionen waren. Wie im Rheinland wurde das Edikt auch in den westelbischen Gebieten und im Großherzogtum Posen, die gleichfalls infolge des Wiener Kongresses zu Preußen gekommen waren, nicht eingeführt.

kleinem Umfang lag traditionell in jüdischen Händen. Die jüdischen Händler waren es denn auch, die – nicht selten als einzige – bereit waren, den Bauern beim Kauf von Gerätschaften, Vieh und Saatgut nötigenfalls Kredit zu gewähren und sich dabei gegen die damit verbundenen Risiken abzusichern suchten. Dadurch konnte es im Einzelfall „böses Blut" geben, nicht zuletzt wenn ein Kredit durch Hypotheken auf Immobilien gesichert war und im Falle der Zahlungsunfähigkeit des Schuldners der jüdische Gläubiger letztendlich zum Eigentümer des belasteten Grundstücks wurde. Wie oft es dabei aber tatsächlich zu Übervorteilungen und rechtswidrigem Wucher gekommen ist, lässt sich nicht mit Sicherheit sagen. Der Umstand allein, dass es zur Zahlungsunfähigkeit eines Schuldners und zur Zwangsvollstreckung in sein Vermögen gekommen ist, lässt noch nicht den Schluss zu, dass dies jeweils auf wucherisches Verhalten des Geschäftspartners zurückzuführen ist, sondern kann in den persönlichen Verhältnissen des Schuldners, dessen wirtschaftlich ungeschicktem Agieren oder in der allgemeinen Wirtschaftslage seinen Grund haben, und dies nicht zuletzt in Zeiten katastrophaler Hunger- und Teuerungskrisen, wie sie in den Jahren 1816/1817, 1830/1831 und 1845/1847 herrschten.[182]

Auch die Berichte der Behörden geben über den tatsächlich betriebenen Wucher keine konkrete Auskunft. Sie stellen vielmehr stets nur fest, dass es immer wieder zu Wucher gekommen sei und der einfache Landmann von jüdischen Wucherern regelmäßig übervorteilt werde, auch werden einzelne Methoden wucherischen Geschäftsgebarens beschrieben. Aussagekräftige, überprüfbare Fakten, wie etwa nähere Angaben über die in den Friedensgerichten tatsächlich abgeurteilten Fälle von Wucher durch jüdische Händler und Gewerbetreibende werden aber nicht genannt. Die Mitteilung, dass es in einzelnen Friedensgerichtsbezirken zahlreiche Prozesse von und gegen Juden gegeben habe, besagt gleichfalls nichts, solange nicht jeweils konkret Streitgegenstände mitgeteilt werden, die auf unredliches Verhalten der jüdischen Parteien schließen lassen, was eben nicht geschieht.[183] Bezeichnenderweise wird in den Berichten nur ein konkreter Fall strafbaren Wuchers angeführt: der Fall des jüdischen Wucherers Koch und seiner Genossen, dem im Assisengericht zu Trier in Abwesenheit der

182 Zur Lage der Landwirtschaft im Rheinland Jansen: Geschichte, S. 275–277 m. w. N.

183 Zum Vorwurf, dass Juden besonders häufig Prozesse gegen christliche Schuldner anstrengten, den auch der Abgeordnete Maximilian von Loë (siehe unten Fn. 195) auf dem achten Provinziallandtag erhoben hat, siehe oben bei Fn. 156 und 157. In Anbetracht der wirtschaftlichen Bedeutung, die die jüdischen Händler in vielen Regionen für die Versorgung der ländlichen Bevölkerung und den Vertrieb der ländlichen Produkte hatten, erscheint es nicht verwunderlich, dass sie häufig Prozesse führen mussten, um ihre Ansprüche durchzusetzen.

Prozess gemacht wurde, auf den die Regierung Trier hinweist[184] und in ihm „einen beklagenswerthen Beleg für die behauptete Verworfenheit der jüdischen Wucherer“[185] sieht. Darauf, dass in der Praxis Verurteilungen von Juden wegen Wuchers tatsächlich nicht allzu häufig vorkamen, deuten auch Aussagen von Abgeordneten des achten Provinziallandtags hin. So wies der Abgeordnete Hermann von Beckerath (1801–1870)[186] darauf hin, dass im Landgerichtsbezirk Köln in den Jahren zwischen 1836 und 1844 neun Christen und nur ein Jude zu einer „Correctionalstrafe wegen Wuchers“ verurteilt worden seien und dass ausweislich der Auskunft des Siegburger Bürgermeister auch dort seit 1836 kein Jude correctionell bestraft worden sei.[187] In die gleiche Richtung gingen die Debattenbeiträge der Abgeordneten August von der Heydt (1801–1874) und Balthasar Herbertz (1807–1873).[188] Der Abgeordnete von der Heydt, seit 1840 Präsident des Handelsgerichts Elberfeld, berichtete, dass er in dem „einige hunderttausend Seelen“ umfassenden Jurisdiktionsbezirk seines Handelsgerichts „im Verhältniß der gewerbtreibenden Bevölkerung keine den Juden nachtheilige Erscheinung wahrgenommen“ habe, und Herbertz, Richter am Handelsge-

---

184 Kastner: Provinziallandtag I, Nr. 177, S. 510 und 514; ebenso: Jehle: Juden und jüdische Gemeinden, Teil 2, Nr. 76, S. 525 und 532.

185 Kastner: Provinziallandtag I, Nr. 177, S. 510; ebenso: Jehle: Juden und jüdische Gemeinden, Teil 2, Nr. 76, S. 525.

186 Hermann von Beckerath war Bankier in Krefeld, bürgerlicher Herkunft und gehörte der mennonitischen Konfession an. Seit 1837 in der Kommunalpolitik tätig, 1843–1845 Abgeordneter des Provinziallandtags für den 3. Stand (Stadt Krefeld); führender Vertreter des rheinischen Liberalismus, rege Teilnahme an den Landtagsdebatten als glänzender Redner. Seit 1844 zunächst stellvertretender Präsident des Handelsgerichts Krefeld, von 1846 an dann dessen Präsident. 1847 Mitglied des Vereinigten Landtags, 1848/1849 Reichsfinanzminister der Frankfurter Reichsregierung. 1849–1856 und 1858 Mitglied des Preußischen Landtags. 1862 Präsident des Deutschen Handelstags. Siehe zum Ganzen Kastner: Provinziallandtag I, S. 690, Anm. 1.

187 Kastner: Provinziallandtag II, Nr. 373 c, S. 913–915 (913). Der Hinweis auf Siegburg ist eine besondere Spitze gegen den Abgeordneten Maximilian von Loë. Er redete der Beibehaltung des Dekrets das Wort und war Landrat im Kreis Siegburg; zu ihm unten Fn. 195.

188 Von der Heydt war Bankier und Unternehmer in Elberfeld, Präsident der dortigen Handelskammer und seit 1840 auch des dortigen Handelsgerichts. 1843 Verwaltungsratsvorsitzender der Bergisch-Märkischen Eisenbahn-Gesellschaft. Seit 1834 Mitglied des Kreistags, ferner Stadtrat, 1841–1865 Landtagsabgeordneter für den 3. Stand (Stadt Elberfeld), 1848 Mitglied der Nationalversammlung, 1848–1862 Mitglied des preußischen Landtags und preußischer Handelsminister, 1862 und 1866–1869 preußischer Finanzminister. Siehe Kastner: Provinziallandtag II, Nr. 248 h, Anm. 1, S. 697. Herbertz war Kaufmann in Uerdingen und Rittergutsbesitzer auf Haus Gripswald im Kreis Krefeld, Friedensrichter in Uerdingen sowie Richter am dortigen Handelsgericht, später dessen Präsident. 1843–1845 Landtagsabgeordneter für den 2. Stand, 1847 Mitglied des Vereinigten Landtags, 1848 Abgeordneter der preußischen Nationalversammlung, 1852–1861 Mitglied des preußischen Landtags. Siehe Kastner: Provinziallandtag II, Nr. 373 h, Anm. 1, S. 922 oben.

richt Krefeld, verwies darauf, dass in seiner Praxis als Handelsrichter in Krefeld nur wenige Klagen gegen Juden vorgekommen und diese der Art gewesen seien, „daß er nur mit großem Widerwillen die Bestimmungen des Juden-Decrets gegen dieselben in Anwendung gebracht habe."[189]

In deutlichem Kontrast zu den stetigen Klagen über den „Wucher- und Schachergeist" der Juden in den Behördenberichten steht die Praxis der alljährlichen Patenterteilung durch die Gemeinden, da immer wieder darauf verwiesen wird, dass das Patent nur in Einzelfällen versagt werde und es sich mehr oder weniger nur um eine Formsache handle. Paradigmatisch in diesem Zusammenhang ist der Beschluss des Gemeinderats von Zeltingen, sämtlichen jüdischen Antragstellern für 1844 das Handelspatent mit der Begründung zu gewähren,

> daß zwar seitens der mit den [...] Juden in Verkehr stehenden Einwohner nicht selten Klagen wegen Überhebungen resp. Übervortheilungen im Handel laut werden, wie dieses denn auch aus deren Handlungsweise sehr zu muthmaßen ist, jedoch bisher nicht constatirt werden konnte, die Verwaltungsbehörde sich auch nicht berechtigt halten kann, Jemand des Wuchers zu beschuldigen, so lange ein bestimmtes Factum nicht constatirt und kein gerichtlicher Spruch darüber vorliegt [...].[190]

Wie hier wird auch sonst mehrfach in behördlichen Stellungnahmen darauf verwiesen, dass den Juden wucherisches Treiben nicht nachgewiesen werden könne. Doch wird dies regelmäßig nicht zu ihren Gunsten gewertet, sondern an der Mutmaßung festgehalten und der Mangel an Beweisen auf die angebliche Raffinesse und Verschlagenheit der Juden zurückgeführt.

Von den Vorschriften des „décret infâme" war insbesondere die Beweislastumkehr des Art. 4 in höchstem Maß ungerecht, weil sie unredlichen Schuldnern die Möglichkeit eröffnete, sich unliebsamer Verbindlichkeiten zu entziehen und gerade in wirtschaftlichen Notzeiten mag die Versuchung, Beweisschwierigkeiten des Gläubigers auszunutzen, um einer Zahlungspflicht zu entgehen, besonders hoch gewesen sein. Art. 4 ist denn auch die Norm unter den Vorschriften des Dekrets, deren Auslegung und Anwendung am häufigsten Gegenstand eines Appellationsverfahrens war. Man stritt u. a. darüber, ob die Beweislastumkehr auch zugunsten „ausländischer" – nicht aus dem Geltungsbereich des rheinisch-französischen Rechts stammender – Schuldner galt, unter welchen Bedingungen der jüdische Gläubiger den ihm obliegenden Beweis erbracht hatte und schließlich ob Art. 4 auch auf zweiseitige Verträge, insbesondere auf Kaufver-

189 Kastner: Provinziallandtag II, Nr. 373 i, S. 921 f. (921).
190 Kastner: Provinziallandtag II, Nr. 189 b, S. 554 f. (555).

träge anwendbar war, was der Appellationsgerichtshof letztendlich ablehnte.[191] Der der letzten Entscheidung zugrundeliegende Fall ist zugleich ein beredtes Beispiel dafür, dass und wie Art. 4 von säumigen Schuldnern genutzt wurde, eine Zahlungspflicht abzuwenden: Der (christliche) Beklagte hatte von einem jüdischen Ehepaar ein Grundstück gekauft, blieb aber bereits die erste Kaufpreisrate schuldig. Der Klage des Ehepaars hielt er zunächst entgegen, „durch falsche und betrügerische Vorspiegelungen" zum Vertragsschluss verleitet worden zu sein. Als sich dies im Prozess als unrichtig herausgestellt hatte, versuchte er über Art. 4 zum Ziel, d. h. einer Rückabwicklung des Kaufvertrags, zu gelangen, was der Appellationsgerichtshof jedoch im Gegensatz zur Vorinstanz zurückwies.[192]

So als habe er derartige Entscheidungen vor Augen, führte der Referent des 1. Ausschusses des siebten Rheinischen Provinziallandtags, Gisbert Lensing (1783–1856),[193] in seinem Bericht vom 8. Juli 1843 zu den Vorschriften des Dekrets aus:

> Solche Bestimmungen sind erniedrigend für den redlich gesinnten Juden und bieten einem unredlichen Christen die Gelegenheit, dem Juden gegenüber auf Kosten der Gerechtigkeit sich zu bevortheilen. Die Gerichte müssen aus ihrer Praxis es bezeugen, daß die Anwendung dieser Bestimmungen weniger dahin geführt hat, den Wucher zu verhüten als den bösen Willen des unredlichen Schuldners zu begünstigen; sie müssen es ferner bezeugen, daß auf der rechten Rheinseite, wo das fragliche Dekret niemals Anwendung gefunden hat, das Bedürfniß solcher Ausnahme-Gesetze sich nicht herausgestellt hat.[194]

Dem traten zwar antijüdisch gesinnte Abgeordnete, allen voran Maximilian von Loë (1801–1850)[195] mit den hergebrachten Vorwürfen und Stereotypen entge-

---

191 Einen Überblick bietet Brand: Rechtsprechung, S. 130–135.

192 RhA 40/1 = N.F. 33/1 (1846), S. 83–90; siehe dazu auch Brand: Rechtsprechung, S. 132–135.

193 Lensing war Kanonikus zu Emmerich, Gutsbesitzer und Deichgraf der Deichschau Hütbum, 1826–1847 Landtagsabgeordneter für den 4. Stand und eines der angesehensten Landtagsmitglieder, 1847 Mitglied des Vereinigten Landtags, Mitglied und später auch Alterspräsident des preußischen Landtags; vgl. Kastner: Provinziallandtag II, S. 677, Anm. 12. Er wurde wegen seines Einsatzes für die Juden von antijüdischer Seite stark angefeindet.

194 Kastner: Provinziallandtag II, Nr. 242, S. 672–677 (673).

195 Von Loë war Rittergutsbesitzer auf Schloß Allner an der Sieg und königlich preußischer Kammerherr, 1837–1848 Landrat des Siegkreises; Verfechter der Rechte und der Autonomie des rheinischen Adels, Wortführer des konservativen katholischen Adels im Landtag, trat für weitgehende Unabhängigkeit der Rheinlande von der preußischen Zentralregierung in Berlin ein; 1837–1845 Landtagsabgeordneter für den 2. Stand; vgl. Kastner: Provinziallandtag I, S. 248 f., Anm. 3.

gen, konnten aber die Mehrheit des siebten und des achten Provinziallandtags nicht mehr von ihrer Sicht der Dinge überzeugen.[196] Beide Landtage folgten mehrheitlich vielmehr denjenigen, die die Abschaffung des Dekrets forderten, weil es seine Wirkung nicht erreichen könne, da man seinen Mitbürger dadurch, dass man ihn erniedrige, nicht erheben könne.[197]

Quellen und Literatur

Adenauer, Konrad/Klein, Adolf: Franz Xaver Berghaus. Portrait eines rheinischen Juristen aus dem 19. Jahrhundert, in: Laum, Dieter/Klein, Adolf/Strauch, Dieter (Hg.): Rheinische Justiz. Geschichte und Gegenwart. 175 Jahre Oberlandesgericht Köln, Köln 1994, S. 469–485.

Brammer, Annegret H.: Judenpolitik und Judengesetzgebung in Preußen 1812 bis 1847 mit einem Ausblick auf das Gleichberechtigungsgesetz des Norddeutschen Bundes von 1869, Berlin 1987.

Brand, Jürgen: Die Rechtsprechung des Rheinischen Appellationsgerichtshofes zum „Judendekret“ Napoleons vom 27. März 1808 und zum „Mosaischen Recht“, in: Hoyer, Andreas/Hattenhauer, Hans/Meyer-Pritzl, Rudolf/Schubert, Werner (Hg.): Gedächtnisschrift für Jörn Eckert, 15. Mai 1954 bis 21. Mai 2006, Baden-Baden 2008, S. 115–149.

Bruchmann, Karl G.: Dohm, Christian Wilhelm, in: Historische Kommission bei der Bayerischen Akademie der Wissenschaften (Hg.): Neue Deutsche Biographie, Bd. 4: Dittel–Falck, Berlin 1959, S. 42 f. (abrufbar unter https://daten.digitale-sammlungen.de/0001/bsb00016320/images/index.html?seite=56, letzter Zugriff 16.2.2024).

Bulletin des lois de L'Empire français, 4. Série,

Bd. 4, N° 59 à 95, Paris Juin 1806 (abrufbar unter https://gallica.bnf.fr/ark:/12148/bpt6k445357f/f1.item, letzter Zugriff: 1.3.2024).

Bd. 7, N° 154 à 173, Paris Mars 1808 (abrufbar unter https://gallica.bnf.fr/ark:/12148/bpt6k4453596?rk=64378;0, letzter Zugriff: 1.3.2024).

Bd. 8, N° 174 à 196, Paris Aout 1808 (abrufbar unter https://gallica.bnf.fr/ark:/12148/bpt6k4453604?rk=21459;2, letzter Zugriff: 1.3.2024).

Daniels, A.[lexander] v.[on] (Hg.): Handbuch der für die Königl. Preuß. Rheinprovinzen verkündigten Gesetze, Verordnungen und Regierungsbeschlüsse aus der Zeit

---

196 Kastner: Provinziallandtag II, Nr. 248 d, S. 691 f.; siehe ferner Nr. 248 f, S. 693–696 sowie die Debatte 1845, Nr. 373, S. 911–929.

197 Kastner: Provinziallandtag II, Nr. 373 b, S. 912 f. (912), ferner Nr. 373 e, S. 916 f. (917).

der Fremdherrschaft, Bd. 5, Köln 1837 (abrufbar unter https://www.digitale-sammlungen.de/en/view/bsb10548442?page=4,5, letzter Zugriff: 1.3.2024).

Danz, Wilhelm August Friedrich: Handbuch des heutigen deutschen Privatrechts. Nach dem Systeme des Herrn Hofraths Runde, Bd. 7, Stuttgart 1801.

Dieterici, W.[ilhelm] (Hg.): Die statistischen Tabellen des preussischen Staats nach der amtlichen Aufnahme des Jahres 1843, Berlin 1845.

Dubnow, Simon: Weltgeschichte des jüdischen Volkes. Von seinen Uranfängen bis zur Gegenwart, in zehn Bänden, Die neueste Geschichte, Bd. 8: Das Zeitalter der ersten Emanzipation (1789–1815), Berlin ^{2}1928.

Engelbrecht, Jörg: Die französische Judenpolitik und Judengesetzgebung im Rheinland, in: Rehm, Gerhard (Hg.): Geschichte der Juden im Kreis Viersen (Schriftenreihe des Kreises Viersen [vormals Kempen-Krefeld] Bd. 38), Viersen 1991, S. 39–49.

Gerson, Daniel: Französische Revolution, in: Benz, Wolfgang (Hg.): Handbuch des Antisemitismus. Judenfeindschaft in Geschichte und Gegenwart, Bd. 4: Ereignisse, Dekrete, Kontroversen, München 2011, S. 134–136.

Gesetzbuch Napoleons, nach dem officiellen Texte übersetzt von Herrn [Heinrich Gottfried Wilhelm] Daniels, [...], Köln ^{4}1812 (abrufbar unter https://www.google.de/books/edition/Gesetzbuch_Napoleons/2VgwDSqLfgoC?hl=de&gbpv=1&dq=daniels+gesetzbuch+napoleons+%221812%22&pg=PP11&printsec=frontcover, letzter Zugriff: 1.3.2024).

Hahn, Rolf: Das „schändliche Dekret" vom 17.03.1808 und seine Auswirkung auf die rechtliche Stellung der Kölner Juden, Diss. iur. Köln 1967.

Jansen, Wilhelm: Kleine Rheinische Geschichte, Düsseldorf 1997.

Jehle, Manfred (Hg.): Die Juden und die jüdischen Gemeinden Preußens in amtlichen Enquêten des Vormärz [...], Teil 1–4 (Einzelveröffentlichungen der Historischen Kommission zu Berlin Bd. 82/1–4), München 1998.

Kasper-Holtkotte, Cilli: Juden im Aufbruch. Zur Sozialgeschichte einer Minderheit im Saar-Mosel-Raum um 1800 (Forschungen zur Geschichte der Juden. Schriftenreihe der Gesellschaft zur Erforschung der Juden, Abt. A: Abhandlungen Bd. 3), Hannover 1996 (abrufbar unter https://ubt.opus.hbz-nrw.de/opus45-ubtr/frontdoor/deliver/index/docId/778/file/FGJA3_Kasper_Holtkotte.pdf, letzter Zugriff 15.2.2024).

Kastner, Dieter: Einführung, in: Kastner (Hg.): Der Rheinische Provinziallandtag und die Emanzipation der Juden im Rheinland 1825–1845, Bd. 1, S. 7–85.

Kastner, Dieter (Hg.): Der Rheinische Provinziallandtag und die Emanzipation der Juden im Rheinland 1825–1845. Eine Dokumentation, 2 Bde., Köln, Bonn 1989.

Landesarchivverwaltung Rheinland-Pfalz in Verbindung mit dem Landesarchiv Saarbrücken (Hg.): Dokumentation zur Geschichte der jüdischen Bevölkerung in Rheinland-Pfalz und im Saarland von 1800 bis 1945.

Bd. 1: Zur rechtlichen Situation der Juden im 18. Jahrhundert, bearb. von Georg Friedrich Böhn; Die Juden in der französischen Zeit von 1798/1801 bis 1814 mit

einer Einleitung von Helmut Mathy, bearb. von Editha Bucher (Veröffentlichungen der Landesarchivverwaltung Rheinland-Pfalz Bd. 12), Koblenz 1982.
Bd. 2: Der Weg zur Gleichberechtigung der Juden, bearb. v. Anton Doll, Hans-Josef Schmidt und Manfred Wilmanns (Veröffentlichungen der Landesarchivverwaltung Rheinland-Pfalz Bd. 13), Koblenz 1979.

Mathy, Helmut: Die Juden in der französischen Zeit von 1798/1801 bis 1814 (Einleitung), in: Landesarchivverwaltung Rheinland-Pfalz in Verbindung mit dem Landesarchiv Saarbrücken (Hg.): Dokumentation, Bd. 1, S. 67–94.

Neumann, Salomon: Zur Statistik der Juden in Preussen von 1816 bis 1880. Zweiter Beitrag aus den amtlichen Veröffentlichungen, Berlin 1884.

Oestmann, Peter: Der Zivilprozess im Rheinland und in Lübeck – Schlaglichter auf die Gerichtspraxis, in: Haferkamp, Hans-Peter/Schwerin, Margarete Gräfin von (Hg.): Das Oberlandesgericht Köln zwischen dem Rheinland, Frankreich und Preußen. Festschrift zum 200-jährigen Bestehen (1819 bis 2019) (Rechtsgeschichtliche Schriften Bd. 32), Köln 2019, S. 131–150.

Runde, Justus Friedrich: Grundsätze des gemeinen deutschen Privatrechts, Göttingen [3]1801 (abrufbar unter https://dlc.mpg.de/metadata/mpirg_sisis_196364/1/LOG_0001/, letzter Zugriff: 1.3.2024).

Runde, Justus Friedrich: Ueber die bürgerliche Verbesserung der Juden, in: Hessische Blätter für Gelehrsamkeit und Kunst, 1. Stück, Frankfurt am Main 1784, S. 56–67 (abrufbar unter https://dfg-viewer.de/show?tx_dlf%5Bdouble%5D=1&tx_dlf%5Bid%5D=https%3A%2F%2Farchiv.ub.uni-marburg.de%2Feb%2F2010%2F0299%2Fmets-3117.xml&tx_dlf%5Bpage%5D=83&tx_dlf%5Bpagegrid%5D=0&cHash=5442bb75c6c39cc8db6263a1e090e44b, letzter Zugriff: 1.3.2024).

Schlesier, Stephanie: Bürger zweiter Klasse? Juden auf dem Land in Preußen, Lothringen und Luxemburg (Industrielle Welt. Schriftenreihe des Arbeitskreises für moderne Sozialgeschichte Bd. 89), Köln, Weimar, Wien 2014.

Schlözer, August Ludwig (Hg.): Stats-Anzeigen, Bd. 15, Heft 57–60, Göttingen 1790/1791 (abrufbar unter https://ds.ub.uni-bielefeld.de/viewer/image/1944381_015/2/, letzter Zugriff: 1.3.2024).

Schmidt, Hans-Josef: Die nördlichen Teile des Herzogtums Nassau, Fürstentum Lichtenberg, Oberamt Meisenheim und Fürstentum Birkenfeld (Einleitung), in: Landesarchivverwaltung Rheinland-Pfalz in Verbindung mit dem Landesarchiv Saarbrücken (Hg.): Dokumentation, Bd. 2, S. 165–177.

Schulte, Klaus H. S.: Die Rechtslage der Juden in Köln und am Niederrhein 1815–1847, in: Bohnke-Kollwitz, Jutta/Eckert, Willehad Paul/Golczewski, Frank/Greive, Hermann (Hg.): Köln und das rheinische Judentum. Festschrift Germania Judaica 1959–1984, Köln 1984, S. 95–101.

Schwarzfuchs, Simon: Napoleon, the Jews and the Sanhedrin (The Littman library of Jewish civilization), London, Boston 1979.

Strenge, Barbara: Juden im preußischen Justizdienst 1812–1918. Der Zugang zu den juristischen Berufen als Indikator der gesellschaftlichen Emanzipation (Einzelveröffentlichungen der Historischen Kommission zu Berlin Bd. 81), München, New Providence, London, Paris 1996.

Strack, Birgit: Ungedruckte Quellen zur Rechtsprechung im Gebiet des Rheinischen Rechts aus der Zeit zwischen 1804–1850, in: Rheinische Vierteljahresblätter 60 (1996), S. 312–319.

Szajkowski, Zosa: Agricultural Credit and Napoleon's Anti-Jewish Decrees (Editions Historiques Franco-Juives), New York 1953.

Teschner, Ulrike: Bartholomäus Fischenich. Ein rheinischer Philosoph und Jurist der Aufklärungszeit (Veröffentlichungen des Stadtarchivs Bonn Bd. 4), Bonn 1968.

Warentrapp, Conrad: Fischenich, Bartholomäus Ludwig, in: Historische Commission bei der Königl. Akademie der Wissenschaften (Hg.): Allgemeine Deutsche Biographie, Bd. 7: Ficquelmont–Friedrich Wilhelm III. von Sachsen-Altenburg, Leipzig 1877, S. 47–49 (abrufbar unter https://daten.digitale-sammlungen.de/bsb00008365/images/index.html?seite=49, letzter Zugriff: 1.3.2024).

Wilmanns, Manfred: Die südlichen Bezirke der preußischen Rheinprovinz (Einleitung), in: Landesarchivverwaltung Rheinland-Pfalz in Verbindung mit dem Landesarchiv Saarbrücken (Hg.): Dokumentation, Bd. 2, S. 27–43.

Zittartz-Weber, Suzanne: Zwischen Religion und Staat. Die jüdischen Gemeinden in der preußischen Rheinprovinz 1815–1871 (Düsseldorfer Schriften zur Neueren Landesgeschichte und zur Geschichte Nordrhein-Westfalens Bd. 64), Essen 2003.

Carsten Fischer

Die Wissenschaft vom rheinischen Strafrecht

1. Einleitung

Das rheinische Recht polarisiert. Das Wort von den „Rheinischen Institutionen" etwa geht Juristen wie juristischen Laien, jedenfalls, wenn sie aus dem Rheinland stammen, seit zweihundert Jahren nicht anders als salbungsvoll über die Lippen. Der Einfluss der *cinq codes* auf die deutsche Gesetzgebung des 19. Jahrhunderts wird – je nach Region und Rechtsgebiet – zwar unterschiedlich beurteilt; dass von ihnen wichtige Anstöße ausgingen, wird jedoch nicht bestritten.[1] Für die Gesetzgebungsgeschichte heißt es also *ex occidente lux.*

Die Wissenschaft des rheinischen Rechts stößt dagegen auf ein geteiltes Echo. So wurde Karl Salomo Zachariä von Lingenthals[2] (1769–1843) „Handbuch des Französischen Civilrechts"[3] – zwischen 1808 und 1827 in vier Bänden vorgelegt – viel gelesen, war weit verbreitet und genoss Anerkennung als Standardwerk zum französischen Zivilrecht. Nach dem Ableben Zachariäs wurde es bis zum Ende des Jahrhunderts von anderen Bearbeitern[4] fortgeführt, und über seine französische Übersetzung[5] konnte es schließlich sogar maßgeblich auf die

1 Beispielhaft für das französische Strafprozessrecht Gergen: Einfluss.

2 Die Namensschreibweise ist uneinheitlich; gelegentlich liest man auch „Carl" und „Salomon".

3 Das Handbuch enthält so gut wie nur materielles Zivilrecht, also den Code civil. Zachariä schreibt selbst im Vorwort, dass er das Handelsrecht und das Prozessrecht nicht behandeln werde. Tatsächlich gibt es jedoch einige wenige Abschnitte zum Prozess (§§ 745 ff.).

4 August Anschütz (1826–1874), Ernst Sigismund Puchelt (1820–1885) und Carl Friedrich Theodor Crome (1859–1931).

5 Aubry/Rau: Cours I; Massé/Vergé: Le Droit civil français. Für den belgischen Markt Beving: Manuel I.

französische Privatrechtswissenschaft wirken.[6] In starkem Kontrast zu dieser Wertschätzung des Werks Zachariäs steht aber die beißende Kritik an der Wissenschaft des rheinischen Rechts, die Levin Goldschmidt (1829–1897) übte, der Doyen der deutschen Handelsrechtswissenschaft des 19. Jahrhunderts.[7] Sein Urteil viel vernichtend aus. Goldschmidt sah in den preußischen Rheinlanden eine

> immer steigende Verachtung der ‚unpraktischen' akademischen Lehre. Es ist kein Zufall, [...] daß gerade von Rheinischen Juristen die wegwerfendsten Urtheile über die Deutschen Universitäten gefällt worden sind, wie daß andererseits gerade von Bonn die lebhaftesten Klagen der Universitätslehrer über die Trägheit der Studirenden der Rechts- und Staatswissenschaften seit einem Menschenalter erschollen sind.[8] Die Kluft zwischen der ‚Theorie', d. h. der Rechtswissenschaft und der ‚Praxis', d. h. dem allein in lebendiger Geltung stehenden Recht war und ist gerade hier [sc. in den preußischen Rheinlanden] größer als irgendwo sonst.[9]

Aus Goldschmidts Perspektive ist diese Einschätzung vielleicht nachvollziehbar: Ihm ging es um die Wissenschaft vom deutschen Recht, eine Wissenschaft, auf der das deutsche Recht der Gegenwart und Zukunft gründen müsse und die vor allem an den Universitäten hochgehalten werde. Wo man sich aber – wie in den preußischen Rheinlanden – nicht für deutsches Recht interessiere, sondern im Wesentlichen für französisches, dort könne auch nur Geringschätzung für diese Wissenschaft herrschen.

Aber Goldschmidt ging noch weiter; er schrieb sich in Rage. Die gerade bezeichnete Kluft tue sich nicht nur auf zwischen der Praxis und

> der Theorie des gemeinen Rechts, sondern nahezu in gleichem Maße zu der Theorie des in der Preußischen Rheinprovinz geltenden Französischen Rechts! Ob die rheinischen Richter und Anwälte die so überaus reiche, in Französischer Sprache geschriebene Literatur dieses Rechts eifrig studiren, ist mir natürlich nicht bekannt. Auch ist der Schein der Gründlichkeit hier so überaus leicht zu gewinnen, da die zahlreichen und in ihrer Art vortrefflichen Sammelwerke alles brauchbare Material gut geordnet enthalten. Aber das versteht sich ja, daß überall, wo eine wissenschaftliche Rechts-

---

6 Halpérin: Einfluß, v. a. ab S. 220; Baldus: Prophet.

7 Zur hier und im Folgenden zitierten Schrift Goldschmidts (Rechtsstudium und Prüfungsordnung) siehe Weyhe: Levin Goldschmidt, S. 205–213.

8 Hierzu Goldschmidt: Rechtsstudium und Prüfungsordnung, S. 366, Fn. 117: „Bonn gehören an: Hälschner, Nasse, v. Stintzing, v. Schulte [...]. Gegen Bonn sind vornehmlich gerichtet die Angriffe von Hagen, P. Reichensperger u. A., welche auch stets mit Bonn exemplificiren."

9 Goldschmidt: Rechtsstudium und Prüfungsordnung, S. 73 f.

> pflege besteht, es auch eine Literatur des betreffenden Rechts geben muß, es handle sich denn etwa um ein Staatsgebiet von der Größe des souveränen Fürstenthums Lichtenstein oder Schaumburg-Lippes. Nun sehe man, was – um von Belgien, Holland, Italien zu schweigen – in dem Zeitraum von nunmehr 80 Jahren, seit der Geltung des Napoleonischen und gerade von den Rheinländern jederzeit – gleichviel, ob mit Grund oder Ungrund – als Palladium hochgehaltenen Rechts in dem kleinen Badischen Lande durch einheimische Universitätslehrer wie hervorragende Praktiker (C. S. Zachariä – den auch in Frankreich selbst dafür anerkannten Begründer der Wissenschaft des Französischen Privatrechts, Thibaut, Brauer, Stabel, Trefurt, Renaud, J. Kohler, Behaghel und viele andere) geschehen ist, wie es dort sogar tüchtige Zeitschriften für diesen wichtigen Rechtszweig gegeben hat und noch gibt! Die fast dreimal so große, wirthschaftlich höher entwickelte Rheinprovinz steht in dieser Hinsicht sogar hinter dem kleinen Rheinhessen (Grohlmann u. a.), ja hinter den nur kurze Zeit der Französischen Gesetzgebung unterworfenen, ehemals Westphälischen Gebieten (Hannover u. s. f.) zurück![10]

Goldschmidt fuhr fort: Was von Rheinländern zum französischen Recht geleistet worden ist, sei schwach. Im Rheinland geleistetes Gutes stamme nicht von Rheinländern. Und die tüchtigen Rheinländer, die ordentliche wissenschaftliche Leistungen abgeliefert hätten, hätten die Provinz verlassen und arbeiteten andernorts, wie in Belgien. Dieses wissenschaftliche Phlegma der Rheinländer beziehe sich aber nicht nur auf das französische Recht:

> Auch was von den ja praktisch sehr erfahrenen und gewandten rheinischen Juristen für das der Preußischen Monarchie gemeinsame Recht geleistet worden ist, geht, wenn man von den beiden nichtrheinischen Bonner Professoren Hälschner und Endemann absieht, kaum je über sehr brauchbare Sammelwerke nach Französischem Muster hinaus.[11]

Am bekanntesten aus dieser Anklage Goldschmidts dürfte wohl seine Einschätzung der Schrift „Zur Lehre des Code Napoleon von der Ungültigkeit der Rechtsgeschäfte“ (1847)[12] von Bernhard Windscheid (1817–1892) sein, dem, in Goldschmidts Worten, „hervorragendste[n] aller, durch seine Geburt dem Rheinland angehörigen Juristen“.[13] Es sei die „nahezu einzige[...] wissenschaftliche[...] Mo-

---

10 Goldschmidt: Rechtsstudium und Prüfungsordnung, S. 74 f.

11 Goldschmidt: Rechtsstudium und Prüfungsordnung, S. 75 f. Gemeint sind Hugo Philipp Egmont Hälschner (1817–1889) und Samuel Wilhelm Endemann (1825–1899).

12 Goldschmidt: Rechtsstudium und Prüfungsordnung, S. 75, schreibt: 1846.

13 Goldschmidt: Rechtsstudium und Prüfungsordnung, S. 75.

nographie [...], welche in der Preußischen Rheinprovinz über Französisches Recht entstanden ist".[14] Rheinpreußen als rechtswissenschaftliche Wüste.

Fasst man Lob und Tadel zusammen, dann entsteht ein eher unvorteilhaftes Bild vom Recht der Rheinprovinz: Zukunftsweisende Gesetzgebung, eine rege Rechtspraxis – keinerlei Wissenschaft. Nimmt man hinzu, dass die fragliche Gesetzgebung letztlich außerhalb der Rheinlande entstanden ist, dann bleibt das Bild von schnöden juristischen Pfeffersäcken: geschäftlich nicht untüchtig, aber höheren akademischen Weihen abgeneigt, vielleicht kaum zu ihnen in der Lage. Hatte Goldschmidt Recht?

Der Beitrag möchte die Frage lediglich für einen Teilbereich beantworten und ermitteln, ob es eine nennenswerte Wissenschaft des rheinischen Strafrechts gab. Das hat vor allem zwei Gründe.

Zum einen hat das Strafrecht des rheinischen Rechts bislang nur vergleichsweise wenig Aufmerksamkeit auf sich gezogen. Der weit überwiegende Teil der Forschung zum rheinischen Recht beschäftigte sich mit zivilrechtlichen Fragestellungen, mit handelsrechtlichen, mit Institutionen wie etwa Gerichtsstrukturen.

Zum anderen zeigt die Auseinandersetzung mit dem rheinischen Strafrecht recht rasch, dass gewissermaßen nur dessen Umrisse bekannt sind, seine gesetzlichen Grundlagen.[15] In Darstellungen zur Strafrechtsgeschichte des 19. Jahrhunderts[16] begegnen die französische Strafrechts- und Strafprozessrechtskodifikation als Katalysator für bis heute fortwirkende Entwicklungen, als Errungenschaften. Den Gebieten des rheinischen Rechts kommt dabei die Funktion eines Transmissionsriemens und im wahrsten Sinne des Wortes die Rolle eines Übersetzers zu. Das rheinische Strafprozessrecht nahm in der Forschung selbstverständlich stets einen Ehrenplatz ein – jedenfalls hinsichtlich ausgewählter Aspekte: Mit den auch dort geregelten Grundsätzen der Mündlichkeit und Öffentlichkeit des Verfahrens, den Geschworenengerichten, der freien Beweiswürdigung und der Staatsanwaltschaft (*ministère public*) war es ein Schrein der sog. Rheinischen Institutionen. Aber auch das materielle Gesetzesrecht wurde erforscht, und zwar hinsichtlich seiner Bedeutung für andere deutsche Strafrechts-

14 GOLDSCHMIDT: Rechtsstudium und Prüfungsordnung, S. 75.

15 Überblick zur strafrechtlichen Gesetzgebung in Deutschland bei SCHRÖDER: Strafgesetzgebung.

16 Vgl. VORMBAUM: Einführung, S. 68–71, 84–100; KUHLI: Geschichte des Strafrechts, S. 48 f., 128 f. (Rz. 94–96, 329) (knapp); RÜPING/JEROUSCHEK: Grundriss, S. 85 f., 88 f. (Rz. 237–239, 241; 252 f.; an allen Stellen nur sehr knapp); SCHMIDT: Einführung, S. 259–261 (§§ 246 f.); STEINBERG: Deutsche Strafrechtsgeschichte, S. 61 f. (sehr knapp).

ordnungen des 19. Jahrhunderts – für partikularrechtliche wie die bayerische und preußische,[17] für das Strafrecht des Norddeutschen Bundes und das Reichsstrafgesetzbuch.[18] Rheinisches Strafrecht begegnet hier also in der Draufschau: Als Streitgegenstand in der juristisch-politischen Debatte um die rechtliche Verfasstheit des neuerdings preußischen Rheinlands oder als Impulsgeber für außerhalb der Rheinprovinz sich entfaltende Gesetzgebung. Und damit folgt der zweite Grund für die Frage nach einer Wissenschaft vom rheinischen Strafrecht: Eine „Innenansicht“ des rheinischen Strafrechts fehlt weitgehend. Anders als seine Gesetze sind die Praxis des rheinischen Strafrechts und seine Literatur kaum erforscht. Nur wenige Studien sind der tatsächlichen Anwendung des Strafrechts in der Rheinprovinz gewidmet.[19] Und die strafrechtliche Literatur wurde vor allem dann herangezogen, wenn es um den gerade erwähnten Streit um Beibehaltung oder Abschaffung der „Rheinischen Institutionen“ ging.

Das Folgende ist daher als erste Annäherung an das Themenfeld des rheinischen Strafrechts zu verstehen und widmet sich seiner Wissenschaft, hier weit verstanden als Gegenbegriff zur vor allem applikativ gedachten Rechtspraxis. Anhand einiger Beispiele werden insbesondere Vermittlungswege und mögliche Zentralorte der Wissenschaft des rheinischen Strafrechts in den Gebieten der preußischen Rheinprovinz[20] untersucht[21].

2. Überblick über das rheinische Strafrecht

Die wesentliche Chronologie zum rheinischen Strafrecht ist dabei rasch in Erinnerung gerufen.[22] Eine Hauptkritik der französischen Revolutionäre richtete sich gegen das als ungerecht und übermäßig brutal empfundene französische Strafrecht des Ancien Régime. Folgerichtig erging recht bald nach der Revolu-

---

17 Brandt: Entstehung; Kleinbreuer: Das Rheinische Strafgesetzbuch. Zudem Ignor: Geschichte, S. 211–223 (Reformen des französischen Strafprozessrechts), 231–258 (deutsche Reformdiskurse der ersten Hälfte des 19. Jahrhunderts).

18 Kleinbreuer: Das Rheinische Strafgesetzbuch, S. 143–182.

19 Weber: Rheinisches Strafrecht; Weber: Zur strafrechtlichen Praxis; zur Nedden: Strafrechtspflege.

20 Vereinfachend ist hier und im Folgenden von „der preußischen Rheinprovinz“ die Rede. Tatsächlich wurden erst 1822 die beiden Provinzen Jülich-Kleve-Berg und Großherzogtum Niederrhein zur Rheinprovinz zusammengelegt.

21 Auf die Geschichte anderer deutscher Gebiete, in denen französisches Recht in der einen oder anderen Form weitergalt – Baden, Rheinpfalz, Rheinhessen – wird der Beitrag nicht eingehen.

22 Überblick über die rechtlichen Folgen der französischen Herrschaft im Rheinland zwischen 1794 und 1819 bei Wiefling: Personalpolitik, S. 27–37, auch über 1819 hinaus bei Strauch: Das Französische Recht; Engelbrecht: The French Model.

tion, 1791, ein neues Strafgesetz, der Code pénal, der sowohl materielles wie auch Verfahrensrecht enthielt.[23] Dieses revolutionäre Strafrecht gebot die Gleichbehandlung aller Bürger vor dem Strafgesetz und schaffte ständische Privilegien ab, es führte nach englischem Vorbild Geschworenengerichte ein und so die Volksbeteiligung an der Justiz, ferner die „Humanisierung" des Strafvollzugs durch die Einführung der Guillotine.[24] 1795 wurde dieser revolutionäre Code pénal in Teilen durch den Code des délits et des peines („Code Merlin") geändert, namentlich das Strafprozessrecht reformiert und die Strafandrohungen verschärft.[25]

Durch den Frieden von Lunéville (1801) waren die Rheinlande nicht mehr nur von der Revolutionsarmee besetzt und von Frankreich annektiert, sondern französisches Staatsgebiet geworden. Ab dem Folgejahr, 1802, galt französisches Recht auch in den Rheinlanden vollumfänglich, und damit auch der Code pénal von 1791.

Bedeutsamer als dieses ältere Strafrecht waren für das rheinische Strafrecht die Kodifikationen der Kaiserzeit. Zu den napoleonischen *cinq codes* zählen auch eine Strafprozessordnung, der Code d'instruction criminelle (1808), und ein Strafgesetzbuch, das ebenfalls den Titel „Code pénal" trug, sich aber auf materielles Recht beschränkte (1810).[26] Beide traten zu Beginn des Jahres 1811 in Kraft.[27] Spätestens als in den 1820er Jahren, also nach der „Versetzung Preußens an den Rhein"[28] bzw. an die Mosel, die maßgeblich französisch geprägte links

---

23 Hierzu und zum Folgenden Müssig: Strafrechtskodifikationen; Naucke; Entwicklung des Strafrechts.

24 Schlosser: Europäische Rechtsgeschichte, S. 260 f.

25 Schlosser: Europäische Rechtsgeschichte, S. 261.

26 Der neue Code pénal wurde zwischen dem 12. und 20. Februar 1810 in sieben Einzelgesetzen erlassen, Schmidt: Einführung, S. 261. Die politischen Hintergründe der napoleonischen Strafrechtsrevision fasst Schmidt ebd. zusammen: „Alles in allem ist die Entwicklung des französischen Strafrechts von 1789 bis 1810 die getreue Widerspiegelung der politischen Ereignisse. Die revolutionären Gewalten ziehen das Strafrecht vom Throne der Gerechtigkeit in die Arena des politischen Kampfes und verwenden es in erster Linie als Kampfmittel gegen wirkliche und vermeintliche politische Gegner. Die Unsicherheit der Staatsgewalt findet in der brutalen Härte der Strafen ihren Ausdruck. Erst nach der Julirevolution (1830) wird der Code pénal durch mehrfache wesentliche Milderungen seines politischen Terrorcharakters allmählich entkleidet."

27 Inkrafttreten am 1. Januar 1811, Schmidt: Einführung, S. 261; Brandt: Entstehung, S. 97. Zur Einführung in den französischen Modellstaaten Großherzogtümer Berg und Frankfurt sowie Königreich Westphalen siehe Kesper-Biermann: Einheit und Recht, S. 139 f.

28 Nipperdey: Deutsche Geschichte, S. 91.

und teilweise auch noch rechts des Rheines[29] geltende Rechtsordnung „Rheinisches Recht" genannt wurde, hatten sich die Bezeichnungen „Rheinisches Strafgesetzbuch" und „Rheinische Criminalprozessordnung" durchgesetzt.[30]

Wie die anderen napoleonischen Gesetzbücher waren selbstverständlich auch die Strafgesetze auf Französisch abgefasst. Umgehend nach ihrem Erlass wurden sie jedoch von verschiedenen Übersetzern ins Deutsche übertragen.[31] Diese noch während der napoleonischen Herrschaft erstellten Übersetzungen wurden auch in den folgenden Jahrzehnten weiter genutzt.

Als größere sprachliche Herausforderung erwies sich, dass mit einem Dekret des Regierungskommissars François Joseph Rudler (1757–1837) vom 30. März 1798 das Französische zur Verwaltungs- und Gerichtssprache der Rheinlande erklärt worden war. Natürlich gab es in den Rheinlanden auch vor der Revolution ein gewisses Maß an Frankophonen. Die 1806[32] in Koblenz nach französischem Vorbild errichtete Rechtsschule etwa attestierte ihren Studenten gute Lateinkenntnisse und eine in der Regel ausreichende Beherrschung der französischen Sprache, um den auf Französisch gehaltenen Hauptvorlesungen – immerhin der Großteil der Hauptvorlesungen; die anderen wurden in Latein unterrichtet[33] – folgen und in ihnen Prüfungen ablegen zu können.[34] Aber diese Auskunft ist nicht repräsentativ.[35] Von einem flächendeckenden Verständnis der neuen Rechtsordnung in ihrer eigenen Sprache konnte nicht die Rede sein. Sprachkenntnisse breiten sich langsamer aus als revolutionäres Gedankengut und Herrschaftsräume, und die große Bevölkerungsmehrheit der vier neuen Départements der Rheinlande (Rur, Saar, Rhein und Mosel, Donnersberg) war und blieb des Französischen nicht mächtig. Wenn aber weder der Angeklagte

29 Nämlich im rechtsrheinischen Teil des ehemaligen Großherzogtums Berg, Dorn: Französisches Recht, S. 33 f.

30 Die Kodifikation des materiellen Strafrechts stand insbesondere wegen ihres als hart empfundenen Strafensystems durchaus in der Kritik, Dölemeyer: Napoleon, S. 28, 38 f.; Volk: Napoleon, S. 283.

31 Enslin/Engelmann: Bibliotheca Juridica I, S. 282 f., listen für die napoleonische Zeit sieben Übersetzungen ins Deutsche des Code pénal auf (angegebene Übersetzer: F. E. Flachsland [auch: Flaxland]; Daniels und Blanchard; B. Willmann; F. Lassaulx; Jos. Birnbaum; Hundrich; Theod. Hartleben) und sieben deutschsprachige Ausgaben des Code d'instruction criminelle, wobei als deren Übersetzer einzig F. E. Flaxland namentlich genannt wird. Weiterführende bibliographische Angaben zu Übersetzungen des Code pénal ins Deutsche bei Schubert: Code pénal, S. 261–266.

32 Die Eröffnungsfeier fand am 1. November 1806 statt, Mallmann: Juristenausbildung, S. 81.

33 Mallmann: Juristenausbildung, S. 104–119, insbes. S. 118 f. Zeitweise wurde auch eine Einführungsvorlesung zum Code civil in deutscher Sprache angeboten, ebd., S. 107, 119.

34 Mallmann: Juristenausbildung, S. 105.

35 Während der gesamten Dauer ihres Bestehens verlieh die Koblenzer Rechtsschule nur etwa 90 Diplome, Mallmann: Juristenausbildung, S. 172.

noch das Gerichtspublikum Französisch verstanden, dann war an eine echte Mündlichkeit und echte Öffentlichkeit des Verfahrens nicht zu denken – ein Widerspruch, der nicht zuletzt auf Kritik aus den Reihen der an den Verfahren beteiligten Juristen stieß. Grundsätzliche Kritik und praktische Schwierigkeiten überwogen, so dass später Strafverfahren auch wieder in deutscher Sprache geführt werden konnten.

Die ab 1813/14 preußisch werdenden Rheinlande hatten mit dem Rheinischen StGB und der Rheinischen StPO also eine strafrechtliche Ordnung erhalten, die ebenso wie das französische Zivilrecht die Diskussionen der 1820er Jahre zur drohenden „Borussifizierung des Rechts der Rheinlande" überstehen sollte. Das Strafrecht der Rheinprovinz blieb französisch. Allerdings war ihm eine kürzere Lebensdauer als dem rheinischen Zivilrecht beschieden: Mit der 1877 beschlossenen und 1879 in Kraft getretenen ReichsStPO wurde der Strafprozess reichsweit vereinheitlicht. Auch wenn viele ihrer Gedanken und Regeln von der ReichsStPO übernommen wurden – die Rheinische StPO galt nicht mehr. Noch kürzer war die Geltungszeit des materiellen rheinischen Strafrechts: Zum 1. Juli 1851 trat das Preußische StGB in Kraft, und zwar im gesamten preußischen Staatsgebiet, also auch in der Rheinprovinz. Damit war das Rheinische StGB abgelöst.[36] Bis am 1. Oktober 1879 die ReichsStPO in Kraft trat, wurden also in der Rheinprovinz ungefähr eine Generation lang, von 1851 bis 1879, Strafprozesse nach der Rheinischen StPO geführt, während sich das materielle Strafrecht in dieser Zeit zunächst aus dem Preußischen StGB, ab dem 1. Januar 1871 dann aus dem StGB des Norddeutschen Bundes und schließlich ab dem 1. Januar 1872 aus dem Reichsstrafgesetzbuch ergab.

Kurz: Im Zeitraum von 1811 bis 1851 war das rheinische Strafrecht geprägt vom Rheinischen StGB und der Rheinischen StPO; davor und danach ist die Kombination gesetzlicher Grundlagen buntscheckiger. Die folgenden Ausführungen werden sich vor allem auf diese Kernzeit eines rheinischen Strafrechts beziehen, auf die Jahre 1811 bis 1851.[37]

3. „Verachtung der ‚unpraktischen' akademischen Lehre"

Wie Hans-Peter Haferkamp auf breiter Quellengrundlage nachgewiesen hat, ist die Lehre des französischen Rechts im deutschsprachigen Gebiet nach 1814/15 nicht einfach flächendeckend in Verfall geraten – nicht im Rheinland, nicht im

36 Weber: Rheinisches Strafrecht, S. 60.

37 Zum kriminalpolitischen Hintergrundgeschehen in Gesamtpreußen während dieser Zeit Blasius: Strafrechtsreform.

Großherzogtum Hessen, in Baden oder Rheinbayern, aber auch nicht unbedingt in Territorien oder Landesteilen, in denen französisches Recht nicht weitergalt. Während sie an einigen Orten – Kiel, Rostock, Leipzig, Marburg, Tübingen, Göttingen und Jena[38] – tatsächlich 1814 endete, schlich sich die universitäre Lehre des französischen Rechts an anderen bis zum Ende des 19. Jahrhunderts eher aus.[39] Selbst die Ereignisse von 1870/71 waren keine Bruchkante.[40]

Die institutionelle Verankerung des französisch-rheinischen Rechts war allerdings nach den napoleonischen Kriegen stets prekär. Es wurde lediglich mitgelesen, miterledigt, wenn auch zum Teil mit einer bedeutenden Anzahl von Vorlesungen.[41] Eine sichtbare Schwerpunktsetzung erfolgte erst 1844, als in Bonn der erste Lehrstuhl für rheinisches Recht etabliert und mit Johann Joseph Bauerband (1800–1878) besetzt wurde. Im selben Jahr richtete Berlin eine außerordentliche Professur für rheinisches Recht ein, besetzt mit Alexander von Daniels (1800–1868).[42]

Diese Entwicklungen erklären sich auch aus einer geänderten Erwartungshaltung:[43] In der Vergangenheit hatte das juristische Studium – verknappt gesprochen – als rechtswissenschaftliches Propädeutikum dienen und das wissenschaftliche Rüstzeug mit auf den Weg geben sollen. Es war emanzipiert gewesen vom Zwang, in jedem Fall die praktisch relevanten Materien zu unterrichten.[44] Sich damit auseinanderzusetzen war jedenfalls in Preußen Aufgabe der zwei nächsten Ausbildungsschritte, der Auskultatur[45] und des Referendariats,[46] die jeweils mit einem weiteren Examen abgeschlossen wurden, das vor einem Gericht abzulegen war. Landesrecht, auch wenn häufig in Einzelveranstaltungen angeboten, war also im Studium keine Selbstverständlichkeit gewesen. Im 19. Jahrhundert konnte aber im preußischen Rheinland in dem das Studium ab-

38 Haferkamp: Lehre, S. 51 f.

39 Haferkamp: Lehre, S. 52–71.

40 Haferkamp: Lehre, S. 67 f.

41 Siehe für Bonn zwischen 1819 und 1844 Haferkamp: Lehre, S. 57.

42 Haferkamp: Lehre, S. 60. Zu Alexander Joseph Alois Reinhard Edler von Daniels (1800–1868) siehe Ullmann: Daniels.

43 Das Folgende stellt die juristische Ausbildung in Preußen bis 1849 dar. 1849 wurde dort die Juristenausbildung reformiert, siehe Ebert: Normierung, S. 27–80, rheinische Besonderheiten auf S. 78–80. Zur Ausbildung der Verwaltungsbeamten in Preußen Bleek: Kameralausbildung, S. 102–162.

44 Ebert: Normierung, S. 20–23. Das Studium endete mit dem Auskultatorexamen, Ebert: Normierung, S. 23.

45 Unbesoldet; in Preußen 1869 abgeschafft; endete mit dem Referendarexamen, Rückl: Referendar, Sp. 1378. Ebert: Normierung, S. 24.

46 Ebenfalls unbesoldet. Endete mit dem Assessorexamen, Ebert: Normierung, S. 25. Rückl: Referendar, Sp. 1378 f.; Ebert: Normierung, S. 24. Die Ausbildung der Justizkommissare unterschied sich hiervon, ebd., S. 26 f.

schließenden ersten Examen, einer rein mündlichen Prüfung, das rheinische Recht Prüfungsstoff sein. Es wurde zwar wohl nur in überschaubarem Umfang geprüft, aber der Bedarf an entsprechender Lehre war nun manifest geworden und wurde bedient.[47]

Sowohl französisches Recht wie auch rheinisches Recht wurden im 19. Jahrhundert also weiterhin gelehrt und mit ihnen das französisch-rheinische Strafrecht. In der kurzlebigen, 1817 aufgelösten Koblenzer Rechtsschule etwa – nach der Schließung der Universitäten in Trier, Köln und Bonn, ferner Mainz, zeitweise die einzige Ausbildungsstätte für Juristen im Rheinland – waren das Strafrecht wie auch das Strafprozessrecht Teile des Curriculums für das zweite Jahr eines dreijährigen Kursus, der auf den Erwerb der *licence* gerichtet war.[48] Gelesen wurde es in Koblenz von Peter Günther (1760–1809)[49] und seinem Nachfolger Sebastian Thrumb (*1760);[50] jedoch scheint keiner von beiden mit strafrechtlichen Publikationen hervorgetreten zu sein.[51]

Auch in der 1818 gegründeten[52] Universität Bonn, nach der Schließung der Koblenzer Rechtsschule wiederum die einzige universitäre Ausbildungsstätte für Juristen in der nunmehr preußischen Rheinprovinz, wurde das Strafrecht unterrichtet. Dabei begann die Geschichte des rheinischen Strafrechts in Bonn mit einem Paukenschlag, nämlich der Berufung Karl Joseph Anton Mittermaiers (1787–1867).[53] Mittermaier las in Bonn seit dem Sommersemester 1819 „Straf-

47 Die Referendarausbildung in den Rheinlanden wich vom für das übrige Preußen geltenden Modell ab. Zum einen war zeitweilig eine einjährige Anwaltsstation zu absolvieren, so dass Teile der juristischen Ausbildung nun nicht mehr ausschließlich an Universitäten und staatlichen Gerichten stattfanden. Zum anderen mussten die angehenden Juristen neben Kenntnissen des gemeinen Rechts und Grundkenntnissen des preußischen über vertiefte Kenntnisse nur entweder im preußischen oder im französischen Recht verfügen – eine Regelung, die der Beibehaltung des französischen Rechts in den Rheinlanden Rechnung trug und dazu führte, dass beim Wechsel in die jeweils andere Rechtsordnung eine Zusatzprüfung im entsprechenden Recht abzulegen war, Ebert: Normierung, S. 27.

48 Mallmann: Juristenausbildung, S. 108 f., dort (S. 109) auch zur angenommenen allgemeinen Bedeutung des Strafrechts: „Hier kommt noch einmal die Vorstellung der Revolution zum Ausdruck, daß gerade das Strafrecht jedermann geläufig sein müsse. Die Rechtsschule konnte sich dann auf die Vermittlung der Prinzipien der Gesetze beschränken."

49 Mallmann: Juristenausbildung, S. 144.

50 Mallmann: Juristenausbildung, S. 144 f.

51 Günther starb bereits 1809. Thrumb war einer der wenigen, die bis zu ihrer Schließung an der Koblenzer Rechtsschule verblieben; ab 1820 dann war er Richter am preußischen Landgericht in Koblenz, Mallmann: Juristenausbildung, S. 144 f.

52 Die kurzlebige, 1786 als Universität anerkannte Bonner Vorgängerinstitution war bereits 1798 von den Franzosen wieder geschlossen worden.

53 Dölemeyer: Mittermaier; Schröder: Mittermaier.

recht“, im Wintersemester 1820/21 Kriminalprozess,[54] dann im Sommersemester 1821 „Deutsches und französisches Kriminalrecht“ – jeweils vor vollen Sälen. Bereits 1821 verließ Mittermaier jedoch Bonn und ging nach Heidelberg. Es folgte in der strafrechtlichen Lehre eine Reihe von mal bekannteren, mal unbekannteren Rechtswissenschaftlern. Zu den bekannteren zählen der in Bonn habilitierte Carl Ernst Jarcke (1801–1852),[55] von dessen Publikationen noch zu sprechen sein wird, Johann Michael Franz Birnbaum (1792–1877), Eduard Böcking (1802–1870), Bauerband und Hugo Philipp Egmont Hälschner (1817–1889). Die von Mittermaier in der Lehre eingeschlagene Richtung wurde dabei im Großen und Ganzen auch von seinen zahlreichen Nachfolgern beibehalten. Gelehrt wurde unter anderem das französische[56] Strafrecht, und zwar vergleichend. So las Böcking seit dem Sommersemester 1834 jedes zweite Semester „Gemeines deutsches Strafrecht, verglichen mit preußischem und französischem“.[57] Das entsprach der Darstellungsweise in zeitgenössischen Lehrbüchern des Strafrechts. Das Verfahrensrecht wurde ebenfalls regelmäßig gelesen. Seit Mitte der 1840er Jahre teilten sich Böcking, Friedrich Bluhme (1797–1874), Bauerband und Hälschner die strafrechtliche Lehre: Böcking und Hälschner lasen semesterweise abwechselnd „Strafrecht“, Bluhme las im Sommersemester „Gemeinen, preußischen und rheinischen Strafprozess“, Bauerband im Wintersemester „Französischer, im Rheinland gültiger Strafprozeß im Vergleich mit dem in Deutschland gültigen“.[58] Aber nicht nur in Bonn wurde französisches oder rheinisches Strafrecht gelesen, auch in Heidelberg[59] und in Berlin.[60]

Bislang sind das alles nur Gefäße. Wieviel rheinisches Recht in den jeweiligen Vorlesungen tatsächlich vorgetragen wurde, wie genau eigentlich zwischen rheinischem Recht und französischem unterschieden wurde, muss eine Untersuchung der Vorlesungsinhalte erweisen, zum Beispiel anhand von Mit- oder Nachschriften. Das ist noch zu leisten. Zwei Dinge lassen sich aber bereits jetzt festhalten: Französisches wie auch rheinisches Strafrecht und Strafverfahrensrecht wurden auch nach 1814 weiterhin an deutschen Universitäten unterrich-

---

54 1819 erschien dort auch Mittermaier: Grundriß.

55 Winter: Jarcke.

56 Landsberg: Kriminalistische Fächer nennt in seiner Darstellung die Titel der Vorlesungen. Aus ihnen allein lässt sich aber deren Inhalt nicht erkennen. Ob etwa (Landsberg: Kriminalistische Fächer, S. 13) Mittermaier im Sommersemester 1821 mit der Vorlesung „Deutsches und französisches Kriminalrecht“ tatsächlich in Frankreich geltendes Strafrecht oder ob er das in Deutschland weitergeltende französische Recht (bald darauf: „Rheinisches Recht“) behandelte, oder ob er gar nicht differenzierte, müsste eine Untersuchung des konkreten Vorlesungsinhalts ergeben.

57 Landsberg: Kriminalistische Fächer, S. 21 f.

58 Landsberg: Kriminalistische Fächer, S. 24 f.

59 Haferkamp: Lehre, S. 53–55.

60 Haferkamp: Lehre, S. 59–61.

tet. Und anders als im Zivilrecht lassen sich nur wenige Vorlesungen finden, die dezidiert dem rheinischen oder auch französischen Strafrecht oder Strafverfahrensrecht gewidmet waren; das rheinische Strafrecht wurde in der Regel vergleichend behandelt.

4. „es auch eine Literatur des betreffenden Rechts geben muß"

Goldschmidt hatte, wie gesehen, die qualitative, vielleicht auch die quantitative Unproduktivität der rheinischen Juristen gescholten. Wie steht es nun also tatsächlich um die literarische Produktion zum rheinischen Strafrecht? Eine Suche nach der deutschsprachigen Literatur bringt für das Verfahrensrecht und das materielle Recht Unterschiedliches hervor.

4.1 Verfahrensrecht

Zum französischen Strafprozessrecht und zur Gerichtsverfassung erschienen schon bald nach Inkrafttreten des Code d'instruction criminelle in deutscher Sprache Werke in einiger Zahl. Bemerkenswert ist ihre zumeist ausgesprochen praktische Ausrichtung. Zwei Schriften mögen als Beispiele dienen, das vom Hamburger Appellationsgerichtsrat Gottfried Samuel Müller (1776–1842)[61] 1812 vorgelegte „Handbuch des Französischen Criminal-Prozesses vor den Assisen-Gerichten, mit Formularen auf einen wirklichen Criminal-Fall angewendet" und Mittermaiers zwischen 1814 und 1845 viermal aufgelegte „Anleitung zur Vertheidigungskunst im deutschen Criminalprozesse und in dem auf Oeffentlichkeit und Geschwornengerichte gebauten Strafverfahren".[62]

Was in den Titeln anklingt, wird tatsächlich vom Inhalt dieser beiden Schriften getragen: Hier wurden Leitfäden für das Gerichtsgeschehen vorgelegt, und

---

61 Zu Müller siehe Polgar: Oberappellationsgericht, S. 214–216.

62 Daneben zum Strafverfahrensrecht aus dem Untersuchungszeitraum etwa Höchster: Lehrbuch; Venedey: Geschwornengericht. Lediglich einen knappen Überblick bietet Bauer: Lehrbuch, S. 431–450. Zur rheinpreußischen Gerichtsverfassung etwa Starke: Beiträge I, S. 200–246, 423–426. Mittermaier: Handbuch arrangiert das französische – wie auch das preußische, bayerische und österreichische – Strafverfahrensrecht in separaten Kapiteln als Ausprägungen oder Abweichungen von allgemeinen Lehren; ähnlich noch, obschon stärker als Vergleich separater nationaler Rechtsordnungen, Mittermaier: Das deutsche Strafverfahren. Einige Jahre später, im Anschluss an das Gutachten der Rheinischen Immediatjustizkommission zur Beibehaltung der „Rheinischen Institutionen" in der preußischen Rheinprovinz, vertiefend zu Öffentlichkeit, Mündlichkeit und Geschworenengerichten im Strafverfahren Mittermaier: Strafrechtspflege.

auch Hinweise für das Bestreiten der mündlichen[63] Verhandlung vor Gericht.[64] Müllers Schrift etwa ist an sämtliche Praktiker an den Assisengerichten gerichtet, insbesondere auch an die Geschworenen.[65] Mittermaiers „Vertheidigungskunst“ hatte literarische Vorgänger,[66] war als Format also nicht unbedingt neu. Und ebenso wie diese Vorgängerschriften war die „Vertheidigungskunst“ eine für den Leser gewinnbringende Verknüpfung von Forschung, Lehre und Praxis[67]: Mittermaier hatte bereits vor Erscheinen der ersten Auflage den Gegenstand, die Strafverteidigung, in seine Vorlesungen aufgenommen[68] und zeigte sich von Anfang an offen für Anregungen und Beispielsfälle aus der Praxis.[69] Allerdings hatte sich der rechtspolitische Wind seit den älteren Ratgebern zur Verteidigung in Inquisitionsprozessen gedreht: Zum einen waren die neuen revolutionären französischen Verfahrensmaximen wirkmächtig auf die Bühne getreten, auch wenn sie sich 1814, im Erscheinungsjahr der Erstauflage, bei weitem noch nicht flächendeckend in Deutschland durchgesetzt hatten. Zum anderen, und mit dem ersten Aspekt eng verbunden, entwickelten sich das Strafverfahrensrecht wie auch die „Verteidigungskunst“, die Praxis der strafrechtlichen Verteidigung, in rasch zunehmender Geschwindigkeit zu eigenständigen rechtswissenschaftlichen Disziplinen und traten aus dem Schatten ihres großen Geschwisters, des materiellen Strafrechts, heraus.[70] Diese Entwicklungen nahm

---

63 Für das viel stärker schriftlich orientierte ältere Inquisitionsverfahren gab es natürlich ebenfalls vergleichbare Praxisratgeber, etwa Hermann: Versuch. Weitere Beispiele in Henke: Darstellung, S. 133 unter 4).

64 Zum Beispiel Müller: Handbuch, S. 31 f., 96, 138 f.; Mittermaier: Vertheidigungskunst, etwa §§ 74–84, 124 (S. 165–189), aber auch im Folgenden ständig.

65 Müller: Handbuch, S. III–VIII. Umfangreicher Formular- und Beispielstextteil auf S. 163–226.

66 Siehe Fn. 63.

67 Eine ähnliche Verknüpfung von Lehre und Praxis nimmt für sich in Anspruch Bauer: Lehrbuch, S. V f.

68 Mittermaier: Vertheidigungskunst, S. III (Aus dem Vorwort zur 1. Aufl.): „Das Interesse und die Wichtigkeit gerichtlicher Vertheidigungen, welche man in der alten wie in der neuern Zeit erkannte, die Schwierigkeiten bei der Abfassung, von welchen eigene Erfahrung früh mich belehrte, forderten mich schon vor fünf Jahren auf, Materialien zu sammeln. Die Vorlesungen, welche ich seit vier Jahren hier über Criminalprakticum gehalten hatte, berichtigten manche Ansichten, und vielfach von ausgezeichneten Praktikern mir mitgetheilte Rechtsfälle zeigten mir die Lücken, und veranlaßten schärferes Nachdenken, um Regeln für die mir bisher bekannt gewordenen Fälle zu finden.“

69 Vertiefend Wohlers: Mittermaier.

70 Vgl. Bauer: Lehrbuch, S. III: „Die von mir im Jahre 1805 herausgegebenen ‚Grundsätze des Criminalprocesses‘ waren das erste selbständige Lehrbuch des strafgerichtlichen Verfahrens, indem dieses sonst gewöhnlich nur als ein Anhang zu den Lehrbüchern des Strafrechtes, oder als eine Art der summarischen Processe abgehandelt, und daher nicht mit der, seiner grossen Wichtigkeit entsprechenden Sorgfalt bearbeitet wurde.“

Mittermaiers „Vertheidigungskunst" auf und trug gleichzeitig zu ihnen bei.[71] Dass Mittermaier selbst sich dabei von älteren Verhältnissen lösen musste und sich auf neue Realitäten einließ, gestand er bereitwillig ein. Noch im Vorwort zur ersten, 1814 erschienenen Auflage bekannte er, ein gespanntes Verhältnis zu den neuen Prozessmaximen zu haben, und machte es sich zur Aufgabe, die Schriften „der alten Rhetoren" durch das reinigende Filtersieb der richtigen, den herrschenden politischen Verhältnissen entsprechenden Überzeugung laufen zu lassen:

> Die fünfte Abtheilung [der „Vertheidigungskunst"] enthält die Regeln für die Abfassung der Vertheidigungsschriften. Mit Recht betrachtet man hier die hinterlassenen Werke griechischer und römischer Redner, und die Reden der Engländer und Franzosen, so wie die Anleitung der Alten zur Rhetorik als ausgezeichnete Muster und die besten Anweisungen zur Vertheidigungskunst, und bildet so eine eigene gerichtliche Beredsamkeit. Der Verfasser hielt für notwendig, die Gesetzgebungen der Alten von den neuern zu trennen, er erkannte in den ersten einen republikanischen Charakter, der durch öffentlich-mündliche Verhandlung und die Entscheidung eines geschwornen Gerichts sich ausspricht. Hier mochte die Beredsamkeit mit allen ihren Künsten an ihrem Platze seyn, ja sie ist es jetzt noch, wenn eine neuere Gesetzgebung solche Merkmale hat, und der alt-republikanischen sich annähern will, wie dies die französische Gesetzgebung zum Scheine gethan hat. Hier müssen alle Regeln der Beredsamkeit entscheiden, und die Reden des Alterthums bleiben unübertreffliche Muster. Da aber, wo eine besonnene, ruhige Gesetzgebung vorhanden ist, die nicht am blendenden Schein hängt, welche Affecte und Neigungen, als gefährlich für den prüfenden Verstand, aus dem Gerichtshofe verbannt, da mag die Beredsamkeit mit den Rednerkünsten, wie sie die Leidenschaften der Hörenden erregen, keine Anwendung finden. Unsere bisherige deutsche Gesetzgebung ist von diesem ruhig verständigen Charakter ausgegangen, und wohlthätig haben unsre neuern deutschen Gesetzgeber (einige Staaten, denen das Fremdartige gewaltsam aufgedrungen wurde, machen jetzt keine Ausnahmen mehr) diesen Charakter uns bewahrt. Wir können daher bei unserer gerichtlichen Vertheidigung nicht mehr unbedingt die Anweisungen der alten Rhetoren befolgen, wir können ihre Reden nicht als einzige Muster für uns wählen. Von dieser Ansicht geleitet, versuchte der Verfasser jede einzelne Regel der Beredsamkeit, welche die Rhetoren aufstellten, zu prüfen, und wagte die Durchführung anderer Grundsätze.[72]

71 Mittermaiers Behandlung der neuen Verfahrensmaximen beleuchten FRISTER/HORTER: Prozessmaximen.

72 MITTERMAIER: Vertheidigungskunst, S. VI–VIII.

Nur fünf Jahre später, 1819, klang das im Vorwort zur zweiten Auflage schon ganz anders:

> Gerne weicht der Verfasser der besseren Überzeugung und widerruft die Irrthümer seiner früheren Jahre. Daher darf vor Allem die Anweisung zur Vertheidigung nicht mehr auf den deutschen geheimen Strafprozeß sich beschränken, und die Ausdehnung der Anleitung zur Vertheidigung in dem auf Oeffentlichkeit gebauten Strafverfahren und die Entwicklung der Grundsätze der gerichtlichen Beredsamkeit rechtfertigt sich darnach von selbst. Eine vollständige dem Verfasser möglich gewordene Benützung der oratorischen Werke der Franzosen und Engländer dürfte dieser neuen Auflage einigen Werth geben, [...].[73]

Vermutlich hatten auch der zwischen beiden Auflagen liegende, 1818 erfolgte Ortswechsel von Landshut nach Bonn und die kurz vor Abfassen dieses Vorworts zur zweiten Auflage erfolgte Entscheidung zur Beibehaltung der „Rheinischen Institutionen" und des französischen Rechts in den Rheinlanden Mittermaier geholfen, seine ältere Ansicht zu überdenken. Sein 1821 erfolgender Wechsel nach Heidelberg, damit in eine weitere Region unter starkem französischem Einfluss, führte nicht zu einer erneuten Änderung seiner Position.

In diesen Jahren erhielt das deutsche strafrechtliche Gerichtsgeschehen eine neue Dimension, die sich auch im Inhalt der Fachliteratur spiegelt. Das Phänomen einer Medienänderung im deutschen Gerichtsverfahren, die Verschiebung von der Schriftlichkeit hin zu einer stärkeren Mündlichkeit, ist natürlich grundsätzlich bekannt und der korrespondierende Reformaspekt der Öffentlichkeit des Strafverfahrens auch betrachtet,[74] die Auswirkungen der Bedeutungsverschiebung zugunsten der Mündlichkeit auf die Praxis allerdings nur wenig untersucht. Bei künftigen Forschungen zum rheinischen Strafrecht dürfte sich daher eine Zusammenschau von Gerichtsakten und forensisch orientierter Literatur lohnen.

Dass sich diese frühen strafprozessualen Werke an Juristen wandten, setzen moderne Leser fast als selbstverständlich voraus. Gerade deswegen ist es wert, auf eine kleine Literaturgattung hinzuweisen, die zumindest auch eine andere Leserschaft vor Augen hatte: Strafrechtliche, vor allem prozessrechtliche Handreichungen für Laien. Dem praktischen Bedarf von Geschworenen nämlich entsprach zum Beispiel Theodor Johann Joseph Lenzens (1762–1835)[75] „Handbuch für die Geschwornen bei den Kriminal-Gerichten oder Assisen-Höfen",

---

73 Mittermaier: Vertheidigungskunst, S. IX f.

74 Zum Beispiel Laue: Öffentlichkeit; Fögen: Kampf; Alber: Geschichte.

75 Zu Lenzen siehe den biographischen Überblick bei Fischer: Düsseldorf, S. 245–248.

Köln 1821, eine kommentierende Zusammenstellung der für die Laienbeteiligung relevanten strafrechtlichen Vorschriften, gerichtet vor allem an Geschworene, tatsächliche wie potentielle,[76] aber auch an Richter. Lenzen, Rat am Appellationsgerichtshof in Köln und Präsident des Schwurgerichtshofs Düsseldorf, hatte zur Erstellung seines „Handbuchs" intensiv auf vier französische Werke zurückgegriffen.[77]

Auf diese erste, frühe Phase strafprozessrechtlicher Publikationstätigkeit, die gleichsam Pionierarbeit leistete, folgte ein steter ruhiger Fluss weiterer Werke.[78] In den 1840er Jahren kam schließlich der nächste Schub. Stellvertretend sei erneut auf zwei Beispiele verwiesen:

Die kompakte[79] Abhandlung Adolf Fabers „Darstellung der gerichtlichen Organisation und Kompetenz in Rhein-Preußen nebst den Grundzügen des öffentlichen und mündlichen Strafverfahrens daselbst" erschien 1848. Faber – „Doktorand der Rechte"[80] – hatte sich einer Kommission anschließen dürfen, der in den Rheinlanden und in Belgien „das öffentliche und mündliche Verfahren zu studieren"[81] aufgetragen war. Umfangreicher legte von Daniels vor.[82] Seit 1843 Justizrat am Rheinischen Revisions- und Kassationshof, hielt er ab 1844 als außerordentlicher Professor in Berlin Vorlesungen zum rheinischen Recht. 1849 publizierte der Konservative von Daniels seine „Grundsätze des

---

76 Gründe für die Befreiung von der Pflicht zur Mitwirkung als Geschworener werden auch behandelt, zum Beispiel Lenzen: Handbuch, S. 23 f., 120 f.

77 Nämlich Bourguignon: Manuel; Delaporte: Instruction; Carnot: Instruction; Pailliet: Manuel. Lenzen nutzt in seinen Fußnoten nur eine Kurzzitierweise und führt an keiner Stelle die ausführlichen bibliographischen Angaben dieser vier Schriften an, ging also wohl davon aus, dass sie seinen Lesern hinreichend bekannt seien. Andere Werke zitiert er nicht. In diesem Beitrag sind die Lenzens Schrift zeitnächsten Auflagen dieser vier Bücher angegeben.

78 Die zahlreichen eher rechtspolitischen Schriften zu häufig unter dem Schlagwort der „Rheinischen Institutionen" verhandelten Fragen der Gerichtsverfassung und des Strafprozesses rechne ich nicht hierher.

79 IV + 91 Seiten, von denen ein Drittel auf eine Darstellung des rheinischen Strafverfahrens und seiner Gerichte entfällt (bis einschließlich S. 32). Der Rest enthält Wiedergaben verschiedener prozessualer Schriftstücke, die als Illustration und Vorlage dienen sollten.

80 Faber: Darstellung, Deckblatt. Vermutlich ist er identisch mit dem am 15. Februar 1885 verstorbenen Wiener Notar gleichen Namens, vgl. Todesnachricht in: Oesterreichischer Notarenverein: Zeitschrift für Notariat und freiwillige Gerichtsbarkeit in Oesterreich vom 25. Februar 1885 (No. 8), S. 52. Die Biographie des Verfassers ließ sich nicht genauer klären.

81 Faber: Darstellung, S. 3. Es könnte sich um eine staatliche österreichische Kommission gehandelt haben; Details erwähnt Faber nicht.

82 VI + 302 Seiten. Von Daniels blieb bescheiden: „Für den Inhalt meiner Schrift muss ich um nachsichtsvolle Beurtheilung ganz besonders bitten, da mein Verhältniss als Abgeordneter zur preussischen Nationalversammlung mir nur erlaubt hat, die wenigen Erholungsstunden der letzten drei Monate auf die Ausarbeitung eines mir liebgewordenen Gegenstandes zu verwenden.", Daniels: Grundsätze, S. VI.

Rheinischen und Französischen Strafverfahrens. Mit vergleichender Berücksichtigung der auf Mündlichkeit, Öffentlichkeit und Schwurgericht gegründeten neuesten Gesetze und Gesetzesentwürfe", ein Lehr- und Handbuch zum Strafverfahren. Dem Vorwort zufolge diente das Buch

> zu dem Zwecke der Benutzung bei meinen vergleichenden Vorlesungen über das Strafverfahren nach deutschem und französisch-rheinischem Rechte.[83]

Während Faber auf Literaturangaben vollständig verzichtete, griff von Daniels intensiv auf französische Literatur zurück[84] – wohl ebenso wie die Praktiker des rheinischen Strafverfahrens.

Die Veröffentlichungsdaten fallen ins Auge. Zum einen liegen bereits knapp 40 Jahre zwischen Inkrafttreten des Code d'instruction criminelle und dem Erscheinen dieser Werke. Zum anderen erscheinen diese Schriften rund um die Revolutionsjahre 1848/49. Das kam nicht von ungefähr: Die behandelte Thematik hatte Konjunktur.[85] Laienbeteiligung, Geschworenengerichte, mündliche Verfahren und anderes mehr waren auch Forderungen der deutschen Revolution. Immerhin wurde in der Paulskirchenverfassung die Einführung von Geschworenengerichten vorgesehen.[86] Aber auch aus anderer, gewissermaßen entgegengesetzter Richtung wurde der Thematik Interesse entgegengebracht: Mit dem sog. Polenprozess[87] von 1847 stieß das preußische Strafverfahrensrecht an seine Grenzen. Den 254 Angeklagten wurde vorgewor-

---

83 Daniels: Grundsätze, S. V.

84 Daniels: Grundsätze, S. 11 f. zu „Hülfsmittel[n]" – abgesehen vom „Rheinischen Archiv" und Volkmar: Jurisprudenz ausschließlich französische Literatur und Urteilssammlungen.

85 Vgl. Schletter: Strafprozess, S. 59–84; sowie Faber: Darstellung, S. III: „Vielleicht gelingt es mir, die Einfachheit, Schnelligkeit, welche, verbunden mit der Garantie der heiligsten Rechte der Menschen, das rheinische Strafverfahren auszeichnen, erkennbar zu machen, und dadurch eine, wenn auch höchst allgemeine Kenntniß des Verfahrens, welches wir, wie zu hoffen ist, bald das unsere werden nennen können, zu verbreiten." Zahlreiche weitere, ausführlichere Stellungnahmen lassen sich finden über Schwinge: Kampf; Löhr: Mitwirkung (S. 70–88); Kleinz: Individuum (bis S. 201); Landau: Schwurgerichte.

86 § 143: „Jeder Deutsche hat das Recht, durch Wort, Schrift, Druck und bildliche Darstellung seine Meinung frei zu äußern. Die Preßfreiheit darf unter keinen Umständen und in keiner Weise durch vorbeugende Maaßregeln, namentlich Censur, Concessionen, Sicherheitsbestellungen, Staatsauflagen, Beschränkungen der Druckereien oder des Buchhandels, Postverbote oder andere Hemmungen des freien Verkehrs beschränkt, suspendirt oder aufgehoben werden. Über Preßvergehen, welche von Amts wegen verfolgt werden, wird durch Schwurgerichte geurtheilt. Ein Preßgesetz wird vom Reiche erlassen werden."; § 179: „In Strafsachen gilt der Anklageprozeß. Schwurgerichte sollen jedenfalls in schwereren Strafsachen und bei allen politischen Vergehen urtheilen.", Huber: Dokumente I, S. 391, 394.

87 Kummer: Integrität, S. 266–302. Zeitgenössisch zum Prozessgeschehen Julius: Polenprozeß.

fen, einen Aufstand geplant zu haben, um den polnischen Staat in seinen Grenzen von 1772 wiederherzustellen. Mit dem überkommenen Strafverfahrensrecht war damit zu rechnen, dass es Jahre dauern würde, bis das Verfahren abgeschlossen sein würde. Nicht zuletzt der preußische König Friedrich Wilhelm IV. (reg. 1840–1861) wünschte jedoch eine rasche Bestrafung. Preußen änderte daraufhin kurzerhand 1846 das Strafverfahrensrecht und führte insbesondere die öffentliche mündliche Verhandlung wie auch die Staatsanwaltschaft als Anklägerin ein,[88] letzteres insbesondere getragen von dem Gedanken, eine weisungsgebundene Behörde zu schaffen, die auch zu Lasten des Angeklagten ein Rechtsmittel einlegen konnte.[89] Es mutet fast ironisch an, dass die Übernahme von Elementen des rheinisch-französischen Strafprozesses in das preußische Strafverfahrensrecht sich der in Preußen empfundenen Notwendigkeit verdankte, in politischen Prozessen repressiver agieren zu können.

Gleichzeitig waren schon seit Langem Arbeiten im Gange, die für das außerhalb der Rheinprovinz liegende Preußen geltende Strafprozessordnung grundlegend zu reformieren und ihre Geltung gegebenenfalls auf das Rheinland zu erstrecken. Die preußische StPO ergab sich bis zu den ab 1846 vorgenommenen, tiefgreifenden Änderungen im Wesentlichen aus der preußischen „Criminalordnung" von 1805, die in den Jahrzehnten seit ihrem Erlass von zahlreichen Gesetzen geändert oder ergänzt worden war.[90] Die Werke zum rheinischen Strafverfahren, die ab Mitte der 1840er Jahre erschienen, sollten also vor diesem Hintergrund betrachtet werden: Sicherlich waren sie zuvorderst Darstellungen geltenden rheinischen Strafprozessrechts, aber darüber hinaus auch Handreichungen zum Verständnis der auf die rheinischen Erfahrungen zurückgehenden neuen preußischen Vorschriften wie auch eines Modells, das als Pate für eine gesamtpreußische StPO in der Diskussion stand.

4.2 Materielles Strafrecht

Die bereits geschilderte universitäre Lehre des französischen Strafrechts in Koblenz, die Umbruchsituation für viele deutsche Juristen in den neuen französischen Départements am Rhein, später in der preußischen Rheinprovinz, all das lässt einen Bedarf für eine didaktisch orientierte Aufarbeitung des französisch-rheinischen Strafrechts vermuten, einen Markt für ein Lehr- oder Handbuch.

---

88 Collin: Wächter, S. 83–90; Ignor: Geschichte, S. 272–280.

89 Collin: Wächter, S. 88; Vormbaum: Einführung, S. 88–90.

90 Fels: Strafprozeß, S. 9. Zur Criminalordnung von 1805 Schmidt: Einführung, S. 271–273; Ignor: Geschichte, S. 147–149.

Gleichwohl: Ein deutschsprachiges Lehrbuch zum materiellen rheinischen Strafrecht sucht man vergebens.

Dafür erscheinen mehrere Gründe wahrscheinlich: Neben der im Vergleich zu heute wesentlich größeren Bedeutung von Vorlesungsmitschriften geht das vermutlich auch darauf zurück, dass strafrechtliche Ausbildungsliteratur in französischer Sprache ausreichend vorlag. Die historischen Bestände der Bibliothek des Oberlandesgerichts Köln, des vormaligen Rheinischen Appellationsgerichtshofs, weisen jedenfalls schon bei kursorischer Suche für den Zeitraum 1800 bis 1860 mehr als 25 Titel zum französischen Strafrecht in französischer Sprache aus.[91] Wichtige französische zivilrechtliche Titel dort haben zahlreiche Benutzungsspuren, zum Beispiel Randvermerke.[92] Und auch von Daniels verwies 1849 in seinen „Grundsätze[n] des Rheinischen und Französischen Strafverfahrens" den Leser nahezu ausschließlich auf französischsprachige Werke zum Strafverfahrensrecht. Vielleicht war der Bedarf an Lehrbüchern zum materiellen Recht also bereits gedeckt.

Darüber hinaus gab es noch einen anderen Ort, Lehrmaterial zu platzieren, und hier sei an die oben angerissene Konzeption strafrechtlicher Vorlesungen erinnert: Wie auch viele strafprozessrechtliche Vorlesungen waren die materiellrechtlichen vergleichend angelegt; der Titel der bereits erwähnten Bonner Strafrechtsvorlesung Böckings gibt diesen Zuschnitt wieder: „Gemeines deutsches Strafrecht, verglichen mit preußischem und französischem".[93]

Die deutsche Strafrechtswissenschaft der ersten Hälfte des 19. Jahrhunderts blieb noch stark der Denktradition der gemeinen deutschen Strafrechtswissenschaft verhaftet, einer Dogmatik insbesondere auf Grundlage der Constitutio Criminalis Carolina, des kanonischen und auch römischen Rechts.[94] Die „neueren" partikularrechtlichen Entwicklungen wurden ihr vergleichend an die Seite gestellt. In diesem Schatten des gemeinen deutschen Strafrechts mussten sich also Darstellungen zum rheinischen Strafrecht behaupten. Zu einer allein oder überwiegend aus der eigenen Materie heraus betriebenen dogmatischen Entwicklung konnte es so aber kaum kommen. Clemens August Karl Klenze

---

91 Recherche über https://nrw.digibib.net/ (Filter: Bestände des OLG, Zeitraum 1800–1860, Schlagwort „pénal"); siehe ferner Frohn: Arbeitsmittel.

92 Inwieweit französische Literatur an den einzelnen Universitätsstandorten tatsächlich verfügbar war, bedarf weiterer Recherchen. Dass die Studenten sie aber zumindest in sprachlicher Hinsicht hätten benutzen können, darf man jedenfalls für die Zeit der französischen Herrschaft annehmen, s. o. 2.: In Koblenz wurden die meisten Pflichtfächer auf Französisch gelesen. 1850 noch liest etwa Ludwig Knapp (1821–1858) in Heidelberg Französisches Strafrecht in französischer Sprache, Haferkamp: Lehre, S. 54, Fn. 26.

93 Landsberg: Kriminalistische Fächer, S. 21 f.

94 Zur gemeinen deutschen Strafrechtswissenschaft Dorn: Entwicklung, S. 168–179.

(1795–1838)[95] etwa, Professor für römische Rechtsgeschichte in Berlin, verfasste 1836 ein Lehrbuch zum materiellen Strafrecht.[96] Ausweislich des Vorwortes war es als Begleitmaterial für seine Berliner Vorlesungen gedacht. Innerhalb einer systematischen Ordnung einer chronologischen folgend fügte es Quellenexzerpte aneinander. Auf das römische Recht folgt also das kanonische, das mittelalterliche deutsche und so fort.[97] Regelmäßig endet diese Darstellung in Hinweisen auf „Die neueren Gesetzbücher", namentlich die preußische, österreichische, bayerische, aber auch die französische Gesetzgebung. Ähnlich wie Friedrich Carl von Savigny (1779–1861) spätere Entwicklungen als „Modificationen" eines als System verstandenen römischen Rechts darstellte,[98] gab Klenze – der zu Savignys engstem Kreis gehörte[99] – neue strafrechtliche Ordnungen als Annex tradierter Dogmatik wieder. Das förderte sicherlich die Systematisierung der strafrechtlichen Materie, die Vereinheitlichung des dogmatischen Gesprächs, und in diesem Geiste trägt Klenze das stets gleiche Darstellungsschema an die Tatbestände heran: Subjekt, Objekt, Tat (hier auch Vorsatzerfordernisse) und Strafe. Insgesamt steckt darin aber noch kein gewichtiger Beitrag zur Dogmatik des französischen oder rheinischen Strafrechts. Die französischen Gesetze – ebenso wie die preußischen, österreichischen, bayerischen – erklärte Klenze vielmehr gar nicht; hier genügten ihm die erwähnten Hinweise auf die jeweiligen gesetzlichen Grundlagen. Dass man darin vermutlich nicht eine bewusste Anlehnung an die *école de l'exégèse* wird sehen können, legt Klenzes didaktische Herangehensweise an aktuelle Rechtszustände nahe:

> Was die Deutsche Praxis betrifft, so bin ich auf den Vorwurf gefasst, warum ich mich, einzelne abgedruckte Worte ausgezeichneter Criminalisten abgerechnet, oft auf eine kurze litterarische Angabe beschränkt, oft alles dem mündlichen Vortrage überlassen habe. Ich habe aber die Erfahrung gemacht, dass bei der ersten Vorlesung über das Strafrecht ein vollständiges Eingehen in das, was man wohl ius controversum genannt hat, viel störender und verwirrender ist, als es sein würde, wenn wir mit den Pandec-

---

95 Teichmann: Klenze.

96 Und 1836 eines zum Strafverfahrensrecht, Klenze: Lehrbuch des Strafverfahrens.

97 Die Lektüre erinnert an die Quellensammlung Sellert/Rüping: Studien- und Quellenbuch.

98 Savigny: Besitz, Sechster Abschnitt / §§ 48–52 (S. 508–539), einleitend in § 48 (S. 508): „Die Theorie des Besitzes ist in den fünf ersten Abschnitten dieses Werks mit völliger Abstraction von allem demjenigen dargestellt worden, was dem Römischen Rechte durch neuere Gesetzgebung etwa beygemischt seyn könnte: und diese Methode der Untersuchung ist schlechthin nothwendig, wenn nicht über der Vermischung des Alten und Neuen, Beides zugleich mißverstanden werden soll. Allein jene Untersuchung ist jetzt geschlossen, und nun ist es erlaubt, nach den Modificationen zu fragen, welche das Römische Recht in neueren Zeiten erfahren hat."

99 Haferkamp: Historische Rechtsschule, S. 1, 5, 21 f., 107, 131, 144, 163 f., 266, 313, 325, 328, 330.

> tenvorträgen wollten das Römische Civilrecht beginnen lassen. Ich halte es also für rathsamer, sich bei der Hauptvorlesung über das Strafrecht in der speciellen Entwicklung der praktischen Controversen etwas zu beschränken, und diese entweder dem eignen weitern Studium zu überlassen oder allenfalls die Vorlesungen über den Strafprocess mit einer öffentlichen Ergänzungsvorlesung darüber zu verbinden. Für beides ist das Wächtersche Lehrbuch eine vortreffliche Grundlage. Aus diesem Grunde habe ich auch auf die particularrechtlichen Strafgesetze des 17ten und 18ten Jahrhunderts in dem Lehrbuche weniger Rücksicht genommen als es jetzt mit leichter Mühe hätte geschehen können, nachdem hierfür so manches neuerdings geschehen ist; sie schliessen sich ganz an die Deutsche Praxis an, und Excerpte aus ihnen würden ohne nähere Angaben über jene nur gestört haben. Dass ich von den neuern Gesetzbüchern nur die Citate gegeben, ohne alle Excerpte, ist wohl genug in der Voraussetzung gerechtfertigt, dass derjenige, für den sie ein hinreichendes Interesse haben, sie ohnehin vollständig besitzen und gebrauchen kann und muss.[100]

Der bereits erwähnte Jarcke geht in seinem „Handbuch des gemeinen deutschen Strafrechts mit Rücksicht auf die Bestimmungen der preußischen, österreichischen, baierischen und französischen Strafgesetzgebung" (1827–1830) ähnlich vor. Jarcke gibt zur jeweiligen Thematik zunächst einen Überblick über das römische, kanonische und gemeine deutsche Strafrecht, und fasst alsdann im Haupttext die Inhalte des jeweils einschlägigen Landesrechts zusammen, weitestgehend ohne nachvollziehbaren Rückgriff auf Literatur, teils begleitet von einer Wiedergabe des Gesetzeswortlauts in den Fußnoten. Ebenso wie bei Klenze, wenngleich bei Jarcke ausführlicher, stehen die Ausführungen zum französischen Recht in einer parataktischen Abfolge zu den anderen Landesrechten. Das führt bei Jarcke zu Katalogen von Norminhalten. Darin liegen ein vergleichendes Nebeneinander und der Versuch, die ältere Dogmatik vor allem des gemeinen deutschen Strafrechts mit den wichtigsten zeitgenössischen Landesrechten zu verflechten. Die inhaltliche Auseinandersetzung mit dem französischen Strafrecht geht dabei aber über den Normwortlaut nicht hinaus.[101]

---

100 Klenze: Lehrbuch des gemeinen Strafrechts, Vorwort, S. XXVI f.

101 Beispiele: Jarcke: Handbuch I, S. 231–239; II, S. 162–175; III, S. 212–233. Einige Jahre später zeichnete sich eine grundlegende Verschiebung im Verhältnis zwischen gemeinem deutschen Strafrecht und Landesrechten in den lehrbuchartigen Darstellungen ab, vgl. Bluhme: System, S. V: „Das verzögerte Erscheinen dieses Heftes ist wenigstens teilweise auch solchen Umständen zuzuschreiben, die in der Sache selbst, und nicht in der Person des Verfassers ihren Grund haben. Der Boden unseres älteren gemeinen Rechts, auf welchem die Darstellung des heutigen in Deutschland geltenden Privatrechts fast in allen seinen Theilen sicher aufgebauet werden konte, erscheint bei dem Strafrecht und Strafprocessrecht so durchlöchert, dass die neueren

Wer sich also dem materiellen rheinischen Strafrecht über Literatur nähern wollte, der musste entweder die Literatur zum gemeinen deutschen Strafrecht oder – wohl nutzbringender – französische, gegebenenfalls auch belgische Werke zur Hand nehmen. Mit Blick auf Lehrbücher zum materiellen rheinischen Strafrecht möchte man also Goldschmidt beipflichten.

Aber auch andere Literatur zum materiellen Strafrecht des Code pénal bzw. zum Rheinischen StGB ist rar. Die Suche in einschlägigen Bibliographien[102] gab ebenso wenig her wie eine Auswertung der wichtigsten Zeitschriften zum rheinischen Recht, des „Niederrheinischen Archivs“ und des „Rheinischen Archivs“. Im Untersuchungszeitraum wurden, soweit ersichtlich, keine deutschen Monographien zum materiellen rheinischen Strafrecht publiziert.

4.3 „tüchtige Zeitschriften“

Goldschmidts Einschätzung der Zeitschriftenlandschaft[103] hingegen – und hier sollen Verfahrensrecht und materielles Recht gemeinsam betrachtet werden – verwirrt zunächst ein wenig: Von „tüchtige[n] Zeitschriften“ in Baden spricht er, die es dort gegeben habe und immer noch gebe. An juristischen Zeitschriften, auch für das rheinische Recht, gab es nun aber in der Rheinprovinz zunächst einmal keinen Mangel.[104] Das „Rheinische Museum für Jurisprudenz“ war einer praktisch orientierten Pandektistik gewidmet,[105] aber neben dem „Niederrheinischen Archiv“ und dem „Rheinischen Archiv“ (1820–1915) ließen sich zum Beispiel noch die „Annalen für Rechtspflege und Gesetzgebung in den preußischen Rheinprovinzen“[106] nennen. Allerdings widmete sich das von 1817 bis 1819 und damit während der Arbeit der Immediatjustizkommission (1816–1819) und des „Kampfs um das Rheinische Recht“ erscheinende „Niederrheinische Archiv“ auf dem Gebiet des Strafrechts noch nahezu ausschließlich Aspek-

---

Landesgesezgebungen, welche dort nur als Zugabe und lezte Entfaltung dieses Rechts zu betrachten waren, hier vielmehr mit als Grundlage dienen müssen.“

102 Etwa Enslin/Engelmann: Bibliotheca Juridica I; Engelmann: Bibliotheca Juridica; Wuttig: Bibliotheca Juridica; Kappler: Handbuch.

103 Das „Archiv für preußisches Strafrecht“ (später: „Goltdammers Archiv“) wurde 1853 gegründet und liegt damit außerhalb des Betrachtungszeitraums dieses Beitrags. Zu dieser Zeitschrift Roth: Strafrechtliche Zeitschriften, S. 317–320.

104 Noch während der französischen Herrschaft erschien in Mainz Andreas Georg Friedrich Rebmanns (1768–1824) „Magazin für deutsche gerichtliche und Polizeibeamte, welche sich mit der französischen peinlichen Gesetzgebung und dem Gerichtsgang in peinlichen Sachen bekannt zu machen wünschen“ (2 Bde., 1812–1813). Hierzu Schubert: Rebmanns Beiträge.

105 Haferkamp: Historische Rechtsschule, S. 147–151.

106 Trier 1841–1863.

ten der Gerichtsverfassung, namentlich der Öffentlichkeit des Verfahrens, dem Geschworenengericht, dem *ministère public* und anderem mehr, sowie des Verfahrensrechts, zum Beispiel dem Zeugeneid und Zeugenbeweis. Materielles Strafrecht kommt nicht vor. Das änderte sich mit Erscheinen der größten, ausstrahlungskräftigsten juristischen Zeitschrift der Rheinprovinz, dem „Archiv für das Civil- und Criminal-Recht der Königlich-Preußischen Rheinprovinzen" – kurz: „Rheinisches Archiv". Es enthält sowohl verfahrensrechtliches wie auch materiellrechtliches Material. Ähnliches gilt für den zunächst in Karlsruhe, später in Darmstadt verlegten „Gerichtssaal",[107] dessen Beiträge entsprechend der dezidiert praktischen Ausrichtung der Zeitschrift vor allem über verfahrensrechtliche Gegenstände berichteten.[108] Dennoch ist Goldschmidt zuzugeben: Jedenfalls mit Blick auf das Strafrecht findet sich in diesen Zeitschriften kaum wissenschaftliche Behandlung.[109] Sie sind entschieden praktisch ausgerichtet. Hier berichten Praktiker für Praktiker insbesondere über Entscheidungen der rheinischen Gerichte. Kontroversen, Diskussionen, über den konkreten Rechtsstreit hinausgehende dogmatische Behandlungen fehlen. Was auch immer die von Goldschmidt in Bezug genommenen badischen Zeitschriften wert sein mögen, die Wissenschaft des rheinischen Strafrechts findet sich in den juristischen Periodika der Rheinprovinz[110] bestenfalls in Ansätzen.

Das ist zwar in den Medien der aufstrebenden Rechtsvergleichung, allen voran der von Mittermaier herausgegebenen „Kritischen Zeitschrift für Rechtswissenschaft und Gesetzgebung des Auslandes", etwas anders. Das rheinische

---

107 1849 bis 1919 in 86 Bänden erschienen. Siehe auch Roth: Strafrechtliche Zeitschriften, S. 311–316.

108 Einige Beispiele: Levita: Stellung des Vertheidigers; Merckel: Beweiskraft der amtlichen Protocolle; Schlink: System der Fragestellung. Untersucht wurden die Jahrgänge 1849 bis 1851.

109 Das bedeutende, in Halle erscheinende „Archiv des Criminalrechts" (1799–1857; 1816–1834 unter dem Titel „Neues Archiv des Criminalrechts") war zwar deutlich wissenschaftlicher und rechtspolitischer ausgerichtet, enthielt aber – abgesehen von regelmäßigen Rezensionen sowie Gesetzgebungs- und Literaturberichten zum französischen Strafrecht – nur sehr wenig Material zum rheinischen Strafrecht. Beispiele für solche Beiträge sind Birnbaum: Ueber die verschiedenen Arten (Aufsatz); Mittermaier: Fortschritte (Literaturbericht; regelmäßig unter diesem Titel auch in anderen Ausgaben des „Archivs für Criminalrecht"). Zum „Archiv des Criminalrechts" Roth: Strafrechtliche Zeitschriften, S. 304–308.

110 Die von Julius Eduard Hitzig (1780–1849) herausgegebene „Zeitschrift für die Criminal-Rechts-Pflege in den Preußischen Staaten mit Ausschluß der Rheinprovinzen" (1825–1833 in 24 Bden.) ließ zunächst – wenig überraschend – das rheinische Strafrecht außen vor (siehe auch Roth: Strafrechtliche Zeitschriften, S. 309), nahm im späteren Erscheinungsverlauf aber auch diese preußischen Landesteile mit in die Betrachtungen auf. Die inhaltliche Weiterung spiegelnd wurde der Titel geändert in „Jahrbücher für die Criminal-Rechtspflege in den preussischen Staaten mit Einschluß der Rheinprovinzen, Neuvorpommerns und des Fürstenthums Neufchatel".

Recht war ein natürlicher Partner in der von Deutschland aus mit Blick auf Frankreich betriebenen Rechtsvergleichung. Aber auch hier überwiegen im Untersuchungszeitraum Gesetzgebungs- und ähnliche Berichte. Dass in der vergleichenden Strafrechtswissenschaft großes Potential für die wissenschaftlichere Behandlung des rheinischen Rechts gelegen haben mag, hat möglicherweise Ernst Landsberg (1860–1927) erkannt. In seiner Rückschau auf die Entwicklung der strafrechtlichen Fächer an der Universität Bonn in den ersten 100 Jahren ihres Bestehens betonte Landsberg die Bedeutung Mittermaiers und die mit seinem Fortgang aus Bonn verpasste Entwicklungschance:

> Gerade dieser Jurist [i.e. Mittermaier], der mit der Theorie den Sinn für die Praxis, mit gründlicher Kenntnis des gemeinen Rechts die Neigung zur Vergleichung jüngerer Rechtsbildungen, mit der klassischen Überlieferung aus der Schule Feuerbachs den Trieb zum liberalen Rationalismus in Politik und Gesetzgebung verband, wäre wie keiner geeignet gewesen, eine Verbindung zwischen dem in Bonn gepflegten Geiste der Wissenschaft und der rheinischen Jurisprudenz, dem rheinischen Rechts- und Volksleben herzustellen! Insofern blutet die Wunde heute noch, die uns damals [nämlich mit Mittermaiers Fortgang aus Bonn im Jahr 1821] geschlagen worden ist.[111]

Ob Ernst Landsberg dabei wirklich die Fortentwicklung des rheinischen Strafrechts im Sinn hatte, wird nicht vollständig klar. Aber er schlägt in die gleiche Kerbe wie Goldschmidt: In der Universität wird der „Geist der Wissenschaft" gepflegt, während das muntere „rheinische[...] Rechts- und Volksleben" eine Jurisprudenz *sui generis* hervorbringt. Beide zu vereinen bedarf es – jedenfalls bei Landsberg – einer großen Wissenschaftlerpersönlichkeit.

5. Schluss

Damit lassen sich drei erste Beobachtungen zur Wissenschaft des rheinischen Strafrechts zwischen 1811 und 1851 zusammentragen.

Erstens: Rheinisches Strafrecht wird – nicht zuletzt in Bonn – an deutschen Universitäten unterrichtet.

Zweitens: Dem rheinischen Strafprozessrecht wie auch der Gerichtsverfassung sind kontinuierlich während der gesamten Dauer ihrer Geltung in der preußischen Rheinprovinz Publikationen gewidmet. Dabei lassen sich zwei besondere Phasen ausmachen – eine erste, die der Heranführung deutscher Juris-

111 Landsberg: Kriminalistische Fächer, S. 14.

ten an die neue Materie aber auch an die ungewohnten gerichtlichen Abläufe gewidmet ist, und eine zweite, während der womöglich rheinisches Strafverfahrensrecht aufbereitet werden sollte, um es im Zuge aktueller rechtspolitischer Reformbemühungen nutzbar, übertragbar und attraktiv zu machen – also rheinisches Verfahrensrecht als Material für einen *legal transfer* oder *legal transplant*.

Drittens: Vergleichbare publizistische Tätigkeiten sucht man für das materielle rheinische Strafrecht vergebens. Es erschienen hierzu keine größeren dogmatischen Arbeiten in deutscher Sprache. Erörterungen des materiellen rheinischen Strafrechts sind vielmehr ausschließlich Bestandteil vergleichender Darstellungen – sei es in Gegenüberstellung zum gemeinen deutschen Strafrecht, sei es der Vergleich des französischen Rechts mit dem einheimischen. Daneben traten praktisch orientierte, regelmäßig die Rechtsprechung sowie Gesetzgebung aufbereitende Zeitschriftenbeiträge.

Letztlich wird man Goldschmidt wohl zugestehen müssen, jedenfalls mit Blick auf die Wissenschaft vom rheinischen Strafrecht nicht fehlgelegen zu haben. Leuchtturmwerke wie Zachariäs zum Zivilrecht, große systematisierende Gesamtdarstellungen oder wirkmächtige Monographien vermisst man im rheinischen Strafrecht. Immerhin: Die Rechtsvergleichung erlaubte den Anschluss an die bisherige deutschsprachige Strafrechtswissenschaft und andere territoriale Entwicklungen. Aber es blieb bei knappen Gegenüberstellungen. Es scheint also tatsächlich, dass das rheinische Strafrecht kaum eine eigene Wissenschaft hervorbrachte. Vor dem Hintergrund andernorts im Deutschland des 19. Jahrhunderts blühender rechtswissenschaftlicher Landschaften ist das bemerkenswert. Der Befund unterstreicht aber gleichzeitig die Bedeutung der hier nicht untersuchten oder nur angerissenen Quellen und Tätigkeitsfelder für die Entwicklung des rheinischen Strafrechts, namentlich der französischsprachigen Literatur zur Thematik und ihrer Rezeption in Deutschland wie auch der genauen Inhalte und der Gestaltung des strafrechtlichen Unterrichts an deutschen Universitäten, natürlich ganz zu schweigen von der strafrechtlichen Praxis. Ob das Ausbleiben einer eigenen, deutschsprachigen Wissenschaft vom rheinischen Strafrecht also zum Beispiel auf das regelmäßige Heranziehen der entsprechenden französischsprachigen Literatur zurückgeht oder etwa auf die von Goldschmidt gegeißelte intellektuelle Trägheit und Anspruchslosigkeit der rheinischen Juristen, bleibt zu klären.

Quellen und Literatur

Alber, Peter-Paul: Die Geschichte der Öffentlichkeit im deutschen Strafverfahren (Schriften zum Strafrecht Bd. 21), Berlin 1974.

Aubry, C.[harles]/Rau, C.[harles Frédéric]: Cours de droit civil français, traduit de l'allemand de M. C. S. Zachariæ, Bd. 1, Strasbourg [1]1839.

Baldus, Christian: Der Prophet im fremden Land? Zum 250. Geburtstag von Karl Salomo Zachariae, in: Zeitschrift für Europäisches Privatrecht 4/2019, S. 724–741.

Bauer, Anton: Lehrbuch des Strafprocesses, Göttingen 1835.

Beving, Jules: Manuel de droit civil Français, par M. Ch. S. Zachariae etc. traduit de L'Allemand, sur la 4me Edition, augmenté d'un grand nombre de notes, de la legislation et de la jurisprudence Belges, Bd. 1, Bruxelles 1838.

Birnbaum, [Johann Michael Franz]: Ueber die verschiedenen Arten strafbarer Tödtung und ihr Zusammenfassen in einen Gattungsbegriff mit Rücksicht auf den Begriff der Entwendung, insbesondre von der fahrlässigen Tödtung und von dem Unterschiede zwischen Criminal- und Civilverbrechen nach gemeinem deutschen in Vergleichung mit dem französischen Rechte, in: Neues Archiv des Criminalrechts 13 (1833), S. 88–119, 249–279, 416–441.

Blasius, Dirk: Strafrechtsreform und Kriminalpolitik in Preußen, 1794–1848, in: Trotha, Trutz von (Hg.): Politischer Wandel, Gesellschaft und Kriminalitätsdiskurse. Beiträge zur interdisziplinären wissenschaftlichen Kriminologie. Festschrift für Fritz Sack zum 65. Geburtstag, Baden-Baden 1996, S. 223–235.

Bleek, Wilhelm: Von der Kameralausbildung zum Juristenprivileg. Studium, Prüfung und Ausbildung der höheren Beamten des allgemeinen Verwaltungsdienstes in Deutschland im 18. und 19. Jahrhundert (Historische und Pädagogische Studien Bd. 3), Berlin 1972.

Bluhme, Friedrich: System des in Deutschland geltenden Strafrechts mit Einschluss des Strafprocesses (Encyclopaedie der in Deutschland geltenden Rechte, Dritte Abtheilung: Das öffentliche Recht, Erste Lieferung), Bonn 1854 (Nachdruck Goldbach 1997).

Bourguignon [-Dumolard, Claude Sébastien]: Manuel D'Instruction Criminelle, contenant le Code d'Instruction criminelle; le Code pénal; les Lois et Réglements sur l'Organisation judiciaire, l'Administration de la Justice, le Service, la Discipline des Cours et Tribunaux; le Décret impérial sur les Frais de Justice; des Notes explicatives puisées dans les Principes du Droit et la Jurisprudence de la Cour de Cassation; les Formules des principaux Actes de la Procédure criminelle; et une Table raisonnée des Matières, 2 Bde., Paris [3]1811.

Brandt, Christian: Die Entstehung des Code pénal von 1810 und sein Einfluß auf die Strafgesetzgebung der deutschen Partikularstaaten des 19. Jahrhunderts am Beispiel Bayerns und Preußens (Europäische Hochschulschriften, Reihe II: Rechtswissenschaft Bd. 3326), Frankfurt am Main 2002.

Carnot, [Joseph-François-Claude]: De l'Instruction Criminelle, considérée dans ses rapports généraux et particuliers avec les lois nouvelles et la jurisprudence de la cour de cassation, 4 Bde., Paris 1812–1817.

COLLIN, PETER: „Wächter der Gesetze" oder „Organ der Staatsregierung"? Konzipierung, Einrichtung und Anleitung der Staatsanwaltschaft durch das preußische Justizministerium. Von den Anfängen bis 1860 (Rechtsprechung. Materialien und Studien Bd. 16), Frankfurt am Main 2000.

CORDES, ALBRECHT/HAFERKAMP, HANS-PETER/KANNOWSKI, BERND/LÜCK, HEINER/DE WALL, HEINER/WERKMÜLLER, DIETER/SCHMIDT-WIEGAND, RUTH/BERTELSMEIER-KIERST, CHRISTA (Hg.): Handwörterbuch zur deutschen Rechtsgeschichte, Bde. 3 und 4, Berlin ^{2}2016/2023.

DANIELS, ALEXANDER VON: Grundsätze des Rheinischen und Französischen Strafverfahrens. Mit vergleichender Berücksichtigung der auf Mündlichkeit, Öffentlichkeit und Schwurgericht gegründeten neuesten Gesetze und Gesetzesentwürfe, Berlin 1849.

DELAPORTE, J. B. [JEAN-BAPTISTE-FRANÇOIS]: Instructions criminelles, avec des réflexions sur les dispositions du nouveau code: et des formules de tous les actes qui peuvent se faire dans l'instruction soit de simple police, soit de police correctionnelle, soit extraordinaire, ou de grand criminel, 2 Bde., Paris 1809.

DÖLEMEYER, BARBARA: Mittermaier, Karl Joseph Anton (1787–1867), in: CORDES/HAFERKAMP/KANNOWSKI/LÜCK/DE WALL/WERKMÜLLER/SCHMIDT-WIEGAND/BERT-ELSMEIER-KIERST (Hg.): Handwörterbuch zur deutschen Rechtsgeschichte, Bd. 3, Sp. 1575 f.

DÖLEMEYER, BARBARA: Napoleon als Gesetzgeber, in: JUNG/LEBLOIS-HAPPE/WITZ (Hg.): 200 Jahre Code d'instruction criminelle – Le Bicentenaire du Code d'instruction criminelle, S. 25–39.

DORN, FRANZ: Französisches Recht – Rheinisches Recht – Deutsches Recht, in: 200 Jahre Code civil im Rheinland. Eine Ausstellung der Landesarchivverwaltung Rheinland-Pfalz (Veröffentlichungen der Landesarchivverwaltung Rheinland-Pfalz Bd. 104), Koblenz 2005, S. 32–40.

DORN, FRANZ: Zur Entwicklung der Strafrechtswissenschaft in Deutschland, in: BORCK, HEINZ-GÜNTHER, unter Mitarbeit von BEATE DORFEY (Hg.): Unrecht und Recht. Kriminalität und Gesellschaft im Wandel von 1500–2000. Wissenschaftlicher Begleitband zur gemeinsamen Landesausstellung der rheinland-pfälzischen und saarländischen Archive (Veröffentlichungen der Landesarchivverwaltung Rheinland-Pfalz Bd. 98), Koblenz 2002, S. 168–209.

EBERT, INA: Die Normierung der juristischen Staatsexamina und des juristischen Vorbereitungsdienstes in Preußen (1849–1934) (Quellen und Forschungen zur Brandenburgischen und Preußischen Geschichte Bd. 9), Berlin 1995.

ENGELBRECHT, JÖRG: The French Model and German Society: The Impact of the Code Penal on the Rhineland, in: ROUSSEAUX, XAVIER/DUPONT-BOUCHAT, MARIE-SYLVIE /VAEL, CLAUDE (Hg.): Revolutions et justice penale en Europe. Modèles français et traditions nationales (1780–1830) (Logiques Sociales: Série Déviance), Paris, Montréal (Qc) 1999, S. 101–107.

Engelmann, Wilhelm (Hg.): Bibliotheca Juridica oder Verzeichniß der in älterer und neuerer Zeit, besonders aber vom Jahre 1750 bis zur Mitte des Jahres 1848 in Deutschland erschienenen Werke über alle Theile der Rechtswissenschaft und deren Hülfswissenschaften, Supplement-Heft, enthaltend: die Literatur von der Mitte des Jahres 1839 bis zur Mitte des Jahres 1848, Leipzig 1849.

Enslin, Theod. Christ. Friedr./Engelmann, Wilhelm (Hg.): Bibliotheca Juridica oder Verzeichniß aller brauchbaren, in älterer und neuerer Zeit, besonders aber vom Jahre 1750 bis zu Mitte des Jahres 1839 in Deutschland erschienenen Werke über alle Theile der Rechtsgelehrsamkeit und deren Hülfswissenschaften, Bd. 1, Leipzig ^{2}1840.

Faber, Adolf: Darstellung der gerichtlichen Organisation und Kompetenz in Rhein-Preußen nebst den Grundzügen des öffentlichen und mündlichen Strafverfahrens daselbst, Wien 1848.

Fels, Hans: Der Strafprozeß der Preussischen Criminal-Ordnung von 1805, Urach 1932.

Fischer, Guntram: Düsseldorf und seine Rechtsakademie. Ein Beitrag zur Düsseldorfer Universitätsgeschichte, Düsseldorf 1983.

Fögen, Marie Theres: Der Kampf um Gerichtsöffentlichkeit (Schriften zum Prozessrecht Bd. 33), Berlin 1974.

Frister, Helmut/Horter, Tillmann: Die neuen Prozessmaximen (Mündlichkeit, Unmittelbarkeit, Anklageprinzip, Öffentlichkeit), in: Koch/Stuckenberg/Wohlers (Hg.): Carl Joseph Anton Mittermaier und der reformierte Strafprozess, S. 111–130.

Frohn, Michael: Arbeitsmittel und rheinische Traditionspflege – die Bibliothek des Appellationsgerichtshofs, in: Haferkamp, Hans-Peter/Schwerin, Margarete Gräfin von (Hg.): Das Oberlandesgericht Köln zwischen dem Rheinland, Frankreich und Preußen. Festschrift zum 200-jährigen Bestehen (1819 bis 2019) (Rechtsgeschichtliche Schriften Bd. 32), Köln 2019, S. 227–249.

Gergen, Thomas: Der Einfluss des Code d'instruction criminelle in den deutschen Territorien, in: Jung/Leblois-Happe/Witz (Hg.): 200 Jahre Code d'instruction criminelle – Le Bicentenaire du Code d'instruction criminelle, S. 40–59.

Goldschmidt, Levin: Rechtsstudium und Prüfungsordnung. Ein Beitrag zur Preußischen und Deutschen Rechtsgeschichte, Stuttgart 1887.

Haferkamp, Hans-Peter: Die Historische Rechtsschule (Studien zur europäischen Rechtsgeschichte Bd. 310), Frankfurt am Main 2018.

Haferkamp, Hans-Peter: Die Lehre des französischen Rechts an Deutschen Fakultäten im 19. Jahrhundert, in: Schubert, Werner/Schmoeckel, Mathias (Hg.): 200 Jahre Code civil. Die napoleonische Kodifikation in Deutschland und Europa (Rechtsgeschichtliche Schriften Bd. 21), Köln, Weimar, Wien 2005, S. 47–71.

Halpérin, Jean-Louis: Der Einfluß der deutschen Rechtsliteratur zum Code civil in Frankreich von Lassaulx bis Zachariä, in: Schulze, Reiner (Hg.): Rheinisches Recht und Europäische Rechtsgeschichte (Schriften zur Europäischen Rechts- und Verfassungsgeschichte Bd. 24), Berlin 1998, S. 215–237.

Henke, Hermann Wilhelm Eduard: Darstellung des gerichtlichen Verfahrens in Strafsachen, Zürich 1817.

Hermann, Johann Friedrich: Versuch einer nähern Anleitung zur gründlichen Abfassung der Vertheidigungsschriften für peinlich Angeschuldigte zum Behuf angehender Sachwalter, Dresden, Leipzig [1]1786 (2., von Hanns Conrad Hermann überarbeitete Aufl. Grimma 1826).

Hitzig, Julius Eduard (Hg.): Zeitschrift für die Criminal-Rechts-Pflege in den Preußischen Staaten mit Ausschluß der Rheinprovinzen, 24 Bde., Berlin 1825–1833; Mannkopff, Adolph Julius (Hg.): Jahrbücher für die Criminal-Rechtspflege in den preussischen Staaten mit Einschluß der Rheinprovinzen, Neuvorpommerns und des Fürstenthums Neufchatel, 1 Bd., Berlin 1840.

Höchster, Ernst Hermann: Lehrbuch des französischen Strafprozesses unter Berücksichtigung des Berner Gesetzes vom 2. März 1850 über das Verfahren in Strafsachen, und des Würtembergischen Gesetzes vom 14. August 1849 über das Verfahren in Strafsachen, welche vor die Schwurgerichtshöfe gehören, Bern 1850.

Huber, Ernst Rudolf (Hg.): Dokumente zur deutschen Verfassungsgeschichte, Bd. 1: Deutsche Verfassungsdokumente 1803–1850, Stuttgart, Berlin, Köln, Mainz [3]1978.

Ignor, Alexander: Geschichte des Strafprozesses in Deutschland 1532–1846. Von der Carolina Karls V. bis zu den Reformen des Vormärz (Rechts- und Staatswissenschaftliche Veröffentlichungen der Görres-Gesellschaft, Neue Folge Bd. 97), Paderborn, München, Wien, Zürich 2002.

Jarcke, Carl Ernst: Handbuch des gemeinen deutschen Strafrechts, mit Rücksicht auf die Bestimmunen der preußischen, österreichischen, baierischen und französischen Strafgesetzgebung, 3 Bde., Berlin 1827–1830.

Julius, Gustav (Hg.): Der Polenprozeß. Prozeß der von dem Staatsanwalte bei dem Königlichen Kammergerichte als Betheiligte bei dem Unternehmen zur Wiederherstellung eines polnischen Staates in Grenzen vor 1772 wegen Hochverraths angeklagten 254 Polen, (in erster Instanz) verhandelt im Gebäude des Staatsgefängnisses bei Berlin, Berlin 1848.

Jung, Heike/Leblois-Happe, Jocelyne/Witz, Claude (Hg.): 200 Jahre Code d'instruction criminelle – Le Bicentenaire du Code d'instruction criminelle (Saarbrücker Studien zum internationalen Recht Bd. 44), Baden-Baden 2010.

Kappler, Friedrich: Handbuch der Literatur des Criminalrechts und dessen philosophischer und medizinischer Hülfswissenschaften; für Rechtsgelehrte, Psychologen und gerichtliche Aerzte, Stuttgart 1838.

Kesper-Biermann, Sylvia: Einheit und Recht. Strafgesetzgebung und Kriminalrechtsexperten in Deutschland vom Beginn des 19. Jahrhunderts bis zum Reichsstrafgesetzbuch 1871 (Studien zur europäischen Rechtsgeschichte Bd. 245), Frankfurt am Main 2009.

Kleinbreuer, Stefan: Das Rheinische Strafgesetzbuch. Das materielle Strafrecht der Rheinprovinz und sein Einfluß auf die Strafgesetzgebung in Preußen und im Norddeutschen Bund, Diss. Universität Bonn, Tag der mündlichen Prüfung: 29. April 1999.

Kleinz, Angelika: Individuum und Gemeinschaft in der juristischen Germanistik. Die Geschworenengerichte und das „gesunde Volksempfinden" (Frankfurter Beiträge zur Germanistik Bd. 36), Heidelberg 2001.

Klenze, C.[lemens] A.[ugust] C.[arl]: Lehrbuch des gemeinen Strafrechts, ein Grundriss aus den Quellen des Römischen canonischen und Germanischen Rechts, mit Rücksicht auf die Deutsche Praxis, und die Preussische Österreichische Baierische und Französische Strafgesetzgebung, Berlin 1833.

Klenze, C.[lemens] A.[ugust] C.[arl]: Lehrbuch des Strafverfahrens. Ein Grundriss aus den Quellen des Römischen, canonischen und Germanischen Rechts, so wie aus den Schriftstellern der ältern und neuern Praxis mit Rücksicht auf die neuern Gesetzbücher von Preussen, Oesterreich, Baiern und Frankreich, Berlin 1836.

Koch, Arnd/Stuckenberg, Carl-Friedrich/Wohlers, Wolfgang (Hg.): Carl Joseph Anton Mittermaier und der reformierte Strafprozess, Tübingen 2022.

Kuhli, Milan: Geschichte des Strafrechts. Von der Frühen Neuzeit bis zur Gegenwart, Baden-Baden 2025.

Kummer, Joachim: Die Integrität des Staatsgebiets im 19. Jahrhundert. Staats- und strafrechtliche Perspektiven (Berliner Schriften zur Rechtsgeschichte Bd. 12), Baden-Baden 2020.

Landau, Peter: Schwurgerichte und Schöffengerichte in Deutschland im 19. Jahrhundert bis 1870, in: Padoa Schioppa, Antonio (Hg.): The Trial Jury in England, France, Germany 1700–1900 (Comparative Studies in Continental and Anglo-American Legal History Bd. 4), Berlin 1987, S. 241–304.

Landsberg, Ernst: Die kriminalistischen Fächer (Strafrecht und Strafprozeß) an der Universität Bonn 1818–1918, in: Juristische Fakultät der Rheinischen Friedrich Wilhelms-Universität zu Bonn (Hg.): Festgabe der Bonner Juristischen Fakultät für Karl Bergbohm zum 70. Geburtstag, Bonn 1919.

Laue, Christian: Die Öffentlichkeit des Strafverfahrens – Entwicklung und Begründungen, in: Baden-Württembergische Strafverteidiger e.V. (Hg.): Strafverteidigung vor neuen Aufgaben. 33. Strafverteidigertag, Köln, 26.2.–1.3.2009 (Schriftenreihe der Strafverteidigervereinigungen Bd. 33), Berlin 2010, S. 135–157.

Lenzen, Theodor Johann Joseph: Handbuch für die Geschwornen bei den Kriminal-Gerichten oder Assisen-Höfen, Köln 1821.

Levita, Eduard: Die Stellung des Vertheidigers im französischen Strafproceß, in: Der Gerichtssaal 2/1 (1850), S. 148–162.

Löhr, Diana: Zur Mitwirkung der Laienrichter im Strafprozess. Eine Untersuchung über die rechtsgeschichtliche und gegenwärtige Bedeutung der Laienbeteiligung im Strafverfahren (Studien zur Rechtswissenschaft Bd. 219), Hamburg 2008.

MALLMANN, LUITWIN, Französische Juristenausbildung im Rheinland 1794–1814. Die Rechtsschule von Koblenz (Studien zur Geschichte der Universität Köln Bd. 5), Köln, Wien 1987.

MASSÉ, G.[ABRIEL]/VERGÉ, CH.[ARLES]/ZACHARIÄ, K.[ARL]-S.[ALOMO]: Le Droit civil français par K.-S. Zachariæ traduit de l'allemand sur la cinquième édition, annoté et rétabli suivant l'ordre du Code Napoléon par MM.G. Massé et Ch. Vergé, Bde. 1–5, Paris [1]1854–1860.

MERCKEL, [JOHANN FRIEDRICH]: Ueber die Beweiskraft der amtlichen Protocolle in Strafsachen nach französisch-rheinischem Recht, in: Der Gerichtssaal 2/2 (1850), S. 158–196.

MITTERMAIER, [KARL JOSEPH ANTON]: Ueber die neuesten Fortschritte der Criminaljurisprudenz in Frankreich, in: Neues Archiv des Criminalrechts 4 (1821), S. 233–240.

MITTERMAIER, C.[ARL] J.[OSEPH] A.[NTON]: Anleitung zur Vertheidigungskunst im deutschen Criminalprozesse und in dem auf Oeffentlichkeit und Geschwornengerichte gebauten Strafverfahren mit Beispielen, Landshut [3]1828 (Landshut [1]1814; Landshut [2]1820; Regensburg [4]1845).

MITTERMAIER, C.[ARL] J.[OSEPH] A.[NTON]: Das deutsche Strafverfahren in der Fortbildung durch Gerichts-Gebrauch und Landes-Gesetzbücher und in genauer Vergleichung mit dem englischen und französischen Straf-Verfahren, 2 Bde., Heidelberg [4]1845/1846.

MITTERMAIER, C.[ARL] J.[OSEPH] A.[NTON]: Die öffentliche mündliche Strafrechtspflege und das Geschwornengericht in Vergleichung mit dem deutschen Strafverfahren, Landshut 1819.

MITTERMAIER, C.[ARL] J.[OSEPH] A.[NTON]: Grundriß zu Vorlesungen über das Strafverfahren nach den Bestimmungen der deutschen Gesetzgebungen und nach dem französischen Gesetzbuche, Bonn 1819.

MITTERMAIER, C.[ARL] J.[OSEPH] A.[NTON]: Handbuch des Peinlichen Processes. Mit beständiger vergleichender Darstellung des gemeinen deutschen Rechts, und der Bestimmungen der französischen, österreichischen, preussischen und baierischen Criminalgesetzgebung, Bd. 1, Abth. 1 und 2, Heidelberg 1810, Bd. 2, Heidelberg 1812.

MÜLLER, GOTTFRIED SAMUEL: Handbuch des Französischen Criminal-Prozesses vor den Assisen-Gerichten, mit Formularen auf einen wirklichen Criminal-Fall angewendet, Hamburg 1812.

MÜßIG, ULRIKE: Die französischen Strafrechtskodifikationen 1808/1810, in: KOCH, ARND/KUBICIEL, MICHAEL/LÖHNIG, MARTIN/PAWLIK, MICHAEL (Hg.): Feuerbachs Bayerisches Strafgesetzbuch. Die Geburt liberalen, modernen und rationalen Strafrechts, Tübingen 2014, S. 95–127.

NAUCKE, WOLFGANG: Zur Entwicklung des Strafrechts in der französischen Revolution, in: STOLLEIS/FROMMEL/RÜCKERT/SCHRÖDER/SEELMANN/WIEGAND (Hg.): Die Bedeutung der Wörter, S. 295–312.

Nipperdey, Thomas: Deutsche Geschichte 1800–1866. Bürgerwelt und starker Staat, München 1994.

Oesterreichischer Notarenverein (Hg.): Notizen (Todesnachricht Adolf Fabers), in: Zeitschrift für Notariat und freiwillige Gerichtsbarkeit in Oesterreich vom 25. Februar 1885 (No. 8), S. 52.

Pailliet, J.[ean]-B.[aptiste]-J.[oseph]: Manuel de droit français, Paris ^{5}1820.

Polgar, Katalin: Das Oberappellationsgericht der vier freien Städte Deutschlands (1820–1879) und seine Richterpersönlichkeiten (Rechtshistorische Reihe Bd. 330), Frankfurt am Main, Berlin, Bern, Bruxelles, New York, Oxford, Wien 2007.

Rebmann, Andreas Georg Friedrich (Hg.): Magazin für deutsche gerichtliche und Polizeibeamte, welche sich mit der französischen peinlichen Gesetzgebung und dem Gerichtsgang in peinlichen Sachen bekannt zu machen wünschen, 2 Bde., Mainz 1812–1813.

Roth, Andreas: Strafrechtliche Zeitschriften im 19. Jahrhundert. Diskussionsforen oder Gesetzesinterpreten?, in: Stolleis, Michael (Hg.): Juristische Zeitschriften. Die neuen Medien des 18.–20. Jahrhunderts (Ius Commune Sonderhefte, Studien zur Europäischen Rechtsgeschichte Bd. 128), S. 303–329.

Rückl, Frauke: Referendar, in: Cordes/Haferkamp/Kannowski/Lück/de Wall/Werkmüller/Schmidt-Wiegand/Bertelsmeier-Kierst (Hg.): Handwörterbuch zur deutschen Rechtsgeschichte, Bd. 4, Sp. 1376–1381.

Rüping, Hinrich/Jerouschek, Günter: Grundriss der Strafrechtsgeschichte (JuS Schriftenreihe Studium), München ^{6}2011.

Savigny, Friedrich Carl von: Das Recht des Besitzes. Eine civilistische Abhandluung, Gießen ^{2}1806.

Schletter, Hermann Theodor: Der öffentlich-mündliche Strafprozess in Deutschland. Erster Theil: Die rheinische Gerichtsverfassung und das rheinische Strafverfahren. Studien und Reisebeobachtungen, mit besonderer Berücksichtigung der Criminalstatistik und der jurisprudence, Altenburg 1847 (Leipzig ^{3}1850).

Schlink, [Heinrich]: Französisches System der Fragestellung an die Geschwornen und der Antworten der letzteren, in: Der Gerichtssaal 3/2 (1851), S. 140–159, 213–233.

Schlosser, Hans: Europäische Rechtsgeschichte. Privat- und Strafrecht von der Spätantike bis zur Moderne, München ^{5}2023.

Schmidt, Eberhard: Einführung in die Geschichte der deutschen Strafrechtspflege (Jurisprudenz in Einzeldarstellungen Bd. 1), Göttingen ^{3}1965.

Schröder, Jan: Karl Joseph Anton Mittermaier (1787–1867), in: Kleinheyer, Gerd/Schröder, Jan (Hg.): Deutsche und Europäische Juristen aus neun Jahrhunderten, Tübingen ^{6}2017, S. 296–301.

Schröder, Rainer: Die Strafgesetzgebung in Deutschland in der ersten Hälfte des 19. Jahrhunderts, in: Stolleis/Frommel/Rückert/Schröder/Seelmann/Wiegand (Hg.): Die Bedeutung der Wörter, S. 403–420.

Schubert, Werner (Hg.): Der Code pénal des Königreichs Westphalen von 1813 mit dem Code pénal von 1810 im Original und in deutscher Übersetzung, herausgegeben und mit einer Einleitung versehen von Werner Schubert (Rechtshistorische Reihe Bd. 236), Frankfurt am Main, Berlin, Bern, Bruxelles, New York, Oxford, Wien 2001.

Schubert, Werner: Rebmanns Beiträge im „Magazin für deutsche und gerichtliche Polizeibeamte" (1811–1813) über die rheinische Strafpraxis, in: Wadle, Elmar/Sander, Gerhard (Hg.): Georg Friedrich Rebmann (1768–1824). Autor, Jakobiner, Richter (Schriften der Siebenpfeiffer-Stiftung Bd. 4), Sigmaringen 1997, S. 187–216.

Schwinge, Erich: Der Kampf um die Schwurgerichte bis zur Frankfurter Nationalversammlung, Breslau 1926 (Nachdruck Aalen 1970).

Sellert, Wolfgang/Rüping, Hinrich: Studien- und Quellenbuch zur Geschichte der deutschen Strafrechtspflege, Bd. 1: Von den Anfängen bis zur Aufklärung, Aalen 1989; Bd. 2: Von der Aufklärung bis zur doppelten Staatsgründung, Aalen 1994.

Starke, W. F. C.: Beiträge zur Kenntniß der bestehenden Gerichtsverfassung und der neusten Resultate der Justizverwaltung in dem Preussischen Staate, Erster Theil: Darstellung der bestehenden Gerichtsverfassung, Berlin 1839.

Steinberg, Georg: Deutsche Strafrechtsgeschichte, Stuttgart 2023.

Stolleis, Michael/Frommel, Monika/Rückert, Joachim/Schröder, Rainer/Seelmann, Kurt/Wiegand, Wolfgang (Hg.): Die Bedeutung der Wörter. Studien zur europäischen Rechtsgeschichte. Festschrift für Sten Gagnér zum 70. Geburtstag, München 1991.

Strauch, Dieter: Das Französische Recht und die Rechtsentwicklung im Rheinland, in: Baldus, Manfred/Haferkamp, Hans-Peter/Neuheuser, Hanns Peter (Hg.): Schriften zum Rheinischen Recht 1998–2008 von Dieter Strauch. Aus Anlass seines 80. Geburtstags (Rechtsgeschichtliche Schriften Bd. 30), Köln, Weimar, Wien 2013, S. 148–180.

Teichmann, Albert: Klenze, Clemens August Karl, in: Historische Commission bei der Königl. Akademie der Wissenschaften (Hg.): Allgemeine Deutsche Biographie, Bd. 16: Kircher–v. Kotzebue, Leipzig 1882, S. 162.

Ullmann, C.: Daniels, Alexander von, in: Historische Commission bei der Königl. Akademie der Wissenschaften (Hg): Allgemeine Deutsche Biographie, Bd. 4: Carmer–Deck, Leipzig 1876, S. 734 f.

Venedey, Jakob: Das Geschwornengericht in den preuss. Rheinprovinzen, Köln 1830.

Volk, Klaus: Napoleon und das deutsche Strafrecht, in: Juristische Schulung 1991, S. 281–285.

Volkmar, L.: Die Jurisprudenz des Rheinischen Cassationshofes zu Berlin, 1819–1846, Berlin 1848.

Vormbaum, Thomas: Einführung in die moderne Strafrechtsgeschichte, Berlin ^{5}2025.

Weber, Anselm: Rheinisches Strafrecht im 19. Jahrhundert. Deutsche Assisenhöfe urteilen nach französischen Gesetzen über Verbrechen, in: Bohnen, Wolfgang/Haase,

Lena (Hg.): Kontrolle, Konflikt und Kooperation. Festschrift 200 Jahre Staatsanwaltschaften Koblenz und Trier (1820–2020), München 2020, S. 57–76.

Weber, Anselm: Zur strafrechtlichen Praxis am Pfälzischen Appellationsgericht (1815–1879), in: Glück, Charlotte/Baus, Martin (Hg.): Recht. Gesetz. Freiheit. 200 Jahre Pfälzisches Oberlandesgericht Zweibrücken (Veröffentlichungen der Landesarchivverwaltung Rheinland-Pfalz Bd. 121), Koblenz 2015, S. 76–81.

Weyhe, Lothar: Levin Goldschmidt. Ein Gelehrtenleben in Deutschland. Grundfragen des Handelsrechts und der Zivilrechtswissenschaft in der zweiten Hälfte des 19. Jahrhunderts (Hamburger Rechtsstudien Heft 88), Berlin 1996.

Wiefling, Christian: Die preußische Personalpolitik am Rheinischen Appellationsgerichtshof bis 1879 – Borussifizierung oder Rheinischer Sonderweg? (Rechtsgeschichtliche Schriften Bd. 34), Wien, Köln 2023.

Winter, Eduard: Jarcke, Karl Ernst, in: Historische Kommission bei der Bayerischen Akademie der Wissenschaften (Hg.): Neue Deutsche Biographie, Bd. 10: Hufeland–Kaffsack, Berlin 1974, S. 353 f.

Wohlers, Wolfgang: Mittermaier und die Institution der Verteidigung, in: Koch/Stuckenberg/Wohlers (Hg.): Carl Joseph Anton Mittermaier und der reformierte Strafprozess, S. 165–209.

Wuttig, Gustav Wilhelm (Hg.): Bibliotheca Juridica. Handbuch der gesammten neueren juristischen und staatswissenschaftlichen Literatur. Eine Zusammenstellung aller seit 1849 bis gegen die Mitte des Jahres 1867 auf dem Gebiete der Rechts- und Staatswissenschaft in den deutschen und benachbarten Staaten erschienenen Schriften, Leipzig 1867.

Zachariä, Karl Salomo: Handbuch des Französischen Civilrechts, 2 Bde. und Nachtrag, Heidelberg ^{1}1808–1809, ^{2}1811, ^{3}1827.

zur Nedden, Christian: Die Strafrechtspflege im Königreich Westphalen (1807 bis 1813). Dargestellt anhand der Praxis westphälischer Gerichte (Europäische Hochschulschriften Bd. 3609), Frankfurt/M., Berlin, Bern, Bruxelles, New York, Oxford, Wien 2003.

Antonio Grilli

Das linke Rheinufer unter französischer Herrschaft und das Überleben des alten, traditionellen Rechts

1. Die Annexion des Rheinlands durch Frankreich und die Umgestaltung der Justiz nach französischem Vorbild

Im Jahr 1794 besetzten französische Truppen die deutschen Gebiete am linken Ufer des Rheins,[1] die zuvor in Fürstentümer, Stadtstaaten sowie weltliche und kirchliche Herrschaften zersplittert waren. Nach dem Frieden von Campoformio 1797 äußerte die Zentralregierung in Paris ihre Absicht, diese Gebiete in Frankreich zu integrieren: Am 4. November 1797 ernannte das Direktorium den Elsässer François Joseph Rudler (1757–1837),[2] Richter am französischen Kassationsgericht, zum Kommissar der Regierung in „den eroberten Ländern zwischen Maas und Rhein sowie zwischen Rhein und Mosel". Das Ernennungsdekret zentralisierte alle zivilen Befugnisse in der Person Rudlers und lässt die Ziele der Regierung erkennen:

---

1 Aus der umfangreichen Literatur für eine Geschichte des Rheinlandes vor, während und nach der französischen Zeit siehe nur Rowe: The Rhineland in the Revolutionary Age, S. 53, sowie S. 43, 51.

2 Zu Rudler siehe Schubert: Französisches Recht, S. 83. Nach seinem Studium des Rechts in Straßburg wurde François Joseph Rudler 1778 als Anwalt am Obersten Gerichtshof des Elsass zugelassen. Er schloss sich der Revolution an und wurde Generalkläger und Syndikus des Départements Oberrhein, bevor er 1791 als Abgeordneter dieses Départements in die Legislative gewählt wurde. Er wurde als *suppléant* (Ersatzabgeordneter) in den Nationalkonvent wiedergewählt, jedoch nicht berufen, dort zu sitzen, und kehrte in die Verwaltung seines Départements zurück. Im Herbst 1796 wurde er zum Regierungskommissar für die Rhein-Armee und die Main-Armee ernannt. Nach dem endgültigen Sieg am linken Rheinufer im Jahr 1797 bekleidete er bis 1798 das Amt eines Regierungskommissars. Unter Napoleon wurde Rudler von 1801 bis 1805 Präfekt des Finistère und anschließend von 1805 bis 1810, dem Jahr seiner Pensionierung, Präfekt der Charente. Er wurde 1804 zum Ritter der Ehrenlegion und 1810 zum Baron des Kaiserreichs ernannt. Von 1830 bis 1831 war er Abgeordneter des Oberrheins.

> Der Bürger Rudler ist beauftragt, die Länder zwischen Maas und Rhein sowie zwischen Rhein und Mosel vorübergehend in Départements, Bezirke der Strafgerichte und Kantone zu unterteilen und jeder dieser Einheiten den größtmöglichen Spielraum zu geben. Dort wird er zentrale, kantonale und kommunale Verwaltungsbehörden sowie Zivil-, Straf-, Ordnungs- und Friedensgerichte einrichten.[3]

Nach seiner feierlichen Ankunft in Aachen am 4. Dezember 1797 richtete Rudler eine Proklamation an die Bewohner des Rheinlands. In deutscher Sprache bekräftigte er seinen Willen, eine neue territoriale Aufteilung einzuführen und den Rheinländern die Vorteile der französischen Verwaltungs- und Justizorganisation zukommen zu lassen. Zudem versprach er, gemäß dem neuen Prinzip der Freiheit, die Befreiung von allen Abgaben und Lehnsrechten, einschließlich der Zehnten

Durch das Dekret vom 4. Pluviôse des Jahres IV (23. Januar 1798) schuf Rudler die vier Départements Saar, Rur,[4] Rhein und Mosel sowie Donnersberg, deren Hauptstädte Trier, Aachen, Koblenz und Mainz wurden. Dort errichtete er zentrale, kantonale und kommunale Verwaltungsbehörden. Die „eroberten Gebiete" wurden künftig als „Départements zwischen Maas und Rhein sowie Rhein und Mosel" bezeichnet.[5] Mit einer Bevölkerung von fast 1.300.000 Einwohnern waren sie zu einer Region zusammengefasst, die von der Batavischen Republik bis zum Elsass und von Lothringen bis zum Rhein reichte.

Die Ankunft der Franzosen brachte in der Rheinregion, wie auch im übrigen Deutschland in den folgenden Jahren, eine Revolution der Traditionen, Gepflogenheiten und Gesetze mit sich. Zu den französischen Exportprodukten zählten die neuen Prinzipien, die aus der Revolution hervorgegangen und in der Verfassung des Jahres III verankert waren: die Prinzipien von Freiheit und Gleichheit vor dem Gesetz, die Gewaltenteilung, die Abschaffung der Lehen, die Reform der Verwaltung und der Justiz. Letztere umfasste Gleichheit, die Unentgeltlichkeit der Justiznutzung, die Beteiligung von Geschworenen, Mündlichkeit und Öffentlichkeit der Verhandlungen, individuelle Garantien im Strafrecht (verbesserte Verteidigungsrechte der Angeklagten) sowie die Kodifikationen. All dies war allerdings in französischer Sprache gehalten und ging von der künftigen Nutzung des Französischen aus.

Die Assimilation des linken Rheinufers an Frankreich war jedoch kein ungehinderter Prozess. Sehr bald stellte sich die Frage, wie Gewohnheiten, Gesetze und Denkweisen ohne größere Schwierigkeiten verändert werden sollten. Die

---

3 Der Text des Dekrets findet sich in Hansen: Quellen zur Geschichte des Rheinlandes IV, Nr. 55 (S. 299–302) und Daniels: Handbuch VI, S. 454 f.

4 Zum Rurdépartement während der Franzosenzeit siehe Graumann: Französische Verwaltung.

5 Daniels: Handbuch VI, S. 456–459.

angestrebten Änderungen trafen auf zahlreiche Hindernisse. Eines der schwierigsten Probleme war zweifellos die Auswahl des neuen Personals, bei der Kommissar Rudler versuchte, das französische und das lokale deutsche Element zu mischen. Tendenziell lag die Justiz[6] in den Händen der „Deutschen", während in der Verwaltung Franzosen präsenter waren.[7] Den Franzosen ließ Rudler den Großteil der Kommissarsposten bei den Gerichten sowie die Stellen der Staatsprokuratoren: Sie sollten die Assimilation leiten, die Ordnungsgemäßheit der Verfahren und die Einhaltung der Gesetze überwachen. Was das vor Ort auszuwählende Personal betraf, versuchte Rudler, Loyalität gegenüber Frankreich mit Fähigkeiten und Erfahrung zu kombinieren. Dies war nicht einfach. Ein weitgehend „deutsches" Justizpersonal, das gefiltert worden war und von lokalpatriotischen, frankophilen Kräften kontrolliert wurde, wurde von Rudler zwischen Februar und März 1798 rekrutiert und blieb bis zur Justizreform der Kaiserzeit (1804) praktisch unverändert.[8]

Neben der Personalauswahl sollte auch die Verankerung der französischen Sprache der Eingliederung des Rheinlands in Frankreich den Weg ebnen.[9] Am 10. Germinal des Jahres VI (30. März 1798)[10] erließ Rudler ein Dekret zur Sprache, mit dem er anordnete, dass Französisch mit sofortiger Wirkung die einzige offizielle Sprache der Justiz und der Verwaltung sei. Fortan durfte kein Verwaltungs- oder Gerichtsdokument in einer anderen Sprache als Französisch verfasst werden. Das Dekret erwähnte jedoch nicht die übliche zweisprachige Version von Veröffentlichungen wie Verordnungen, Plakaten und Bekanntmachungen.

Das Dekret stieß bald auf Widerstand, insbesondere von Seiten der Richter, die sich der praktischen Schwierigkeiten bewusst waren, die die Verwendung

---

6 Grilli: Konzeptionen, S. 257. Unter ihnen waren Friedensrichter, die oft kritisiert wurden, weil sie entweder antifranzösisch oder inkompetent waren.

7 Was das Saardépartement betrifft (210 befragte Beamte), so lag die Justiz im Gegensatz zur Verwaltung stark in den Händen der „Deutschen" (87 von 108 Beamten). Unter ihnen geben nur 37 an, über mehr oder weniger vertiefte Kenntnisse des Französischen zu verfügen. Vgl. Faber: Verwaltungs- und Justizbeamte.

8 Grilli: Konzeptionen, S. 259.

9 Am 5. Germinal des Jahres VIII (23. Januar 1800) sandte der Kommissar der Regierung Henri Shée de Lignières (1739–1820), Nachfolger Rudlers, einen persönlichen Fragebogen (in französischer Sprache) an alle Verwaltungs- und Justizbeamten der Départements am linken Rheinufer. Es handelt sich um die „Etats de service des fonctionnaires", die nach wie vor im Stadtarchiv von Mainz aufbewahrt werden und unter anderem Fragen zur Ausbildung und zu den Sprachkenntnissen der Verwaltungs- und Justizbeamten enthalten. Diese 899 Fragebögen wurden bereits 1960 von K. G. Faber ausgewertet, aber hinsichtlich der Sprachkenntnisse der Beamten wenig analysiert, vgl. Faber: Verwaltungs- und Justizbeamte.

10 Der Text des Dekrets vom 10. Germinal des Jahres VI ist bei Daniels: Handbuch VI, S. 532–554 abgedruckt; siehe auch Schubert: Französisches Recht, S. 84.

einer Fremdsprache für die breite Masse der Bevölkerung mit sich brachte. Neben den individuellen kritischen Äußerungen von Zivilrichtern zu Rudlers Dekret waren es vor allem die Strafrichter, die Einwände erhoben. In Kriminalsachen war nämlich die Sprachfrage noch deutlich brisanter als in Zivilverfahren, wo die Parteien die Mühen langer und unangenehmer Reisen vermieden und sich von Anwälten vertreten ließen, die Französisch sprachen. Darüber hinaus war in Zivilprozessen keine Jury vorgesehen. Diese Institution existierte im französischen Strafrecht seit dem Gesetz vom 16. September 1790 und wurde am 4. Pluviôse des Jahres VI (23. Januar 1798) von Rudler auch in den neuen Départements am linken Rheinufer eingeführt.[11] Neben den Richtern waren es auch die Geschworenen, die nun darauf hinwirkten, dass das Verfahren in einer ihnen bekannten Sprache stattfand.[12]

Rudlers Dekret zur Amtssprache wurde von seinen Gegnern als hastiger Versuch angesehen, eine noch fremde Sprache unter Missachtung der Bedürfnisse und Gewohnheiten der deutschsprachigen Bevölkerung ausnahmslos und überall einzuführen. Im Jahr 1802 schrieb Georg Friedrich Rebmann (1768–1824),[13] dass es unmöglich sei, die Einheimischen dazu zu zwingen, ihre Muttersprache plötzlich zu vergessen und bezeichnete es als grausam, wenn ein Bauer 100 Francs für die Übersetzung eines Dokuments zahlen müsse, während der Streitwert nur 30 Francs betrage.[14]

Zwischen Germinal und Floréal des Jahres VI (April–Mai 1798) fand ein Briefwechsel zwischen Rudler und den Richtern des Strafgerichts des Départements Saar (mit Sitz in Trier) statt.[15] In einem Brief vom 26. Germinal des Jah-

---

11 Daniels: Handbuch VI, S. 532–554.

12 Siehe Grilli: Sprache und Recht, S. 233–235.

13 Andreas Georg Friedrich Rebmann, geboren in Kitzingen in Franken, studierte Recht in Jena. 1803 wurde er Präsident des Sondergerichts und des Obergerichts des Départements Donnersberg in Mainz. 1804 erhielt er den Orden der Ehrenlegion von Napoleon. 1811 war er Präsident des Kaiserlichen Gerichts in Trier. Unter der Restauration (1816) war er Präsident des Berufungsgerichts im neuen bayerischen Rheinkreis, zunächst in Kaiserslautern, dann in Zweibrücken. Als vielbeschäftigter Schriftsteller bereiste er zahlreiche europäische Länder. Er galt als Befürworter der Französischen Revolution und ihrer Errungenschaften. Während der französischen Herrschaft war er schriftstellerisch vor allem im Bereich der Strafjustiz tätig, ohne jedoch seine offiziellen Funktionen zu vernachlässigen. Brümmer schrieb über ihn: „Der Prozess, den er gegen die notorischen Diebe Damian Hessel, Schinderhannes und zahlreiche ihrer Komplizen führte, war ein ehrendes Denkmal seiner Klugheit und richterlichen Energie“, Brümmer: Rebmann.

14 Rebmann: Coup d'œil, S. 62.

15 Dies gab beiden Parteien die Gelegenheit, ihre Standpunkte und Positionen zur zukünftigen Rolle des Französischen in den Gerichten und der Gerichtsverwaltung zu klären. Siehe zu den Stellungnahmen die Bestände, die im Landeshauptarchiv Koblenz (LHA KO) aufbewahrt werden, insbesondere LHA KO 241, Bd. 565, Bl. 133.

res VI (15. April 1798) behandelten die Strafrichter die Frage der Verbreitung der französischen Sprache vor dem Hintergrund der Präsenz republikanischer Truppen in der Region Trier und betonten, dass die Einführung des Französischen als Amtssprache unangemessen sei. Sie sprachen Themen wie die Effizienz und Verbesserung des neu geschaffenen Justizsystems an, die durch einen so unerwarteten Sprachwechsel gefährdet wären. Ein System, in dem die Sprache der Richter – so schreiben sie – für die Mehrheit der Bürger völlig unverständlich ist, sei nicht tragfähig. Dabei betonten sie ihre republikanische Gesinnung. Ihr Widerstand sei also keineswegs politisch, reaktionär oder durch Sehnsucht nach der alten Lebensweise motiviert.[16]

Das Bild der Justiz, das die Strafrichter zeichneten, ist dramatisch: Wenn der Beschluss vom 10. Germinal umgesetzt würde, käme es zu Missverständnissen in für die Freiheit, das Leben oder den Tod der Angeklagten entscheidenden Zeugenaussagen. Hier wurde der rechtliche Schutz des Einzelnen angesprochen, ein zentrales Thema in Strafverfahren, denn Übersetzungsfehler und sprachliche Missverständnisse würden unmittelbare Auswirkungen auf die Position und das Schicksal des Angeklagten haben. Die Richter des Strafgerichts verneinten die positiven Aspekte einer einheitlichen Gerichtssprache nicht, hielten die Vereinheitlichung jedoch für verfrüht: Es sei schwierig, eine solche umgehende Vereinheitlichung ohne Weiteres mit dem Wohl so vieler neuer „Kinder der Republik" in Einklang zu bringen.[17]

Der Vorschlag hatte jedoch keinen Erfolg. Es war unvorstellbar, dass Rudler ein Dekret zurücknehmen würde, dem Paris offensichtlich so viel Bedeutung beimaß und das dem vom Direktorium verfolgten Ziel der Assimilation an Frankreich diente. Mit Rudlers Dekret vom 10. Germinal des Jahres VI wurde das Französische damit offiziell die einzige Amtssprache der deutschsprachigen Départements links des Rheins.

Nach dem Vorbild seiner Heimat, dem Elsass, strebte Rudler eine schrittweise Einführung des Französischen in den besetzten Gebieten an. Sein Ziel blieb jedoch die französische Dominanz; die derzeit noch deutschsprachige Bevölkerung links des Rheins sollte eines Tages die französische Sprache verwenden.[18]

---

16 LHA KO 241, Bd. 565, Bl. 134.

17 LHA KO 241, Bd. 565, Bl. 134.

18 LHA KO 241, Bd. 565, Bl. 567. So Rudler: „En donnant de préférence leur confiance pour les Places de greffier à ceux qui connaissent la langue francaise, les juges de paix se ménageront beaucoup de travail: et cela ne les empéchera pas plus que les plaignans, plaideurs, ou témoins de s'expliquer dans leur idiome. Seulement dans les justices de paix pourrait survenir des problèmes, mais cela n'arriverait que dans le cas ou l'on ne pourrait trouver ni juges ni greffiers qui connaissent la langue. Vous voudrez bien me faire connaitre les cantons".

Dieses Ziel Rudlers wurde von den Richtern der Straf- und Zivilgerichte, die gleichwohl ihre Loyalität gegenüber Frankreich beteuerten, nicht geteilt: Die Richter betrachteten Rudlers sprachlichen Kompromiss als die letzte Grenze, die nicht überschritten werden sollte. Für sie war die Beibehaltung des Deutschen ein Mittel, um ihren sozialen Einfluss und ihre lokale Rolle zu wahren. Langfristig stellte die Kenntnis nicht nur des Französischen, sondern auch des Deutschen ein notwendiges Element für die Gewinnung von Personal während der gesamten Zeit der französischen Besetzung dar.

2. Die Einführung des Code civil und ihre Konsequenzen

Im Jahr 1802 wurden die Gebiete des linken Rheinufers, die bereits in vier Départements aufgeteilt waren, offiziell an Frankreich angegliedert.[19] Zuvor, am 12. Oktober 1799, war bereits in Trier ein Revisionsgericht (Tribunal de Révision) eingerichtet worden, dessen Befugnisse als letzte Instanz denen der Pariser Cour de cassation ähnelten.[20] Es war eine rheinische Besonderheit: Die Urteile rheinischer Gerichte wurden wegen *erreurs de droit* angefochten und gingen nicht nach Paris, sondern verblieben in Trier.

Am 13. Januar 1803 trat an die Stelle des aufgelösten Tribunal de Révision ein Tribunal d'appel (Berufungsgericht), das 1810/11 in Cour impériale umbenannt wurde.[21] Es war mit 21 Richtern besetzt und ein wichtiges Zeichen der vollständigen Angleichung des Rheinlandes an die französische Justizverfassung.[22] In

19 Dazu schreibt Strauch: „Mit dem Règlement du Commissaire du Gouvernement, sur l'Ordre judiciaire vom 4. Pluviôse an VI = 23. Januar 1798 (Récueil I, 1, S. 138) führte Rudler auf dem linken Rheinufer die französische Gerichtsverfassung des Jahres 1790 ein, bestimmte den Sitz der Gerichte, nannte die für sie geltenden Artikel der französischen Verfassung und der sonstigen anzuwendenden Gesetze. Dazu hatte ihm das Direktorium in Paris Listen mit genauer Aufstellung der zu verkündenden Gesetze zugesandt", Strauch: Rheinische Gerichte, S. 2.

20 Die bekanntlich mit dem französischen Gesetz vom 10. Dezember 1791 geschaffen wurde. Siehe hierzu Halpérin: Tribunal de cassation.

21 Und zwar in erster Linie unter Präsident Pierre Garreau (1748–1827) und Staatsanwalt Claude-Emmanuel Dobsen (1743–1822), Dressler: Geschichte, S. 23 f.; Grilli: Justizorganisation, S. 215–224.

22 Das Berufungsgericht Trier, bestehend aus 21 Richtern französischer und rheinischer Herkunft, trat feierlich an die Stelle des aufgelösten Tribunal de Révision und war dazu bestimmt, eine Einrichtung zweiter Instanz für alle vier Départements des linken Rheinufers zu werden. Der Franzose Garreau übernahm die Präsidentschaft, und der einflussreiche Dobsen wurde zunächst Regierungskommissar und dann kaiserlicher Prokurator.

den folgenden Jahren und bis 1814 erfuhren die Struktur und das Personal der rheinischen Justiz relativ wenige Veränderungen.[23]

Am 31. März 1804 wurde der napoleonische Code civil verkündet. Er trat gleichzeitig in allen französischen Départements in Kraft. Elisabeth Fehrenbach hat dem Code civil mit seinen tiefgreifenden Innovationen[24] im Bereich der individuellen und ökonomischen Freiheit und der Gleichheit vor dem Gesetz eine nahezu verfassungsrechtliche Rolle zugeschrieben.[25] Bekannt ist darüber hinaus, dass der Code civil auf die Abschaffung des alten, herkömmlichen statutaren[26] wie auch römischen Rechts[27] hinauslief. Doch wie reagierten die Juristen? Glaubten sie wirklich, dass eine neue Ära angebrochen sei? Oder wurde der Code civil angesichts seines Anspruchs auf Rechtsexklusivität mit Skepsis begrüßt? Wurde der Code civil am linken Rheinufer als eine weitere Ursache von Ärgernis aus Frankreich angesehen?

Im Jahr 1805 schrieb Guillaume Locré (1758–1840), dass der Code civil die Philosophie der erreichten Einheit Frankreichs und die Vernichtung des Rechtspartikularismus' verkörpere.[28] Dennoch betonte Karl Salomo Zachariä (1769–1843) in seinem „Handbuch des französischen Civilrechts" die Kontinuität des Code civil mit dem herkömmlichen römischen Recht. Eine andere Stimme kam von einem rheinischen Juristen, der von der Sache der Franzosen so weit überzeugt war, dass er sich ihr auch nach 1814 verschreiben würde: der junge Franz von Lassaulx (1781–1818). Auch von Lassaulx betonte die Kontinuität:

> Enfin, il n'y a presqu' aucune des matières traitées dans le Code, qui ne consacre ou ne rappelle quelques dispositions de l'ancien droit coutumier, mêlées avec celles du droit romain. Ces législations, auparavant rivales, se sont confondues pour étendre leur empire [...].[29]

---

23 Die Rekrutierung und Überwachung in den Justizbehörden des linken Rheinufers oblag dem Appellationsgericht Trier, Artikel 83 der französischen Verfassung von 1802.

24 Freiheit und Gleichheit vor dem Gesetz, antifeudale Bestimmungen, Zerschlagung des Großgrundbesitzes durch die Erbteilung, Verbot der Personalfronden und der ewigen Grundrenten sowie Einführung eines bürgerlichen Eigentumsbegriffs.

25 Fehrenbach: Traditionale Gesellschaft, S. 146–152.

26 Im Kurfürstentum Trier etwa galt vor der Ankunft der Franzosen das Landrecht des Kurfürstentums, das zuletzt 1713 neugefasst worden war und durch die Regeln des *ius commune* ergänzt wurde. Siehe hierzu Dirks: Landrecht.

27 Allgemein zur Rezeption des *ius commune* in Deutschland siehe das noch immer aktuelle Werk von Wieacker: Privatrechtsgeschichte.

28 In seinem Esprit du Code Civil nimmt dieser Rechtspartikularismus die Form der alten, rückschrittlichen und für Locré abscheulichen „cent-quatre-vingt coutumes générales" an.

29 Lassaulx: Caractères, S. 42.

> Le Droit Romain est la première et la principale source du Code Napoléon, surtout dans les matières du IIme et du IIIe livre [...].[30]

Das *droit coutumier* beherrschte hingegen Teile des Code civil wie Gütergemeinschaft, eheliche Genehmigung und *puissance paternelle*[31].

Zum Zeitpunkt der Gründung der Cour d'appel in Trier herrschte ein chronischer Mangel an Juristen, trotz der Gründung von *écoles spéciales de droit* ab 1804 und der Einweihung einer davon in Koblenz am 10. November 1806 – die jedoch zwischen 1806 und 1813 nur 118 Absolventen hervorbrachte, eine Zahl, die bei weitem nicht ausreichte, den Bedarf an Juristen in den vier rheinischen Départements zu decken. Auch fehlten oft Texte in französischer Sprache, wie das *Recueil alphabétique des questions de droit* von Philippe-Antoine Merlin de Douai (1754–1838). Die einzigen deutschen Texte im Umlauf waren der Codex Napoleon von Franz von Lassaulx (1807), der inzwischen Dekan der *école de droit* von Koblenz geworden war, und das „Handbuch des französischen Civilrechts" von Zachariä.[32]

3. Die rheinische Judikatur und ihre Haltung gegenüber dem alten Recht

Bald ergab sich jedoch ein Dilemma unter den Juristen, im linksrheinischem ebenso wie im europäischen Kontext: Wie konnte ein so dünnes Buch wie der Code civil das gesamte juristische Wissen enthalten und gleichzeitig jede herkömmliche Rechtsquelle wie *ius commune* und das vielfältige Statutarrecht der ehemaligen deutschen Gebiete ausschließen? Wie sollte man sich verhalten im Fall von Lücken oder Zweifelsfällen?

Diese Fragen betreffen sämtlich das Problem der Akzeptanz des napoleonischen Zivilrechts durch den Juristenstand, im Rheinland ebenso wie in anderen Teilen des napoleonischen Reiches.[33] Letztlich gaben die Juristen trotz des Code

30 Lassaulx: Caractères, S. 32 f.

31 Lassaulx: Introduction, S. 241–245.

32 Mallmann: Juristenausbildung, S. 139–141. Oftmals fehlte es sogar an Gesetzestexten, darüber hinaus an Kommentaren. Wir wissen, dass die rheinischen Richter, insbesondere diejenigen des Berufungsgerichts, während der Kaiserzeit und bereits unter der Geltung des Code civil auf Texte in französischer Sprache wie beispielsweise das „Recueil alphabétique des questions de droit" von Merlin zurückgegriffen haben, während der „Codex Napoleon" von Lassaulx' und das „Handbuch des französischen Civilrechts" Zachariäs die einzigen deutschen Texte im Umlauf waren.

33 Siehe Grilli: Das linksrheinische Partikularrecht, wo zahlreiche Urteile des Oberlandesgerichts Trier angeführt werden, in denen das antike Recht in den beiden oben genannten Formen eine sehr wichtige Rolle spielt. Die zivilrechtlichen Dokumente des Oberlandesgerichts Trier werden vollständig im LHA KO 317 aufbewahrt und sind in siebzehn Bände unterteilt.

civil keineswegs auf, nach den Regeln und den Kriterien des alten Rechts zu arbeiten. Das gilt insbesondere für das linke Rheinufer: Das Tribunal d'appel von Trier vergaß niemals das alte Recht, sei es in Gestalt des Statutarrechts oder, in besonderer Weise, des überkommenen römischen Rechts.[34] Hier ist nämlich zu differenzieren. Das alte Statutarrecht der Gebiete am linken Rheinufer spielte in der Judikatur des Trierer Berufungsgerichts eine geringere Rolle als das *ius commune*. Das Statutarrecht hatte in der Tat nur Entscheidungsfunktion, wenn der entsprechende Fall *vor* Geltung des französischen Rechts entstanden war. In anderen Situationen spielte das Statutarrecht zwar immerhin, allerdings auch nur eine Auslegungsrolle. Obwohl die verschiedenen Partikularrechte der linksrheinischen Territorien formell aufgehoben und abgeschafft waren, wirkte sich das Gewohnheitsrecht in die neue Ära des Code civil hinein aus, besonders wenn Rechtsverhältnisse langer Dauer[35] rechtlich zu würdigen und sie betreffende Streitigkeiten zu entscheiden waren. Hier einige Beispiele:

1) In einem Fall, der am 13. Mai 1807 entschieden wurde (Ott/Ott), wird das Bestehen eines Nutznießungsrechts nicht vom Code civil, sondern von einer Analyse des Statutarrechts (hier Gewohnheiten und Sitten von Staudersheim) abhängig gemacht; dasselbe geschah am 1. Dezember 1804, als es um das Fortbestehen einer Schuldhaft ging, oder in der Sitzung vom 3. April 1805, in der über die Gültigkeit eines Ehevertrages zu entscheiden war.[36]

2) In einem Streit vom 27. Dezember 1804 (Gebrüder Berwanger) ging es um die Majorate, die ausschließlich den Erstgeborenen zustehenden Erbrechte auf das ganze und unteilbare Vermögen des Vaters.[37] Hier machte der Kläger geltend, er habe das Recht gehabt, als erstgeborener Sohn im väterlichen Haus exklusiv zu wohnen. Die Abschaffung der Majoratsrechte habe nämlich zum Ziel gehabt, die Privilegien des Adels abzuschaffen, nicht aber testamentarische Willensbekundungen des nichtadligen Vaters. Jedenfalls beruhe sein gutes Recht auf dem Gewohnheitsrecht der Grafschaft von Dachstuhl, in der sich die streitigen Güter befanden. Auch mit Rücksicht auf die zeitliche Geltung müsse man dieses Recht anwenden, so dass es hier um eine Frage der Auslegung von Parti-

34 Die folgenden Ausführungen basieren auf den Ergebnissen meiner Archivrecherche zur Judikatur des Appellationsgerichts Trier, die im folgenden Aufsatz enthalten sind: Grilli: Das linksrheinische Partikularrecht.

35 Mit Rechtsverhältnissen langer Dauer sind Verfahren gemeint, deren Sachverhalt noch vor dem Einmarsch der Franzosen entstanden war und für deren Beurteilung die Appellationsrichter jederzeit auf das vorrevolutionäre Partikularrecht zurückgreifen konnten. In der Tat waren die *coutumes*, *statuts* und *règlements* mit der feierlichen Erklärung des Artikels 7 im Gesetz vom 30. Ventôse des Jahres XII (1804) nicht wirklich abgeschafft, aber nur „À compter du jour où ces lois [gemeint ist der neue Code civil] sont exécutoires."

36 LHA KO 317-1, Bd. 5, Bl. 71 f.

37 LHA KO 317-1, Bd. 5, Bl. 32–34.

kularrecht gehe. Normalerweise hätte in diesem Verfahren tatsächlich das geltend gemachte Statuarrecht angewandt werden können. Aber die Richter erkannten hier einen Verstoß gegen Grundsätze des französischen Rechts, das unterschiedslos alle Majorate abgeschafft hatte.[38] Dem hier geltend gemachten Gewohnheitsrecht wurde damit jede Geltung abgesprochen.

Ein Thema von zentraler Bedeutung in der napoleonischen Zeit war dasjenige der Feudalabgaben, nicht nur im Rheinland, sondern in ganz Europa. Bekanntlich hob das französische Recht jede Art von Feudalrente und Feudalabgaben ausnahms- und entschädigungslos auf. Ein Dekret Napoleons vom 1. Oktober 1804 enthielt unter anderem eine Liste von Renten, Fronden und Abgaben unterschiedlicher Rechtsnatur, die infolge der Gesetze des revolutionären Frankreichs *ipso facto*, bereits wegen ihrer Bezeichnung, als abgeschafft angesehen werden sollten. Das sollte die dem Schuldner obliegende Beweislast erleichtern. Zur Feststellung des feudalen Charakters eines Rechts wurde am Appellationsgericht Trier aber der Rückgriff auf die Partikularrechte des linken Rheinufers notwendig. Die Richter versuchten, den Begriff der Feudalabgaben anhand des alten Statutarrechts zu definieren und sahen darin eine persönliche Leistung an einen Herrn, deren Voraussetzung die Untertänigkeit ist. Auch die Prozessparteien verwendeten die Partikularrechte zu ihrem Vorteil, und zwar je nachdem, ob sie die Befreiung von Feudalabgaben, oder deren Bestätigung unter dem Schein ihrer vertraglichen Natur anstrebten.

Das *ius commune* beruhte in Deutschland auf einer starken Tradition, die nicht zuletzt auf die Rezeption durch das Reichskammergericht seit 1495 zurückging. Es war somit tief verankert in der Arbeitsweise deutscher Juristen. So finden wir in zahlreichen Urteilen[39] des Tribunal d'Appel bzw. der Cour d'Appel Trier – aber auch in der Rechtsprechung anderer wichtiger Berufungsgerichte, sowohl in Frankreich als auch außerhalb Frankreichs – Regeln des *ius commune* in Verbindung mit Artikeln des Code civil. In Trier begegnet *ius commune* in vielfältiger Form in der Rechtsprechung: Als Auslegungshilfe, als allgemeiner Rechtsgrundsatz, teilweise sogar als normative Grundlage des Urteils.

---

38 Französisches Gesetz vom 8.–15. April 1791, Art. 1, dessen Text in Art. 745 Code civil (erste Fassung) übernommen wurde: „Toute inégalité ci-devant résultante, entre héritiers ab-intestat des qualités d'aînés ou puînés, de la distinction des sexes, ou des exclusions coutumières, soit en ligne directe, soit en ligne collatérale, est abolie."

39 Derartige Urteile wurden in den 1990er Jahren durch eine von Prof. Dr. Reiner Schulze geleitete Arbeitsgruppe des SFB 235 (Zwischen Maas und Rhein. Beziehungen, Begegnungen und Konflikte in einem europäischen Kernraum von der Spätantike bis zum 19. Jahrhundert), erschlossen und in einer Datenbank zusammengestellt. Siehe Schulte-Nölke: Rheinische Judikatur, S. 106–109.

Man kann daher von seinem Parallelleben auch während der Geltung des Code civil sprechen. Nur einige kurze Beispiele:

1) In der Sache David Berlinger/Jean Oberdahm, Urteil vom 23. Januar 1805,[40] ging es um die bestrittene Entlohnung für eine im März 1804 erfolgte Güterlieferung von Koblenz nach Mainz. Das einzige Recht, das in der Begründung des Urteils begegnet, ist nicht das französische, sondern das römische. Der Fall ist besonders interessant, denn das römische Recht ersetzte hier den Code civil in einem Bereich, in dem es keine Lücken gab. Der Lieferungsvertrag hätte ebenso gemäß Artikel 1156 bis 1164 Code civil interpretiert werden können, *De l'interpretation des conventions.* Doch die Richter ersetzten diese Regeln durch justinianisches Recht, nämlich aus dem Digestentitel *De diversis regulis iuris antiqui* einerseits (D. 50,17,34), aus dem Titel *De errore advocatorum vel libellos seu preces concipientium* des Codex andererseits (C. 2,9,3). Hier liegt die Vermutung nahe, dass die Appellationsrichter eine Rechtssubstitution zugunsten des römischen Rechts durchgeführt haben, das auf diese Weise Parallelwirkung als geltendes Recht zu behalten scheint.

2) Urteil vom 10. Februar 1806, Erbstreit Erckmann und Broeckel/Kalbfuss: Es ging um die Gültigkeit eines Testaments, das am 6. März 1797 verfasst worden war.[41] Die benachteiligten Erben klagten auf Ungültigkeit des Testaments. Hier sollte entschieden werden, ob tatsächlich einige der Erben benachteiligt wurden und es ging, wie schon in der ersten Instanz, um das anwendbare Recht: Ist dies das vorfranzösische – in Kraft zum Zeitpunkt, als das Testament verfasst wurde, das *droit intermédiaire* – oder der Code civil, Artikel 916 und 920, gültig im Todeszeitpunkt des Erblassers und damit zur Zeit des Erbfalls? Hier wird das *ius commune* als Kriterium für die Bestimmung des anwendbaren Rechts herangezogen, nach der römischen Formel *media tempora non nocent*, und das Gericht erklärt in der Folge den Code civil für anwendbar. Hier bleibt das *ius commune* insofern geltendes Recht, als es über die Anwendbarkeit anderer Rechtsquellen bestimmt.

3) Urteil vom 13. April 1810 (Belmont/Simon):[42] Es ging um die bestrittene Zahlung von Geldern für die Lieferung einer bestimmten Gerstenmenge. Zahlungsverpflichtend war ein am 29. Dezember 1805 unterschriebener Wechsel. Die Appellationsrichter wiesen auf die *lex* 21 aus dem Digestentitel *De exceptionibus praescriptionibus et praeiudiciis* (D. 44,1,21) hin, während sie sich auf französisches Recht beriefen, um die Schuldhaft gegen den Beklagten auszuspre-

---

40 LHA KO 317-1, Bd. 4, Bl. 334–336.

41 LHA KO 317-1, Bd. 9, Bl. 40–42.

42 LHA KO 317-1, Bd. 13, Bl. 188 f.

chen. Hier behielt das *ius commune* volle Geltung für einen Fall, der jedoch erst in der Zeit des Code civil entstand.

4) Urteil vom 20. Januar 1812 (Rascopp/Rothweil):[43] In dem zu Grunde liegenden Fall stritten die voneinander geschiedenen Klägerin und der Beklagte über die jeweiligen finanziellen Beiträge zur Erziehung der gemeinsamen Kinder. Die Elternpflichten und ihre Aufteilung wurden anhand einer Zusammenschau von römischem und französischem Recht definiert. Das erste sei Naturrecht, das zweite positives Recht „ainsi qu'il resulte de la Loi 5 du Digeste de agnoscendis et alendis liberis et des articles 207, 208 et 209 du Code Napoléon". Das römische Recht stellte hier zwar die Prinzipien, es trug aber auch zur Unterstützung und Verstärkung der Geltungskraft des Code civil bei.

Somit kann festgestellt werden, dass die rheinischen Juristen ihre traditionelle Arbeitsweise nicht aufgegeben hatten. Sie zogen den Code civil heran, allerdings im Sinne ihrer traditionellen Handhabung einer Pluralität von Rechtsquellen. Auf formaler Ebene verstießen die Richter dabei gegen das Verbot, kein anderes Recht außer dem Code civil anzuwenden, das sich unter den ersten Bestimmungen des Code civil findet. Die herkömmlichen Arbeitsweisen und Mentalitäten verschwanden offenbar nicht einfach im Handumdrehen.

Im Rheinland verfügten die Berufungsrichter über eine wirksame Strategie, um diese traditionalistische Position zu verteidigen, nämlich diejenige, die ihr Richterkollege Johannes (von) Birnbaum (1763–1832) in seinem Grundlagenwerk zur Rechtsprechung der Cour d'appel von Trier zusammengefasst hatte:

> [...] il est d'un principe universellement reconnu que les lois postérieures ne dérogent aux lois antérieures qu'autant que leur abolition se trouve expressément ordonnée par la loi nouvelle, ou que les dispositions de celle-ci soient en contradiction avec la loi ancienne, ou en opposition avec le but manifeste du législateur; [...].[44]

Somit sei eine Abschaffung des alten Rechts nur insofern denkbar, als diese ausdrücklich vorgesehen sei.[45]

Darüber hinaus müsse man sich an das römische Recht halten, da dieses wesentlicher Bestandteil des allgemeinen Naturrechts sei:

> [...] il suffit que le C.[ode] N.[apoléon] n'ait aucune disposition expresse, [...], pour qu'on doive se décider d'après les principes du droit naturel, et, en conséquence,

---

43 LHA KO 317-1, Bd. 14, Bl. 401.

44 Birnbaum: Cour impériale de Trèves II, S. 50.

45 Grilli: Das linksrheinische Partikularrecht, S. 97–104.

suivre l'ancienne législation sur ce point, si non comme formant notre droit subsidiaire dans le silence absolu de nos propres lois, du moins comme raison écrite.[46]

In diesem Sinne öffnete Birnbaum *de facto* eine Lücke zugunsten der Anwendung des alten Rechts, die mindestens ebenso groß war wie diejenige, die vor dem Inkrafttreten des Code Napoléon bestand. In der Schilderung einer Rechtssache, die bereits während der Gültigkeit des Code Napoléon entstanden war und in der es um die Gültigkeit einer Bürgschaft ging, zitierte Birnbaum den genauen Wortlaut des Urteils, dessen Entscheidungsgrundlage ausdrücklich auf dem römischen Recht beruhte:

‚Attendu [...] que de simples recommandations [...] ne sont pas de nature à produire un engagement formel; puisqu'il est de principe qu'elles sont de stricte interprétation, d'après la loi 47 ff. de obl. et act. ainsi conçue: ubi de obligando quæritur, propensiores esse debere nos, si habeamus occasionem ad negandum; de liberando ex diverso, ut facilior sis ad liberationem.'[47]

Auch in einem anderen Fall, der den Kompetenzbereich eines Familienrates betraf, wurde von ihm das römisch-gemeine Recht im Urteil zitiert, zusammen mit dem französischen Code civil und nicht nur als Auslegungshilfe, sondern mit allgemeiner rechtlicher Geltung:

D'oú il s'infère qu'en s'ecartant, sans nécessité, de la régle prescrite par ces articles, dont les dispositions impératives ont visiblement pour but d'assurer le mieux que possible l'intérêt des mineurs, il y a nullité dans la composition du conseil de famille, et par conséquent aussi dans la délibération, étant de principe établi par la loi 5 C. de Legib. que tout ce qui est fait contre la volonté prononcée de la loi, est nul et ne peut produire aucun effet.[48]

Schließlich wurde das römisch-gemeine Recht als geltendes, wenngleich zum französischen Code civil subsidiäres Recht in einem Fall wiederbelebt, der am 15. Juni 1811 entschieden wurde und der die Wirksamkeit eines Mandats gegenüber Dritten betraf. Hier hätte der Code civil theoretisch als ausschließliche Quelle angewendet werden müssen. Birnbaum sah das anders:

---

46 Birnbaum: Cour impériale de Trèves I, S. 174.
47 Birnbaum: Cour impériale de Trèves I, S. 361 f.
48 Birnbaum: Cour impériale de Trèves I, S. 335.

> C'est une erreur de prétendre qu'un mandataire ne puisse être actionné, par la partie avec laquelle il a contracté, qu'autant qu'il ait excédé ses pouvoirs, agi par dol ou fraude etc.
>
> Les lois 7 §. I. ff. de act. instit. et 7 §. II ff. ad. Senatusc. Macedon., disent précisément le contraire, et il n'existe, dans tout le C. N., aucun article qui ait formellement ou tacitement dérogé au principe établi par ces lois.[49]

Man findet somit *ius commune* und Statutarrecht in vielerlei Formen, so dass wir konstatieren können, dass das alte Recht mit der Verabschiedung des Code civil keineswegs starb. Es sind Fälle, 1) die vor dem Inkrafttreten des Code civil eingeleitet wurden und bei denen es logisch war, das alte Recht anzuwenden, da der Code civil keine rückwirkende Wirkung hatte; 2) in denen der schon geltende Code civil Lücken aufwies (*ius commune*). 3) fungierte das alte Recht (hier spielt *ius commune* die Hauptrolle) als allgemeiner Auslegungsgrundsatz – eine Art *raison écrite*, wie Pothier schrieb – oder 4) als Stärkung in der Begründung von Urteilen, da altes Recht parallel neben den Regeln des Code civil aufgeführt wurde. Wir finden altes Recht (auch hier, meist *ius commune*) sogar in Situationen, in denen 5) der Code civil eine einschlägige Regel beinhaltete, die dennoch ignoriert wurde, da die Anwendung des alten Rechts als geeigneter oder angemessener angesehen wurde.[50]

Somit war der Weg zur Anwendung des alten Rechts nur in Fällen von Unvereinbarkeit mit dem Code civil, bei ausdrücklichem Verbot oder bei Widerspruch zu dessen Bestimmungen versperrt. In allen anderen Fällen konnte sich die Justiz aus unterschiedlichen, nebeneinanderstehenden Rechtsquellen bedienen. Letztlich war das die gleiche Rechtsquellenkonkordanz, die auch schon zuvor jahrhundertelang die Tätigkeit der Juristen im Wirkungsgebiet des *ius commune* geprägt hatte.

Es fällt auf, dass diese Methode vom Pariser Kassationsgericht selbst nicht kritisiert wurde. Der Oberste Gerichtshof von Paris nahm keine Berufungen von den unterlegenen Parteien in Fällen entgegen, in denen das römische oder Partikularrecht bereits in Kraft war und parallel angewendet wurde. Die Cour de cassation war sich wahrscheinlich des Traumas bewusst, das der europäischen Justiz durch die abrupte und gewaltsame Änderung ihrer jahrhundertealten Arbeitsgewohnheiten zugefügt worden war.

---

49 Birnbaum: Cour impériale de Trèves I, S. 321.

50 Grilli: Das linksrheinische Partikularrecht, S. 102–104.

4. Fazit

Das Rheinland ist ein Beispiel dafür, dass und wie juristische Theorie und Praxis aufgrund unterschiedlicher Kulturen und Traditionen tiefgreifend divergieren können. Die Theorie und die importierte Neuerung führten einerseits zu Wandel und Fortschritt. Andererseits wurden die einheimische Praxis, Werte und Traditionen, die sich über lange Zeit bewährt hatten und schwer verdrängt werden konnten, bewahrt. In dieser Hinsicht ist die rechtsgeschichtliche Entwicklung in den linksrheinischen Gebieten zwischen 1798 und 1814 paradigmatisch für den europäischen Kontext.[51]

Das Projekt zur Assimilation der rheinischen Gebiete an Frankreich wurde nach einer ersten Phase militärischer Besatzung in Paris konzipiert und vor Ort von eifrigen französischen Beamten verfolgt. Zunächst wurde französisches Recht eingeführt. Ab dem Frieden von Lunéville stabilisierte sich das politische Umfeld und die Assimilation beschleunigte sich. Auch im Rheinland kam die französische Verwaltung zum Tragen und die Präfekten, das neue Aushängeschild der napoleonischen Verwaltung, wurden installiert. Schließlich wurde das reformierte Justizmodell von 1800 eingeführt.

Doch in den darauffolgenden Jahren zeigte die Bilanz der alltäglichen Assimilation an Frankreich Schwächen. Obwohl die rheinischen Verwalter und Richter sich mit dem neuen französischen Rechtsuniversum vertraut machten und nun in angemessenen, funktionalen Räumlichkeiten arbeiten konnten, mit echten Karrierechancen sowohl im Verwaltungs- als auch im Justizbereich, waren viele der Probleme, die sich bereits zu Beginn der Annäherung an Frankreich gezeigt hatten, nicht verschwunden. Die Friedensrichter arbeiteten weiterhin auf Deutsch und somit blieb das Sprachproblem bestehen, da das Französische von einem großen Teil der Bevölkerung ignoriert wurde. Daher wurden Dolmetscher und Übersetzer in der Verwaltung und in den Gerichtssälen zur ständigen Notwendigkeit. Auch die alte Gepflogenheit, von den Parteien in Rechtsstreitigkeiten Gebühren zu verlangen, hielt an: Noch im Jahr 1809 teilte der Staatsanwalt am Strafgericht des Kreises Kusel, der Franzose Repichet, dem Justizministerium in Paris mit, dass die Praxis der lokalen Richter, sich von den Parteien bezahlen zu lassen, allen Versuchen, diese abzuschaffen, widerstand und dass sogar der Präsident des Gerichts, dem er angehörte, von der Gültigkeit eines

---

51 Das Rheinland kam dann 1814 an Preußen. Eine sogenannte „Immediat-Justiz-Commission für die Rheinprovinzen" wurde im Sommer 1816 eingesetzt und im Sommer 1819 war der neue Rheinische Appellationsgerichtshof Köln als nunmehr höchstes rheinisches Gericht errichtet. Der Code civil blieb dennoch in Kraft bis ihn 1900 das BGB ablöste. Siehe Stenke: Vereinigung der Rheinlande mit Preußen, sowie das kürzlich erschienene Werk von Wiefling: Personalpolitik.

solchen traditionellen Systems überzeugt war.[52] Schließlich blieb auch der chronische Mangel an qualifiziertem einheimischem Justizpersonal bestehen, das in der Lage war, die neuen Herausforderungen zu meistern, die die Übernahme des französischen Modells mit sich brachte, an erster Stelle die Einführung des neuen Zivilgesetzbuchs ab 1804. Wie gesehen konnte jedoch die Anwendung des napoleonischen Zivilgesetzbuchs durch die rheinischen Richter die teils jahrhundertealten Partikularrechte und Gewohnheiten sowie das gemeine Recht nicht vollständig verdrängen.

Nicht nur das Rheinland erlebte die Annexion durch Frankreich, auch andere europäische Gebiete mussten denselben Weg beschreiten, darunter Belgien, das Piemont und die Toskana. Ebenso wie im Rheinland trafen hier eine reformierte Justiz und ein neues Verwaltungssystem, die geprägt waren von den Prinzipien der Unentgeltlichkeit der Justiznutzung, Gleichheit vor dem Gesetz sowie der Frankophonie, auf tief verwurzelte lokale Gewohnheiten und Beharrungskräfte. Der Fall des Rheinlandes steht damit beispielhaft für das gelebte Nebeneinander verschiedener Rechtskulturen während der napoleonischen Epoche und bietet sich deshalb als Vergleichsfolie für künftige Studien zum Export des französischen politischen und rechtlichen Modells in andere europäische Regionen wie auch zur Koexistenz verschiedener Rechtskulturen an.

Darüber hinaus reflektiert die Frage der Akzeptanz des Code civil im Rheinland die Schwierigkeiten der rechtlichen Assimilation der deutschsprachigen Gebiete links des Rheins an Frankreich und projiziert gleichzeitig die Problematik von Akzeptanz und Widerstand gegenüber dem französischen Rechtsmodell[53] und dem neuen französischen Zivilgesetzbuch von 1804 auf eine europäische Ebene.

Quellen und Literatur

Birnbaum, J.[ohannes]: Jurisprudence de la Cour impériale de Trèves et des tribunaux de son ressort, sur le nouveau droit et la nouvelle procédure, en matière civile et de commerce, 2 Bde., Trier 1811/1812.

Brümmer, Franz: Rebmann, Georg Friedrich von, in: Historische Commission bei der Königl. Akademie der Wissenschaften (Hg.): Allgemeine Deutsche Biographie, Bd. 27: Quad–Reinald, Leipzig 1888, S. 483 f.

Daniels, Alexander von (Hg.): Handbuch der für die Königl. Preuß. Rheinprovinzen verkündigten Gesetze, Verordnungen und Regierungsbeschlüsse aus der Zeit der

52 Grilli: Konzeptionen, S. 266.

53 Siehe Molitor: Vom Untertan zum Administré.

Fremdherrschaft, Bd. 6, Köln 1841 (abrufbar unter https://www.digitale-sammlungen.de/en/view/bsb10548443?page=4,5, letzter Zugriff: 28.1.2025).

Dirks, Maria: Das Landrecht des Kurfürstentums Trier (Schriftenreihe Annales Universitatis Saraviensis, Rechts- und wirtschaftswissenschaftliche Abteilung Bd. 18), Köln, Berlin, Bonn, München 1965.

Dressler, Joseph: Geschichte der Trierer Gerichte von 1794 bis 1813 (Schriftenreihe zur Trierer Landesgeschichte und Volkskunde Bd. 1), Trier 1957.

Faber, Karl-Georg: Verwaltungs- und Justizbeamte auf dem linken Rheinufer während der französischen Herrschaft. Eine personengeschichtliche Studie, in: Braubach, Max (Hg.): Aus Geschichte und Landeskunde. Forschungen und Darstellungen. Franz Steinbach zum 65. Geburtstag gewidmet von seinen Freunden und Schülern, Bonn 1960, S. 350–388.

Fehrenbach, Elisabeth: Traditionale Gesellschaft und revolutionäres Recht. Die Einführung des Code Napoléon in den Rheinbundstaaten (Kritische Studien zur Geschichtswissenschaft Bd. 13), Göttingen ³1983.

Graumann, Sabine: Französische Verwaltung am Niederrhein. Das Roerdepartement 1798–1814 (Düsseldorfer Schriften zur neueren Landesgeschichte und zur Geschichte Nordrhein-Westfalens Bd. 27), Essen 1990.

Grilli, Antonio: Das linksrheinische Partikularrecht und das römische Recht in der Rechtsprechung der Cour d'Appel/Cour Impérial de Trèves nach 1804, in: Schulze, Reiner (Hg.): Französisches Zivilrecht in Europa während des 19. Jahrhunderts (Schriften zur Europäischen Rechts- und Verfassungsgeschichte Bd. 12), Berlin 1994, S. 67–105.

Grilli, Antonio: Die französische Justizorganisation am linken Rheinufer 1797–1803 (Rechtshistorische Reihe Bd. 190), Frankfurt am Main, Berlin, Bern, New York, Paris, Wien 1999.

Grilli, Antonio: Konzeptionen für die Justiz der Rheinlande in der französischen Zeit, in: Dipper, Christof/Schieder, Wolfgang/Schulze, Reiner (Hg.): Napoleonische Herrschaft in Deutschland und Italien – Verwaltung und Justiz (Schriften zur Europäischen Rechts- und Verfassungsgeschichte Bd. 16), Berlin 1996, S. 244–268.

Grilli, Antonio: Sprache und Recht in den französischen Rheinlanden. Die Einführung des Französischen als Gerichtssprache im Saardepartement 1798, in: Rheinische Vierteljahresblätter 57 (1993), S. 227–252.

Halpérin, Jean-Louis: Le Tribunal de cassation et les Pouvoirs sous la Révolution (1790–1799) (Bibliothèque d'histoire du droit et droit romain Bd. 23), Paris 1987.

Hansen, Johann (Hg.): Quellen zur Geschichte des Rheinlandes im Zeitalter der Französischen Revolution 1780–1801 (Publikationen der Gesellschaft für Rheinische Geschichtskunde Bd. 42), Bd. 4: 1797–1801, Bonn 1938.

Landeshauptarchiv Koblenz

Bestand 241, Bd. 565

Bestand 317-1, Bde. 4, 5, 9, 13, 14.

Lassaulx, Franz von: Des caractères distinctifs du Code Napoléon, Paris 1811.

Lassaulx, Franz von: Introduction à l'étude du Code Napoléon, Paris 1811.

Lassaulx, Franz von: Codex Napoleon, dargestellt und kommentirt, 3 Bde., Koblenz 1809–1811.

Mallmann, Luitwin: Französische Juristenausbildung im Rheinland 1794–1814. Die Rechtsschule von Koblenz (Studien zur Geschichte der Universität Köln Bd. 5), Köln, Wien 1987.

Merlin de Douai, Philippe-Antoine: Recueil alphabétique des questions de droit qui se présentent le plus fréquemment dans les tribunaux, Paris 1827–1828.

Molitor, Hansgeorg: Vom Untertan zum Administré. Studien zur französischen Herrschaft und zum Verhalten der Bevölkerung im Rhein-Mosel-Raum von den Religionskriegen bis zum Ende der napoleonischen Zeit (Veröffentlichungen des Instituts für Europäische Geschichte Mainz, Abteilung Universalgeschichte Bd. 99), Wiesbaden 1980.

Rebmann, Andreas Georg Friedrich von: Coup-d'oeil sur les quatre départements de la rive gauche du Rhin: considérés sous le rapport des mœurs de leurs habitants, de leur industrie et des moyens d'amélioration, Trier 1802.

Rowe, Michael: From Reich to State. The Rhineland in the Revolutionary Age, 1780–1830 (New Studies in European History), Cambridge 2003.

Schubert, Werner: Französisches Recht in Deutschland zu Beginn des 19. Jahrhunderts. Zivilrecht, Gerichtsverfassungsrecht und Zivilprozessrecht (Forschungen zur Neueren Privatrechtsgeschichte Bd. 24), Köln, Wien 1977.

Schulte-Nölke, Hans: Rheinische Judikatur im frühen 19. Jahrhundert – Justizforschung mit Hilfe einer Datenbank, in: Zeitschrift für Neuere Rechtsgeschichte 1998, S. 84–111.

Stenke, Wolfgang: Vereinigung der Rheinlande mit Preußen, im Portal deutschlandfunk.de, 5. April 2015 (abrufbar unter: https://www.deutschlandfunk.de/koenig-friedrich-wilhelm-iii-vereinigung-der-rheinlande-mit-100.html, letzter Zugriff: 28.1.2025).

Strauch, Dieter: Rheinische Gerichte einst und jetzt, 6. November 2019 (abrufbar unter https://www.academia.edu/102900678/Rheinische_Gerichte_einst_und_jetzt, letzter Zugriff: 28.1.2025).

Wieacker, Franz: Privatrechtsgeschichte der Neuzeit unter besonderer Berücksichtigung der deutschen Entwicklung (Jurisprudenz in Einzeldarstellungen Bd. 7), Göttingen [2]1967.

Wiefling, Christian: Die preußische Personalpolitik am Rheinischen Appellationsgerichtshof bis 1879 – Borussifizierung oder Rheinischer Sonderweg? (Rechtsgeschichtliche Schriften Bd. 34), Wien, Köln 2023.

Zachariä, Karl Salomo: Handbuch des Französischen Civilrechts, 2 Bde. und Nachtrag, Heidelberg [1]1808–1809, [2]1811, [3]1827.

Stephan Laux

„Nur in der Einheit der Gesetzgebung ruht die Kraft eines Staats."

Rezeptionsgeschichtliche Aspekte des rheinischen Rechts im 19. Jahrhundert

1. Rheinisches Recht – Feindesrecht!

Die Brisanz des „rheinischen Rechts" im nachrevolutionären Deutschland lag bereits in der Bezeichnung als ein ebensolches: Es suggerierte – und verkörperte de facto wie de jure – eine gegenüber dem Königreich Preußen wie auch später dem Kaiserreich fremdbleibende „Rhenanizität" der Bevölkerung. Die hieraus erwachsende Spannung sollte sich in den politischen, sozialen und konfessionellen Konflikten, die der preußische Staat und sein „schwieriger Westen"[1] bis in die Zeit der Weimarer Republik austrugen, wiederkehrend entladen. Der zum Abstraktum erhobene Begriff „Recht" im Gegensatz zu seiner konkreten normativen Grundlage, dem Code civil, also einem Gesetzesbuch, kann dieses generelle Missverhältnis nur verstärkt haben: Er ließ darauf schließen, dass das Rheinland auf einer anderen gesellschaftlichen oder gar kulturellen Grundlage stehe als die übrige respektive die ihrem dynastischen Wesenskern nach eigentliche Monarchie. Nach dieser Interpretation stellte das rheinische Recht ein unannehmbares Partikularrecht dar – und dies ausgerechnet in der bald bevöl-

1 So der Obertitel des Sammelbandes von Mölich/Pohl/Veltzke: Preußens schwieriger Westen. In Kombination mit der von Mölich/Veltzke/Walter: Rheinland veröffentlichten „Beziehungsgeschichte" erschließt sich ein Großteil der älteren sowie der rezenten Forschungsliteratur.

kerungsreichsten Region des preußischen Staats, der, sei es aus erkannter Notwendigkeit oder aus seinem Selbstverständnis heraus, in allen Bereichen um Gleichförmigkeit der Verhältnisse bestrebt war. So gesehen muss sich die Generation jener, die von der Ideologie der „Befreiungskriege" erfüllt waren,[2] durch die von den „Rheinländern" beschrittenen Sonderwege in ihrem Misstrauen bestätigt gesehen haben.

Die Herausforderungen an das staatliche Reputationsempfinden, die aus dem rheinischen Recht erwuchsen, gründeten aber auch in dessen qualitativer Differenz. Schließlich stand das rheinische Recht in einem strukturellen Gegensatz zum ALR, indem es im Zuge seiner Implementierung in den linksrheinischen Départements überkommenes Territorialrecht abgelöst hatte. Und bekanntlich war das ALR in genau jenem Jahr erlassen worden, in dem, wie sich herausstellen sollte, der allergrößte Teil des Rheinlands unter dauerhafte militärische Kontrolle der französischen Revolutionstruppen geriet. Daher ist davon auszugehen, dass das rheinische Recht, dessen kodifizierte Grundlage kaum weniger als 1.000 Buchseiten füllte, über seine vielen Regelungsfelder hinaus in seiner Gesamtheit wirkte und polarisierte.

Die nach 1815 heftig umstrittene Bewertung des rheinischen Rechts ist zum einen „insofern", so Horst Lademacher,[3]

> als eine Form verfassungspolitischer Prinzipienhaftigkeit zu begreifen, als die Befürworter des französischen Erbes in den geltenden Rechtssätzen eine den liberalen Vorstellungen angemessene Rechtsordnung erkannten, während die Gegner darin sowohl das monarchische Prinzip als auch die Rechts- und Staatseinheit bedroht sahen.

Zum anderen muss man sich das Selbstverständnis der preußischen Herrschaftselite vergegenwärtigen, für die der Ausgang des Wiener Kongresses eine herbe Enttäuschung und auch eine Desavouierung Preußens war: Die ebenso unfreiwillige wie unliebsame Zuschlagung direkter Grenzgebiete gegenüber Frankreich im Zweiten Pariser Frieden – also nach „Waterloo" –, im Wesentlichen des vormaligen „Arrondissement de la Sarre", wurde nach zuvor energischen Protesten erst im Nachhinein zu propagandistischen Zwecken umgewertet: Da Frankreich, wie die preußischen Gesandten kolportierten, unter jeder Regierungsform gegen Deutschland Krieg führen würde, werde Preußen sich in Zukunft als grenzverteidigende Macht in den Dienst der Nation stellen. Folglich sah man sich veranlasst, Frankreich und alles Französische zu blockieren und durch Eigenes zu ersetzen.[4]

---

2 Vgl. Laux: „Le vrai boulevard de l'Allemagne"?.

3 Lademacher: Die nördlichen Rheinlande, S. 507 (Abschnitt „Das Rheinische Recht", S. 507–512).

4 Vgl. Laux: „Le vrai boulevard de l'Allemagne"?, hier S. 81–87.

In dieser Logik wäre der Austausch des Code civil gegen einen „Code prussien“ der zwingende Ausweis etatistischer Leistungsfähigkeit und Legitimität gewesen. Allein: Es fehlte hierzu an vielen Mitteln. So kommentierte der Koblenzer Anwalt Johann Friedrich Lebens (1767–1840), bis 1816 Professor für den Code civil an der französischen Rechtsschule zu Koblenz und von 1817 bis 1833 höherer Verwaltungsangestellter beim Oberpräsidium in Koblenz, im Januar 1819[5]:

> Die Staats-Klugheit scheint es zu erheischen, daß wenn ein monarchischer Staat eine Provinz erwirbt, er die daselbst bestehende Gesetzgebung nicht beibehalte, sondern eine eigene einführe, besonders wenn erstere eine republikanische Verfassung voraussetzt und in einer Sprache abgefaßt ist, welche den Einwohnern selbst fremd ist. Nur in der Einheit der Gesetzgebung ruht die Kraft eines Staats.

Allerdings sei, so Lebens weiter:

> nicht zu mißkennen, daß die französische Gesetzgebung mehrere schöne, zum Theil aus fremden Gesetzgebungen entlehnte, dem Geist der Zeit und so manchen andern Verhältnissen angemessene Verfügungen und Anordnungen enthält; will man diese, was allerdings zu wünschen ist, erhalten, so würde dieses nur einzig und allein dadurch geschehen können, wenn solche in ein Provinzial-Recht aufgenommen und dieses gleichzeitig mit dem allgemeinen Land-Rechte publizirt würde; nur auf diese Weise würde eine fremde Gesetzgebung in eine einheimische umgeschaffen werden können [...] Dieses hält der Unterzogene für das einzige Mittel, um alle Ansprüche zu befriedigen um aus dem Chaos herauszukommen, in welches wir uns täglich mehr oder minder verwickeln [...].

Die dagegen stets negative Darstellung des französischen Rechts in offiziellen Bekundungen versteht sich unter der Voraussetzung, dass Preußen, anders als das 1815 ebenfalls im Linksrheinischen besitzergreifende Königreich Bayern, kein Mitglied des Rheinbundes gewesen war. Folglich bestand auch keine Veranlassung zur Aneignung des französischen Rechts.[6] Mit dem Rheinbund, der nach der Niederlage Preußens gegen Frankreich bei Jena und Auerstedt im Oktober 1806 bald seine größte Ausdehnung erlangte und Preußen bis zur Elbe abdrängte, markierte der „Rhein“ Gegnerschaft, wenn nicht Feindschaft gegenüber Preußen.

---

5 Zitat aus dem Verwaltungsbericht Lebens’ vom 15.1.1819 nach Brommer: Regierungsbezirk Koblenz, S. 390–392. Zu Lebens vgl. auch ebd., S. 257, Anm. 4; Mallmann: Juristenausbildung, S. 143 f.

6 Vgl. etwa Mußgnug: Der Rheinbund.

Dabei war es längst nicht nur das „Rheinland", das auch kraft seiner Rechtsaneignung Preußen fremd schien. Geht man davon aus, dass zumal im Zuge der politischen bzw. gesellschaftspolitischen Restauration des Zweckbündnisses zwischen Preußen und Österreich die ideologische Abgrenzung gegenüber Frankreich ein Gebot der Stunde war, dann zählte dazu auch die propagandistische Herabsetzung der französischen Gesellschaftsreformen. Dies geschah einerseits im Sinne einer leicht erklärlichen Feindabwehr, die von echten Ressentiments getragen war, spätestens seit der Deklassierung Preußens durch den Frieden von Tilsit 1807. Andererseits lief die Konservierung bestehenden feudalen Rechts auf eine Modernisierungsverweigerung hinaus, die innenpolitische Konsequenzen befürchten ließ und diese auch zeitigte. In diesem Zusammenhang galt die Wahrnehmung des französischen Rechts durch die Bevölkerung als Ausweis jenes „esprit publique", des Verhältnisses der Bevölkerung zu den Machthabern, an dem einst schon die französische Administration größtes Interesse demonstriert hatte.[7] Dieses teilten demnach auch die politischen Spitzen in Berlin und Potsdam, denen ab 1816 – auch, aber nicht allein, aus der späteren Rheinprovinz – monatlich und bis zum Ende des Ersten Weltkriegs über die Zustände in den Städten und Kreisen anhand von „Immediatzeitungsberichten" Report zu erstatten war. Einer der im Fragenkatalog regelmäßig zu dokumentierenden Punkte sah darin ferner vor, die „Stimmung" in der Bevölkerung zu erheben und dokumentieren. Manche Belege bezeugen insbesondere im administrativen Kontrollapparat eine vorwaltende Antipathie gegenüber dem „Zustand der Einwohner". Dieser nämlich, so ein Kommentator 1816, sei das

> Resultat der frühen republicanischen Verfassung und des jahrelangen Lebens unter einer fremden aufgedrungenen Herrschaft, unter welcher jeder sein eignes Heil als Opponent der Regierung auf alle Weise zu fördern bemüht gewesen ist.[8]

2. Das rheinische Recht: Kenntnis und Verbreitung in der „Franzosenzeit"

Im ersten Zeitabschnitt, von 1804 bis 1814/1815, der direkten französischen Herrschaft am Rhein unter dem Empire, ist die Kenntnis des französischen Rechts mit fortschreitender Zeit vorauszusetzen. Verinnerlicht hatten es zum einen die zahlreichen Personen, die in französischen Justiz- und Verwaltungsdiensten gestanden hatten und nun unter der neuen Administration in der Re-

7 Vgl. Sonoya: Opinion publique.

8 So der Kölner Polizeidirektor Heinrich Weber gegenüber dem Oberpräsidenten von Ingersleben am 30.12.1816 (zit. nach Brommer: Regierungsbezirk Koblenz, S. 22).

gion tätig wurden – mitunter auch in Schlüsselpositionen, wenn auch prinzipiell mit Ausnahme der höheren, insbesondere der Fiskalverwaltung. Ins Gewicht fallen aber vor allem auch die Funktionseliten der Rheinbundstaaten, über die in der Darstellung von Werner Schubert über „Die Rezeption des Code Napoléon in Deutschland und im übrigen Europa während der Napoleonischen Zeit"[9] sowie in der 1992 aufgenommenen, mehrbändigen Quellenedition zu den „Reformen in den Rheinbundstaaten" viel zu erfahren ist.

Dass im Rheinbund eine Ausdehnung des Code civil zu einem gesamtkonstitutionellen Recht ausblieb, war organisatorischen Schwierigkeiten, aber auch partikularistischen Tendenzen geschuldet, die wenigstens die Fiktion einer gegenüber Napoleon eigenständigen Rechtshoheit aufrecht hielten. Die Einführung des französischen Rechts vollzog sich dank seiner Anpassungsfähigkeit gegenüber Rechtsgewohnheiten jedoch auch und gerade in den kleineren Rheinbundstaaten. Diese hatten allesamt ein erhebliches Modernisierungsinteresse, ohne dass sie in der Lage gewesen wären, ein eigenständiges Rechtssystem auf die Beine zu stellen. Als Beispiel sei das 1771 vereinigte Großherzogtum Baden genannt, wo nun maßgeblich durch einen juristisch geschulten Hofrat der Code civil adaptiert wurde. Letzteres sollte von 1810 bis 1899 als „Badisches Landrecht" dieselbe Bezeichnung tragen wie sein Vorgänger von 1622.[10] In den sogenannten „Napoleoniden" – Berg und Westphalen – galt der „Code" dagegen einschränkungslos.[11] So waren es letztlich Spezifika und Formalia, die in Juristenkreisen unter Heranziehung von Kommentaren und Handbüchern zur Materie verhandelt wurden.[12] Zu berücksichtigen ist allerdings auch die Zugänglichmachung des französischen Rechts mittels Übersetzungen, Kommentaren und Handreichungen unterschiedlicher Gestalt. Unter diese fiel beispielsweise die 1811 in Paris veröffentlichte Darstellung „Des caractères distinctifs du Code Napoléon" (ins Deutsche übersetzt ebenfalls 1811) des Koblenzer Juristen und Publizisten Franz von Lassaulx (1781–1818).[13] Neben ihm sind unter den zeitgenössischen juristischen Kennern des Code civil und der weiteren codes Personen zu nennen wie Heinrich Gottfried Wilhelm Daniels (1754–1827) oder der sächsische Juraprofessor und Gerichtsrat Christian Daniel Erhard (1759–1813). Mit ihnen traten, wie Nicole Reisinger-Selk zu Daniels bemerkt („ein Ju-

---

9 Vgl. Schubert: Rezeption des Code Napoléon.

10 Vgl. Würtz: Johann Niklas Friedrich Brauer, S. 311–339.

11 Fehrenbach: Traditionale Gesellschaft, S. 79–104; weitere Geltungsbereiche nach Dorn: Französisches Recht, S. 33.

12 Fehrenbach: Traditionale Gesellschaft, S. 29.

13 Vgl. zu ihm Fischer: von Lassaulx, Franz Georg Joseph.

rist in drei Zeitaltern“[14]), charakteristischerweise „Sattelzeitpersönlichkeiten“ hervor, die eine über 1815 hinauswirkende juristische Fachöffentlichkeit bildeten. Sie sind von der Forschung bislang allerdings noch nicht systematisch in den Blick genommen worden.

3. Die Bonner Professoren und das rheinische Recht

Dass der Wunsch nach Professionalisierung des Rechts nicht allein ideologischen, sondern praktischen Interessen folgte, ist nicht zuletzt auch daran zu erkennen, dass es die bürgerlichen Vertreter des 1824 endlich eingerichteten rheinischen Provinziallandtags waren, die an der einzigen Landesuniversität, Bonn, 1844 die Einrichtung eines Lehrstuhls für rheinisches Recht bewirkten.[15] Ab demselben Jahr lehrte auch Alexander von Daniels (1800–1868) in Berlin über das rheinische Recht. Für die Professur in Bonn hatte sich der Trierer Bankier und Gutsbesitzer Peter Ludwig Mohr (1790–1872) besonders stark gemacht. Besetzt wurde der Lehrstuhl mit Johann Joseph Bauerband (1800–1878), einem nicht promovierten Rechtsanwalt und ausgesprochenen Praktiker. Mohr stand ihm vermutlich nahe. Bauerband gehörte in der 1848er Revolution der Fraktion des linken Zentrums an. Cordula Müller-Hogrebe hat den Hintergrund der Lehrstuhlbesetzung 1998 erläutert und zu Bauerband selbst 2004 ihre Dissertation verfasst.[16] Nachfolger Bauerbands wurde 1874 Hugo Loersch (1840–1907), der sich 1865 in Bonn mit den Schwerpunkten Deutsche Rechtsgeschichte und rheinisches Recht habilitiert hatte.[17] 1879 verantwortete er eine Neuübersetzung des Code civil in vier Auflagen bis 1893.[18] 1899 wurde ebenda Carl Crome (1859–1931) berufen, ein weiterer Spezialist des französischen wie des deutschen bürgerlichen Rechts.[19] Anlässlich des „Centenaire“ des Code civil 1904 soll Crome mit der Mitgliedschaft in der Ehrenlegion geehrt worden sein.[20] Ebenfalls 1899 und mit mindestens so großen „rheinischen Neigungen“ wurde

14 Vgl. Dumont: Vermittler. Der Verfasser (1945–2012) war der führende Erforscher der „Mainzer Republik“ und damit der Rezeption der Französischen Revolution im Umkreis des heutigen Bundeslandes Rheinland-Pfalz. Heinrich Gottfried Wilhelm Daniels ist nicht zu verwechseln mit seinem Bruder, dem Arzt und Jakobiner Peter Joseph Daniels (1765–1819).

15 Vgl. Acta Borussica, Nr. 210, S. 171. Maßgeblich in diesem Zusammenhang Haferkamp: Lehre.

16 Vgl. Müller-Hogrebe: Errichtung; Dies.: Joseph Bauerband.

17 Vgl. Dorn/Kleinheyer: Geschichte des Fachs Rechtswissenschaft.

18 Loersch: Der Code civil; vgl. Schmoeckel: Hugo Loersch.

19 Hubmann: Crome, Friedrich Theodor.

20 Vgl. Ancel: Code Civil.

ebendort Ernst Landsberg (1860–1927), versehen mit dem Titel eines „persönlichen Ordinarius" berufen.[21]

Die juristischen Professoren verbanden Herkunft, regionales Geschichtsbewusstsein, Nähe zum Königshaus und, so Mathias Schmoeckel, ein bemerkenswertes Gemeinschaftsempfinden in der eigenen Fakultät.[22] Keine Wirksamkeit – das war bei den zum Altkatholizismus neigenden Angehörigen des Historischen Seminars ähnlich – entwickelte der Ultramontanismus. Derartige Tendenzen kamen von außerhalb und verbanden mit dem rheinischen Recht ihr Verständnis von Kirchenfreiheit im protestantischen Mehrheitsstaat – so im Falle von Peter Reichensperger (1810–1892), einem katholischen Juristen aus Koblenz, der u. a. am Landgericht Trier tätig war. Eine Rolle spielte das etwa im ehelichen Güter- und im Schulrecht.[23] Belege hierfür anzuführen, hieße im Grunde, die Revolutionäre von 1848 über das gesamte politische Spektrum hinweg zu zitieren. Mit seinem Bruder August (1808–1895),[24] auch er ein hochrangiger Jurist, gründete Peter Reichensperger 1870 die deutsche Zentrumspartei. 1847 hatte Peter Reichensperger in seiner Schrift „Das katholische Rheinland und seine Zukunft" gefordert, die Lösung der politischen und sozialen Fragen seiner Zeit allein auf der Grundlage der katholischen Weltanschauung zu suchen.[25]

4. Zwischen Kompilation und Innovation

Solange weder das ALR in der Fläche galt, noch ein neues Recht in Geltung war, musste, wenn auch nur subsidiär, das einstige feudale bzw. territoriale Recht zumindest in Betracht gezogen werden. Dies geschah schon aus Rücksichtnahme gegenüber alten oder nur vermeintlich alten Gewohnheiten. Rücksichtnahme stellte einerseits eine normative Kategorie der politischen Kommunikation dar, andererseits ein Gebot situativen strategischen Verhaltens, um die Loyalität der Untertanen zu sichern und Konflikten vorzubeugen. Anschauliche Belege hierfür sind beispielsweise im Kontext der preußischen Judengesetzgebung nach dem Wiener Kongress zu finden. Dass König Friedrich Wilhelm IV. in zwei großen Enqueten 1842 und 1843 Anstoß dazu gab, ermitteln zu lassen, welche Rechtsnormen in den preußischen Provinzen überhaupt für gültig erkannt und angewandt würden, lässt auf die mitunter grotesken legislatorischen und administrativen Defizite in jener Zeit schließen. Diese auszuhalten ging nicht zuletzt

21 Vgl. Dorn/Kleinheyer: Geschichte des Fachs Rechtswissenschaft; Schulz: Ernst Landsberg †.
22 Schmoeckel: Universitärer Aufschwung, S. 313.
23 Vgl. Acta Borussica, Einleitung, S. 9.
24 Zu ihm Strauch: August Reichensperger.
25 Druck u. a. bei von Hehl: Peter Reichensperger, Nr. III, 18, S. 61–64.

zu Lasten der lokalen Beamtenschaft im Spannungsfeld partikularer Interessen und behördlicher Ordnungsvorstellungen.[26]

Das Maß an Desorientierung wird besonders im unbekannten Westen groß gewesen sein, wo Preußen – ungefähr südlich einer gedachten horizontalen Linie auf der Höhe der späteren Großstadt Wuppertal – nirgendwo eine Staatstradition besessen hatte. Komplexere, das heißt sachlich umfassende Policey- oder Landesordnungen waren in den geistlichen Kurstaaten Köln und Trier ebenso im Rückstand geblieben wie funktional spezialisierte, sieht man etwa vom Trierer Landrecht ab, das immerhin vollumfänglich bis 1794 gelten sollte. Die ebenfalls in Kurtrier erlassenen restriktiven Stadtordnungen für Limburg, Koblenz und Trier[27] sind eindrückliche Beispiele dafür, dass allenthalben territoriales Partikularrecht situativ erlassen wurde, ohne dass es fortentwickelt oder auch kassiert worden wäre. Diese legislative Zersplitterung lässt die erstaunlich ambitionierten Kompilationen alter Rechte in einem anderen als einem nur antiquarischen Licht erscheinen. Dies mag allenfalls für Johann Joseph Scotti (1787–1866) gelten, der, anfänglich aus privater Veranlassung, von 1821 bis 1843 Gesetze rheinischer und westfälischer Territorien, des Kaiserreichs und verschiedener Rheinbundstaaten veröffentlichte, und zwar vom Mittelalter „bis zum Eintritt der königlich preußischen Regierungen im Jahre 1816". Johann Mathias Sittel († 1859), ein Justizrat aus Trier, veröffentlichte 1843 in Fortsetzung des Scotti'schen Werks „Provinzial- und Partikular-Gesetze und Verordnungen", die bis 1792/1794 in jenen kleineren Territorien links des Rheins galten, die 1815 an Preußen gegangen waren. Sie hätten ihren Wert gerade in praktischer Hinsicht, denn, so Sittel, viele geltende Gesetze bezögen sich auf die alten „provinziellen und örtlichen Gewohnheiten", was sich „tagtäglich" in Gerichtsverfahren niederschlage.[28] Ein vierbändiges „Repertorium der französischen Gesetzgebung" war durch den Landrat Anton Andreas Haas bereits 1822 erschienen.[29] Allerdings blieb es offenbar weithin unzugänglich oder gar unbekannt.

In Anbetracht der „Unzuverlässigkeit der Rechtsanwendung" und der Fluktuation im Beamtenapparat begann 1833 mit dem „Handbuch der für die Königl. Preuß. Rheinprovinzen verkündigten Gesetze, Verordnungen und Regierungsbeschlüsse aus der Zeit der Fremdherrschaft" ein systematischeres Projekt der retrospektiven Sammlung der französischen Gesetze. Mit dem ersten Band schritten die Herausgeber, Bormann und Alexander von Daniels (1800–1868), sogar bis 1539 zurück. Sie sahen nämlich seitdem eine „eingeführte fremde Ge-

---

26 Vgl. Jehle: Enquêten, S. LXVII–LXIX.

27 Vgl. Härter: Deutsches Reich, S. 614 f.

28 Sittel: Sammlung, S. V f.

29 Haas: Repertorium (4 Bde.).

setzgebung“ bis Juni 1791, von deren Nachwirkung sie aber noch in der eigentlichen Revolutionszeit ausgingen. Noch 1848 veröffentlichte Philipp Jakob Serini, Friedens-, dann Bezirksrichter im pfalz-bayerischen Zweibrücken, eine „Chronologische Zusammenstellung der während der provisorischen französischen Verwaltung in den deutschen Rheinlanden publicirten älteren französischen Gesetze und Uebersicht der daselbst bestandenen alten Statuarrechte, nebst Angabe der früheren Territorialverhältnisse“. Indes ist davon auszugehen, dass in der höheren Beamtenschaft keineswegs bloß Ablehnung gegenüber dem französischen Recht vorwaltete, sondern Kompilatoren eben darauf abzielten „das Bewährtere der fremden Einrichtungen“, so Bormann und Daniels, „mit dem Geist und den Forderungen deutscher Gründlichkeit und deutschen Rechtssinnes“ zu verbinden.[30]

Dass gerade aus den Rheinbundstaaten und aus ihren Nachfolgestaaten Tendenzen zu einer universellen Kodifikation in Anlehnung an den Code civil hervorgingen, verstärkte die Neigung in Altpreußen, auf eine stärker regionale Gesetzgebung hinzuarbeiten, also von, für und in Preußen. Dies entsprach der Politik Preußens im Deutschen Bund, die auf eine Wahrung der einzelstaatlichen Autonomie abzielte und Prärogativen zugunsten einer Liberalisierung politischer wie gesellschaftlicher Partizipation nicht zuließ. Der in der Rechtsgeschichte fachjuristischer Provenienz berühmte „Kodifikationsstreit“ zwischen Anton Friedrich Justus Thibaut (1772–1840) und Friedrich Carl von Savigny (1779–1861) ab 1814 ist maßgeblich in diesen Problemkreis einzureihen: Thibaut ordnete sich als Staatsrat in Diensten eines der fortschrittlichsten Staaten des deutschen Frühkonstitutionalismus und 1819 als Mitglied der Badischen Ständeversammlung klar dem konstitutionellen Liberalismus zu.[31] Savigny dagegen, der Begründer der Historischen Rechtsschule,[32] plädierte für eine behutsam fortschreitende Kodifikation von oben.[33] Die organologischen Anklänge waren sehr typisch für die Historische Rechtsschule, aber auch für das damalige Denken allgemein. Sie fügten sich sprachlich-metaphorisch wie gedanklich wesentlich in die Entwicklungsgeschichte des Konservatismus in Deutschland nach der Französischen Revolution.

Die Sozialisationsvoraussetzungen der in diesen Positionskämpfen agierenden Protagonisten sind wiederholt betont worden. Karl-Georg Faber (1925–1982), in den 1960er Jahren ein Pionier der regionalen Liberalismusforschung, betonte,

---

30 Bormann/Daniels: Handbuch I, S. IV f.

31 Vgl. Thibaut: Nothwendigkeit.

32 Zu ihr Haferkamp: Historische Rechtsschule.

33 Savigny: Beruf; Haferkamp: Gesetzgebung, S. 321 f.

daß im 19. Jahrhundert der rheinische Jurist in der politischen Führungsschicht der Rheinlande eine weitaus bedeutendere Position einnahm als der Jurist der altpreußischen Provinzen und anderer binnendeutscher Staaten in den dortigen Führungsschichten.[34]

In Preußen hatte daher der Prozess der Rechtsgestaltung in den Händen einer Verwaltungsbürokratie gelegen, deren Angehörige als Grundbesitzer oft mit ständischen Systemen verwachsen waren und ihre Gesetze nicht, obwohl eigentlich vorgesehen, gegenüber den Provinzialständen zu verantworten hatten.[35] Dagegen brachte der rheinische Industrielle David Hansemann (1790–1864) in seiner berühmten Denkschrift „Preußens Lage und Politik am Ende des Jahres 1830" die Auffassung zum Ausdruck, es könne die „Beamtenherrschaft kein eigentliches Lebensprinzip des Staates sein". Diese Stellungnahme Hansemanns, der hiermit nicht weniger als die konsequente politische Ausschaltung der vom Adel dominierten höheren Verwaltungselite postulierte, wird man schwerlich nur als kalkulierte Aufforderung zu einer Neuauflage jener „defensiven Modernisierung der Reformära" (Hans-Ulrich Wehler) begreifen, die der Abwehr von Rebellion und Revolution gedient haben sollte. Gewiss wirkte das Plädoyer für eine Modernisierung in und auf dem Wege der Gesetzgebungspolitik angesichts des weit verbreiteten Gefährdungsbewusstseins der europäischen Restaurationsregimes im Zeichen der Julirevolutionen umso eindrücklicher. Wenn Hansemann dem König nahelegte, „dass der Thron, sobald nur irgend schwierige Verhältnisse eintreten, sich auf die Nation stützen muß, und daß der Beamtenstand dieselbe unmöglich repräsentieren kann",[36] dann ist hierin nicht allein antirevolutionäres Kalkül zu sehen.

Die Beibehaltung der für wesentlich erachteten Bestandteile des rheinischen Rechts war schon früh, etwa ab 1815 im Rahmen seiner Huldigungsreisen, an König Friedrich Wilhelm III. herangetragen worden, und auch nach dem „Kampf um die Rheinischen Institutionen (1815–1819), namentlich im Gründungsjahr des Rheinischen Provinziallandtags 1826. Dabei hatten sich 80 % der Abgeordneten für das französische und gegen das preußische Recht (ALR) ausgesprochen.[37] Der Provinziallandtag hatte das Thema in den frühen 1840er Jahren erneut und nun immer wieder in Petitionskampagnen an König Friedrich

34 Faber: Recht, S. 18.

35 Vgl. Koselleck: Preußen, S. 385.

36 Druck bei Hansen: Rheinische Briefe, S. 21 (§ 20).

37 Antragsteller war der Kölner Kaufmann Georg Heinrich Koch. Vgl. Ehrengruber (Bearb.): 30. Dezember 1826.

Wilhelm IV. herangetragen.[38] Das geschah in überaus öffentlichkeitswirksamer Form, und zwar gerade deswegen, weil die Stände im Wesentlichen nur beratende und gutachterliche Funktionen besaßen und daher auf gesellschaftliche Wahrnehmung spekulierten. 1831 lehnten die Vertreter der rheinischen Städte – vorgeblich wegen der fortbestehenden Trennung von Stadt und Land, vielleicht aber aus schierem Trotz – ihrerseits die Reform der Städteordnung ab.[39] Staatspolitisches und staatsrechtliches Denken gehen hier ineinander über. Faber äußerte daher die Meinung, dass „die Rheinländer" deshalb am rheinischen Recht festhielten, weil es für sie ein „Verfassungsersatz" gewesen sei.[40] Er konnte nachweisen, dass die Wahrung des Code civil von maßgeblichen Teilen der politischen Öffentlichkeit als Symbol für die „Ausbreitung rechtsstaatlicher Grundsätze" im preußischen Staat gesehen wurde. Die Eigeninteressen eines wirtschaftlichen Schwergewichts vom Schlage Hansemann sind freilich unverkennbar.

5. „Orientalische Grundsätze": Ein Blick aufs „Land"

1815 zergliederte sich Preußens Rechtslandschaft in einen landrechtlichen, französischen und gemeinrechtlichen Bereich.[41] Ein adäquates und zeitgemäßes eigenes Recht konnte noch nicht zur Verfügung stehen. In vielen Bereichen war die preußische Verwaltung daher darauf angewiesen, auf vorhandene normative, institutionelle und personelle Hinterlassenschaften der Franzosen zurückzugreifen.[42] Bis 1818 wurde in der später so genannten „Rheinprovinz" daher die Einführung des preußischen Rechts suspendiert, da eine Revision der gesamten Rechts- und Gerichtsverfassung vorzunehmen sei, die bis 1824 vonstattenging. Die Anforderungen an die preußische Herrschaft waren indes gewaltig. Sie waren angesichts von zwei Jahrzehnten mehr oder minder kontinuierlicher Kriege und den sogar in globalen Dimensionen ungemein krisenhaften Jahren nach 1815 einerseits situativen Erfordernissen geschuldet. Anderseits schlugen jene ungelösten Probleme durch, die in der sogenannten Sattelzeit, die „vom aufgeklärten Reformstaat zum bürokratischen Staatsabsolutismus" (Walter

---

38 Vgl. Herres: Bürgertum, S. 62 f. Vgl. zur Stellung des Provinziallandtags gegenüber dem rheinischen Recht auch Croon: Provinziallandtag, S. 151–170.

39 Vgl. Koselleck: Preußen, S. 578–581; Mettele: Bürgertum, S. 281 f. Vgl. neuerdings Thielen: Politische Partizipation, u. a. Kap. 3.2.

40 Faber: Recht, S. 13.

41 Vgl. Giese: Preußische Rechtsgeschichte, S. 163.

42 Vgl. mit allerdings regional differenzierenden Befunden Schubert: Französisches Recht; Schubert: Restaurationszeit, S. 129–134.

Demel[43]) über die französische in die Restaurationszeit hinüberreichen, etwa im Schul- und Bildungswesen. Ihre Behebung durch den Aufbau staatlicher Instanzen erwies sich schon mangels Personals als besonders schwierig.[44]

Unter den vielen durch das geltende Recht berührten gesellschaftlich relevanten Problemfeldern, die näher zu betrachten anstünde, sei im Folgenden nur auf die fortbestehende Differenz zwischen der rheinischen und der altpreußischen, „ostelbischen“ Sozialverfassung verwiesen. Dies zu tun, lohnt nicht zuletzt angesichts des enorm hohen Stellenwerts der Landwirtschaft sowohl als ökonomischer wie als sozialer und kultureller Faktor: So wurde Mitte des 19. Jahrhunderts (1849) im „Rheinland“ – sprich: der Rheinprovinz – die Hälfte der Bevölkerung der Landwirtschaft zugeordnet. In den Regierungsbezirken Trier (64,2 %) und Koblenz (67,9 %) war der Anteil noch deutlich höher.[45] Ungeachtet derartiger Tatsachen ist die ländliche Sozialgeschichte gegenüber der städtischen nicht allein im Rheinland leider in großen Rückstand geraten.[46]

Auszugehen ist davon, dass im Rheinland und in weiteren, nicht zu Preußen gelangten Regionen im Westen Deutschlands die Teilhabe von Bauern am verfügbaren Boden viel größer als in den von Großgrundbesitz geprägten Regionen war. In den sieben östlichen Provinzen Preußens sollte der adlige Anteil trotz inzwischen fortgeschrittenen bürgerlichen Eigentumserwerbs schließlich noch gegen Ende des 19. Jahrhunderts an die 50 % heranreichen.[47] Im Rheinland dagegen hatte sich die adlige Grundherrschaft schon früh aufzulösen begonnen und war im 16. und 17. Jahrhundert mehr oder weniger zur Rentenbezugsorganisation formalisiert worden. In dieser waren die Bauern personaler Bindungen weitgehend entbunden und agierten in freien, meist familienbasierten Betriebsformen. 1822 sollen sich nur noch 6 % des Grund und Bodens in der Rheinprovinz in adliger Hand befunden haben.[48] Es bestehe „kein Unterschied der Stände im Eigenthumsbesitze und Genusse“, so die von einem Zeitzeugen entnommenen Worte des preußischen Agrarinspektors Johann Nepomuk Hubert von Schwerz (1759–1844) über „rechtliche Besitzverhältnisse der Grundinha-

43 Demel: Reformstaat.

44 Vgl. Koltes: Rheinland, Kap. IV f. Detailliert zu Personalfragen am Rheinischen Appellationsgerichtshof in Köln (1819–1879) Wiefling: Personalpolitik.

45 Vgl. die Tabelle auf amtlicher Grundlage bei Tenfelde: Ländliches Gesinde, S. 217.

46 Vgl. die nur knappe Diskussion des zeitgenössischen Agrarrechts bei Prass: Vom Dreißigjährigen Krieg, S. 150–157. Die an sich instruktive neuere Studie von Esser: Wandel, die sich mit dem hier relevanten Fortleben der französischen Agrargesetzgebung befasst, blendet den sozial- und wirtschaftsgeschichtlichen Kontext gegenüber dem i. e. S. rechtsgeschichtlichen weitgehend aus. Zur Historiographie vgl. den instruktiven Beitrag von Friedeburg: Brach liegende Felder.

47 Vgl. Harnisch: Adel, S. 17. Auf eine Vertiefung in die weitere, inzwischen reichhaltige Spezialliteratur sei an dieser Stelle verzichtet.

48 So Herres/Holtz: Rheinland, S. 143.

ber" im rechts(!)rheinischen Berg. Dies war demnach gar nicht oder zumindest nicht ursächlich die Folge französischen Verwaltungshandelns, sondern vielmehr einer Entfeudalisierung der ländlichen Sozialverfassung bereits im Alten Reich.[49] Aus der fortschreitenden Entkopplung von Vermögens- und Hoheitsrechten, durch die „der geradezu revolutionäre Wandel des Eigentumsbegriffs" im Zuge der „Bauernbefreiung" charakterisiert war (Christof Dipper),[50] erwuchs ein erhebliches Maß an Autonomie, mithin aber auch ein signifikant verstärktes Gefährdungsbewusstsein gegenüber einem potentiell übergriffigen Staat.

Im Rheinland bzw. in der Rheinprovinz, wo Adel und Klerus als Herrschaftsstände und damit als intermediäre Gewalten praktisch verschwunden waren und demzufolge auch nicht mehr Profiteure rechtlicher Begünstigungen hätten werden können, beschränkte sich die preußische Gesetzgebung im Wesentlichen auf die Ablösung noch bestehender Domaniallasten (Dienste, Naturalien, Geld). Die wiederholt angekündigte „Revision" des französischen Rechts war also keine Annullierung, sondern eine bis zur Jahrhundertmitte reichende Verfahrensregulierung auf bestehender normativer Grundlage – der französischen.[51]

Verschiebt man den Fokus von den Eigentümern und Pächtern auf die unterständische Schicht, so verbanden sich Gesetzgebung, mentale Dispositionen und konjunkturelle Dynamiken im ersten Halbjahrhundert der preußischen Herrschaft zu einer Krise beinahe katastrophalen Ausmaßes. Einen Eindruck von den Ursachen der ländlichen Armut geben die Schriften des erwähnten Agrarinspektors Schwerz: zunächst sein von 1816 bis 1818 entstandener Enquete-Bericht über die damals noch zwei rheinischen Provinzen, dann seine im Auftrag des für die Landwirtschaft zuständigen Innenministeriums entstandene, 1836 kompilierte „Beschreibung der Landwirthschaft in Rheinpreußen". Aus dieser spricht nicht allein das leitende Interesse an effizienten und profitablen Bewirtschaftungsformen, sondern eine ersichtliche Anteilnahme an lebenspraktischen Problemen der Landbevölkerung. Die unter anderem von Schwerz erkannten Probleme sind um so stärker zu gewichten, als manche der von ihm aufgesuchten Regionen wie die Eifel in der ersten Hälfte des 19. Jahrhunderts einer bedrohlichen Pauperisierung entgegengingen und später gar als Notstandsgebiete firmierten. Schwerz monierte zwar überkommene Verhaltensmuster der bäuerlichen Bevölkerung wie im Spektrum der Erbpraxis, die sich einer zeitgemäßen Betriebsführung versperrten und tiefgreifende Folgen

---

49 Schwerz: Beschreibung, S. 170; vgl. dazu maßgeblich Krings: J. N. Schwerz.

50 Dipper: Bauernbefreiung, S. 94.

51 Vgl. in diesem Sinne Esser: Wandel, Kap. 4, u. a. S. 172, auch S. 226.

für die Menschen in der ländlichen Lebenswelt zeitigten. Schwerz empfahl aber eher praktikable statt kategoriale Lösungen, die er immer wieder mit Rekursen auf Rechtsfragen verband. So widersprach er der – letztlich erfolglosen – Durchsetzung des Anerbenrechts auf nicht pachtvertraglich reglementierten Vollerwerbsgütern.

Schwerz verwies insbesondere auf die Bedrückungen der eigentumslosen Nachgeborenen, denen ein perspektivloses Dasein als Tagelöhner oder Hausangestellte drohte. Stets mehr als 10 % der Bevölkerung in Preußen wurden in jener Zeit dem „Gesinde" zugerechnet. Dies galt für Frauen (sie dominierten zahlenmäßig in den Städten) ebenso wie für Männer (sie dominierten zahlenmäßig auf dem Land).[52] Für ihre Arbeitsbedingungen ersann der preußische Staat nach 1810 erst wieder 1844 ein neues Gesindegesetz mit ausschließlicher Gültigkeit für die Rheinprovinz.[53] Schon dies lässt auf die Schwerfälligkeit und Rückständigkeit der preußischen Gesetzgebung schließen, die soziale Probleme, die vom ALR gar nicht erst berührt worden waren, bevorzugt dem Gutdünken der Gutsbesitzer überließen, ansonsten auf spätere Regelungen verwies.[54] Das „rheinische" Gesindegesetz brachte für diese „Klasse" der Dienstleute zwar einige Verbesserungen: auf der einen Seite erweiterte Kündigungs- und auf der anderen eingeschränkte Entlassungsrechte und die Einschränkung des auch Gewaltausübung einschließenden Züchtigungsrechts. Was im Vergleich zum Gesinderecht in Altpreußen und einer in demselben Jahr für Neuvorpommern und Rügen erlassenen Ordnung immerhin noch recht fortschrittlich war, war für das Rheinland respektive die konkret Betroffenen aber ein Rückschritt: Unter französischer Herrschaft gab es nämlich überhaupt kein freiheitseinschränkendes Sonderrecht. Unter dem Protest des dritten Standes des Provinziallandtags der preußischen Rheinprovinz trat die Ordnung 1844 dennoch in Kraft. Sie führte, so wird ein unbenannter Kritiker zitiert, „orientalische Grundsätze ein und macht den Hausherrn zum Sultan".[55] Neben dem paternalistischen Geist des Gesetzes sticht angesichts der Festlegung der polizeilichen Strafgewalt über das „Gesinde" freilich die sicherheitspolitische Funktion der Ordnung hervor. Dies mit gutem Grund, aber geringer Wirkung: Dass gerade an der beschaulichen westlichen Peripherie der Monarchie die Revolution von 1848 starken Widerhall finden sollte, war angesichts der Entwurzelung der ländlichen Bevölkerung in der vorindustriellen Phase alles andere als ein Zufall. Es war vielmehr ein strukturell bedingter Reflex auf die soziale Destabilisierung der demographisch

52 Vgl. Tenfelde: Ländliches Gesinde, S. 209.
53 Vgl. Vormbaum: Politik und Gesinderecht, S. 177–187.
54 Koselleck: Preußen, Kap. IV.
55 Zit. nach Croon: Provinziallandtag, S. 167.

immer stärker verdichteten ländlichen Welt im Allgemeinen, der durch spezifische regionale Faktoren verschärft wurde.[56]

6. Stadt und Land

Drei Viertel der kommunalen Spitzenvertreter votierten auf dem Provinziallandtag 1831 sowohl gegen die Preußische Städteordnung von 1808 als auch gegen die aktuell revidierte Fassung. Stattdessen pochte man auf die Beibehaltung der französischen Munizipalverfassung von 1800. Dies geht aus heutiger Sicht eigentlich gegen die Intuition, denn mit der Erhebung von Bürgermeistern und Beigeordneten zur dominanten „Ortsobrigkeit" durch Wahlentscheid der Stadtverordneten gingen erhebliche Einschränkungen der genossenschaftlichen Selbstverwaltung einher. Der Wunsch nach Gleichstellung von Stadt und Land, die in der Munizipalverfassung durch die Schaffung von Mairien als gemeindlicher Verwaltungsnukleus angelegt war, entsprang jedoch nicht einem Interesse an der Erweiterung politischer Partizipation, sondern an der ökonomischen Erschließung des „platten Landes" und seiner dinglichen und fiskalischen Ressourcen.[57] Nach den hier nicht zu schildernden Veränderungen der Kommunalverfassung vollzog sich durch die Einführung der Städteordnung von 1856 – „ein Kind der Reaktionszeit unter König Friedrich Wilhelm IV." (L. Weiß) –, die lange und intensiv bekämpfte Trennung von Stadt und Land.[58] Für ebenso wenig zeitgemäß ist das bereits von 1845 bis letztendlich 1918 geltende Dreiklassenwahlrecht zu halten, das freilich die Interessen des rheinischen Wirtschaftsbürgertums begünstigte, aufgrund insbesondere der öffentlichen Stimmabgabe aber den Eindruck verstärkte, es werde bewusst eine „unbürgerliche Privilegienordnung" (so Thomas Nipperdey) beibehalten.[59]

Der Argwohn gegenüber einer verkappten Refeudalisierung auf dem Verordnungswege respektive einer Konsolidierung spätfeudaler Residuen wie im Falle des Gesinderechts zu ersehen, wurde bereits deutlich vor der Revolution von 1848 genährt.[60] Schon ab 1824 hatte König Friedrich Wilhelm III. Ambitionen

---

56 So urteilte Manfred Gailus mit Verweis auf den gegenüber den Städten überproportionalen Bevölkerungsanstieg in den Jahrzehnten nach 1815: „Es darf als charakteristisch für die sozialen Verhältnisse der Provinz Preußen gelten, daß sich hier die für den Vormärz so konstitutiven Erscheinungen wie ‚Pauperismus und Proletariat' weniger in den Städten, sondern vielmehr in bestimmten, von Kätnern und Einliegern dominierten Landgemeinden weit krasser zeigten" (Gailus: Straße und Brot, S. 246).

57 Vgl. zur regionalen Typologie Buchholz: Ende der Frühen Neuzeit, hier S. 178.

58 Vgl. im Einzelnen Weiß: Städteordnung; Schütz: Munizipalverwaltung.

59 Vgl. Nipperdey: Bürgerwelt, S. 679–680.

60 So auf dem Rheinischen Landtag zu Koblenz 1841 (vgl. Acta Borussica, Nr. 82, S. 87 f.).

erkennen lassen, dem Allgemeinen Landrecht im Rheinland grundsätzlich Geltung zu verschaffen und mit diesem adlige Korporationsrechte in der gesamten Monarchie festzuschreiben. Dieses Ansinnen war nicht weniger sinnbildlich als die Nichteinlösung seiner Verfassungsversprechen. Die Folge: „Die Berliner Politik", so Herres und Holtz, „förderte die Formierung einer liberalen politischen Opposition im Wirtschaftsbürgertum, das sich selbst, nicht den rheinischen Adel, als eigentliche regionale Elite an Adels statt begriff."[61] Diese Konstellation festigte sich seit ungefähr der Mitte der 19. Jahrhunderts im Zeichen der gewerblich-industriellen Entwicklung, die die Rheinprovinz zur bevölkerungsreichsten Provinz Preußens machen sollte. In ihr besaßen die Städte – und mit ihnen städtische Eliten – schon vor dem Einsetzen der Industrialisierung einen ungleich größeren Einfluss als in den meisten altpreußischen Provinzen.

7. Wahrnehmungen in der zweiten Hälfte des 19. Jahrhunderts

In die zweite Jahrhunderthälfte fiel sukzessive die Ablösung des französisch-„rheinischen" Rechts durch eigenständige Kodifikationen durch die preußische bzw. deutsche Monarchie: 1851 das Strafrecht, 1875 das Personenstandsrecht, 1879 das Prozess- und Gerichtsverfassungsrecht. Als das BGB, an dem die Arbeit 1874 aufgenommen worden war, und das in einem ersten Entwurf 1888 bereitstand, am 1.1.1900 in Kraft trat, sah sich der Gesetzgeber längst mit gesellschaftlichen Voraussetzungen konfrontiert, die in der frühen Reichsgründungsphase so noch nicht bestanden hatten. Nach Auffassung von Michael John in seinem Buch zur Genese des BGB von 1989[62] war die Realisierung des BGB zum einen dem Umstand geschuldet, dass die Arbeit daran durch die zuständige Ministerialbürokratie den parteipolitischen und sonstigen lobbyistischen Einflussnahmen weitgehend entzogen werden konnte. Zum anderen propagierte die Reichsregierung in wilhelminischer Zeit ihre mit dem Gesetzeswerk verbundenen pragmatischen „‚state-forming' priorities"[63] letztlich wirkungsvoll als Errungenschaften von fundamentaler nationaler Bedeutung. Diese Interpretation findet sich schon 1970 bei Faber, der urteilte, dass der Rückgriff auf das rheinische Recht

> nun in einer Zeit erfolgte, in der die politische Komponente der Rechtsordnung, ihre Funktion als Kontrollinstanz gegenüber dem Staate, hinter einer Staatsgläubigkeit zu-

61 Herres/Holtz: Rheinland, S. 143.
62 Vgl. John: Politics, insbes. S. 242–247.
63 John: Politics, S. 243.

> rücktrat, für die das Recht nur eine dienende Funktion im Staate besaß, ja letzten Endes nichts anderes als staatliche Satzung war.[64]

Die juristische Arbeit in der Tiefe der Materie wurde von einer chauvinistischen Polemik übertönt, wie sie Heinrich von Treitschke (1834–1896) – und mit ihm kein Geringerer als wenig später der Hofhistoriograph des preußischen Staates in der Nachfolge Rankes[65] – im zweiten Band seiner „Deutschen Geschichte" 1882 gegen das rheinische Recht und seine Verteidiger anstimmte. Einmal mehr wird ersichtlich, wie „politisch" die Frage des geltenden Rechts war und wie sehr sie alle Sachüberlegungen überlagerte. Treitschke forderte den „starken Staat", wobei ihm vielleicht selbst bewusst war, dass die Radikalität seiner Aussagen, die sich apodiktisch gegen jede Form der Liberalisierung wandten, förmlich eine Notstandssituation erforderte. Diese fand er knapp einen Monat nach dem von ihm beklagten und auch kritisierten Verfassungsversprechen des Königs in der Schlacht bei Waterloo. „Der Staat bedurfte für einige Jahre der monarchischen Dictatur".[66] Diese setze ihn in den Stand, eine Umerziehung des „Volks" auszuüben, der aber der Aufbau des Staats selbst voranzugehen habe. „Die Grundlagen der Verwaltung mußten doch erst feststehen, ehe man die Krone mit parlamentarischen Formen umgab."[67] Treitschkes Bemerkungen bezüglich der – von ihm gewiss nicht geteilten – „rheinischen Lustigkeit",[68] der „geistreichen, erregbaren, bildsamen, für alles Fremde empfänglichen Rheinfranken",[69] zielten darauf ab, die kulturelle Inferiorität der Rheinländer und ihre Führungsbedürftigkeit zu belegen.

> Nur die Fäulnis seines Staates, nur die Unnatur der Theokratie und der Fremdherrschaft hatten diesen hochbegabten Stamm so tief herabgebracht. Nur ein starker Stamm konnte ihn emporheben, und das schönste und älteste aller deutschen Lande wieder mit der rüstigen Kraft des neuen nationalen Lebens befruchten.[70]

Treitschkes Standpunkt wurde noch in der Kaiserzeit von Radikaletatisten wie Georg von Below (1858–1927) vertreten, die jedwede Anklänge an genossenschaftliche Selbstorganisation bis weit in entlegene Vergangenheiten durch den Primat des Staates zu entkräften suchten.

---

64 Faber: Recht, S. 20.
65 Vgl. Neugebauer: Historiker.
66 Treitschke: Deutsche Geschichte, S. 278.
67 Treitschke: Deutsche Geschichte, S. 278.
68 Treitschke: Deutsche Geschichte, S. 275.
69 Treitschke: Deutsche Geschichte, S. 278.
70 Treitschke: Deutsche Geschichte, S. 278.

In den widerstreitenden Ansichten über das rheinische Recht spiegeln sich, wie erwähnt, unterschiedliche regionale und allgemein kulturelle Standpunkte, nicht zuletzt auch Sozialisationen und Erfahrungshintergründe. Hier ist auch die den Spezialistinnen und Spezialisten bekannte Auseinandersetzung zwischen Ernst von Meier (1832–1911) und Ernst Landsberg einzuordnen. Der aus niedersächsischer Juristenfamilie stammende Meier wurde in Berlin promoviert, in Göttingen habilitiert und unmittelbar nach der Teilnahme am Deutsch-Französischen Krieg als ordentlicher Professor für Rechtswissenschaft an der Universität Halle-Wittenberg installiert. 1888 sollte er in den Adelsstand erhoben werden.[71] Der eine Generation jüngere Landsberg,[72] Sohn des Generaldirektors der „Actien-Gesellschaft für Bergbau, Blei- und Zinkfabrikation zu Stolberg und in Westfalen" und Neffe des Alt-48ers und liberalen jüdischen Bankiers Ludwig Bamberger (1823–1899), wurde 1899 Professor in Bonn. Die Tatsache, dass er von dort aus keinen weiteren universitären Ruf erhielt, sollte 1927 sein Bonner Kollege Fritz Schulz (1879–1957) in seinem Nachruf auf Landsberg dahingehend kommentieren, „daß eine so ausgesprochen rheinische Persönlichkeit wie Landsberg nirgends besser als in Bonn am Platze war."[73] Damit spielte der liberal gesinnte Rechtshistoriker Schulz vermutlich auch darauf an, dass Landsberg, der sich – zumal auch aufgrund seines jüdischen Glaubens – zurückgesetzt sah, nach Maßstäben seiner Zeit nonkonformistische Züge ausgeprägt hatte. Gegenüber dem eigenen Fach erwies er sich als Skeptiker, postulierte eine wertebasierte Gesetzgebung unter Einschluss der Politik- und Geschichtswissenschaft und trat damit in Distanz zu Savigny.[74]

Ernst von Meier hatte 1907 und 1908 ein zweibändiges Werk mit dem Titel „Französische Einflüsse auf die Staats- und Rechtsentwicklung Preußens im XIX. Jahrhundert" veröffentlicht. Im ersten Band, „Prolegomena", lief Meiers Auseinandersetzung mit dem französischen Recht – für ihn „Napoleonismus" – darauf hinaus, die Originalität dieser Gesetzgebung anzufechten.[75] So seien wichtige Teile der Privatrechtsreform auf Vorleistungen des 17. und 18. Jahrhunderts zurückzuführen, während Napoleon sich in genuin antifeudalen Gesetzgebungszusammenhängen bloß als „Vollstrecker der Revolution" erwie-

71 Vgl. m.W. bislang nur Rückert: Meier, Ernst von.

72 Vgl. zu ihm die chronologisch-biographisch angelegte Dissertation von Siebels: Ernst Landsberg.

73 Schulz: Ernst Landsberg †.

74 Die Entwicklung der Sichtweise Landsbergs analysiert Haferkamp: Landsberg in Weimar.

75 Vgl. Meier: Französische Einflüsse I, Kap. 4. Vgl. in diesem Zusammenhang die Studie von Peters: Der „germanische" Code civil, die Meier (S. 123 falsch „Franz") aber nur sehr beiläufig tangiert.

sen habe.[76] Die preußischen Reformen dagegen, um die es Meier allein ging, seien, wie schon der renommierte Berliner Historiker Otto Hintze (1861–1940) erkannt habe, eigenständige Leistungen gewesen.[77] Die Verweigerung ständischer Repräsentation sei übrigens aus höherer Einsicht erfolgt. Man erahnt, welch große Herausforderung das „rheinische Recht" für die preußisch-borussische Historiographie schon deshalb bedeutete, weil seine Wertschätzung auf eine Negierung preußischer Staatsleistungen hinauslief – und dies retrospektiv, da die Erfolgsgeschichte des brandenburgisch-preußischen Staates ja vor 1800 angesetzt wurde. Man denke an die „Denkmäler der preußischen Staatsverwaltung", so der Untertitel der „Acta Borussica" seit 1892.

8. Historische Perspektiven: Rheinische Landesgeschichte und rheinisches Recht

Ernst Landsberg stellte sein zweibändiges Werk „Die Gutachten der Rheinischen Immediat-Justiz-Kommission und der Kampf um die rheinische Rechts- und Gerichtsverfassung 1814–1819" diesen borussischen Auffassungen explizit entgegen.[78] Für ihn war die Auseinandersetzung über preußisches oder französisches Recht ein „Kampf", der über 35 Jahre hinweg ausgetragen wurde, aber, so Landsberg weiter:

> weniger ein juristischer, als ein national-politischer – Neigung zu französischem Wesen bewegte die Rheinländer kaum, so gerne solche Neigung ihnen von den Gegnern vorgeworfen wird – als vielmehr ein partei-politischer. Es ist der Kampf des liberalen und modernen, sozial selbstbewußten und wirtschaftlich vorwärtsdrängenden rheinischen Bürgertums gegen das altpreußische feudal-bureaukratische Regiment.[79]

Damit verwahrte sich Landsberg mit recht scharfen Worten gegen die Behauptungen Meiers und setzte voraus, dass das Festhalten am rheinischen Recht „nichts mit Französelei und gar nichts mit einer allgemeinen Oppositions-Stimmung gegen den Preußischen Staat zu tun" habe.[80] Das Werk Landsbergs wurde 1914 von der Gesellschaft für Rheinische Geschichtskunde (GRhG) als deren 35. Edition veröffentlicht. Dies ist von einem nicht unerheblichen historiographiegeschichtlichen Interesse, mag auch ein dezidiertes programmatisches

---

76 Meier: Französische Einflüsse I, S. 204.
77 Vgl. Meier: Französische Einflüsse II, 481–497.
78 Vgl. Landsberg: Gutachten, vor allem S. III–VI.
79 Landsberg: Instruktion, S. 172.
80 Landsberg: Gutachten, S. VI.

Interesse der vom rheinischen Wirtschaftsbürgertum getragenen „Gesellschaft" mit der Platzierung des Werks nicht zwingend zu verbinden sein.[81] Diese Gesellschaft, de facto eine historische Kommission, war 1881 gegründet worden.[82] Das Geld für die Publikationsunternehmen kam von industriellen Mäzenen („Patronen"), maßgeblich von Gustav von Mevissen (1815–1899), der in der Textil- und Schwerindustrie, im Eisenbahnbau und zuletzt im Bankenwesen reüssiert hatte. Mevissen zeigte sich fasziniert von der Idee einer Verschränkung von Geschichte und Wirtschaft, wie dies Karl Lamprecht als neuer Typus von Kulturgeschichte vorhatte. Ähnlich wie Mevissen huldigten die ab 1881 in der „Gesellschaft" versammelten industriellen „Patrone" einem neoromantischen Historismus im Angesicht jener Formveränderungen der Moderne, mithin dem visuellen wie ideellen Verlust des Alten, an dem sie selbst freilich nicht den geringsten Anteil hatten. Bei der Gründung umfasste die „Gesellschaft" 140 rheinische Geschichtsforscher und 116 Patrone, darunter 27 Angehörige des rheinischen Adels, sowie zahlreiche Kaufleute, von denen 41 allein aus Köln kamen.

Eine der Gründerpersönlichkeiten dieser Gesellschaft war der erwähnte Hugo Loersch gewesen, dem, so Schmoeckel, „durch seine intensive Forschung und sein gesellschaftliches Engagement eine zentrale Rolle für die rheinische Geschichtswissenschaft" zukam.[83] Loersch stammte, genauso wie Ernst Landsberg, aus dem Aachener Industriellenmilieu. 1865 hatte er die Tochter des erwähnten Peter Reichensperger geheiratet. Loersch studierte Rechts- und Geschichtswissenschaft und wurde 1875, wie eingangs erwähnt, ordentlicher Professor für Preußisches und Französisches Zivilrecht an der Universität Bonn. 1878 war er akademischer Lehrer u. a. des Kronprinzen und späteren Kaisers (1888) Wilhelm während dessen Bonner Studienzeit und unterhielt gute Beziehungen zum Kaiserhaus, was ihm das Ehrenamt eines Geheimen Justizrats und Kronsyndikus und die Mitgliedschaft im Preußischen Herrenhaus einbrachte. Loersch betätigte sich früh intensiv mit diplomatischen Quellen, publizierte „Aachener Rechtsdenkmäler" des Spätmittelalters, war ein Pionier der Weistumsforschung und zeigte sich in Schrift und Praxis stark am französischen Denkmalschutzrecht interessiert.[84] All dies macht ihn zum Beispiel eines einflussreichen Akademikers an der Schnittstelle von Rechts- und Geschichtswissenschaft, der es verstand, seine Überzeugungen zu popularisieren und gewissermaßen auch zu vermarkten.

81 Vgl. den (XXXII.) Jahresbericht der GRhG für 1912, S. 18 f., dem zufolge die Initiative zur Edition von Landsberg selbst ausgegangen war.

82 Vgl. die jüngere Darstellung von Pabst: Gesellschaft, S. 70.

83 Schmoeckel: Hugo Loersch.

84 Vgl. Loersch: Das französische Gesetz.

Für Loersch wie seinen Umkreis stellte die Wahrung oder Verwerfung des rheinischen Rechts die regionale wie geistig-kulturelle Identität des Rheinlands zur Disposition. Denn dieses „Rheinland“, das allenfalls in der Antike eine staatliche Einheit gebildet hatte, musste gewissermaßen erst erfunden werden.[85] Diesen Beitrag leistete – nicht nur im Rheinland – die Landesgeschichte, deren Institutionalisierung einzigartig im internationalen Vergleich ist. Es ist also davon auszugehen, dass im letzten Viertel des 19. Jahrhunderts die Reminiszenz an eine alte Vergangenheit unter den akademischen wie bildungsbürgerlichen Honoratioren im Rheinland wach war. „Auch strebte er“, Loersch, so Ulrich Stutz 1928 in seinem ausführlichen Nekrolog,

> darnach, das Recht der Vergangenheit auf dem Grunde der politischen und kulturellen Voraussetzungen wieder erstehen zu lassen, die es ehedem getragen hatten. Daher sein Interesse für Geschichte überhaupt und für die rheinische im Besondern.[86]

Doch keine Frage: Mit dem Beharren auf dem rheinischen Recht gaben diese Kreise gleichzeitig einem durch Interesse geleiteten Autonomieanspruch Ausdruck, der in den Konfliktphasen des Kaiserreichs als ein potentiell staatsgefährdender Partikularismus erachtet wurde. Das rheinische Recht bot jedenfalls eine Handhabe dazu, durch die Beschwörung eines Alleinstellungsmerkmals in dauerhafte Opposition gegenüber einer zentralistischen Obrigkeit zu treten.

Landsberg steuerte in diesem Zusammenhang in der von Joseph Hansen 1917 herausgegebenen Festschrift anlässlich des Beginns der 100jährigen Herrschaft Preußens im Rheinland einen knapp 50seitigen Teil über „Das rheinische Recht und die rheinische Gerichtsverfassung“ bei.[87] Dieser Abschnitt firmierte als eines von 24 Kapiteln des zweibändigen, mit 1.400 Seiten geradezu kolossalen Werkes. Über Landsberg, so ist zu vermuten, floss das Geschichtsbild des „rheinischen Rechts“ in die historisch interessierte Öffentlichkeit ein. Der genannte Joseph Hansen (1863–1943) war der Vorsitzende der „Gesellschaft“ von 1893 bis 1928 und damals die dominierende Persönlichkeit der rheinischen Landesgeschichte. Von 1913 bis 1922 war er auch Vorsitzender des deutschen Historikerverbandes. Hansen ließ 1918 eine schlankere Synopsis der großen Festschrift im Auftrag des Provinzialverbandes in eigenen Worten folgen. Beide Publikationen zum preußischen Herrschaftsjubiläum „am Rhein“ schildern, wie kaum anders zu erwarten, eine Erfolgs- oder Verdienstgeschichte. Schließlich fiel ihre Fertig-

---

85 Vgl. i. d. S. Dross: Erfindung, S. 24–32.

86 Stutz: Hugo Loersch, S. XVIII.

87 Vgl. Landsberg: Das rheinische Recht. Zu Landsbergs sich im Laufe der Zeit ändernder Sicht auf das rheinische Recht und insbesondere auch zu Landsbergs Beitrag in Hansens Festschrift Haferkamp: Einfluss, Rz. 9–16.

stellung in die letzten Monate des Ersten Weltkrieges: Hansen schloss seine Vorworte im September 1917 und im März 1918. Seine eigene Schrift von 1918 erlangte eine große Verbreitung. Sie wurde 1990 vom Landschaftsverband Rheinland deswegen nachgedruckt, weil sie, so hieß es einleitend, eine „bis heute nicht überholte Darstellung" biete. Das ist richtig, und zwar leider, weil es weder eine umfassende rheinische Rechts- noch eine rheinische Historiographiegeschichte gibt. Zumindest für letztere ließen sich gute Argumente beibringen, deren Tragweite über den nur regionalen Interessenskreis der Landesgeschichte hinausreichen müsste. Der Stellenwert des rheinischen Rechts wäre hier entsprechend zu vermessen.

In einem Kommentar zu Hansens Schrift von 1918 wurde zutreffend konstatiert: „Die Literatur tradiert überwiegend die populäre Sichtweise [...] vom liberalen rheinischen Recht, das sich gegenüber dem ‚reaktionären preußischen Recht' behaupten mußte".[88] Dieses Bild hielt die Verfasserin zu Recht für korrekturbedürftig und mahnte an, das Konfliktfeld „rheinisches Recht" in konkretere gesellschaftsgeschichtliche Problem- bzw. Interessenskonflikte einzubetten. Dieser ganz große Rahmen ist aber noch nicht gezogen worden. In ihm müsste das rheinische Recht als Katalysator respektive als Chiffre für umfassende massive Dynamiken des 19. Jahrhunderts beleuchtet werden.

In seiner eigenen Schrift zeichnete Hansen die Landnahme Preußens in gewiss harmonisierender, aber nicht in affirmativer Art und Weise nach: Das Preußen, das sich der liberalkonservative, übrigens durchweg antifranzösisch ausgerichtete Kreis um Hansen wünschte, war der über die „bureaukratisch-absolutistische, auf den Adel gestützte Herrschaftsform"[89] hinausgewachsene Staat. In einer ganzen Reihe von Publikationen hob Hansen hervor, dass und wie sich das Rheinland von Ostelbien unterscheide, wobei der „vormärzliche Liberalismus" entscheidende Prägungen hinterlassen habe. Hansen formulierte dies wie folgt[90]:

> Für die Überleitung des absolutistischen Staates Preussen in einen konstitutionellen Rechtsstaat ist der rheinische vormärzliche Liberalismus bedeutsam geworden, der – wenn auch unter Abwandlungen, die sich aus dem neuen Begriff der Volksrepräsentation ergaben – durch die Epoche der französischen Fremdherrschaft hindurch mit der landständischen Verfassung der alten rheinischen Territorien mannigfach verknüpft ist.

---

88 Padtberg: Geschichte, S. 336.
89 Hansen: Die Rheinprovinz 1815–1915 I, S. VII.
90 Hansen: Gesellschaft, S. 83.

In seinem großen, 1919 aufgenommenen Editionswerk „Rheinische Briefe und Akten zur Geschichte der politischen Bewegung 1830–1850“ gab Hansen seiner Erwartung Ausdruck,

> daß Preußen seine im Befreiungskriege begonnene Aufgabe erfüllen und dem staatsbürgerlichen wie dem nationalen Geiste Raum zu einer freiheitlich organisierten Tätigkeit gewähren werde.[91]

Das „rheinische Recht“ galt Hansen nach eigenen Worten als

> eine Scheidewand zwischen Altpreußen und Rheinpreußen und ein wesentliches Element des rheinischen Partikularismus, der sich im Gegensatz zum altpreußischen Partikularismus zu entwickeln begann, und wohl wertvolle Güter für die Zukunft rettete, die Verschmelzung des linken Rheinufers mit dem Staatsganzen aber sehr erschwerte.[92]

Hansen und sein Kreis befürworteten demnach einen Staat, der seine Wohlfahrtsziele mithilfe bürgerlicher Partizipation anstelle von Dirigismus erreichen sollte. Die rechtlichen Voraussetzungen sollten nicht nach Maßgabe der altständisch-agrarischen, sondern der urbanen Eliten gestaltet werden, die im Rheinland schließlich die Oberhand hatten. In diesem – und nur in diesem Sinne – war das Festhalten am rheinischen Recht revolutionär.

9. Bilanz und Ausblick

Die Herabsetzung des rheinischen Rechts von staatlicher Seite war, wertfrei besehen, eine logische Notwendigkeit, die aus der nationalen Mobilisierung während der „Befreiungskriege“ resultierte. Dass hieraus aus preußischer Sicht eine positive und vor allem auch nachhaltige Integrationskraft erwuchs, ist jedoch zu verneinen. Indem man sich nämlich ausgerechnet das rheinische Recht vornahm, während man selbst „mit den Mitteln und Zielsetzungen älterer Kabinettspolitik, ohne Rücksichtnahme auf den Willen der betroffenen Bevölkerungen“ agierte (Jürgen Herres),[93] hatte zur Folge, dass man Fortschritt zu Rückschritt erklärte, ohne konstruktiv voranzuschreiten.

---

91 Hansen: Rheinische Briefe und Akten I, Vorwort, S. XIII.

92 Hansen: Preußen und das Rheinland, S. 37 f.

93 Herres: „Und nenne Euch Preußen!“, S. 108.

Wenn man jedenfalls über das Recht der Franzosen in Deutschland sprach, dann implizierte dies unweigerlich eine Gesamtbewertung der französischen Herrschaft in Deutschland von 1794 bis 1814/1815, der Französischen Revolution und danach des Verhältnisses von Deutschland und Frankreich insgesamt. Dies konnte nicht ohne Wirkung auf die Historiographie bleiben, die noch bis in die 1950er Jahre bevorzugt von französischer „Fremdherrschaft" sprach und jene als „Egoisten und unsaubere Elemente" und „Franzosenfreunde" sehen wollte, die Zeichen der Wertschätzung gegenüber der französischen Administration demonstrierten.[94] Der Freiraum für eine Wahrnehmung und gegebenenfalls auch Anerkennung der konstruktiven Effekte der Französischen Revolution in Deutschland eröffnete sich tatsächlich kaum vor den 1970er Jahren. Im Zuge der historiographischen Kehrtwende in der damaligen Bundesrepublik ist dem Umgang mit dem napoleonischen Gesetzeswerk eine ausgesprochene Indikatorwirkung zuzumessen, die in der Geschichtswissenschaft bislang allerdings noch nicht systematisch erfasst wurde. Sehr allgemein ist hier von einem Abbruch des Forschungsinteresses mit der 1848er Revolution zu sprechen. Voraussetzung war aber auch die Abkehr von affirmativen etatistischen Auffassungen, die als Folge eines tiefgreifenden Paradigmenwechsels in der Geschichtswissenschaft in den 1960er und 1970er Jahren anzusehen ist. In der Sache war inzwischen Einsicht in die sogenannten „Strukturprobleme" fürstlicher Herrschaft auf sämtlichen Regelungs- und Handlungsebenen erwachsen, ohne dass damit der Fiktion von Konsens und Aushandlung Gewicht gegeben werden müsste. Hinsichtlich der Rezeption des rheinischen Rechts ist in Rechnung zu stellen, dass diese von der Forschung bislang nur mit Blick auf die französische bzw. Rheinbundzeit sowie die Anfangsjahre der preußischen Herrschaft Niederschlag gefunden hat.[95]

Es wäre angesichts dessen eine lohnenswerte gemeinschaftliche Aufgabe von Geschichts- wie historischer Rechtswissenschaft, das rheinische Recht in die Realgeschichte des 19. Jahrhunderts zurückzuführen und dabei die Sachebene von allen Überhöhungen und Herabsetzungen zu befreien. Denn wie für viele historische Themen gilt auch für das rheinische Recht ganz besonders und keineswegs erst im größeren zeitlichen Abstand, dass der Gegenstand von seiner Rezeption förmlich überwachsen wurde.

---

94 Steffens: Provinzen, S. 411.

95 Eine Ausnahme ist Stefan Geyers Auseinandersetzung mit der Rechtsprechung des zweiten Zivilsenats des Reichsgerichts, ders.: Code civil.

Quellen und Literatur

Acta Borussica, Neue Folge, 1. Reihe: Die Protokolle des Preußischen Staatsministeriums 1817–1934/38, bearb. von Bärbel Holtz, Hildesheim, Zürich, New York 2000.

Ancel, Pascal: Der französische Code civil im Jahr 2005 – Monument oder Gespenst?, in: Juridica international 10 (2005), S. 35–41.

Bormann, K. Th. F./Daniels, A.[lexander] v.[on] (Hg.): Handbuch der für die Königl. Preuß. Rheinprovinzen verkündigten Gesetze, Verordnungen und Regierungsbeschlüsse aus der Zeit der Fremdherrschaft, 8 Bde., Köln 1833–1845 (abrufbar unter https://www.digitale-sammlungen.de/de/view/bsb10548438?page=4,5, letzter Zugriff: 28.8.2025).

Brommer, Peter (Hg.): „Es lebet hier ein ruhiges, gutmüthiges und aufgewecktes Volk“. Der Regierungsbezirk Koblenz im Großherzogtum Niederrhein im Spiegel amtlicher Berichte aus den Jahren 1816–1822, Trier 2020.

Buchholz, Werner: Das Ende der Frühen Neuzeit im „Dritten Deutschland“. Vergleich und Synthese, in: ders. (Hg.): Das Ende der Frühen Neuzeit im „Dritten Deutschland“. Bayern, Hannover, Mecklenburg, Pommern, das Rheinland und Sachsen im Vergleich (Historische Zeitschrift, Beihefte Bd. 37), München 2003, S. 167–184.

Croon, Gustav: Der Rheinische Provinziallandtag bis zum Jahre 1874. Im Auftrage des Rheinischen Provinzialausschusses, Düsseldorf 1918.

Demel, Walter: Vom aufgeklärten Reformstaat zum bürokratischen Staatsabsolutismus (Enzyklopädie deutscher Geschichte Bd. 23), München 1993.

Dipper, Christof: Die Bauernbefreiung in Deutschland 1790–1850, Stuttgart, Berlin, Köln, Mainz 1980.

Dorn, Franz/Kleinheyer, Gerd: Zur Geschichte des Fachs Rechtswissenschaft an der Rheinischen Friedrich-Wilhelms-Universität Bonn, o. O. 1999 (abrufbar unter https://www.jura.uni-bonn.de/juridicum/geschichte, letzter Zugriff: 28.8.2025).

Dross, Fritz: Von der Erfindung des Rheinlands durch die rheinische Landesgeschichte. Eine Polemik, in: Jahrbuch für Regionalgeschichte 23 (2005), S. 13–34.

Dumont, Franz: Vermittler französischen Rechts in Deutschland: Heinrich Gottfried Wilhelm Daniels (1752–1827), in: Espagne, Michel/Greiling, Werner (Hg.): Frankreichfreunde. Mittler des französisch-deutschen Kulturtransfers (1750–1850), Leipzig 1996, S. 189–220.

Ehrengruber, Johannes (Bearb.): 30. Dezember 1826: Votum des Abgeordneten Peter Heinrich Merkens zur Abstimmung der Rheinischen Provinzialstände über die Beibehaltung des „Rheinischen Rechts“ (abrufbar unter https://afz.lvr.de/de/archiv_des_lvr/dokument_des_monats/dokument_2019_12/2019_12.html, letzter Zugriff: 28.8.2025).

Esser, Franz Dominic: Der Wandel der Rheinischen Agrarverfassung. Der Einfluss französischer und preußischer Agrarreformen zwischen 1794 und 1850 auf die bäuerlichen Rechtsverhältnisse im Rheinland (Forschungen zur deutschen Rechtsgeschichte Bd. 32), Köln, Weimar, Wien 2020.

Faber, Karl-Georg: Recht und Verfassung. Die politische Funktion des rheinischen Rechts im 19. Jahrhundert, Köln 1970.

Fehrenbach, Elisabeth: Traditionale Gesellschaft und revolutionäres Recht. Die Einführung des Code Napoléon in den Rheinbundstaaten (Kritische Studien zur Geschichtswissenschaft Bd. 13), Göttingen[3]1983.

Fischer, Carsten: von Lassaulx, Franz Georg Joseph, in: Laux, Stephan (Hg.): Lebenswege zur Demokratie in Rheinland-Pfalz, Bd. 1: Aufklärung und Frühliberalismus 1750–1850 (Veröffentlichungen der Kommission des Landtages für die Geschichte des Landes Rheinland-Pfalz Bd. 34), Ubstadt-Weiher, Heidelberg, Speyer, Stuttgart, Basel 2025, S. 297–306.

Friedeburg, Robert von: Brach liegende Felder. Grundzüge der deutschen Agrargeschichtsschreibung, in: Jahrbuch für Geschichte des ländlichen Raumes 1 (2004), S. 78–93.

Gailus, Manfred: Straße und Brot. Sozialer Protest in den deutschen Staaten unter besonderer Berücksichtigung Preußens, 1847–1849 (Veröffentlichungen des Max-Planck-Instituts für Geschichte Bd. 96), Göttingen 1990.

Geyer, Stefan: Den Code civil „richtiger“ auslegen. Der zweite Zivilsenat des Reichsgerichts und das französische Zivilrecht (Rechtsprechung. Materialien und Studien Bd. 29), Frankfurt am Main 2009.

Giese, Wilhelm: Preußische Rechtsgeschichte. Übersicht über die Rechtsentwicklung der Preußischen Monarchie und ihrer Landesteile, Berlin, Leipzig 1920.

Haas, A.[nton] A.[ndreas] (Hg.): Repertorium der französischen Gesetzgebung in den vier neuen Departementen des linken Rheinufers, 4 Bde., Trier, Coblenz 1822.

Haferkamp, Hans-Peter: Ernst Landsberg in Weimar, in: Thier, Andreas/Pfeifer, Guido/Grzimek, Philipp (Hg.): Kontinuitäten und Zäsuren in der Europäischen Rechtsgeschichte. Europäisches Forum Junger Rechtshistorikerinnen und Rechtshistoriker München 22.–24. Juli 1998 (Rechtshistorische Reihe Bd. 196), Frankfurt am Main, Berlin, Bern, New York, Paris, Wien 1999, S. 297–312.

Haferkamp, Hans-Peter: Der Einfluss des Code civil auf das Bürgerliche Gesetzbuch – Wissenschaftsgeschichtliche Komplementärbetrachtungen zur Studie von Dieter Strauch (abrufbar unter https://forhistiur.net/2005-06-haferkamp/?l=de, letzter Zugriff: 28.8.2025).

Haferkamp, Hans-Peter: Die Lehre des französischen Rechts an Deutschen Fakultäten im 19. Jahrhundert, in: Schubert, Werner/Schmoeckel, Mathias (Hg.): 200 Jahre Code civil. Die napoleonische Kodifikation in Deutschland und Europa (Rechtsgeschichtliche Schriften Bd. 21), Köln, Weimar, Wien 2005, S. 47–71.

Haferkamp, Hans-Peter: Die Historische Rechtsschule (Studien zur europäischen Rechtsgeschichte Bd. 310), Frankfurt am Main 2018.

Haferkamp, Hans-Peter: Gesetzgebung in der historischen Schule, in: Revue historique de droit français et étranger 2 & 3 (2024), Actes des Journées Internationales de la Société d'Histoire du Droit Bonn (2–5 juin 2022), S. 318–332.

Hansen, Joseph: Die Gesellschaft für Rheinische Geschichtskunde in den Jahren 1881–1906, in: Die Gesellschaft für Rheinische Geschichtskunde. Ziele und Aufgaben 1881–1906, Köln 1907, S. 55–86.

Hansen, Joseph (Hg.): Die Rheinprovinz 1815–1915. Hundert Jahre preußischer Herrschaft am Rhein, Bd. 1, Bonn 1917.

Hansen, Joseph: Preußen und das Rheinland von 1815 bis 1915. Hundert Jahre politischen Lebens am Rhein (Rheinprovinz Bd. 4), Bonn 1918 (unveränd. Nachdruck, hg. vom Landschafsverband Rheinland, Archivberatungsstelle, Köln 1990).

Hansen, Joseph (Bearb.): Rheinische Briefe und Akten zur Geschichte der politischen Bewegung 1830–1850 (= Publikationen der Gesellschaft für Rheinische Geschichtskunde Bd. 36), 4 Bde., Essen, Bonn, Düsseldorf 1919–2013.

Bd. 1 (1830–1845), bearb. von Joseph Hansen, Essen, Leipzig 1919 (Nachdruck Osnabrück 1967).

Bd. 2, 1. Hälfte (Jan. 1846–Apr. 1848), bearb. von Joseph Hansen, Bonn 1942.

Bd. 2, 2. Hälfte (Apr.–Dez. 1848), bearb. von Heinz Boberach, Köln, Bonn 1976.

Bd. 3 (1849–1850), bearb. von Heinz Boberach, Düsseldorf 1998.

Bd. 4 (Gesamtindex), bearb. von Heinz Boberach und Michael Wettengel, Düsseldorf 2013.

Harnisch, Henning: Adel und Großgrundbesitz im ostelbischen Preußen, 1800–1914, Berlin 1993.

Härter, Karl (Hg.): Deutsches Reich und geistliche Kurfürstentümer (Kurmainz, Kurköln, Kurtrier) (Repertorium der Policeyordnungen der Frühen Neuzeit, Bd. 1 / Ius Commune, Sonderhefte Bd. 84), Frankfurt am Main 1996.

Hehl, Ulrich von (Hg.): Peter Reichensperger 1810–1892 (Beiträge zur Katholizismusforschung, Reihe A: Quellentexte zur Geschichte des Katholizismus Bd. 17), Paderborn, München, Wien, Zürich 2000.

Herres, Jürgen: Bürgertum und politische Bewegung. Die Petitionskampagnen in Köln 1843–1845, in: Geschichte in Köln 38 (1995), S. 53–65.

Herres, Jürgen: „Und nenne Euch Preußen!“ Die Anfänge preußischer Herrschaft am Rhein im 19. Jahrhundert, in: Schnabel-Schüle, Helga/Gestrich, Andreas (Hg.): Fremde Herrscher – fremdes Volk. Inklusions- und Exklusionsfiguren bei Herrschaftswechseln in Europa (Inklusion, Exklusion Bd. 1), Frankfurt am Main 2006, S. 103–137.

Herres, Jürgen/Holtz, Bärbel: Rheinland und Westfalen als preußische Provinzen (1814–1888), in: Mölich/Veltzke/Walter (Hg.): Rheinland, Westfalen und Preußen, S. 119–214.

Hubmann, Heinrich: Crome, Friedrich Theodor, in: Historische Kommission bei der Bayerischen Akademie der Wissenschaften (Hg.): Neue Deutsche Biographie, Bd. 3: Bürklein–Ditmar, Berlin 1957, S. 421 f. (abrufbar unter https://www.digitale-sammlungen.de/de/view/bsb00016319?page=437, letzter Zugriff: 28.8.2025).

JEHLE, MANFRED: Die Enquêten der preußischen Regierung zu den Verhältnissen der Juden und der jüdischen Gemeinden, 1842–1845. Einleitung zur Edition, in: DERS. (Hg.): Die Juden und die jüdischen Gemeinden Preußens in amtlichen Enquêten des Vormärz [...], Teil 1 (Einzelveröffentlichungen der Historischen Kommission zu Berlin Bd. 81/1), München 1998, S. LIX–XCIII.

JOHN, MICHAEL: Politics and the law in late nineteenth-century Germany: The origins of the civil code, Oxford 1989.

KOLTES, MANFRED: Das Rheinland zwischen Frankreich und Preußen. Studien zu Kontinuität und Wandel am Beginn der preußischen Herrschaft (1814–1822) (Dissertationen zur neueren Geschichte Bd. 22), Köln, Weimar, Wien 1992.

KOSELLECK, REINHART: Preußen zwischen Revolution und Restauration. Allgemeines Landrecht, Verwaltung und soziale Bewegung von 1791 bis 1848, Stuttgart ²1975 (Nachdruck München 1989).

KRINGS, WILFRIED: J. N. Schwerz und die Agrarenquete von 1816/18 in den preußischen Rheinprovinzen (mit 2 Karten), in: Rheinische Vierteljahrsblätter 42 (1978), S. 258–297.

LADEMACHER, HORST: Die nördlichen Rheinlande von der Rheinprovinz bis zur Bildung des Landschaftsverbandes Rheinland (1815–1953), in: PETRI, FRANZ/DROEGE, GEORG (Hg.): Neuzeit (Rheinische Geschichte Bd. 3), Düsseldorf 1976, S. 475–866.

LANDSBERG, ERNST: Die Instruktion der Preußischen Immediat-Justiz-Kommission für die Rheinlande von 1816, in: Zeitschrift für Politik 6 (1913), S. 171–185.

LANDSBERG, ERNST: Das rheinische Recht und die rheinische Gerichtsverfassung, in: HANSEN (Hg.): Die Rheinprovinz 1815–1915, Bd. 1, S. 149–195.

LANDSBERG, ERNST: Die Gutachten der Rheinischen Immediat-Justiz-Kommission und der Kampf um die rheinische Rechts- und Gerichtsverfassung 1814–1819 (Publikationen der Gesellschaft für Rheinische Geschichtskunde Bd. 31), Bonn 1914.

LAUX, STEPHAN, „Le vrai boulevard de l'Allemagne"? Der Übergang der linksrheinischen Gebiete an Preußen und Bayern im Kontext des Wiener Kongresses (1814–1816), in: BECKER, THOMAS/GEPPERT, DOMINIK/RÖNZ, HELMUT (Hg.): Das Rheinland auf dem Weg nach Preußen 1815–1822 (Stadt und Gesellschaft. Studien zur Rheinischen Landesgeschichte Bd. 6), Köln, Weimar, Wien 2019, S. 51–90.

LOERSCH, HUGO (Hg.): Der Code civil französisch und deutsch nebst den ihn abändernden und ergänzenden Reichs- und Preußischen Gesetzen und den noch geltenden Artikeln des code de procédure und des code de commerce, Leipzig ³1887.

LOERSCH, HUGO: Das französische Gesetz vom 30. März 1887: Ein Beitrag zum Recht der Denkmalpflege, Bonn 1897.

MALLMANN, LUITWIN: Französische Juristenausbildung im Rheinland 1794 bis 1814. Die Rechtsschule von Koblenz (Studien zur Geschichte der Universität zu Köln Bd. 5), Köln, Wien 1987.

Meier, Ernst von: Französische Einflüsse auf die Staats- und Rechtsentwicklung Preußens im XIX. Jahrhundert, 2 Bde., Leipzig 1907/1908.

Mettele, Gisela: Bürgertum in Köln 1775–1870: Gemeinsinn und freie Association (Stadt und Bürgertum Bd. 10), München 1998.

Mölich, Georg/Pohl, Meinhard/Veltzke, Veit (Hg.): Preußens schwieriger Westen. Rheinpreußische Beziehungen und Wechselwirkungen, Duisburg 2003.

Mölich, Georg/Veltzke, Veit/Walter, Bernd (Hg.): Rheinland, Westfalen und Preußen. Eine Beziehungsgeschichte, Münster ^{2}2023.

Müller-Hogrebe, Cordula: Der rheinische Jurist Joseph Bauerband. Die Lehre des rheinischen Rechts im Spannungsfeld deutscher und französischer Rechtstraditionen (Europäische Hochschulschriften, Reihe 2, Bd. 4170), Frankfurt am Main, Berlin, Bern, Bruxelles, New York, Oxford, Wien 2005.

Müller-Hogrebe, Cordula: Die Errichtung des Lehrstuhls für rheinisches Recht an der Universität Bonn – 1844, in: Schulze, Reiner (Hg.): Rheinisches Recht und Europäische Rechtsgeschichte (Schriften zur Europäischen Rechts- und Verfassungsgeschichte Bd. 24), Berlin 1998, S. 61–78.

Mußgnug, Reinhard: Der Rheinbund, in: Der Staat 46, H. 2 (2007), S. 249–267.

Neugebauer, Wolfgang: Der Historiker im Kampf um die Freiheit: Die preußischen Staatshistoriographen, Leopold (von) Ranke und sein Werk über Hardenberg, Berlin 2023.

Nipperdey, Thomas: Bürgerwelt und starker Staat (Deutsche Geschichte 1800–1866 Bd. 1), München 1998.

Pabst, Klaus: Die Gesellschaft für Rheinische Geschichtskunde 1881–1981. Trägerschaft, Organisation und Ziele in den ersten 100 Jahren ihres Bestehens, red. bearb. von Stephan Laux (Studien und Darstellungen der Gesellschaft für Rheinische Geschichtskunde Bd. 2), Köln 2022.

Padtberg, Beate-Carola: Die rheinisch-preußische Geschichte zwischen 1815 und 1915 im Spiegel der Veröffentlichungen seit dem Ersten Weltkrieg. Ein Forschungsüberblick, in: Hansen (Hg.): Preußen und das Rheinland von 1815 bis 1915, S. 127–349.

Peters, Verena: Der „germanische" Code civil: Zur Wahrnehmung des Code civil in den Diskussionen der deutschen Öffentlichkeit (Beiträge zur Rechtsgeschichte des 20. Jahrhunderts Bd. 95), Tübingen 2021.

Prass, Reiner: Vom Dreißigjährigen Krieg bis zum Beginn der Moderne (1650–1880) (Grundzüge der Agrargeschichte Bd. 2), Köln, Weimar, Wien 2016.

Raude, Karin: Der Volksgeist bei Jacob Grimm (Studien zur Europäischen Rechtsgeschichte Bd. 331), Frankfurt am Main 2022.

Rückert, Joachim: Meier, Ernst v., in: Historische Kommission bei der Bayerischen Akademie der Wissenschaften (Hg.): Neue Deutsche Biographie, Bd. 16: Maly–Melanchthon, Berlin 1990, S. 647–649 (abrufbar unter https://www.digitale-sammlungen.de/de/view/bsb00016334?page=659, letzter Zugriff: 28.8.2025).

Savigny, Friedrich Carl von: Vom Beruf unserer Zeit für Gesetzgebung und Rechtswissenschaft, Heidelberg 1814.

Schmoeckel, Mathias: Hugo Loersch, in: Internetportal Rheinische Geschichte (abrufbar unter https://www.rheinische-geschichte.lvr.de/Persoenlichkeiten/hugo-loersch/DE-2086/lido/57c942939feb93.35284096, letzter Zugriff: 28.8.2025).

Schmoeckel, Mathias: Universitärer Aufschwung und staatliche Eingriffe (1870–1900), in: Geppert, Dominik (Hg.): Preußens Rhein-Universität 1818–1918 (Geschichte der Universität Bonn Bd. 1), Bonn 2018, S. 253–370.

Schubert, Werner: Das französische Recht in Deutschland zu Beginn der Restaurationszeit (1814–1820), zuerst in: Zeitschrift der Savigny-Stiftung für Rechtsgeschichte, Germanistische Abteilung 94 (1977), S. 129–184.

Schubert, Werner: Die Rezeption des Code Napoléon in Deutschland und im übrigen Europa während der Napoleonischen Zeit, in: Hattenhauer, Christian/Schroeder, Klaus-Peter (Hg.): 200 Jahre Badisches Landrecht von 1809/1810 (Rechtshistorische Reihe Bd. 415), Frankfurt am Main 2011, S. 87–113.

Schubert, Werner: Französisches Recht in Deutschland zu Beginn des 19. Jahrhunderts, Köln, Wien 1977.

Schütz, Rüdiger: Von der französischen Munizipalverwaltung zur Rheinischen Städteordnung von 1856. Zur Entwicklungsgeschichte kommunaler Selbstverwaltung in den Rheinlanden, in: Wensky, Margret (Hg.): Preußen und die rheinischen Städte, Bonn 1994, S. 37–73.

Schulz, Fritz: Ernst Landsberg †, in: Zeitschrift der Savigny-Stiftung für Rechtsgeschichte, Romanistische Abteilung 48 (1928), S. VII–XXII [mit Schriftenverzeichnis Landsbergs].

Schwerz, Johann Nepomuk: Beschreibung der Landwirthschaft in Westfalen und Rheinpreussen. Mit einem Anhang über den Weinbau in Rheinpreußen, Tl. 2, Stuttgart 1836.

Siebels, Volker: Ernst Landsberg (1860–1927). Ein jüdischer Gelehrter im Kaiserreich (Beiträge zur Rechtsgeschichte des 20. Jahrhunderts Bd. 68), Tübingen 2011.

Sittel, Johann Matthias (Hg.): Sammlung der Provinzial- und Partikularrechte und Verordnungen, welche für einzelne, ganz oder nur theilweise an die Krone Preußen gefallene Territorien des linken Rheinufers über Gegenstände der Landeshoheit, Verfassung, Verwaltung, Rechtspflege und des Rechtszustandes erlassen worden sind, Bd. 1, Trier 1843.

Sonoya, Munekazu: Opinion publique und Esprit public im Rheinland unter der französischen Herrschaft am Beispiel des Roerdepartements (1792/94–1814), Diss. (masch). Düsseldorf 2019 (abrufbar unter: https://docserv.uni-duesseldorf.de/servlets/DocumentServlet?id=50107, letzter Zugriff: 28.8.2025).

Steffens, Wilhelm: Die linksrheinischen Provinzen Preußens unter französischer Herrschaft 1794–1802, in: Rheinische Vierteljahrsblätter 19 (1954), S. 402–498.

Strauch, Dieter: August Reichensperger als Rechtspolitiker, in: Baldus, Manfred/ Haferkamp, Hans-Peter/Neuheuser, Hanns Peter (Hg.): Schriften zum Rheinischen Recht 1998–2008 von Dieter Strauch (Rechtsgeschichtliche Schriften Bd. 30), Köln, Weimar, Wien 2013, S. 181–214.

Stutz, Ulrich: Hugo Loersch [Nekrolog], in: Zeitschrift der Savigny-Stiftung für Rechtsgeschichte, Germanistische Abteilung 28 (1907), S. VII–XXII.

Tenfelde, Klaus: Ländliches Gesinde in Preußen. Gesinderecht und Gesindestatistik 1810 bis 1861, in: Archiv für Sozialgeschichte 19 (1979), S. 189–228.

Thibaut, Anton Friedrich Justus: Ueber die Nothwendigkeit eines allgemeinen bürgerlichen Rechts für Deutschland, Heidelberg 1814.

Thielen, Katharina: Politische Partizipation in der preußischen Rheinprovinz 1815–1845. Eine Verflechtungsgeschichte (Stadt und Geschichte Bd. 10), Wien, Köln 2023.

Treitschke, Heinrich von: Deutsche Geschichte im Neunzehnten Jahrhundert. 2. Tl.: Bis zu den Karlsbader Beschlüssen (Staatengeschichte der neuesten Zeit Bd. 25), Leipzig 1882.

Vormbaum, Thomas: Politik und Gesinderecht im 19. Jahrhundert (vornehmlich in Preußen 1810–1918) (Schriften zur Rechtsgeschichte Bd. 21), Berlin 1980.

Weiß, Lothar: Die Städteordnung für die Rheinprovinz von 1856, in: Internetportal Rheinische Geschichte (abrufbar unter https://www.rheinische-geschichte.lvr.de/Epochen-und-Themen/Themen/die-staedteordnung-fuer-die-rheinprovinz-von-1856/DE-2086/lido/57d12a0fa9d3c7.81052230, letzter Zugriff: 28.8.2025).

Wiefling, Christian: Die preußische Personalpolitik am Rheinischen Appellationsgerichtshof bis 1879 – Borussifizierung oder Rheinischer Sonderweg? (Rechtsgeschichtliche Schriften Bd. 34), Wien, Köln 2023.

Würtz, Christian: Johann Niklas Friedrich Brauer (1754–1813). Badischer Reformer in napoleonischer Zeit (Veröffentlichungen der Kommission für Geschichtliche Landeskunde in Baden-Württemberg, Reihe B, Forschungen, Bd. 159), Stuttgart 2005.

XXXII. Jahresbericht der Gesellschaft für Rheinische Geschichtskunde über das Jahr 1912, Bonn 1913.

Peter Oestmann

Französischer Urteilsstil und französisches Recht in Deutschland

Beim rheinischen Recht oder allgemeiner gesprochen beim französischen Recht in Deutschland[1] denkt man an Recht aus Frankreich, das im 19. Jahrhundert in der deutschen Rechtspraxis, auch in der deutschen Rechtswissenschaft eine Rolle spielte. Hierbei kann es sich um materielles Recht handeln, vor allem um den Code civil, der in verschiedener Weise in der napoleonischen Zeit, aber auch später als Zivilrechtskodifikation anwendbar war. Zum anderen geht es um das Prozessrecht mit seinen im Vergleich zur deutschen Tradition modernen und wegweisenden Prozessmaximen. Zu berücksichtigen sind ebenso Veränderungen der Gerichtsverfassung, also die Errichtung von Kassationshöfen, Appellationshöfen[2] oder eigenständigen Handelsgerichten[3] in Deutschland. Mit derartigen Gegenständen beschäftigt sich die vorhandene Literatur zum französischen Recht, speziell auch zum rheinischen Recht. Im Gegensatz zu solchen Annäherungen beleuchtet der vorliegende Beitrag das französische Recht von einer eher technischen Seite. Es geht um die Veröffentlichung von Gerichtsentscheidungen, um die Vorbildfunktion der Obergerichte für die Entscheidungsbegründungen der Untergerichte und ganz allgemein um den französischen Urteilsstil. Damit steht die Handwerklichkeit des französischen Rechts im Mittelpunkt des Interesses.[4]

---

1 So auch der Buchttitel von SCHUBERT: Französisches Recht.

2 Überblick über die rheinische Gerichtsverfassung bei STRAUCH: Das Französische Recht, S. 150 f., 156, 158–162.

3 Zur Beibehaltung von Handelsgerichten in Hamburg über die Franzosenzeit hinaus KÄHLER: Französisches Zivilrecht, S. 294–297.

4 Die Arbeit von SCHUMACHER: Das Rheinische Recht, legt ihren Schwerpunkt dagegen auf die zeitgenössische Lösung materiellrechtlicher Fragen.

Für die ältere deutsche Tradition gibt es einen verlässlichen Forschungsstand zu gedruckten Entscheidungssammlungen[5] wie auch zum älteren Relationsstil, sowohl in seiner streng förmlichen Ausprägung[6] als auch in seiner pragmatisch-laxen Handhabung.[7] Es liegen auch Untersuchungen vor über den Wandel von gerichtsinternen Entscheidungsbegründungen zu veröffentlichten Begründungen gegenüber den Parteien oder der juristischen Fachöffentlichkeit.[8] Der Übergang vom Relationsstil zum bis heute gebräuchlichen Urteilsstil ist in den 1820er Jahren mit den Händen zu greifen.[9] Kommt das französische Recht mit ins Spiel, sind Vorarbeiten zu solchen Fragen aber kaum noch vorhanden. Schlaglichthaft tauchen in unterschiedlichen Zusammenhängen Einzelfunde auf. So verfasste etwa das Obergericht der Stadt Lübeck auch nach dem Ende der Franzosenzeit und der Abschaffung des französischen Rechts seine Urteile weiterhin in den aus Frankreich bekannten langen Bandwurmsätzen mit den Attendu-que-Betrachtungen und dem Dispositiv (Tenor) ganz am Ende.[10] Das Niedergericht und das Oberappellationsgericht arbeiteten zur selben Zeit nach dem deutschen Stil.[11] Genauere Einzelheiten sind nicht untersucht. Ausgerechnet bei Werner Schubert zeigt sich sogar ein bezeichnender Fehler. Er meint nämlich, im französischen Stil habe die Entscheidung „den Tenor und die Begründung des Urteils (le motiv et le dispositif)" enthalten.[12] Damit dreht er den im französischen Original enthaltenen Aufbau des Gerichtsurteils mit seiner Übersetzung wie selbstverständlich in die in Deutschland übliche Reihung um und ebnet gerade einen wesentlichen Unterschied ein.

Die folgende Annäherung geschieht deswegen im Wege von vier Probebohrungen. Es geht um drei verschiedene Urteilssammlungen von Gerichten, die zu unterschiedlichen Zeiten und an jeweils anderen Orten mit dem französischen Recht umzugehen hatten. An erster Stelle steht eine Entscheidungssammlung von Friedrich Karl von Strombeck (1771–1848), dem Präsidenten des Gerichts-

5 Für die Zeit bis ca. 1800 Gehrke: Entscheidungsliteratur.

6 Ranieri: Entscheidungsfindung, S. 171–177.

7 Oestmann: Relationstechnik; erste Annäherung von Ortlieb: Schriftlichkeit.

8 Günzl: Geschichte, S. 8 f., mit knappem Hinweis auf den französischen Stil; Hocks: Gerichtsgeheimnis.

9 Hinweise auf die Prozesspraxis des Oberappellationsgerichts Lübeck bei Oestmann: Gerichtspraxis, S. 42–46; Ranieri: Stilus Curiae, S. 80, mit dem Befund, dass sich die Stilunterschiede zwischen den europäischen Rechtskulturen erst zu Beginn des 19. Jahrhunderts gezeigt hätten.

10 Beispiel bei Oestmann: Gerichtspraxis, S. 478 f. Die Attendu-que-Formel war hier auf Deutsch als „erwägend" übersetzt; zur sprachlichen Gestaltung französischer moderner Gerichtsentscheidungen Ranieri: Stilus Curiae, S. 78; aus linguistischer Sicht Krefeld: Gerichtsurteil, S. 108–113.

11 Beispiele bei Oestmann: Gerichtspraxis, S. 429–454 (Oberappellationsgericht).

12 Schubert: Französisches Recht, S. 574.

hofes in Celle. Das Oberappellationsgericht Celle, das bis 1711 zurückreichende oberste Gericht des Kurfürstentums und späteren Königreichs Hannover, war eines der bedeutendsten Gerichte des Alten Reiches.[13] In der Rheinbundzeit arbeitete es als Appellationshof im kurzzeitig bestehenden Königreich Westphalen. Die gedruckte Entscheidungssammlung liefert für einen knappen Zeitraum eine dichte Überlieferung und damit belastbare Ergebnisse für die hier interessierenden Fragen. Das zweite Beispiel fasst Schlaglichter aus dem „Archiv für das Civil- und Criminal-Recht der Königlich-Preußischen Rhein-Provinzen“ zusammen, veröffentlicht jeweils im ersten Band der Ausgangssammlung 1820 sowie im ersten Band der neuen Folge 1826. Da es vorliegend um methodische und darstellerische Fragen geht, kommt es auf eine vollständige Erschließung oder materiellrechtlich ähnlich gelagerte Rechtsprobleme nicht an. Die dritte Probebohrung führt sodann zu mehreren Funden in den „Annalen für Rechtspflege und Gesetzgebung in den preußischen Rheinprovinzen“. Diese Reihe beginnt 1841, erfasst also einen späteren Zeitraum als das etwas ältere sog. „Rheinische Archiv“. Abermals genügt für die hier interessierenden Punkte ein Blick auf darstellerische oder methodische Normalfälle. Die vierte Gruppe von Beispielen schließlich stammt erneut aus dem bereits erwähnten „Rheinischen Archiv“, führt jedoch Entscheidungen aus den 1870er und 1880er Jahren zusammen. Am Ende dieser verstreuten Beispiele kann kein systematisch erarbeitetes Gesamtergebnis stehen. Immerhin aber wird das Ende des französischen Urteilsstils in Deutschland greifbar wie auch die verschiedenen Arten von Entscheidungsherstellung und -darstellung.

1. Gedruckte Entscheidungen des Appellationshofes Celle im Königreich Westphalen

Das erste Beispiel, um das es gehen soll, ist die Entscheidungssammlung des Appellationshofes zu Celle. Das 1711 errichtete Oberappellationsgericht Celle wurde in der Franzosenzeit in einen Appellationshof des Königreichs Westphalen umgewandelt.[14] Der Präsident des Gerichts war zugleich Herausgeber der Urteilssammlung, ein Braunschweiger Jurist namens Friedrich Karl von Strombeck.[15] Er hatte in den 1790er Jahren die Gerichtspraxis des Alten Reiches u. a. als Assessor am Hofgericht Wolfenbüttel kennengelernt. Graf Joseph Jérôme Si-

13 Treffende Würdigung bei Döhring: Geschichte, S. 27; ergänzend Stodolkowitz: Oberappellationsgericht, S. 1–3.

14 Kurzer Abriss der äußeren Geschichte bei Landwehr: "Im Namen des …", S. 30–32.

15 Zur Doppelspitze von Strombeck zusammen mit Rumann Lühr: Zweihundert Jahre, S. 29; zu Strombecks Popularität als Richter in Einbeck Schubert: Französisches Recht, S. 110.

méon (1749–1842), der Justizminister des Königreichs Westphalen, berief ihn 1810 zum Präsidenten des umgestalteten Gerichts in Celle.[16] Hier eröffnete Strombeck 1811 seine Entscheidungssammlung, die nach dem ursprünglichen Vorhaben in Jahrgangsbände, aufgeteilt in mehrere Hefte, gegliedert sein sollte. Insgesamt erschienen jedoch lediglich 1811 und 1812 drei Hefte des ersten Bandes und 1813 ein Heft des zweiten Bandes. Mit der Völkerschlacht bei Leipzig und dem faktischen Ende des Königreichs Westphalen erlosch also zugleich die Urteilssammlung. Die Tätigkeit des Celler Gerichts in der Spätzeit des Königreichs Westphalen ist damit nicht mehr dokumentiert. Die Celler Entscheidungssammlung mit dem Gerichtspräsidenten als Herausgeber stand typologisch zwischen den älteren rein privaten gedruckten Urteilssammlungen und den offiziellen, vom Gericht selbst veröffentlichten Entscheidungen. Der etwas umständliche Name von Strombecks geplanter Reihe lautete: „Rechtswissenschaft des Gesetzbuchs Napoleons und der übrigen bürgerlichen Gesetzgebung des Königreichs Westphalen, oder Sammlung von Entscheidungen des königlichen Appellations-Hofes zu Celle und Abhandlungen über die entschiedenen und andere Rechtsfragen“.[17] Strombeck hatte, wie er in der Vorrede seiner Sammlung berichtet, ursprünglich vorgehabt, seine Entscheidungssammlung erst nach längerer Erfahrung mit dem französischen Recht zu veröffentlichen und dann auch in der angestammten Gelehrtensprache Latein. Er änderte aber seine Meinung, weil angeblich die „neue Rechtswissenschaft in Westphalen“ noch unbekannt war und es daher zu übermäßig häufigen „Berufungen“ gekommen sei.[18] Strombeck sah sich mit seiner Veröffentlichung klar in der Tradition älterer hannoverscher Sammlungen von Friedrich Esaias von Pufendorf (1707–1785)[19], Friedrich von Bülow (1762–1827) und Theodor Hagemann (1761–1827).[20] Er behauptete, das französische Recht ohne die französische Rechtswissenschaft einführen zu wollen, sei dasselbe wie einen Baum ohne Wurzel zu verpflanzen.[21] Tatsächlich hatte Strombeck 1805 auf einer Frankreichreise das französische Recht vor Ort aus eigener Anschauung kennengelernt. In einem umfassenden Exkurs verglich er in der Einleitung zu seiner Ur-

16 Umfassende Darstellung zu Strombecks Leben und Werk mit Schwerpunkt auf der Strafgesetzgebung bei Cipolla: Strombeck; kurzer Abriss bei Vortmann: Strombeck; nur ganz kurzer Hinweis auf Celle bei Schubert: Französisches Recht, S. 100 Anm. 143.

17 Cipolla: Strombeck, S. 64, vermutet, wegen der zivilrechtlichen Schwerpunkte in Strombecks Sammlung sei er als zweiter Präsident des Gerichtshofs zugleich Vorsitzender der Zivilkammer gewesen.

18 Strombeck: Rechtswissenschaft I/1, Vorrede S. III.

19 Pufendorf: Observationes.

20 Bülow/Hagemann: Practische Erörterungen.

21 Strombeck: Rechtswissenschaft I/1, Vorrede S. VI Anm. 3. Einschätzung Strombecks als „der beste Kenner des französischen Rechts in Deutschland“ bei Lühr: Zweihundert Jahre, S. 29.

teilssammlung die Rechtsquellenlage und das Prozessrecht der Zeit bis 1806 mit dem neuen Recht. Die alte Quellenvielfalt sah er durchaus als Vorteil an,[22] weil das Recht sich an den örtlichen Verhältnissen orientieren konnte. Dennoch erschien ihm eine Kodifikation in der Muttersprache vorzugswürdig. Und beim Blick auf die Prozesspraxis lobte er die starke Prozessbeschleunigung unter dem neuen Recht und präsentierte als abschreckenden Vergleich einige Beispiele endloser älterer Verfahren aus eigener Erinnerung.[23]

In den ersten sechs Monaten nach Einführung des französischen Prozesses, so Strombeck, entschied der Appellationshof in Celle über 700 noch rechtshängige Verfahren aus dem Ancien Régime.[24] Angeblich dauerte kein einziger Rechtsstreit in Celle länger als vier Wochen. Das behauptete jedenfalls der sichtlich selbstzufriedene Gerichtspräsident im Vorwort seiner Entscheidungssammlung.[25] Gemeinsam mit der parallelen Veröffentlichung von Burkhard Wilhelm Pfeiffer (1777–1852) zum Appellationshof in Kassel[26] ist die Rechtsprechung im Königreich Westphalen damit in zwei gedruckten zeitgenössischen Urteilssammlungen dokumentiert. Strombecks erstes Heft enthält auf 258 Seiten 19 Abhandlungen mit zwei Zusätzen. Teilweise sind diese Abhandlungen wie kleine Aufsätze gehalten. Gerichtsentscheidungen fließen dann lediglich in die Fußnoten ein. In anderen Fällen, gerade zu Beginn des Heftes, dienen die Abhandlungen dagegen lediglich zur Einführung in das Rechtsproblem. Im Anschluss folgt dann das vollständige Gerichtsurteil im Wortlaut bis hin zu den Unterschriften der beteiligten Richter. Diese Beispiele lassen sich also gut auswerten, um die Technik der Entscheidungsdarstellung am Appellationshof Celle zu untersuchen. Insgesamt enthalten die erschienenen vier Hefte 70 Beiträge.

Die erste Nummer von Strombecks Sammlung behandelt Fragen des Zeugenbeweises vor dem Hintergrund der napoleonischen Reformen. Die Umbruchszeit ab 1806 nennt Strombeck, ein heutiges Modewort vorwegnehmend, „transitorische Jurisprudenz".[27] Die französischen Prozessgesetze werteten den Zeugenbeweis im Vergleich zum älteren gemeinrechtlichen Verfahren sehr stark ab. Nach Art. 1341 Code civil waren Zeugenbeweise bei allen Streitgegen-

---

22 Ganz ähnlich wenige Jahre später Savigny: Beruf, S. 111.

23 Strombeck: Rechtswissenschaft I/1, Vorrede S. VI–VII.

24 Hinweis hierauf auch bei Landwehr: „Im Namen des …", S. 31; im ersten Jahr seiner Tätigkeit soll Strombeck über 1.200 Endurteile gefällt haben, dazu auch Cipolla: Strombeck, S. 64; Schubert: Französisches Recht, S. 111.

25 Strombeck: Rechtswissenschaft I/1, Vorrede S. VIII.

26 Hinweis bei Strombeck: Rechtswissenschaft I/1, Vorrede, S. XII; gemeint ist die Sammlung von Pfeiffer: Rechtsfälle.

27 Strombeck: Rechtswissenschaft I/1, Abh. I: Zeugenbeweis, S. 2; zum modernen Recht Werle/Vormbaum: Transitional Justice, S. 1–5, die den Begriff in ihren eigenen rein englischen Vorlagen erst 1995 nachweisen können.

ständen über 150 Francs sogar vollständig ausgeschlossen. Hier kam es ausschließlich auf den Urkundenbeweis an. Es stellte sich in der Praxis jetzt die Frage, ob diese Verschärfung des Beweisrechts auch für ältere Rechtsgeschäfte galt, die in der Zeit vor den französischen Reformen abgeschlossen oder abgeändert worden waren. Den Anlass, dies zu entscheiden, bot ein Kündigungsverfahren zwischen einem Generalpächter und seinem Ökonomieverwalter. Die Kündigung fand 1799 statt, also noch zur Zeit des Kurfürstentums, und der Pächter sicherte dem entlassenen Verwalter eine Abfindung von jährlich 100 Reichstalern zu.[28] Letztlich stritten die Beteiligten um einen Betrag von 500 Talern, wobei ungeklärt blieb, ob der Verwalter zwischenzeitlich eine neue Stelle gefunden hatte oder nicht. Im Königreich Westphalen war das französische Gerichtsverfahren ab dem 1. März 1809 das geltende Prozessrecht,[29] wobei sich die Vorschriften über den Zeugenbeweis systematisch erstaunlich aber im materiellen Recht, also im Code civil, befanden.[30] Die Parteien stritten um die Rückwirkung des französischen Rechts bei der Frage, nach welchen Regeln sich der Beweis eines Vertragsinhalts zu richten habe: nach der Rechtslage zum Zeitpunkt des Rechtsstreits oder nach der Rechtslage zum Zeitpunkt des Vertragsschlusses. Aus der Abhandlung von Strombeck erfährt man, dass es ein wichtiges Präjudiz aus Sardinien gab, das fast denselben Sachverhalt betraf.[31] Außerdem führten die Parteien offenbar französische Literatur an. Das Urteil des Celler Gerichtshofes vom 19. Januar 1811 ist mit den vorangestellten Erwägungsgründen und dem angehängten Tenor lediglich zwei Druckseiten lang. Die Darstellung folgt dem französischen Attendu-que-Stil. Ganz zu Beginn steht sofort ein obiter dictum. Der Gerichtshof stellt in einem Nebensatz klar, dass Art. 1341 Code civil über das Verbot von Zeugenbeweisen nicht anwendbar sei. In einem längeren Einschub heißt es aber, dass selbst bei Berücksichtigung dieses Artikels sich am Ergebnis nichts ändern würde. Ein Beweismittel, das einer Seite zur Verfügung stehe, gehöre zu den wohlerworbenen „acquirirten Rechten der Parteien".[32] Diese Sichtweise war eine dogmatische Anlehnung an die ältere gemeinrechtliche Lehre von den iura quaesita und näherte die Beweismittel daher dem materiellen Recht an.[33] Was den konkreten Fall betraf,

---

28 Sachverhalt bei Strombeck: Rechtswissenschaft I/1, Abh. I: Zeugenbeweis, S. 5 f.

29 Art. 418 Prozessordnung Westphalen, zweimal dieselbe Jahreszahl genannt bei Strombeck: Rechtswissenschaft I/1, Abh. I: Zeugenbeweis, S. 7; Schubert: Französisches Recht, S. 105, nennt den 1. März 1809 für das Datum der Reform.

30 Art. 1341 Code civil; erwähnt bei Strombeck: Rechtswissenschaft I/1, Abh. I: Zeugenbeweis, S. 7.

31 Strombeck: Rechtswissenschaft I/1, Abh. I: Zeugenbeweis, S. 7–9.

32 Strombeck: Rechtswissenschaft I/1, Abh. I: Zeugenbeweis, S. 14.

33 So ausdrücklich Strombeck: Rechtswissenschaft I/1, Abh. I: Zeugenbeweis, S. 11 unten, mit Verweis auf das Répertoire universel von Merlin.

machte es sich der Appellationshof leicht. Ob der Verwalter eine neue Stelle gefunden hatte, war hiernach keine Frage des späteren zweiten Vertragsschlusses mit dem neuen Dienstherrn, sondern eine Frage der geänderten tatsächlichen Umstände des ersten Vertrages, nämlich der einseitig versprochenen weiteren Bezahlung. Daher griff das Zeugenverbot nicht ein. Es wäre für den alten Dienstherrn praktisch unmöglich gewesen, sich hierüber einen schriftlichen Beweis zu verschaffen. Der Dienstherr, der zwei Zeugen für den Antritt der neuen Verwalterstelle aufgeboten hatte, gewann damit den Prozess. Der Tenor des Appellationshofes Celle ähnelt den Gepflogenheiten des Appellationsprozesses, wie sie bereits im italienischen Mittelalter bekannt waren.[34] Das Gericht „erkennt, daß vom Richter der ersten Instanz wohlgesprochen, übel aber appellirt, und verurtheilt den Appellanten in sämmtliche Kosten.“[35] Es fehlt an dieser Stelle die überkommene Konfirmationsklausel, in der bis 1806 immer gesagt wurde, dass die angefochtene Entscheidung zu bestätigen sei und auch tatsächlich bestätigt werde. Dieser Nachsatz war in der Franzosenzeit wohl nicht mehr erforderlich. Unterschrieben war die Entscheidung vom Präsidenten sowie von sechs weiteren Appellationsrichtern.

Die zweite mitgeteilte Entscheidung in Strombecks Sammlung stammt vom 26. Januar 1811 und befasst sich mit sog. Moratorien, also förmlichen Zahlungsaufschüben für Schuldner, ausgestellt von ihrem Landesherrn.[36] Der Code civil hatte solche Moratoriumsbriefe abgeschafft, weil den Gläubigern ihr wohlerworbenes Forderungsrecht nicht beschnitten werden sollte. Der Celler Gerichtspräsident Strombeck meinte aber, dieses Verbot gelte nicht im Königreich Westphalen. Man habe zwar den Code civil übernommen, nicht aber zugleich die älteren Rechte des Landesherrn abgeschafft.[37] Allerdings könnten Eingriffe des Regenten in Schuldforderungen nur so lange Beachtung finden, wie die landesherrliche eigene Gerichtsbarkeit damit befasst gewesen sei. Im konkreten Streit zwischen der preußischen Holzverwaltung und dem „Canton-Maire“ Bismarck stelle der preußische Moratoriumsbrief jedoch aus Celler Perspektive einen ausländischen Hoheitsakt dar und sei vor westphälischen Gerichten deswegen unbeachtlich. Die abgedruckte Entscheidung ist durch den Herausgeber gekürzt und nur eine Seite lang. Der tragende Erwägungsgrund erstreckt sich lediglich über neun Zeilen, enthält kein Normzitat und auch keinen Literaturhinweis. Im Ergebnis bestätigte der Appellationshof wie im ersten Fall die untergerichtliche Entscheidung.

---

34 Lepsius: Dixit male iudicatum, z. B. S. 225, 228 Anm. 122.

35 Urteil vom 19. Januar 1811, bei Strombeck: Rechtswissenschaft I/1, Abh. I: Zeugenbeweis, S. 16.

36 Zur Rechtspraxis im 18. Jahrhundert zuletzt Amend-Traut: Schuldenmoratorien.

37 Strombeck: Rechtswissenschaft I/1, Abh. II: Moratorien, S. 19.

In der vierten[38] Abhandlung geht es um ein Verfahren im einstweiligen Rechtsschutz, eine Prozessart, die im westphälischen Recht etwas umständlich als Fall „der dringendsten Eile“ firmierte. Solche Fälle gelangten in eine „Audienz der Référés“, also in eine abgekürzte mündliche Verhandlung vor dem Gerichtspräsidenten ohne Teilnahme des Richterkollegiums. Strombeck verwies an dieser Stelle auf die französischen Begründungen zur Einführung dieses Verfahrens, zitierte einen Beitrag seines Richterkollegen Ernst Peter Johann Spangenberg (1784–1833)[39] und schilderte dann wie immer den Sachverhalt. Es ging um die Sicherstellung einer größeren Menge Pfeffer, die aber zum Zeitpunkt der Arrestierung nicht auffindbar war. Der Gerichtsvorsitzende im erstinstanzlichen Ausgangsfall hatte deswegen am 12. Januar 1811 Maßnahmen angeordnet, die über seine Zuständigkeit in einer „Audienz der Référés“ deutlich hinausgingen. Die Entscheidung des Appellationshofes stützt sich im Gegensatz zu den vorigen Beispielen nicht nur auf die französischen Normen der cinq codes, sondern ebenfalls auf die Protokolle und Anordnungen des Vorsitzenden im angefochtenen Prozess des einstweiligen Rechtsschutzes. Mit dreieinhalb Druckseiten ist das Urteil vom 9. Februar 1811 vergleichsweise umfangreich. Die vorangestellten Überlegungen, wie immer eingeleitet mit der Formel „In Erwägung, daß“ berufen sich gleichermaßen auf die „Gesetze und die Natur der Sache“.[40] Damit verließ das Gericht augenscheinlich die strenge Bindung an die Prozessordnung und an das französische Recht und griff eine Rechtsfigur auf, die in der deutschen Literatur der Zeit, etwa bei Justus Friedrich Runde (1759–1807) oder Georg Arnold Heise (1778–1851), gerade in diesen Jahren populär zu werden begann.[41] Zusätzlich stellte der Appellationshof klar, dass Zuständigkeitsprobleme von Amtswegen zu beachten waren und die rügelose Einlassung oder die Zustimmung einer Seite zu einer rechtswidrigen Handlung des unzuständigen Richters keine Heilungswirkung entfalteten.[42]

Das letzte Beispiel von Strombeck, um das es hier gehen soll, stammt aus dem zweiten Band seiner Entscheidungssammlung, von dem wie gesagt nur noch das erste Heft 1813 in den Druck ging. Eingefügt in die Teilveröffentlichung befindet sich dort ein zwei Jahre später, also erst 1815, gedrucktes kurzes Vorwort. Darin bezeichnet sich Strombeck selbst als bereits ehemaligen Präsi-

---

38 Die dritte Abhandlung des ersten Bandes enthält keine Mitteilung eines Gerichtsurteils.

39 Zu Spangenberg (1784–1833) Eisenhart: Spangenberg.

40 Strombeck: Rechtswissenschaft I/1, Abh. IV: Audienz der Référés. – Incompetentia ratione materiae, S. 42, erster Erwägungsgrund.

41 Montag: Lehrdarstellung, S. 98–108; ergänzend Oestmann: Gerichtspraxis, S. 60 f.

42 Strombeck: Rechtswissenschaft I/1, Abh. IV: Audienz der Référés. – Incompetentia ratione materiae, S. 43 f. Die Terminologie entspricht nicht der modernen Rechtssprache, spielt insoweit hier aber keine Rolle.

denten des Gerichtshofes. Er betont in gewiss nicht zufällig militärischer Sprache, dass „Deutschland seine alten Rechte wieder erobert" habe.[43] Im Hinblick auf die Diskussion über ein „National-Gesetzbuch" meinte er, nicht nur der Code civil, sondern auch die Entscheidungen des Celler Appellationshofes könnten hierfür „nicht ohne Nutzen" sein.[44] Es ging also nicht mehr um das praktische Vorbild der Celler Entscheidungen für Richter und Anwälte, sondern um die Ausstrahlungswirkung bis hin zur Beratung eines künftigen gesamtdeutschen Zivilgesetzgebers. Das vom Herausgeber ins Auge gefasste Zielpublikum der Urteilssammlung war auf diese Weise deutlich verändert. Dennoch präsentiert Strombeck der Sache nach weiter die Fälle, die sein Gericht entschieden hatte. Die erste Abhandlung dieses letzten Heftes behandelt die Frage, wie die für die Eröffnung des Rechtsmittelweges erforderliche Appellationssumme zu berechnen war. Es ging um den Betreiber einer Mühle, die sich seit 1726 gegen jährliche Pachtzahlungen im Familienbesitz befand. Der Mühlenbetreiber versuchte offenbar, den Übergang vom alten Recht zum französischen Recht für seine eigenen Zwecke nutzbar zu machen. Er behauptete jedenfalls, mit der Einführung der modernen Gewerbefreiheit brauche er für die altständische Mühlengerechtigkeit kein Geld mehr zu bezahlen. Mit dieser Begründung verweigerte er die Pachtzahlung.[45] Tatsächlich befreite das erstinstanzliche Tribunal in Stendal den Müller von der Zahlung der geforderten Pachtsumme.[46] Diese Entscheidung hob der Appellationshof in Celle indes am 1. Februar 1812 auf. Zunächst ging es um die Frage, ob eine Appellation überhaupt zulässig war oder ob das Ausgangsgericht nicht zugleich letztinstanzlich gesprochen hatte. Hier gab es offenbar Auslegungszweifel über den Wortlaut derjenigen Vorschrift aus dem französischen Recht, die eine Wertgrenze von 100 Francs enthielt. Der Appellationshof Celle verwies in seinen Erwägungsgründen darauf, dass in diesem Punkt „die französische und westphälische Legislation gänzlich mit einander überstimmen".[47] Neben diesem rechtsvergleichenden Argument betonten die Celler Richter, das einschlägige königlich westphälische Dekret von 1808 habe, wenn es den Wortlaut der französischen Vorschriften übernahm, auch „deren Sinn" übernommen.[48] Im Ergebnis ließ das Gericht die Appellation zu und verhandelte ohne Zwischenschritte in der zweiten Instanz gleich weiter. An solchen Stellen zeigen sich Umständlichkeiten in einer Urteilsbegründung im französi-

---

43 Strombeck: Rechtswissenschaft II, Vorwort, S. III.

44 Strombeck: Rechtswissenschaft II, Vorwort, S. IV.

45 Strombeck: Rechtswissenschaft II, Abh. LV: Erkenntnisse in erster und letzter Instanz. – Appellationssumme, S. 20 f.

46 Strombeck: Rechtswissenschaft II, Abh. LV, S. 21.

47 Strombeck: Rechtswissenschaft II, Abh. LV, S. 23.

48 Strombeck: Rechtswissenschaft II, Abh. LV, S. 24.

schen Stil. Im älteren gemeinrechtlichen Prozess war es für das Gericht bzw. den Referenten möglich, die Zuständigkeit des angerufenen Gerichts in der Relation bzw. in den Rationes decidendi in einer eigenen Station zu klären. Der französische Urteilsstil benötigte dagegen zwei förmliche Entscheidungen, die Unterbrechung des Verfahrens und eine ausdrückliche Anordnung zur Fortsetzung des Rechtsstreits. Deswegen gab es in Celle jetzt zwei Tenorierungen, wo das überkommene gemeinrechtliche Verfahren mit nur einem Tenor ausgekommen war.[49] Im materiellrechtlichen Teil der Entscheidung ging es wie in anderen zuvor behandelten Beispielen abermals um die französischen Rechtsreformen. Bei dem Vertrag über die Mühle standen sich das Dominium directum und das nutzbare Eigentum gegenüber,[50] und das Rechtsproblem drehte sich um die Frage, welchen Einfluss die Aufhebung sämtlicher mit der Leibeigenschaft zusammenhängender Rechte auf die Eigentumslage hatte. Im Ergebnis hob der Appellationshof die vorinstanzliche Entscheidung auf und verurteilte den Mühlenbetreiber also zur weiteren Zahlung von Pachtzinsen. Unterzeichnet ist das Urteil nicht nur vom Präsidenten und den Appellationsrichtern, sondern wie in einigen anderen Fällen ebenfalls vom Generalprokurator.

Damit lässt sich ein erstes kurzes Zwischenergebnis festhalten. Der Blick in die Celler Sammlung zeigt Entscheidungen, die in ihren Formulierungen den langgezogenen französischen Urteilssätzen mit ihren Attendu-que-Einschüben folgen. Angeblich arbeitete der Celler Appellationshof besonders schnell. Viele entscheidungsreife Fälle gingen aber auf ältere Sachverhalte aus dem Ancien Régime zurück und haben den Wandel der Rechtsordnung von der altständischen Rechtsvielfalt zum modernen französischen Recht ausdrücklich zum Gegenstand. Das Celler Gericht zitierte die anwendbaren französischen Normen, fühlte sich auch an französische Auslegungstraditionen gebunden, erkannte aber weiter landestypische rechtliche Besonderheiten an. Nach dem Ende der französischen Herrschaft behauptete der selbstbewusste ehemalige Gerichtspräsident, die Entscheidungen aus dem Königreich Westphalen könnten als Grundlage für eine gesamtdeutsche Kodifikation des Zivilrechts herangezogen werden.[51]

49 Strombeck: Rechtswissenschaft II, Abh. LV, S. 24.

50 So die Terminologie in den Erwägungsgründen bei Strombeck: Rechtswissenschaft II, Abh. LV, S. 24.

51 Zur Diskussion, ob Strombeck ein Kollaborateur der französisch-westphälischen Herrscher gewesen sei, Cipolla: Strombeck, S. 72–76.

2. Entscheidungen aus den 1820er Jahren aus den Rheinprovinzen

Als zweites Beispiel für die Darstellung von Entscheidungen im französisch geprägten deutschen Rechtsraum dient im Gegensatz zu den wenigen Bänden aus Celle eine sehr umfassende preußische Serie. Es handelt sich um das „Archiv für das Civil- und Criminal-Recht der Königlich Preußischen Rhein-Provinzen". Diese Reihe erschien in insgesamt 102 Bänden, teilweise in zwei bis drei Abteilungen pro Jahr. Von 1820 bis 1825 reicht die erste Folge, dann gab es ab 1826 eine neue Folge. Die Herausgeber der Reihe waren ursprünglich der Generaladvokat Johann Gottfried von Sandt (1786–1839)[52] sowie der zweite Prokurator Franz Joseph Hanf. Beide waren tätig am Appellationsgerichtshof Köln.[53] Im kurzen Vorwort, altertümlich „Prospektus" genannt, erklären die Herausgeber es zu ihrem Hauptzweck, die Rechtsprechung des Appellationshofes bekannt zu machen und auf diese Weise, nachdem der preußische König die „hiesigen Gesetze" bestätigt habe,[54] zu „einer festen Praxismöglichst beizutragen".[55] Geplant war „möglichste Vollständigkeit".[56] Es ging also ausdrücklich darum, durch die Veröffentlichung eine ständige Rechtsprechung zu befestigen. Die zweite Abteilung der Serie war erstinstanzlichen Entscheidungen sowie Urteilen des Revisionshofes in Berlin vorbehalten, dazu kamen auch Abhandlungen zu einzelnen Rechtsfragen sowie Bekanntmachungen und andere Verfügungen.[57]

Die erste mitgeteilte Entscheidung stammt vom 4. Dezember 1817[58] und betrifft die örtliche Zuständigkeit des Gerichts in einer handelsrechtlichen Streitigkeit. Die Überschrift enthält zwei einschlägige Schlagworte, dann folgt in direkter Frage das zu lösende Rechtsproblem. Der Sachverhalt nennt die Parteien bei vollem Namen und ist von den Herausgebern für die Veröffentlichung zusammengefasst. Es tauchen hier Rechtsmeinungen auf, allerdings lediglich derjenigen Seite, die sich im Ergebnis nicht durchsetzt. Das Urteil des Appellationshofes wird nur in drei Absätzen der Erwägungen auszugsweise zitiert, ist also

---

52 Sandt war bereits seit 1817 Mitherausgeber des Niederrheinischen Archivs, hierzu sein Vorwort Bd. 1, S. VI.

53 Überblick zur äußeren Geschichte bei Strauch: Rheinische Obergerichte, S. 73–78.

54 Diese Formulierung spielt vermutlich auf die Kabinettsordre Friedrich Wilhelms III. vom 19. November 1818 an, gedruckt bei Landsberg: Gutachten, S. 367. Der Appellationsgerichtshof selbst wurde am 21. Juni 1819 gegründet: Laum: Gerichtshof, S. 1.

55 RhA 1/1 (1820): Prospektus S. V.

56 RhA 1/1 (1820): Prospektus S. VI.

57 RhA 1/1 (1820): so die Ankündigung im Prospektus S. VI.

58 In Köln saß seit 1815 die rheinische Sektion des Appellhofes Lüttich, da Lüttich seitdem zu den Niederlanden gehörte, hierzu Strauch: Französisches Recht, S. 24; Umwandlung in den Rheinischen Appellationsgerichtshof 1819: Laum: Gerichtshof, S. 1.

erkennbar redaktionell bearbeitet. Das Dispositiv ist nicht mit abgedruckt.[59] Es ging den Herausgebern des „Rheinischen Archivs" ganz deutlich lediglich darum, die Rechtsauffassung des Appellationshofes zur örtlichen Gerichtszuständigkeit bekanntzumachen. Auf den Ausgang des Einzelfalles wie auf die Feinheiten der Urteilstechnik kam es demgegenüber bei der Veröffentlichung nicht an. Am Ende der mitgeteilten Entscheidung befinden sich die Namen der beteiligten Advokaten, nicht jedoch die Gerichtsbesetzung.

Redaktionelle Zusätze der Herausgeber zu den Gerichtsentscheidungen finden sich an verschiedenen Fällen der Sammlung. Die aufbereiteten Einleitungen in die wiedergegebenen Rechtsfälle enthalten beispielsweise zum Teil rechtsvergleichende Erläuterungen, um die Besonderheiten des rheinischen Rechts klarzustellen. In einem Fall vom März 1817 ging es um die Dauer von Nießbrauchsverhältnissen beim Tod einer Partei. Um das Rechtsproblem zuzuspitzen, stellt die Hinführung zunächst das „Römerrecht" und danach das „Preußische Landrecht" mit genauen Normzitaten dar.[60] Dann geht es um das französische Recht, und erst danach folgt der Sachverhalt, über den zu entscheiden war. Das erstinstanzliche Urteil des Kreisgerichts Bonn ist sodann mit dem Tenor zitiert. Danach folgen die auszugsweise zitierten Erwägungsgründe des Appellationshofes in Köln. Hier finden sich abermals rechtsvergleichende Hinweise. Die Frage nämlich, ob ein Pächter bei einer Reduzierung der Pachtjahre einen Entschädigungsanspruch gegen die Erben eines Nießbrauchers geltend machen könne, hatte „das französische B[ürgerliche] G[esetzbuch] [...] ausdrücklich nicht entschieden".[61] Die Antwort für den Pächter lautete nein und sollte „aus allgemeinen Rechtsgrundsätzen" fließen und sich ebenso aus dem römischen Recht wie aus dem Allgemeinen Landrecht ergeben. Der Tenor ist im Abdruck abermals weggelassen, es folgen erneut die Namen der Advokaten. Es gibt dann noch einen Nachtrag, der den Sachverhalt dahingehend abwandelt, dass der Verpächter im Vertrag nicht ausdrücklich als Nießbraucher bezeichnet ist. Hier führen die Herausgeber eine Entscheidung des Appellationshofes Brüssel von 1812 in Feld.[62] Außerdem gibt es abermals einen Querverweis ins preußische Recht.

Ein weiterer im „Rheinischen Archiv" mitgeteilter Fall zu Wertgrenzen im Rechtsmittelverfahren dreht sich um die Frage, ob die Höhe des Ausgangsstrei-

---

59 Beispiel für Rubrum und Tenor anhand der archivalischen Überlieferung bei OESTMANN: Zivilprozess, S. 144.

60 RhA 1/1 (1820), Nr. 2: S. 3 f.; zur Argumentation mit römischem Recht im preußischen Rheinland SCHUMACHER: Das Rheinische Recht, S. 144–147.

61 RhA 1/1 (1820), Nr. 2: S. 6.

62 Ähnlich RhA 1/1 (1820), Nr. 4: S. 12: nachgeschobene Entscheidung des Kassationshofes Paris vom 10. August 1813.

tes maßgeblich war oder ob es auf die jeweilige Beschwer der Parteien durch die angefochtene Entscheidung ankam. Im gemeinen Recht des 18. Jahrhunderts war dieser Punkt immer streitig geblieben.[63] Bei dieser Entscheidung ist ein wörtlich zitierter Auszug aus den Urteilsgründen nicht erkennbar. Die Herausgeber scheinen ihre Zusammenfassung also gezielt für die Leser der Sammlung neu erstellt zu haben. Am Ende folgt der Hinweis: „Dieses Urteil enthält in wenigen Worten eine klare Uebersicht der Hauptgrundsätze, welche bei der Berechnung der berufbaren Summe in Anwendung kommen."[64] Tatsächlich kam es den Herausgebern aber nicht auf den Wortlaut oder die Darstellungsweise im Urteil an, sondern nur auf das Ergebnis, also die korrekte Berechnung der jeweiligen Wertsummen.

Ein Testamentsfall, entschieden im August 1818, behandelt die Frage, ob bei einem holographischen Testament ein Zusatz, der seinerseits nicht datiert war, die gesamte Verfügung nichtig machte. Die fraglichen Urkunden werden in der aufbereiteten Wiedergabe wörtlich zitiert. Das vorinstanzliche Urteil des Kreisgerichts Köln ist auszugsweise in drei Erwägungsgründen wörtlich wiedergegeben.[65] In diesem Fall zitierten die Herausgeber die Erwägungsgründe des Appellationshofes umfassend auf eineinhalb Seiten und gaben auch den gesamten Tenor wörtlich wieder.[66]

In einer Entscheidung vom August 1818 über eine Vertragsauflösung bei Zahlungsrückstand berief sich der Kölner Appellationshof darauf, dass seine Erwägungen mit den Regelungen „des in diesem Stücke vormals hier üblichen kanonischen Rechts [...] übereinstimmen".[67] Außerdem führten die Richter den französischen Kassationshof als Autorität an, der „noch am 5. März 1817 sich gleichfalls für diese Meinung erklärt hat".[68] In diesem Fall war der Entscheidungstenor mit abgedruckt. Die Herausgeber führten danach abermals eine einschlägige Appellationsentscheidung aus Brüssel an und erklärten zudem, dass „unseres Erachtens" der zu entscheidende Fall „nach dem Preußischen Landrecht" anders hätte entschieden werden müssen.[69] Solche Seitenblicke auf das preußische Recht finden sich in der Sammlung an verschiedenen Stellen. Es handelt sich jeweils um Erläuterungen der Herausgeber, die mit der Rechtslage

63 Zur Diskussion um die Appellationssumme und die sog. Erwachsenheit der Sache WETZELL: System, S. 709–720.

64 RhA 1/1 (1820), Nr. 3: S. 10.

65 RhA 1/1 (1820), Nr. 5: S. 15 f.

66 RhA 1/1 (1820), Nr. 5: S. 18 „Aus diesen Gründen".

67 RhA 1/1 (1820), Nr. 7: S. 30.

68 RhA 1/1 (1820), Nr. 7: S. 31.

69 RhA 1/1 (1820), Nr. 7: S. 32.

in der Rheinprovinz im engeren Sinne nichts zu tun hatten.[70] Damit wird zugleich aber die ins Auge gefasste Leserschaft deutlich. Die mit dem rheinischen Recht vertrauten Praktiker bzw. Benutzer der Sammlung brachten zumeist aus ihren früheren Tätigkeiten Kenntnisse des älteren gemeinen Rechts oder des preußischen Rechts mit. Genau in diesen Erfahrungshorizont passten die Herausgeber des „Rheinischen Archivs“ ihre Fallschilderungen ein.

In einer strafrechtlichen Entscheidung vom Oktober 1819, in der es um den Zeitpunkt des Akteneinsichtsrechts für den Angeschuldigten ging, berief sich der Beschuldigte auf den französischen Rechtswissenschaftler Joseph François Claude Carnot (1752–1835).[71] Die Einleitung zur Gerichtsentscheidung bringt ein fünfseitiges französisches Zitat aus Carnots Schrift „De l'instruction criminelle“.[72] Die Herausgeber der Sammlung lassen auch den Vertreter des „öffentlichen Ministeriums“[73] mit seiner Würdigung von Carnot zu Worte kommen. Angesichts dieser vergleichsweise umfangreichen Literaturdebatte fällt es auf, dass die Entscheidung des Appellationshofes lediglich in drei Erwägungsgründen sowie mit dem Tenor wörtlich zitiert ist.[74] Hinweise auf die von den Parteien diskutierten Literaturmeinungen finden sich im mitgeteilten Auszug nicht.

In einer mit über 20 Seiten sehr umfangreichen Fallschilderung eines strafrechtlichen Prozesses vom Oktober 1819 zitierten die Herausgeber umfassend aus einer Stellungnahme des Staatsprokurators. Für die Frage nach Entschuldigungsgründen meinte der Staatsprokurator, die „durch das französische peinliche Gesetzbuch eingeführten Unterschiede stimmen ganz mit der vorigen deutschen Gesetzgebung überein“.[75] Die mitgeteilten Erwägungen des Appellationshofes erstrecken sich hier über etwa eineinhalb Seiten.

Der Appellationshof machte es sich mit seinen Erwägungsgründen teilweise ganz besonders einfach. In einem Rechtsstreit um den Verkauf eines Erbschaftsanteils begnügte sich der Appellationshof 1819 mit einer Begründung, die lediglich fünf Zeilen umfasst: „In Erwägung, so viel die Hauptsache betrifft, daß das Urtheil a quo auf richtigen Grundsätzen beruhet; Die incidenter eingelegte Berufung betreffend: In Erwägung, daß auch diese in den in dem Urtheil a quo aufgestellten Grundsätzen ihre Erledigung findet.“[76]

---

70 RhA 1/1 (1820), Nr. 17: S. 110 f., Nr. 18: S. 117.

71 Carnot: Instruction III, S. 158–161; zur Verwertung französischer Literatur in der rheinpreußischen Praxis Schumacher: Das Rheinische Recht, S. 130–133.

72 RhA 1/1 (1820), Nr. 11: S. 52–56.

73 Zu dieser Behörde, dem „Ministère public“, Strauch: Das Französische Recht, S. 151, 163 f.; Haferkamp: Rheinischer Appellationsgerichtshof, S. 26.

74 RhA 1/1 (1820), Nr. 11: S. 59 f.

75 RhA 1/1 (1820), Nr. 14: S. 75.

76 RhA 1/1 (1820), Nr. 15: S. 95.

In einem Fall vom November 1819 ging es unter anderem um einen Amtshaftungsanspruch gegen einen Polizeibeamten, der eine rechtswidrige Verhaftung vorgenommen hatte. Der Appellationsgerichtshof entschied den Fall streng auf der Grundlage des französischen Rechts.[77] Die Herausgeber der Sammlung verwiesen im Anschluss an den Urteilstenor auf verschiedene Ungereimtheiten des französischen Rechts, wonach verschiedene Gruppen von Staatsbediensteten ungleich hafteten. Dies beruhte auf „Art. 75 des Konstitutions-Gesetzes v. Jahr 8". Die Herausgeber betonten demgegenüber ihrerseits: „Zu wünschen wäre hierüber eine bestimmende gesetzliche Vorschrift."[78] Diese rechtspolitische Anregung bezog sich nicht auf die preußische, sondern auf die französische Gesetzgebung. Trotz einer als ungerecht empfundenen, aber rechtlich zwingenden Entscheidung stand die Bindung an das französische Recht nicht in Frage. Die Zuständigkeit dafür, das Recht zu ändern, lag in den Augen des Rheinischen Appellationshofes auch in der preußischen Zeit nicht etwa beim preußischen Staat, sondern beim französischen Gesetzgeber.

Gelegentlich hatte der Appellationsgerichtshof auch über Fälle zu entscheiden, auf die älteres Partikularrecht aus der Zeit des Alten Reiches anwendbar war. Dieses Problem taucht in den Kölner Quellen jedoch deutlich seltener auf als in den zeitlich früher entschiedenen Verfahren aus Celle in der Sammlung von Strombeck. So ging es etwa in einem Zivilrechtsstreit vom November 1819 um einen Vertrag von 1792 über ein Leibgedinge an sog. Stock- und Stammgütern.[79] Solche Güter durften nur bedingt übertragen werden. Maßgeblich hierfür war offenbar eine jülich-bergische Rechtsordnung. Derjenige, der das Leibgedinge bestellt hatte, starb 1814. Die Anwendbarkeit des jülich-bergischen Partikularrechts spielt in der ganzen Entscheidung keine Rolle und taucht mit keinem Wort auf. Das Urteil des Appellationsgerichtshofes zitiert die partikularrechtliche Quelle ganz selbstverständlich als einzige Entscheidungsgrundlage, folgt in seinem Stil aber auch hier der französischen Urteilstechnik.[80] Auch bei deutschen Gesetzen als maßgeblichen Normen beruhte die Entscheidungsdarstellung also auf dem französischen Vorbild und war damit vom anwendbaren materiellen Recht unabhängig.

Bei einem weiteren Urteil vom August 1818 lässt sich die gerichtliche Darstellungstechnik besonders gut nachvollziehen. Es ging um Rechtsschutz gegen Vollstreckungsmaßnahmen bei Grundstücken. Der Appellationshof begann seine Entscheidung mit einer einleitenden Mitteilung: „Nach gepflogener Be-

77 RhA 1/1 (1820), Nr. 16: S. 100.

78 RhA 1/1 (1820), Nr. 16: S. 102.

79 Zum Leibgedinge als beschränkt dinglichem Recht Brauneder: Leibzucht.

80 RhA 1/1 (1820), Nr. 20: S. 128: „In Erwägung, daß nach der Jülich- und Bergischen Rechtsordnung [...]".

rathschlagung hat sich ergeben, daß hier die Fragen zu entscheiden sind:“[81] Es folgt die Nennung gerade dieser Punkte. Die für das Gericht entscheidungserheblichen drei Rechtsfragen sind alle als Ob-Sätze formuliert, die dritte Frage ist hierbei eine ganze Seite lang. Die Erwägungsgründe arbeiten diese Fragen dann in der vorgegebenen Reihenfolge ab und sind ihrerseits noch teilweise untergliedert. Mit etwa vier Seiten ist die wiedergegebene Entscheidung zugleich überdurchschnittlich lang.[82] Im Gegensatz zu einigen zuvor geschilderten Beispielen lassen die Herausgeber das Gericht hier ausdrücklich und umfassend selbst zu Wort kommen.

An einigen Stellen zeigen sich in den Erwägungsgründen des Kölner Appellationshofes Übersetzungsschwierigkeiten aufgrund der französisch-deutschen Zweisprachigkeit. Dieser Befund ist besonders interessant für den Umgang deutschsprachiger Praktiker mit Quellen aus dem französischen Recht. Hier traten offenkundig Auslegungsprobleme auf, weil die beiden Sprachen eben nicht deckungsgleich waren. So hatte der Gerichtshof im März 1820 über einen Dieb zu urteilen, der im Dezember 1819 zwischen acht und neun Uhr abends in einem bewohnten Haus etwas gestohlen hatte. Das erstinstanzliche Kreisgericht ging von einem einfachen Diebstahl aus. Das „öffentliche Ministerium“ legte jedoch gegen diese Entscheidung einen Rechtsbehelf ein, eine sog. „Opposition“. Das Rechtsmittel beschäftigte sich mit der Frage, ob es sich bei der Tat um einen nächtlichen Diebstahl und damit um eine Qualifikation handelte. Hierfür berief sich das Ministerium auf ein französisches Dictionnaire und ein deutsches Konversationslexikon. Beide besagten, dass die Nacht im „richtigen Sprachgebrauche“ mit dem Untergang der Sonne beginne.[83] Der Appellationshof verwies in seinen Erwägungsgründen auf die korrekte Übersetzung des französischen Worts nuit „im eigentlichen Sinne“ und ergänzte das Ergebnis durch den „beständigen Gerichtsgebrauch“.[84] Methodisch ganz ähnlich ging es in einem anderen Fall um die Frage, ob ein Diebstahl in Gasthöfen sich tatbestandlich auch auf reine Schankwirtschaften, die sog. Schenken, beziehe, also auf Häuser, in denen man nicht gleichzeitig übernachten konnte. Hier legte der Appellationshof in seinen Erwägungsgründen ebenfalls die maßgeblichen französischen Wörter aus (auberge bzw. cabaret) und berief sich dabei ausdrücklich auf das Dictionnaire de l’academie française sowie auf die vielbändige Collection de décisions nouvelles et de notions relatives à la jurisprudence von Jean-Baptiste Denisart (1713–1765).[85] Es folgt sodann eine historische Auslegung,

81 RhA 1/1 (1820), Nr. 32: S. 170.
82 RhA 1/1 (1820), Nr. 32: S. 170–173.
83 RhA 1/1 (1820), Nr. 35: S. 185.
84 RhA 1/1 (1820), Nr. 35: S. 186.
85 RhA 1/1 (1820), Nr. 36 (Druckfehler „26“): S. 190.

gewonnen aus einem Vergleich zwischen „der Strenge des Gesetzes vom 25ten September 1791 und der Milde des Gesetzes vom 25. Frimaire, Jahrs VIII". Im Ergebnis meinte der Appellationshof, dass es bei wirklich zweifelhaften Gesetzen auf die „engere Interpretation" ankomme, man also „der gelindern Meinung" und damit dem „bisherigen Gerichtsgebrauch" folgen müsse.[86] Die Herausgeber der Sammlung schlossen an den Urteilstenor wie auch in anderen Fällen rechtspolitische Hinweise an. Sie hofften, dass die Gerichte ermächtigt würden, bei Diebstählen in Wirtshäusern mildernde Umstände annehmen zu dürfen. Bei geringwertigen Hausdiebstählen habe das französische Generalgouvernement des Nieder- und Mittelrheines diese Regelung 1814 eingeführt. Ohne Ermächtigungsgrundlage war eine Abweichung vom strengen französischen Recht nach Ansicht der Herausgeber bzw. der rheinischen Gerichte nicht möglich. Dennoch wünschten sie sich andere Vorschriften und schrieben in ihre Erläuterungen: „Es wäre zu wünschen, daß diese weise Verfügung auch auf die Diebstähle in Wirthshäusern ausgedehnt würde".[87] Durch diesen rechtspolitischen Hinweis unterstreicht die kleine Abhandlung zugleich die enge Gesetzesbindung im Bereich des rheinischen Rechts. Von sich aus überschritt das Gericht die streng gezogenen Auslegungsgrenzen nicht.

Wie soeben gezeigt, finden sich Hinweise auf Wörterbücher in den mitgeteilten Entscheidungen an mehreren Stellen. Literaturhinweise, also Ausgriffe auf die zeitgenössische Rechtswissenschaft, sind dagegen außerordentlich selten. Das Kreisgericht Köln als erstinstanzliches Gericht berief sich in einem Rechtsstreit über den Konkurs eines Kaufmanns zur Auslegung des Code de commerce auf das Werk von Jean Guillaume Locré (1758–1840), Esprit du code de commerce.[88] Der Appellationshof machte es sich in seiner Sitzung vom 7. Februar 1820 einfach und betonte lediglich, dass er „den Gründen des ersten Richters" beipflichte.[89] Angesichts des äußerst knappen Begründungsstils ersparte sich das Obergericht damit jegliche weitere Ausführungen.

1826 begann die Neue Folge des „Rheinischen Archivs". In den Überschriften sind die entscheidungserheblichen Fragen hier teilweise als Leitsätze formuliert,[90] doch behält die Sammlung auch die direkten Fallfragen bei. Die mitgeteilten Entscheidungen enthalten im Gegensatz zu den älteren Bänden der Reihe

86 RhA 1/1 (1820), Nr. 36 (Druckfehler „26"): S. 191.

87 RhA 1/1 (1820), Nr. 36 (Druckfehler „26"): S. 192.

88 RhA 1/1 (1820), Nr. 38: S. 199.

89 RhA 1/1 (1820), Nr. 38: S. 202.

90 RhA 8 = N.F. 1/1 (1826), ohne lfd. Nr., nur mit Überschrift „Eheleute. – Statutarische Vortheile. – Kinder", S. 1.

keinen kenntlich gemachten Unterschied zwischen Erläuterungen der Herausgeber und authentischen Auszügen aus den Urteilen. Es hat den Anschein, dass nunmehr die Entscheidungen des Appellationsgerichtshofes überwiegend im vollen Wortlaut mitgeteilt sind. Darauf weisen erläuternde Fußnoten der Herausgeber etwa zu Rechtsprechungsänderungen hin.[91] Auch französische Spezialliteratur findet sich teilweise in Anmerkungen in den Fußnoten.[92] Die zu Beginn der Sammlung erkennbaren Einführungen oder Schlussbemerkungen fehlen jetzt.[93] Die Herausgeber sparten sich auf diese Weise viel redaktionelle Mühe. Zugleich ist der rechtshistorische Wert der Sammlung als authentische Quelle für die Rechtsprechung damit deutlich erhöht. An einigen wenigen Stellen sind Textpassagen der Herausgeber allerdings noch erkennbar.[94]

Gelegentlich finden sich in den Entscheidungen Rückgriffe auf frühneuzeitliche französische Gesetze, so etwa auf eine Ordonnanz von 1669, die Grundstückeigentümer verpflichtete, am Ufer von Flüssen sog. Leinpfade frei zu lassen. Die Anwendbarkeit dieser Vorschrift war durch ein kaiserliches Dekret von 1808 vorgegeben. Ein Urteil des Appellationsgerichtshofes vom Mai 1825 entschied auf dieser Grundlage einen Streit zwischen einem Fährmann und einem Grundstückseigentümer.[95] Die grundsätzliche Frage nach der Anwendbarkeit der vorrevolutionären Vorschriften aus der Zeit Ludwigs XIV. (reg. 1643–1715) spielt in den Erwägungsgründen keine Rolle. Rechtsvergleichende Hinweise, wie sie die Herausgeber im ersten Band ihrer Sammlung mehrfach gaben, finden sich in den gerichtlichen Entscheidungsgründen nicht. Möglicherweise waren diese Punkte durch die inzwischen mehrjährige Gerichtspraxis schlichtweg bereits geklärt und daher unstreitig. Die Rechtsanwendung als solche scheint unproblematisch gewesen zu sein, jedenfalls war sie kein Thema in der Entscheidungsdarstellung.

3. Spätere Entscheidungen unterer Gerichte in den „Annalen" für die Rheinprovinzen

Die dritte Sammlung, die hier schlaglichtartig in den Blick gerät, sind die „Annalen für Rechtspflege und Gesetzgebung in den preußischen Rheinprovin-

91 RhA 8 = N.F. 1/1 (1826), S. 11 bei Fn. *, im Haupttext mit Hinweis auf einen Arrêt der Cour royale de Bordeau, gedruckt bei Sirey: Recueil général XXIII, Teil 2, S. 50.

92 RhA 8 = N.F. 1/1 (1826), S. 11 f.

93 Ganz knappe Schlussbemerkung in RhA 8 = N.F. 1/1 (1826), S. 17: Hinweis auf ein Beholzigungsrecht sowie auf ein ähnliches Urteil aus dem 6. Band der Sammlung.

94 RhA 8 = N.F. 1/1 (1826), S. 8: „Hier hatte das Urtheil".

95 RhA 8 = N.F. 1/1 (1826), S. 35 f.

zen." Der Untertitel beschreibt den Inhalt durchaus treffend: „Sammlung interessanter Entscheidungen der rheinpreußischen Landgerichte in Civil- und Strafsachen, und Abhandlungen über wichtige Rechtsfragen." Die Serie umfasst insgesamt 10 Bände und erschien in Trier. Band 1 kam 1841 heraus, der abschließende Band 10 umfasst die Jahre 1861/63.[96] Im Gegensatz zu Strombecks Entscheidungssammlung aus Celle und auch zum „Rheinischen Archiv" nennen die rheinpreußischen Annalen keinen namentlich bekannten Herausgeber, sondern reden etwas unklar von „einem Vereine rheinischer Rechtsgelehrten".[97] Dahinter versammelten sich Juristen von den Landgerichten[98] Düsseldorf, Elberfeld, Koblenz und Saarbrücken sowie einige Kollegen aus Trier, wobei aus Trier im Gegensatz zu allen anderen Bezirken keine Richter mitwirkten.[99] Die Bände sind zweigeteilt. Jeweils die erste Abteilung enthält Gerichtsentscheidungen mitsamt ihren Erwägungen. Die zweite Abteilung bringt kürzere Abhandlungen zu Rechtsfragen des rheinischen Rechts. Im ersten Band umfasst der Rechtsprechungsteil 202 Seiten, der Aufsatzteil 185 Seiten. Mit einem umfangreichen Vorwort setzt die neue Reihe ein. Sie stellt sich die Aufgabe, das bereits für Urteile des Revisions- und Kassationshofes und des Appellationsgerichtshofes in Köln bestehende „Rheinische Archiv" mit Entscheidungen der unteren Gerichte zu konfrontieren. Hier vollziehe sich Prozessrecht in der Praxis, so die Herausgeber. Außerdem hofften sie durch ihre Publikationstätigkeit, die teilweise verschiedene Anwendung des Rechts in den einzelnen Gerichtssprengeln einander anzugleichen.[100] Dies geschehe allerdings mit „halbem Herzen", weil der „ausländischen Gesetzgebung bei uns nur ein einstweiliges Fortbestehen zugesichert ist".[101] Damit ist nebenbei klargestellt, dass die Rechtseinheit in Preußen[102] langfristig nicht auf der Grundlage des französischen Rechts erfolgen sollte. Nach einigen patriotischen Hinweisen auf die preußische Geschichte und Gesetzeslage loben die Herausgeber im Ergebnis durchaus das bei ihnen eingeführte französische Recht, das „auf die allgemeine

96 Der Titelvorsatz des 10. Bandes nennt 1860, doch sind die einzelnen Hefte jeweils später datiert: erstes Heft 1861, zweites Heft 1863.

97 Die seltsame Genitivform taucht vom ersten bis zum zehnten Band im Titel auf.

98 Hinweis auf die Umwandlung der ehemaligen Kreisgerichte in Landgerichte bei Klein: Reform, S. 52.

99 Annalen 1 (1841), Vorrede S. III. In Trier war bis 1814 mit dem Appellationsgericht das offenbar wichtigste Gericht der Franzosenzeit tätig gewesen, dazu Grilli: Justizorganisation, S. 223.

100 Annalen 1 (1841), Vorrede S. IV.

101 Annalen 1 (1841), Vorrede S. V.

102 Annalen 1 (1841), Vorrede S. XVI mit Anspielungen auf den Großen Kurfürsten und auf Friedrich den Großen. Die Frage nach der gesamtdeutschen Rechtseinheit taucht am Ende des Vorworts ebenfalls auf: S. XV f.

Menschennatur" achte.[103] Im Gegensatz zum Appellationshof mit seiner Sammlung aus den Jahren um 1810 hat man es einige Jahrzehnte später in Rheinpreußen mit einer deutlich veränderten Stimmungslage zu tun. Die Bevölkerung, so betonen es jedenfalls die Herausgeber, würde das französische Recht „mit Liebe, ja mit Begeisterung" besitzen und berücksichtigen.[104] Es folgt dann eine Aufzählung einzelner Vorzüge des französischen Rechts. Gleich zu Beginn stand angeblich „das strenge Festhalten der ganzen Gesetzgebung am Rechtsprinzip, durch Ausscheidung Alles dessen, was dem Gebiete der Sittenlehre u. s. w. angehört".[105] Diese klare Unterscheidung von Recht und Moral hatte kurz vorher Friedrich Carl von Savigny (1779–1861) im ersten Band seines „Systems des heutigen Römischen Rechts" zur Grundlage des bürgerlichrechtlichen Vermögensrechts erklärt.[106] Die Freiheit des Eigentums und die Gleichheit aller vor dem Gesetz gehörten nach Mitteilung der rheinischen Herausgeber ebenfalls zu den Errungenschaften des französischen Rechts. Das mündliche und öffentliche Gerichtsverfahren zählte auch zu diesen Vorteilen, gleichfalls das Geschworenengericht.[107] Am Ende des Vorworts folgen rechtspolitische Ausblicke. Die Herausgeber erhoffen sich für ganz Deutschland ein einheitliches Gerichtsverfahren sowie Kodifikationen im Strafrecht und im Bürgerlichen Recht.[108] Die Redaktion wünsche sich hierfür die „thätige Theilnahme und Mitwirkung des juristischen Publikums".[109] Ob diese Hoffnungen in der Zeit von Savigny, Karl Friedrich Eichhorn (1781–1854) und Georg Friedrich Puchta (1798–1846) für die Leser der „Annalen" besonders realistisch wirkten, steht hier nicht nur Entscheidung. Jedenfalls verfolgten die Herausgeber nicht den bloß regionalen Zweck, zur praktischen Rechtsangleichung im Rheinland beizutragen. Vielmehr wollten sie als wissenschaftliche Stimme mindestens in der gesamtpreußischen Rechtswissenschaft wahrgenommen werden.

Die erste in den „Annalen" mitgeteilte Entscheidung ist ein Urteil des Landgerichts Koblenz vom 16. Juli 1838. Es ging um den Pächter eines Mineralbrunnens, der gegen einen Störer eine Besitzschutzklage erhoben hatte. Das Landgericht lehnte den Anspruch ab, da ein Pächter lediglich vertragliche Ansprüche gegen den Verpächter habe, aber kein Besitzer im dinglichen Sinne sei. Die Entscheidung folgt dem französischen Attendu-que-Stil mit vorangestellten Erwägungsgründen. Für das Gericht war ausgemacht, dass „die gesetzlichen Be-

---

103 Annalen 1 (1841), Vorrede S. VII.
104 Annalen 1 (1841), Vorrede S. IX.
105 Annalen 1 (1841), Vorrede S. X.
106 Savigny: System I, S. 370 f.
107 Annalen 1 (1841), Vorrede S. XIV.
108 Annalen 1 (1841), Vorrede S. XV f.
109 Annalen 1 (1841), Vorrede, S. XV.

stimmungen so sehr dürftig" waren.[110] Stillschweigend war damit der Blick auf das römische Recht versperrt, in dem es genau zu dieser Frage zahlreiche Quellen gegeben hätte.[111] Statt dessen fügte das Landgericht hinzu, dass in diesem Rechtsgebiet „beinahe alles der Doktrin überlassen" bleibe. Hier verträten die meisten Autoren dieselbe Meinung, und dies sei „von entscheidender Wichtigkeit".[112] Es folgt sodann eine Liste mit sechs Literaturstellen, äußerst knapp abgekürzt. Fünf Belegstellen waren französische Werke. Lediglich ganz am Schluss zitierte das Gericht den deutschen Autor Karl Salomo Zachariä. In diesem Fall lagen zwei Appellationen gegen die vorangegangene Entscheidung eines Friedensrichters vor. Deswegen musste der Tenor auf beide Rechtsmittel eingehen. Im Gegensatz zu den von Strombeck mitgeteilten Entscheidungen aus Celle verzichteten die Herausgeber der rheinischen Annalen auf die Mitteilung der Richternamen. Damit war der Spruchkörper nach außen hin als Behörde und nicht als Gruppe von Einzelpersonen erkennbar.[113] Sämtliche Entscheidungen des Bandes beginnen mit einem Leitsatz oder mit einer ausformulierten Frage nach dem zu lösenden Rechtsproblem. Ob der wiedergegebene Sachverhalt von der Redaktion gekürzt wurde oder wörtlich aus der gerichtlichen Entscheidung stammt,[114] erschließt sich dem Benutzer nicht.

In einem anderen Urteil, gefällt vom Landgericht Koblenz am 30. März 1837, ging es um die Frage, ob bei einem Zeugenverhör der Richter die Zeugen auch dann vernehmen musste, wenn die beweispflichtige Partei zum Beweistermin gar nicht vor Gericht erschien. Hier ist von „einem am Landgerichte zu Coblenz anhängigen Prozesse" die Rede.[115] Solche Formulierungen aus der Beobachterperspektive sprechen dafür, dass die mitgeteilten Sachverhalte sowie die Zusammenfassungen der Prozessgeschichte zumindest teilweise von den Herausgebern für die Veröffentlichung neu verfasst wurden. Die Entscheidung selbst enthält keine Literaturhinweise, erläutert dafür die Aufgaben der Parteien im Beweisverfahren und räumt dem Kläger die Möglichkeit ein, innerhalb von drei Wochen nochmals den zunächst misslungenen Beweis zu führen.

In einem anderen Fall erließ das Landgericht Koblenz zwischen dem 25. April 1838 und dem 11. Januar 1840 gleich drei Entscheidungen. Es ging

110 Annalen 1/1 (1841), S. 2.

111 Zum Detentionsrecht des Mieters und Pächters bei der Locatio conductio Kaser/Knütel/Lohsse: Römisches Privatrecht, § 29 Rn. 17–21.

112 Annalen 1/1 (1841), S. 2.

113 Zum prinzipiellen Unterschied von Kollegialorganen und einer Gruppe von Einzelpersonen Ernst: Rechtserkenntnis, S. 1 f.

114 Zu den teilweise von Parteivertretern formulierten Sachinformationen Ranieri: Stilus Curiae, S. 78.

115 Annalen 1/1 (1841), S. 5.

um Rechtsschutz gegen den Bau von Gemeindewegen. Hier war es fraglich, ob nur der Eigentümer oder auch ein Besitzer Abwehransprüche gegen die Gemeindeverwaltung geltend machen konnte. Die Entscheidung beginnt mit einer knappen Schilderung der französischen Rechtslage, die auch auf französische Literatur eingeht. Die Gesetze selbst werden teilweise im Einklang mit der französischen Tradition nach dem Revolutionskalender zitiert.[116] Die Gerichtsentscheidung ist in diesem Beispiel nicht vollständig abgedruckt. Sie wird lediglich in zwei Absätzen teilweise zitiert.[117]

In den redaktionell aufbereiteten Einführungen zu den mitgeteilten Entscheidungen tauchen mehrfach Vergleiche mit der einschlägigen deutschen Literatur auf. In einem Fall des Landgerichts Elberfeld vom 13. Januar 1841 ging es um einen Pflegevertrag. Eine ältere Dame beauftragte einen „Ackerer“, sie umfassend zu pflegen und ihr ein Taschengeld zu entrichten. Dafür übertrug sie ihm im Gegenzug ihr gesamtes Vermögen. Als es Schwierigkeiten bei der Durchführung gab, stellte sich die Frage, ob die Witwe den Vertrag auflösen oder von ihrem Pfleger lediglich Sicherheitsleistung verlangen konnte.[118] Die Antwort hing davon ab, ob es sich um einen Leibrenten- oder um einen Alimentationsvertrag handelte. Die Parteien führten hierfür verschiedene französische Gesetze an, Entscheidungssammlungen des Pariser Kassationshofes sowie französische Literatur und auch das bereits oben erwähnte Werk von Zachariä zum französischen Zivilrecht. Die Herausgeber gingen bei ihren einführenden Erläuterungen in diesem Fall rechtshistorisch vor und führten den Leibrentenvertrag auf ein französisches Edikt von 1565 zurück. Zur Abgrenzung der Leibrente von der Alimentation beriefen sich die rheinischen Juristen auf Robert-Joseph Pothier (1699–1772). Zum Vergleich führten sie aber zusätzlich Eichhorns „Einleitung in das deutsche Privatrecht“ an, weil es auch im einheimischen Recht den Unterschied zwischen Leibrente und lebenslänglichem Unterhalt gebe.[119] Es folgt ferner ein Seitenblick auf das bereits ältere Werk von Wilhelm August Friedrich Danz (1764–1803) und das preußische Allgemeine Landrecht. Die wiedergegebene Gerichtsentscheidung wird lediglich in einem Absatz zusammengefasst. Nur das rechtlich entscheidende Argument zur Abgrenzung beider Vertragsarten ist abgedruckt. Weitere Hinweise auf die ausdrücklichen gerichtlichen Erwägungsgründe gibt es nicht.

116 Annalen 1/1 (1841), S. 12: „Bestimmungen des Gesetzes vom 9. Ventose, J. 13.“
117 Annalen 1/1 (1841), S. 16 f.
118 Annalen 1/1 (1841), S. 23.
119 Annalen 1/1 (1841), S. 25.

Ein Fall des Landgerichts Trier,[120] entschieden am 3. April 1834, betraf die Unterhaltszahlung für ein nichteheliches Kind aufgrund eines Zahlungsvertrages. Der Vater war mit einer anderen Frau und nicht mit der Mutter verheiratet, daher konnte das Kind nur im Ehebruch gezeugt worden sein. Die rechtliche Anerkennung von im Ehebruch gezeugten Kindern war allerdings in einem privaten Vertrag nicht möglich, und daher stritten die Parteien, ob es eine erlaubte Causa für den Zahlungsvertrag gab oder nicht. Hier ist die Gerichtsentscheidung in einer Länge von vier Seiten wörtlich wiedergegeben. Innerhalb der Erwägungsgründe meinte das Gericht, dass zum einen zwar der Ehebruch unerlaubt sei. Auf der anderen Seite sei aber „die Ernährung selbst nicht nur nicht unerlaubt [...], sondern durch Natur, Moral und Gesetz, durch letztes im Art. 762 d. b[ürgerliches] G[esetz]-B[uch] als eine pflichtmäßige Handlung geboten".[121] Wenige Zeilen später heißt es abermals, beim Ersatz des zugefügten Schadens sei die Vergütung durch „Gesetz (Art. 1382) und Moral zur Pflicht" gemacht.[122] Was den Zeitpunkt betraf, zu dem ein Vater seine nichteheliche Vaterschaft privat anerkennen konnte, betonte das Gericht, „daß mit diesen gesetzlichen Verfügungen auch das römische Recht übereinstimmt, indem dieses gleichmäßig annimmt, daß insofern es den Vortheil eines Kindes betrifft, dasselbe als geboren angesehen wird, sobald es empfangen ist". Es folgt dann das wörtliche lateinische Zitat von „l. 7. Tit. 5. D de statu hominum".[123] Im Ergebnis entschied das Gericht zugunsten des nichtehelichen Kindes bzw. seiner Mutter. Der Hinweis auf die gleichlautende Lösung des römischen Rechts ist ein Argument, das in den mitgeteilten rheinischen Entscheidungen eher selten auftaucht. Mehrfach allerdings argumentierten die Gerichte ausdrücklich mit der Moral. Das ist deswegen aufschlussreich, weil die Herausgeber der Sammlung, wie oben gesehen, es ihrerseits als klaren Vorteil des französischen Rechts bezeichnen, die Trennung zwischen Recht und Moral als oberstes Prinzip streng durchzuhalten.[124] In der Praxis war genau dies augenscheinlich nicht so klar, denn die Moral tauchte als Argument in den Erwägungsgründen von Entscheidungen auf. So führten im dritten Band der „Annalen" die Herausgeber bei der Aufbereitung eines Rechtsfalles gegen die angeblich übertriebene „Ehrfurcht vor der Heiligkeit der Verträge" das „Interesse der öffentlichen Moral" ins

120 Grilli: Partikularrecht, S. 78–104, behandelt lediglich die Rechtsprechung des Trierer Appellationsgerichts in den Jahren nach 1804; derselbe Untersuchungszeitraum bei Schulze: Rheinische Judikatur.

121 Annalen 1/1 (1841), S. 53.

122 Annalen 1/1 (1841), S. 53.

123 Annalen 1/1 (1841), S. 55; moderne Zitierweise D. 1, 5, 7.

124 Annalen 1 (1841), Vorrede S. X.

Feld.[125] In dieselbe Richtung deutet eine Entscheidung des Landgerichts Trier vom 27. November 1845. Es ging u. a. um den Unterhalt für ein nichteheliches Kind, insbesondere für Lehrgeld und Kosten der Wanderschaft. Das Landgericht berief sich in seinen Erwägungsgründen ausdrücklich darauf, dass die Unterhaltspflicht „ihrer Natur nach jedem der Eltern ganz und ungetheilt obliegt".[126] Da hier eine Partei ihre Verpflichtung angefochten hatte, betonte das Gericht, dass zwar „über die Zeit der Anerkennung eine beschränkende gesetzliche Bestimmung nicht vorhanden ist", andererseits aber „der Grundsatz des römischen Rechts ‚qui in utere est pro jam nato habetur, quoties de commodis ipsius partus quaeritur' von dem Civilgesetzbuche adoptirt worden ist". Hierfür verwies das Gericht auf den „Esprit du Code Napoléon IV. 179".[127] Die Parteien hatten unter anderem darum gestritten, ob auch ein Minderjähriger sein nichteheliches Kind wirksam anerkennen könne. Hier meinten die Anspruchsteller, dies werde nicht nur von Rechtsgelehrten so vertreten, sondern es handele sich dabei um eine „Erklärung über eine einfache Thatsache und deren Wahrheit [...], wozu die Vorschriften der Moral auch den Minderjährigen verpflichten".[128] Wiederum ging es an entscheidender Stelle um die Moral als juristisches Argument. So eindeutig, wie die Herausgeber der „Annalen" es behaupten, scheint die Trennung von Recht und Moral im rheinischen Recht also doch nicht gewesen zu sein.

Einige zeitlich etwas spätere Beispiele aus dem letzten Band der Sammlung sollten das Bild ergänzen. Der erste mitgeteilte Fall betrifft einen Schadensersatzanspruch wegen Verleumdung. Der Kläger hatte parallel zu einem Strafverfahren sein Begehren vor einem Zuchtpolizeigericht erhoben, war selbst aber nicht anwaltlich vertreten. Die Entscheidung des Landgerichts Aachen vom 11. Februar 1852 war zum Zeitpunkt der Veröffentlichung bereits neun Jahre alt. Da das Zuchtpolizeigericht eine Abteilung des Landgerichts war, gab es die Frage zu lösen, ob die Anwaltspflicht auch außerhalb des Zivilverfahrens einschlägig war. Im Ergebnis entschied das Gericht gegen die „vorgeschriebenen Formalitäten" des Zivilverfahrens.[129] Offenbar bestand ein Bedürfnis, diesen Grundsatz anhand des schon etwas älteren Urteils allgemein zu bekräftigen.

Ein weiteres Urteil des Landgerichts Aachen vom 31. Mai 1858 beschäftigt sich mit der sog. Subhastation von Immobilien, also mit einer bestimmten Zwangsvollstreckung. Die Einzelheiten brauchen hier keine Rolle zu spielen. Allerdings hatte der preußische Staat für Grundstücke, die in verschiedenen land-

125 Annalen 3/1 (1843), S. 8.

126 Annalen 5/1 (1845), S. 79.

127 Annalen 5/1 (1845), S. 79; Esprit IV, S. 179, zum Abschnitt „Filiation des Enfans naturels".

128 Annalen 5/1 (1845), S. 72.

129 Annalen 10/1 (1861), S. 4.

rätlichen Kreisen bzw. in verschiedenen Friedensgerichtsbezirken lagen, 1822 eine sog. Subhastationsordnung erlassen.[130] Das Aachener Urteil stellte klar, dass im Bereich des rheinischen Rechts nicht dieses Landesgesetz, sondern weiterhin die „Art. 2210 und 2211 des B. G.-B. maßgebend" waren.[131] Es gibt nur einen redaktionell hinzugefügten Einleitungssatz: „Das Thatsächliche ergibt sich aus dem nachstehenden Bescheide der Rathskammer des Königl. Landgerichts zu Aachen vom 31. Mai 1858." Dann folgen sechs offenbar wörtlich zitierte Erwägungsgründe des Gerichts, jeweils abgekürzt eingeleitet mit „I. E.", also „in Erwägung".

Die dritte Entscheidung des 10. Bandes stammt abermals vom Landgericht Aachen, diesmal aber bereits von 1854. Um Chronologie war die Sammlung augenscheinlich nicht bemüht. Es geht um den Beweis eines Vertragsschlusses, wenn die vorgeschriebene Schriftform nicht eingehalten war. Hier beruht das Urteil ausschließlich auf dem Allgemeinen Landrecht und der Allgemeinen Gerichtsordnung sowie auf einem preußischen Edikt vom 8. Februar 1770.[132] Nach einigen einleitenden Sätzen zum Sachverhalt zitiert die Druckfassung umfassend die Erwägungsgründe auf mehreren Seiten. Wie in anderen Beispielen sind sie wie selbstverständlich im französischen Stil gehalten, jeweils eingeleitet mit „I. E.".[133] Auch dort, wo es nicht um französisches Recht, sondern um das preußische Recht ging, blieb die Entscheidungsdarstellung also dem französischen Stil verpflichtet. Die richterliche Urteilstechnik war auch hier vollständig von der Herkunft der entscheidungserheblichen Normen gelöst.

4. Das Ende des französischen Urteilsstils

Ein letzter Abschnitt der kleinen Studie ändert die Fragerichtung. Gezielt geraten jetzt besonders späte Entscheidungen aus dem „Rheinischen Archiv" in das Blickfeld. Auf diese Weise lässt sich zumindest annäherungsweise klären, wie lange sich die Eigentümlichkeiten des rheinischen Entscheidungsstils auf der Reichsebene noch zeigen. Das Bundes- und Reichsoberhandelsgericht, später ab Oktober 1879[134] dann das Reichsgericht, saß außerhalb des rheinischen Rechtsraumes, hatte aber einen eigenen Senat, um rheinische Fälle zu entscheiden. Hier lässt sich erkennen, in welcher Weise die inhaltliche Bindung an französisches Recht mit der methodischen Befolgung des französischen Urteilsstils ein-

---

130 Kurzer Hinweis auch bei Klein: Reform, S. 53.

131 Annalen 10/1 (1861), S. 6.

132 Edict 1770; nicht nachgewiesen bei Simon: Brandenburg/Preußen, S. 531.

133 Annalen 10/1 (1861), S. 8–10.

134 Überblick bei Oestmann: Rechtswesen, S. 996–1000.

herging. Stichprobenartig ausgewertet wurde dafür zunächst der 81. Band des „Rheinischen Archivs“, erschienen 1890. Im terminologischen Einklang mit den Reichsjustizgesetzen sind als Herausgeber nunmehr Mitglieder des Oberlandesgerichts zu Köln angegeben. Die Systematik der Reihe ist im Vergleich zu den früheren Bänden leicht verändert. Die erste Abteilung behandelt Entscheidungen des Oberlandesgerichts in Zivilsachen, die zweite Abteilung bringt Urteile im Zivilprozess, Strafrecht und Strafprozess, die dritte Abteilung widmet sich dem Reichsgericht, dem Kammergericht sowie dem Kompetenzgerichtshof.[135] Wissenschaftliche Abhandlungen fielen nunmehr in die vierte Abteilung, die im Jahr 1890 aber nur einen einzelnen Aufsatz enthielt. Die erste mitgeteilte Entscheidung von 1889 betrifft einen Handelskauf nach dem Allgemeinen deutschen Handelsgesetzbuch von 1861. Die Entscheidungsgründe sind im deutschen Urteilsstil gehalten, am Beginn steht ein längerer Leitsatz, keine direkte Frage.[136] Die zweite mitgeteilte Entscheidung betrifft die preußische Städteordnung von 1856 und ein Gesetz von 1883, sie ist ebenfalls im deutschen Urteilsstil gehalten.[137]

Der erste mitgeteilte Fall, der inhaltlich auf französischem Recht beruht, behandelt Verfügungen zugunsten Dritter. Die Entscheidungsgründe sind auch hier im deutschen Stil angegeben, der Code Civil erscheint aber ganz selbstverständlich weiterhin als Bürgerliches Gesetzbuch („nach Art. 1121 B. G.-B.“[138]). Für die Klärung von Rechtsfragen stützte sich das Oberlandesgericht auf das Pandektenlehrbuch von Bernhard Windscheid (1817–1892),[139] den französischen Kommentar von Victor-Napoléon Marcadé (1810–1854) zum Code civil, aber auch auf einen Aufsatz von Achilles Renaud (1819–1884) im Magazin für badische Rechtspflege von 1856,[140] der sich an der zitierten Stelle mit dem badischen Landrecht von 1811 beschäftigt.[141] Mehrere andere Literaturstimmen kommen ebenso zu Gehör wie auch eine zum Vergleich herangezogene Entscheidung des Reichsgerichts „für das gemeine Recht“.[142] Die Unterschiede zu der sehr französisch geprägten Urteilstechnik aus den 1820er Jahren sind also in jeder Hinsicht deutlich erkennbar.

Prüft man, wann die veränderte Urteilsdarstellung im Bereich des rheinischen Rechts bemerkbar wird, muss man zeitlich einige Jahre zurückgehen. Im

135 Zum sog. Kompetenzgerichtshof LEMMER: Geschichte.
136 RhA 81 = N.F. 74/1 (1890), S. 3–5.
137 RhA 81 = N.F. 74/1 (1890), S. 8–12.
138 RhA 81 = N.F. 74/1 (1890), S. 15.
139 RhA 81 = N.F. 74/1 (1890), S. 15 unten.
140 RhA 81 = N.F. 74/1 (1890), S. 16.
141 RENAUD: Verträge, S. 8.
142 RhA 81 = N.F. 74/1 (1890), S. 17.

Band 64, erschienen 1872, sind die mitgeteilten Entscheidungen von 1871 noch einheitlich im französischen Stil gehalten, so etwa ein Urteil zur örtlichen Zuständigkeit nach dem Code de procédure civile bzw. der Bürgerlichen Prozessordnung („nach Art. 59 Nr. 5 der B. Pr.-O.«[143]). In einem Urteil, das familienrechtliche Fragen auf der Grundlage des Code civil („Art. 472 des B. G.-B.") behandelt, taucht in den Erwägungsgründen keine Literatur auf. Vielmehr fügten die Herausgeber eine Fußnote ein, um auf die französische Jurisprudenz und die innerfranzösische Diskussion zu diesem Punkt hinzuweisen.[144]

Band 68 des „Rheinischen Archivs", erschienen 1877, gibt eine Kassationsentscheidung des Reichsoberhandelsgerichts vom 17. Mai 1876 wieder. Es ging um die Verletzung von Art. 1134, 1165, 1166, 1689 und 1690 „des B. G.-B.", also des Code civil. Das Reichsoberhandelsgericht selbst wandte in diesem Kassationsfall den französischen Erwägungsstil an.[145] Auch das preußische Obertribunal folgte mit seinem fünften Zivilsenat, dem sog. Rheinischen Senat, im Juli 1876 noch dem französischen Stil.[146] Sehr viele Entscheidungen in diesem 68. Band betreffen Kassationsfälle und dokumentieren damit gar nicht die Rechtsprechung des Appellationsgerichtshofs in Köln, sondern vielmehr des Reichsoberhandelsgerichts sowie des preußischen Obertribunals.

In Band 69, erschienen 1878, folgte der Appellationsgerichtshof im Juli 1877 noch dem französischen Urteilsstil.[147] Auch Entscheidungen von Ende 1877, also nach Verkündung der Reichsjustizgesetze, waren im französischen Stil gehalten, reichen mit ihren Sachverhalten allerdings auch in die Zeit vor der deutschen Justizreform zurück.[148] Entscheidungen von 1880, als die Reichsjustizgesetze bereits in Kraft waren, enthalten teilweise nur noch einmal den ausdrücklichen Hinweis „In Erwägung", schließen dann aber alle weiteren Erwägungsgründe in Daß-Sätzen an und folgen damit derselben Darstellungsmethode.[149] Auch eine Entscheidung von 1884 zur Auslegung des französischen Wortlauts des Code civil lehnte sich in ihrer Darstellungstechnik an den französischen Erwägungsstil an.[150]

---

143 RhA 64 = N.F. 57/1 (1872), S. 2.

144 RhA 64 = N.F. 57/1 (1872), S. 11.

145 RhA 68 = N.F. 61/2 (1877), S. 1. Die Einleitung zur Urteilswiedergabe stammt von den Herausgebern und enthält einen Querverweis auf den Abdruck der vorinstanzlichen Entscheidung des Appellationsgerichtshofes.

146 RhA 68 = N. F. 61/2 (1877), S. 3 f., mit Instanzenzug vom Friedensgericht Köln über das Landgericht zum Obertribunal; französischer Urteilsstil ebenso S. 36 f.

147 RhA 69 = N.F. 62/1 (1878), S. 2–4.

148 RhA 69 = N.F. 62/1 (1878), S. 4–7.

149 RhA 71 = N.F. 64/1 (1880), S. 164–166 sowie 166–168.

150 RhA 75 = N.F. 68/1 (1885), S. 3–5.

Das Landgericht Trier entschied im April 1885 noch Fälle im französischen Stil.[151] Das Oberlandesgericht folgte im April 1886 ebenfalls noch weitgehend dem französischen Stil, wobei in der abgedruckten Entscheidung das Ergebnis bereits den Erwägungsgründen vorangestellt ist.[152] Hier hat man es also mit einer Mischform aus deutschem und französischem Stil zu tun. Ein oberlandesgerichtliches Urteil vom 8. Oktober 1887 ist dagegen bereits ganz im deutschen Urteilsstil verfasst. Es ging um das Genossenschaftsgesetz von 1868. In der aufbereiteten Druckfassung sind die wesentlichen Punkte des Tenors vorangestellt. Dann folgten die Gründe, die sich ausdrücklich mit den irrigen Rechtsmeinungen der Vorinstanz befassen. Diese Entscheidungsgründe zitieren das Reichsgericht und führen auch Spezialliteratur an,[153] sind aber nicht mehr dem französischen Erwägungsstil verpflichtet. Genau diesen deutschen Urteilsstil wandte das Oberlandesgericht am 16. Oktober 1888 auch in einer Entscheidung auf der Grundlage des Code civil an. Die französische Kodifikation erscheint hier abweichend von der rheinischen Tradition nicht mehr als Bürgerliches Gesetzbuch, sondern ausdrücklich unter ihrem französischen Namen. Das Gericht geht in der Entscheidung auf seine eigene Rechtsprechungstradition ein, erläutert „die Wortfassung" des französischen Rechts und vergleicht die Lösung zweimal mit römischrechtlichen Grundsätzen.[154] Arbeitet man sich zeitlich zurück, beginnt der 79. Band der Sammlung mit Urteilen vom 10. und 14. Januar 1888, die bereits im deutschen Stil gehalten sind.[155] Eine Entscheidung vom 1. April 1887 ist auch dem deutschen Stil verpflichtet.[156] Das offenbar älteste Urteil im deutschen Stil, das sich im „Rheinischen Archiv" befindet, stammt vom 16. April 1886.[157] Zehn Tage zuvor hatte das Oberlandesgericht Köln noch den französischen Stil angewandt.[158] Erläuterungen zu diesem Wandel gibt es nicht. Die vierte Abteilung des „Rheinischen Archivs", die juristische

151 RhA 77 = N.F. 70/1 (1887), S. 4.

152 RhA 77 = N.F. 70/1 (1887), S. 8: „Die gegen dieses Urtheil eingelegte Berufung hat das Oberlandesgericht verworfen aus folgenden Gründen: I. E., daß den zutreffenden Erwägungen des angegriffenen Urtheiles in Betreff der dem Appellanten obliegenden Beweislast lediglich beigepflichtet werden muß". Der Umfang der redaktionellen Eingriffe der Herausgeber in die Entscheidungsdarstellung lässt sich nicht feststellen.

153 RhA 80 = N. F. 73/1 (1889), S. 5. Zitiert wird deutsche Spezialliteratur zur Verjährungsunterbrechung bei Rechtshandlungen gegen einen Liquidator oder gegen die Konkursmasse: Schulze-Delitzsch: Streitfragen, S. 46.

154 RhA 80 = N.F. 73/1 (1889), S. 9 f.; zur Arbeitsmethode des Reichsgerichts in Fragen des französischen Rechts umfassend Geyer: Code civil. Das Buch von Geyer ist stark materiellrechtlich interessiert und behandelt die Entscheidungsdarstellung nicht.

155 RhA 79 = N.F. 72/1 (1888), S. 3–6, 7 f.

156 RhA 78 = N.F. 71/1 (1888), S. 3–5.

157 RhA 77 = N.F. 70/1 (1887), S. 14 f.

158 RhA 77 = N.F. 70/1 (1887), S. 8.

Abhandlungen versammelt, beschränkte sich jeweils auf wenige Aufsätze zu Spezialthemen, enthält zwischen Band 74 (1884) und Band 79 (1888) aber keinen Beitrag zur geänderten Begründungstechnik. Eine rechtswissenschaftliche Diskussion zum Wechsel des Begründungsstils scheint es im rheinischen Recht in den 1880er Jahren also nicht gegeben zu haben.

Wann genau die oberste Instanz, also das Reichsgericht in Leipzig, in rheinischen Fällen seinen Urteilsstil änderte, ist nicht klar ersichtlich. Eine Entscheidung des 2. Zivilsenats vom 4. März 1884 erging im französischen Erwägungsstil.[159] Dagegen ist eine Entscheidung des Reichsgerichts vom 10. Januar 1882 bereits im deutschen Urteilsstil überliefert.[160] Am 16. Mai 1882 entschied das Reichsgericht im französischen Stil,[161] nur drei Tage später, also am 19. Mai, abermals im zweiten Zivilsenat, erneut im deutschen Stil.[162] Hier gab es also augenscheinlich eine Übergangsphase, in der beide Entscheidungsstile nebeneinander benutzt wurden. Vielleicht kam es für die Darstellung auf die Prägung und auf die Gepflogenheiten des jeweiligen Berichterstatters bzw. Referenten an. Dies lässt sich aber anhand der gedruckten Sammlung nicht vollständig klären, weil die Namen der Referenten nicht durchgängig angegeben sind. Jedenfalls scheint der Stilwandel am Reichsgericht etwa fünf Jahre vor dem Übergang des Oberlandesgerichts zur deutschen Urteilstechnik stattgefunden zu haben.

5. Ergebnisse

Der Überblick über gedruckte und teilweise redaktionell aufbereitete Gerichtsentscheidungen aus dem Geltungsbereich des französischen Rechts in Deutschland führt zu einigen Erkenntnissen, die in solcher Verfeinerung bisher nicht bekannt waren. In den Anfangsjahren französischer Rechtsgeltung stammten die zu entscheidenden Sachverhalte oftmals aus der Zeit noch vor 1806. Hier stellten sich Fragen nach der Berücksichtigung von Rechtsquellen aus dem Ancien Régime bzw. aus der Gegenrichtung nach der Rückwirkung des französischen Rechts in die Zeit des Alten Reiches. Soweit französisches Recht anwendbar war, folgten die Gerichte in diesen Fällen nicht nur dem Wortlaut der französischen Gesetze, sondern versuchten auch, durch französische Literatur, teilweise durch Entscheidungen anderer Gerichte die in Frankreich üblichen Auslegungsergebnisse zu erreichen. Werturteile über das französische Recht fie-

159 RhA 75 = N.F. 68/3 (1885), S. 55.

160 RhA 73 = N.F. 66/3 (1883), S. 3–6.

161 RhA 73 = N.F. 66/3 (1883), S. 20, Verfahren in einem Kassationsrekurs, Referent: Dr. Wernz.

162 RhA 73 = N.F. 66/3 (1883), S. 21–23, der Name des Referenten ist in der Druckfassung nicht angegeben.

len durchweg wohlwollend aus – und dies nicht nur im Königreich Westphalen zur Zeit des sprichwörtlichen Königs Lustik, sondern auch in deutlich späteren Jahren im preußischen Rheinland. Trotz der sicherlich vorhandenen guten Französischkenntnisse benutzten deutsche Gerichte bei der wörtlichen Auslegung französischer Rechtsbegriffe mehrfach Wörterbücher, um die Bedeutungsverschiebungen zwischen den nicht deckungsgleichen Sprachen herausarbeiten zu können. Sowohl im Königreich Hannover nach dem Ende der Franzosenzeit als auch im rheinischen Preußen in der Zeit um 1840 bezeichneten deutsche Rechtspraktiker das französische Recht als wichtige Grundlage bei der Diskussion um eine gesamtdeutsche Vereinheitlichung des Privatrechts. Möglicherweise passt es aber ins rechtspolitische Umfeld, wenn der französische Code civil nach der Reichsgründung zunehmend nicht mehr auf Deutsch als Bürgerliches Gesetzbuch zitiert wurde, sondern in den Gerichtsentscheidungen unter seiner französischen Bezeichnung auftauchte.

Die Urteilsdarstellung folgte im Bereich des französischen Rechts dem überkommenen französischen Attendu-que-Stil in seiner deutschen Variante als Erwägungsstil. Diese Darstellung war für Gerichte attraktiv, denn sie ersparte ihnen bis zu 90 % der im deutschen Urteilsstil üblichen Entscheidungsbegründungen.[163] Gerade die Kürze der Entscheidungen dürfte in der Praxis ein wesentlicher Vorteil des rheinischen Rechts gewesen sein, nicht zuletzt bezogen auf die Verfahrensdauer. Selbst an Orten, an denen das französische Recht nach 1814 nicht länger maßgeblich war, verfassten einige Gerichte ihre Entscheidungen weiterhin nach dem französischen Stil. Der Übergang der Urteilsdarstellung vom französischen Erwägungsstil zum deutschen Urteilsstil lässt sich erst nach den Reichsjustizgesetzen von 1879 feststellen. Am Reichsgericht scheint sich dieser Wandel 1882 im sog. französischen Senat vollzogen zu haben. Innerhalb des Geltungsbereichs des rheinischen Rechts folgen die Instanzgerichte mit einigen Jahren Verzögerung um 1887/88 nach. Damit ging die Angleichung der richterlichen Darstellungstechnik der materiellrechtlichen deutschen Rechtseinheit um mehr als ein Jahrzehnt voraus.

Quellen und Literatur

Amend-Traut, Anja: Schuldenmoratorien. Lenkende Wirtschaftspolitik im Spiegel reichshofrätlicher Quellen, in: Rasche/Schenk (Hg.): Der kaiserliche Reichshofrat, Bd. 2, S. 671–750.

163 Vergleichszahlen bei Oestmann: Gerichtspraxis, S. 46.

Annalen für Rechtspflege und Gesetzgebung in den preußischen Rheinprovinzen, 10 Bde., Trier 1841–1863.

Archiv für das Civil- und Criminal-Recht der Königlich-Preußischen Rhein-Provinzen; von Bd. 103 (1907) bis Bd. 111 (1915) als neue Fassung unter dem Titel „Archiv für Zivil- und Strafrecht der Königlich Preußischen Rheinprovinz".

Brauneder, Wilhelm: Leibzucht, in: Cordes, Albrecht/Kannowski, Bernd/Haferkamp, Hans-Peter/Lück, Heiner/De Wall, Heinrich/Werkmüller, Dieter/Schmidt-Wiegand, Ruth (Hg.): Handwörterbuch zur deutschen Rechtsgeschichte, Bd. 3, Berlin [2]2016, Sp. 800–803.

Bülow, Friedrich Von/Hagemann, Theodor: Practische Erörterungen aus allen Theilen der Rechtsgelehrsamkeit hin und wieder mit Urtheils-Sprüchen des Zelleschen Tribunals und der übrigen Justizhöfe bestärkt, 4 Bde., Hannover 1798–1804.

Carnot, Joseph François Claude: De l'instruction criminelle, Bd. 3, Paris 1817.

Cipolla, Tamara: Friedrich Karl von Strombeck. Leben und Werk. Unter besonderer Berücksichtigung des Entwurfes eines Strafgesetzbuches für ein Norddeutsches Staatsgebiet (Juristische Zeitgeschichte, Abt. 4: Leben und Werk, Bd. 13), Berlin, New York 2010.

Döhring, Erich: Geschichte der deutschen Rechtspflege seit 1500, Berlin 1953.

Edict, daß alle Contracte, Verträge und Versprechungen, deren Gegenstand die Summe von Funfzig Rthl. übersteiget, vom 1. Octobr. 1770 an, schriftlich errichtet werden, widrigenfalls aber unverbindlich seyn sollen, Berlin den 8ten Febr. 1770 (= https://digital.staatsbibliothek-berlin.de/werkansicht/?PPN=PPN803510233, zuletzt abgerufen am 19.10.2025).

Eisenhart, Johann August Ritter Von: Spangenberg, Ernst Peter Johann, in: Historische Commission Bei Der Königl. Akademie Der Wissenschaften (Hg.): Allgemeine Deutsche Biographie, Bd. 35: Spalatin–Steinmar, Leipzig 1893, S. 41 f.

Ernst, Wolfgang: Rechtserkenntnis durch Richtermehrheiten. „group choice" in europäischen Justiztraditionen, Tübingen 2016.

Locré, Jean-Guillaume: Esprit du Code Napoléon, Bd. 4, Paris 1806.

Gehrke, Heinrich: Die privatrechtliche Entscheidungsliteratur Deutschlands (Ius Commune. Sonderheft 3), Frankfurt am Main 1974.

Geyer, Stefan: Den Code civil „richtiger" auslegen. Der zweite Zivilsenat des Reichsgerichts und das französische Zivilrecht (Rechtsprechung. Materialien und Studien Bd. 29), Frankfurt am Main 2009.

Grilli, Antonio: Das linksrheinische Partikularrecht und das römische Recht in der Rechtsprechung der Cour d'Appel/Cour Impérial de Trèves nach 1804, in: Schulze, Reiner (Hg.): Französisches Zivilrecht in Europa während des 19. Jahrhunderts (Schriften zur Europäischen Rechts- und Verfassungsgeschichte Bd. 12), Berlin 1994, S. 67–105.

Grilli, Antonio: Die französische Justizorganisation am linken Rheinufer 1797–1803 (Rechtshistorische Reihe Bd. 190), Frankfurt am Main, Berlin, Bern, New York, Paris, Wien 1999.

Günzl, Clara: Eine andere Geschichte der Begründungspflicht. Sichtweisen des frühen 19. Jahrhunderts (Grundlagen der Rechtswissenschaft Bd. 39), Tübingen 2021.

Haferkamp, Hans-Peter: Der Rheinische Appellationsgerichtshof zwischen dem Rheinland, Frankreich und Preußen – Überlegungen anhand der rheinischen Judikatur zu Art. 1133 CC, in: Haferkamp/Schwerin (Hg.): Das Oberlandesgericht Köln zwischen dem Rheinland, Frankreich und Preußen, S. 15–34.

Haferkamp, Hans-Peter/Schwerin, Margarete Gräfin Von (Hg.): Das Oberlandesgericht Köln zwischen dem Rheinland, Frankreich und Preußen. Festschrift zum 200-jährigen Bestehen (1819 bis 2019) (Rechtsgeschichtliche Schriften Bd. 32), Wien, Köln, Weimar 2019.

Hocks, Stephan: Gerichtsgeheimnis und Begründungszwang. Zur Publizität der Entscheidungsgründe im Ancien Régime und im frühen 19. Jahrhundert (Rechtsprechung. Materialien und Studien Bd. 17), Frankfurt am Main 2002.

Kähler, Jan Jelle: Französisches Zivilrecht und französische Justizverfassung in den Hansestädten Hamburg, Lübeck und Bremen (1806–1815) (Rechtshistorische Reihe Bd. 341), Frankfurt am Main, Berlin, Bern, Brüssel, New York, Oxford, Wien 2007.

Kaser, Max/Knütel, Rolf/Lohsse, Sebastian: Römisches Privatrecht. Ein Studienbuch, München [22]2021.

Klein, Adolf: Hardenbergs letzte Reform. Die Gründungsgeschichte des Rheinischen Appellationsgerichtshofes, in: Laum/Klein/Strauch (Hg.): Rheinische Justiz, S. 9–55.

Krefeld, Thomas: Das französische Gerichtsurteil in linguistischer Sicht: Zwischen Fach- und Standessprache (Studia Romanica et Linguistica SRL Bd. 17), Frankfurt am Main, Bern, New York, Nancy 1985.

Landsberg, Ernst: Die Gutachten der Rheinischen Immediat-Justiz-Kommission und der Kampf um die rheinische Rechts- und Gerichtsverfassung 1814–1819 (Publikationen der Gesellschaft für rheinische Geschichtskunde Bd. 31), Bonn 1914.

Landwehr, Torsten: „Im Namen des ...", in: Olenhusen, Peter Götz von (Hg.): 300 Jahre Oberlandesgericht Celle. Festschrift zum 300jährigen Jubiläum am 14. Oktober 2011, Göttingen 2011, S. 21–39.

Laum, Dieter: Der hundertfünfundsiebzigjährige Gerichtshof, in: Laum/Klein/Strauch (Hg.): Rheinische Justiz, S. 1–7.

Laum, Dieter/Klein, Adolf/Strauch, Dieter (Hg.): Rheinische Justiz. Geschichte und Gegenwart. 175 Jahre Oberlandesgericht Köln, Köln 1994.

Lemmer, Georg: Die Geschichte des preußischen Gerichtshofes zur Entscheidung der Kompetenzkonflikte (1847–1945) (Untersuchungen zur deutschen Staats- und Rechtsgeschichte. Neue Folge Bd. 33), Aalen 1997.

Lepsius, Susanne: Dixit male iudicatum esse per dominos iudices. Zur Praxis der städtischen Appellationsgerichtsbarkeit im Lucca des 14. Jahrhunderts, in: Arlinghaus,

Franz-Josef/Baumgärtner, Ingrid/Colli, Vincenzo/Lepsius, Susanne/Wetzstein, Thomas (Hg.): Praxis der Gerichtsbarkeit in europäischen Städten des Spätmittelalters (Rechtsprechung. Materialien und Studien Bd. 23), Frankfurt am Main 2006, S. 189–269.

Lühr, Karl: Die ersten zweihundert Jahre, in: 250 Jahre Oberlandesgericht Celle 1711–1961, Celle 1961, S. 1–61.

Montag, John Karl-Heinz: Die Lehrdarstellung des Handelsrechts von Georg Friedrich von Martens bis Meno Pöhls. Die Wissenschaft des Handelsrechts im ersten Drittel des 19. Jahrhunderts (Rechtshistorische Reihe Bd. 48), Frankfurt am Main, Bern, New York 1986.

Niederrheinisches Archiv für Gesetzgebung, Rechtswissenschaft und Rechtspflege, 4 Bde., Köln 1817–1819.

Oestmann, Peter: Zur Gerichtspraxis im 19. Jahrhundert. Ein Schmuggeleiprozess am Oberappellationsgericht Lübeck, zwei Teile, Wien, Köln, Weimar 2019.

Oestmann, Peter: Der Zivilprozess im Rheinland und in Lübeck – Schlaglichter auf die Gerichtspraxis, in: Haferkamp/Schwerin (Hg.): Das Oberlandesgericht Köln zwischen dem Rheinland, Frankreich und Preußen, S. 131–150.

Oestmann, Peter: Das Rechtswesen/Reichsgesetze, in: Voigt, Rüdiger (Hg.): Weltmacht auf Abruf. Nation, Staat und Verfassung des deutschen Kaiserreichs (1867–1918), Baden-Baden 2023, S. 995–1011.

Oestmann, Peter: Zur Relationstechnik am Reichshofrat, in: Rasche/Schenk (Hg.): Der kaiserliche Reichshofrat, Bd. 1, S. 301–379.

Ortlieb, Eva: Schriftlichkeit im Entscheidungsprozess. Die Relationen des Reichshofrats, in: Bongartz, Josef/Denzler, Alexander/Katzer, Carolin/Stodolkowitz, Stefan Andreas (Hg.): Feder und Recht. Schriftlichkeit und Gerichtswesen in der Vormoderne (Bibliothek Altes Reich Bd. 39), Berlin, Boston 2023, S. 345–364.

Pfeiffer, Burkhard Wilhelm: Rechtsfälle, entschieden nach dem Gesetzbuche Napoleons Von Frankreich und Westphalens obersten Gerichtshöfen, Hannover 1810–1813.

Pufendorf, Friedrich Esajas Von: Observationes Iuris Universi, Hannover 1744–1770 (^{2}1780–1784).

Ranieri, Filippo: Stilus Curiae. Zum historischen Hintergrund der Relationstechnik, in: Rechtshistorisches Journal 4 (1985), S. 75–88.

Ranieri, Filippo: Entscheidungsfindung und Begründungstechnik im Kameralverfahren, in: Oestmann, Peter (Hg.): Zwischen Formstrenge und Billigkeit. Forschungen zum vormodernen Zivilprozeß (Quellen und Forschungen zur höchsten Gerichtsbarkeit im Alten Reich Bd. 56), Köln, Weimar, Wien 2009, S. 165–190.

Rasche, Ulrich/Schenk, Tobias (Hg.): Der kaiserliche Reichshofrat. Interdisziplinäre Perspektiven auf Organisation und Funktion eines frühneuzeitlichen Zentralgerichts (Quellen und Forschungen zur höchsten Gerichtsbarkeit im Alten Reich Bd. 82), 2 Bde., Köln 2025.

RENAUD, ACHILLES: Ueber Verträge zu Gunsten Dritter, in: Magazin für badische Rechtspflege und Verwaltung 2 (1856), S. 1–27.

SAVIGNY, FRIEDRICH CARL VON: Vom Beruf unserer Zeit für Gesetzgebung und Rechtswissenschaft, Heidelberg 1814.

SAVIGNY, FRIEDRICH CARL VON: System des heutigen Römischen Rechts, Bd. 1, Berlin 1840.

SCHUBERT, WERNER: Französisches Recht in Deutschland zu Beginn des 19. Jahrhunderts. Zivilrecht, Gerichtsverfassung und Zivilprozeßrecht (Forschungen zur neueren Privatrechtsgeschichte Bd. 24), Köln, Wien 1977.

SCHULZE-DELITZSCH, HERMANN: Streitfragen im deutschen Genossenschaftsrecht, Heft 1, Leipzig 1880.

SCHULZE, REINER: Die rheinische Judikatur im frühen 19. Jahrhundert zwischen gemeinrechtlicher Tradition und französischem Recht. Grundlagen und Ziele eines Forschungsprojektes, in: MOHNHAUPT, HEINZ/SIMON, DIETER (Hg.): Vorträge zur Justizforschung. Geschichte und Theorie (Rechtsprechung. Materialien und Studien Bd. 7), Frankfurt am Main 1993, Bd. 2, S. 285–302.

SCHUMACHER, DETLEF: Das Rheinische Recht in der Gerichtspraxis des 19. Jahrhunderts. Ein Beitrag zur Auslegung rezipierter Rechtsnormen (Schriftenreihe des Instituts für europäisches Recht der Universität des Saarlandes Bd. 9), Stuttgart, Bruxelles 1969.

SIMON, THOMAS (Hg.): Brandenburg/Preußen mit Nebenterritorien (Kleve-Mark, Magdeburg und Halberstadt (Repertorium der Policeyordnungen der frühen Neuzeit Bd. 2.1; Ius Commune. Sonderhefte 111), Frankfurt am Main 1998.

SIREY, JEAN-BAPTISTE (Hg.): Recueil général des lois et des arrêts, Bd. 23, Paris 1823.

STODOLKOWITZ, STEFAN ANDREAS: Das Oberappellationsgericht Celle und seine Rechtsprechung im 18. Jahrhundert (Quellen und Forschungen zur höchsten Gerichtsbarkeit im Alten Reich Bd. 59), Köln, Weimar, Wien 2011.

STRAUCH, DIETER: Französisches Recht im Rheinland. Die Rheinischen Institutionen Schwurgericht, Öffentlichkeit und Staatsanwaltschaft, in: STRAUCH, DIETER/ARNTZ, HANS-JOACHIM/SCHMIDT-TROJE, JÜRGEN (Hg.): Der Appellhof zu Köln. Ein Monument Deutscher Rechtsentwicklung, Bonn 2002, S. 19–44.

STRAUCH, DIETER: Das Französische Recht und die Rechtsentwicklung im Rheinland, in: BALDUS, MANFRED/HAFERKAMP, HANS-PETER/NEUHEUSER, HANNS PETER (Hg.): Schriften zum Rheinischen Recht 1998–2008 von Dieter Strauch. Aus Anlass seines 80. Geburtstags (Rechtsgeschichtliche Schriften Bd. 30), Köln, Weimar, Wien 2013, S. 148–180.

STRAUCH, DIETER: Die rheinischen Obergerichte im Wandel der Zeit, in: HAFERKAMP/SCHWERIN (Hg.): Das Oberlandesgericht Köln zwischen dem Rheinland, Frankreich und Preußen, S. 55–129.

STROMBECK, FRIEDRICH KARL VON: Rechtswissenschaft des Gesetzbuchs Napoleons und der übrigen bürgerlichen Gesetzgebung des Königreichs Westphalen, oder Sammlung von Entscheidungen des königlichen Appellations-Hofes zu Celle und Abhandlungen über die entschiedenen und andere Rechtsfragen, Erster Band Braunschweig 1812, Zweiter Band, Erstes Heft ebd. 1813; Titelblatt und nachträgliches Vorwort zum nicht erschienenen Gesamtband ebd. 1815.

Vortmann, Jürgen: Friedrich Carl und Friedrich Heinrich von Strombeck, in: Rückert, Joachim/Vortmann, Jürgen (Hg.): 600 Jahre Niedersächsische Juristen. Ein biographisches Lexikon, Halle ²2021, S. 134–139.

Werle, Gerhard/Vormbaum, Moritz: Transitional Justice. Vergangenheitsbewältigung durch Recht, Berlin 2018.

Wetzell, Georg Wilhelm: System des ordentlichen Civilprocesses, Leipzig ³1878.

Thomas Rüfner

Die Kosten der Konterrevolution vor der Cour d'Appel de Trèves

1. Der Trierer Appellationshof

Vom 23. Nivôse im Jahr XI des französischen Revolutionskalenders (13. Januar 1803)[1] bis zum 31. August 1819[2] bestand in Trier unter wechselnden Bezeichnungen (Tribunal d'Appel, ab 1804: Cour d'Appel, ab 1810/11[3]: Cour Impériale, ab 1815: Appellationshof) ein Appellationsgericht nach französischem Recht. Zuvor hatte in Trier schon seit dem 5. Frimaire VIII (26. November 1799) das tribunal de révision für die vormals zum Heiligen Römischen Reich gehörenden linksrheinischen Gebiete bestanden, die infolge des Ersten Koalitionskrieges durch den Frieden von Campo Formio im Jahr 1797 an Frankreich gefallen waren.[4] Das Appellationsgericht war zunächst für dasselbe Gebiet zuständig. Anfang 1804 wurde jedoch die Zuständigkeit für Berufungen gegen erstinstanzliche Urteile der Gerichte des Département de la Roer an die Cour

1 Dressler: Trierer Gerichte, S. 41.

2 Klein: Rheinische Justiz, S. 140 f.

3 Die Umbenennung in Cour Impériale beruhte auf Art. 1 der Loi (no. 5351) sur l'Organisation de l'Ordre judiciaire et l'Administration de la Justice vom 20. April 1810, Bulletin des Lois 1810, 291 (Nr. 282). Das Trierer Gericht wurde erst am 25. April 1811 unter dem neuen Namen feierlich neu eröffnet, vgl. Dressler: Trierer Gerichte, S. 65.

4 Dressler: Trierer Gerichte, S. 28.

d'Appel von Lüttich verlagert.[5] Wie schon die Gründungsdaten erkennen lassen, war das französische Obergericht in der vormaligen Hauptstadt des Trierer Kurstaats, die zum Hauptort des Départements Sarre geworden war, ein Produkt der Französischen Revolution.

Es ist eine Ironie der Geschichte, dass vor diesem Gericht über einen Fall zu verhandeln war, der seinerseits seinen Ursprung in der Anfangszeit der Revolution hatte. Die Cour d'Appel de Trèves hatte in den Jahren 1804 bis 1805 über Kosten zu entscheiden, die im Zusammenhang mit der Reichsexekution gegen das Fürstbistum Lüttich in den Jahren 1789–1791[6] entstanden waren. Damit musste das Gericht, das seine Existenz und Struktur der Französischen Revolution verdankte, über die zivilrechtlichen Folgen einer militärischen Operation entscheiden, mit der die Kräfte des Ancien Régime im alten Fürstbistum Lüttich noch einmal die Oberhand behalten hatten.

Der Rechtsstreit wurde zwischen dem Juristen Maximilian von Kempis (1757–1823) einerseits und der Erbengemeinschaft nach dem jüdischen Hoffaktor Baruch Simon (auch: Simon Baruch,[7] um 1716–1802) andererseits ausgetragen. Beide waren eng mit dem letzten Kölner Kurfürsten und Fürstbischof von Münster Max(imilian) Franz von Österreich (1756–1801) verbunden.

Kempis, der aus einer seit Generationen in Bonn ansässigen Beamten- und Offiziersfamilie stammte,[8] diente dem Kurfürsten nach dem Studium der Rechte in Wien von 1778 bis 1788 als Hofrat.[9] Baruch Simon war zunächst für die Komturei des Deutschen Ordens in Neckarsulm tätig und kam etwa 1750 nach Mergentheim, an den Sitz der Hoch- und Deutschmeister des Deutschen Ordens. Da die letzten drei Kölner Kurfürsten, der Wittelsbacher Clemens August, Maximilian Friedrich von Königsegg und Max Franz zugleich Hoch- und Deutschmeister waren, kam Baruch Simon auch mit dem kurfürstlichen Hof in Bonn ins Geschäft.[10] Unter anderem belieferte er im Siebenjährigen Krieg die Truppen Clemens Augusts mit Lebensmitteln und Viehfutter.[11] Bei der Wahl von Maximilian Franz zum Koadjutor seines Vorgängers mit dem Recht der Nachfolge finanzierte er die zur Ermöglichung der Wahl erforderlichen Geschenke an die Mitglieder des Domkapitels („Douceurs") und den noch regierenden Kurfürsten

---

5 Klein: Rheinische Justiz, S. 130.

6 Dazu allgemein Reuter: Revolution und Reaktion; aus juristisch-rechtshistorischer Perspektive Nève: Lütticher Revolution; jetzt in leicht überarbeiteter Fassung Nève: ‚Blauhelme' des Heiligen Reiches, S. 31–51.

7 Der Hoffaktor nannte sich selbst Baruch Simon. Seine Nachfahren wählten jedoch Baruch als Nachnamen, vgl. Schnee: Hoffinanz VI, S. 148.

8 Janecki: Handbuch I, S. 255–257.

9 Torunsky: Kempis, S. 278; Thielen: Politische Partizipation, S. 613.

10 Schnee: Baruch, S. 615.

11 Schnee: Hoffinanz VI, S. 131.

Maximilian Friedrich.[12] Seinen Wohnsitz in Mergentheim behielt Baruch immer bei, doch lebte er zeitweilig in Bonn.[13]

Die Quellen zum Prozess zwischen Kempis und den Erben Baruchs wurden mit Hilfe der immer noch nützlichen, aber mit modernen Rechnern nicht mehr ohne Schwierigkeit benutzbaren „Datenbank zur rheinischen Judikatur im frühen 19. Jahrhundert" von Rainer Schulze und Hans-Schulte Nölke aufgefunden.[14] Über die Datenbank lassen sich die Protokolle der Verhandlungen vor der Cour d'Appel ermitteln, die im Landeshauptarchiv Koblenz lagern. Nach Sichtung der Archivbestände ergab sich, dass ein (anonymisierter und gekürzter) Bericht über das Trierer Berufungsurteil auch in einer zeitgenössischen Rechtsprechungssammlung[15] veröffentlicht wurde.

2. Die Revolution in Lüttich und ihre Niederschlagung

2.1 Der Aufstand am 18. August 1789

„Dasjenige teutsche Land, welches das Französische Revolutions-Original zuerst nachgeahmt hat, ist das Bißthum Lüttich gewesen."[16] So fasste das „Politische Journal" im September 1798 die Geschehnisse in Lüttich zusammen, die der Urgrund des Prozesses zwischen Maximilian von Kempis und den Erben des Baruch Simon wurden. Zugleich vermerkte es, in Lüttich seien „[d]as mehrste Aufsehn, und der größte Erfolg bürgerlicher Unruhen" gewesen.[17] Die Anstrengungen, den Erfolg der so genannten Lütticher Revolution mit militärischer Gewalt rückgängig zu machen, waren Anlass für die Zahlungen, um die im Prozess gestritten wurde.

Was war geschehen? Am 18. August 1789 zwang die Bevölkerung von Lüttich die vom Fürstbischof ernannten Bürgermeister zum Rücktritt und wählte „durch Ausrufung ihrer Namen" neue Bürgermeister und Ratsherren. Eine zum Fürstbischof Cäsar Constantin von Hoensbroech (1724–1792) an dessen Sommersitz auf dem Schloss Seraing entsandte Deputation brachte den Fürsten nach Lüttich. Dort unterschrieb von Hoensbroech verschiedene Dokumente,

12 Schnee: Hoffinanz VI, S. 88–122.

13 Schnee: Hoffinanz VI, S. 148.

14 Schulte-Nölke: CD-ROM-Datenbank, S. 99–107.

15 Fournier/Tarte: Décisions notables VII, S. 261–274.

16 Teutschland, S. 1079.

17 Freiheitsdrang, S. 1050.

mit denen er die neue Stadtobrigkeit anerkannte und weitere Forderungen der Aufständischen akzeptierte.[18]

Obwohl er persönlich unbehelligt blieb, flüchtete der Fürstbischof wenige Tage später nach Trier, wo er mit seinem Gefolge in der Reichsabtei St. Maximin vor den Toren der Stadt Quartier nahm.[19]

2.2 Der Rechtsstreit um eine dritte Spielbank in Spa

Ungeachtet der zeitgenössischen Charakterisierung als Nachahmung des französischen „Revolutions-Original[s]" hatte die Auflehnung gegen Fürstbischof von Hoensbroech auch lokale Gründe. Im Hintergrund standen allgemeine politische Unzufriedenheit mit dem Reglement von 1684, durch das die zuvor weit reichenden Mitspracherechte der Zünfte bei der Regierung des Landes beschnitten worden waren,[20] und eine wirtschaftliche Entwicklung, die zu einer Verdrängung kleiner Handwerksbetriebe durch größere Manufakturen führte.[21] Unmittelbarer Anlass war ein Streit über den Umfang der Befugnisse des Fürstbischofs zur Rechtssetzung ohne die Mitwirkung der Stände, der sich an der Gründung eines Spielcasinos im Badeort Spa entzündete. Ein Kaufmann namens Noel Joseph Levoz wollte zusätzlich zu zwei bereits existierenden ein drittes Spielcasino eröffnen. Der Fürstbischof lehnte den Antrag auf Gestattung des Glücksspiels ab und erließ ein Edikt, mit dem er die Anordnungen seines Vorgängers Franz Karl von Velbrück (1719–1784) wiederholte. Danach war das Glücksspiel nur in den beiden privilegierten Etablissements zulässig.[22] Levoz bestritt die Rechtmäßigkeit dieser Anordnungen, weil sie ohne die Zustimmung der Stände (ohne Einholung des „sens du pays") ergangen war, die für Gesetzgebungsakte notwendig war.[23] Der Fürstbischof hingegen war der Auffassung, dass er derartige polizeiliche Maßnahmen ohne Zustimmung der Stände erlassen durfte. Er selbst und seine Verbündeten führten deswegen Prozesse vor dem Reichskammergericht und zugleich vor dem Lütticher „tribunal des XXII".[24]

---

18 Freiheitsdrang, S. 1051; Nève: Lütticher Revolution, S. 23; Reuter: Revolution und Reaktion, S. 52 – dass Reuter statt des 18. August den 16. nennt, dürfte ein Druckfehler sein.

19 Freiheitsdrang, S. 1052; Nève: Lütticher Revolution, S. 23 f.; Reuter: Revolution und Reaktion, S. 52; zum Aufenthalt in St. Maximin Resmini: St. Maximin, S. 366.

20 Polain: Recueil III/1, S. 1–11.

21 Reuter: Revolution und Reaktion, S. 47.

22 Polain: Recueil III/2, S. 897 (ordonnance vom 16. Juni 1785 mit Hinweis auf die ordonnances vom 4. August 1774, ebd. S. 738, vom 24. Juni 1775, ebd. S. 774, und vom 25. Juni 1784, ebd. S. 891).

23 Nève: Lütticher Revolution, S. 14; Reuter: Revolution und Reaktion, S. 47.

24 Nève: Lütticher Revolution, S. 14–20.

Im Jahr 1787 schloss sich die Adelsbank der Stände anlässlich einer erneuten Bestätigung des Glücksspielverbots der Position von Levoz an, protestierte gegen die ohne Zustimmung der Stände ergangenen Rechtsakte und trat dem Prozess vor dem Reichskammergericht als Intervenientin bei, „um das unbestreitbar den drei Ständen dieses Landes zustehende Recht zu wahren, neben Seiner Hoheit bei der Gesetzgebung mitzuwirken".[25] Die Zulassung eines dritten Spielcasinos war spätestens damit zu einer brisanten Verfassungsfrage geworden. Die Prozessführung war begleitet von zahlreichen Druckschriften der Parteien, durch welche die Prozesshandlungen und die gerichtlichen Entscheidungen öffentlich wurden.[26]

Obgleich das Reichskammergericht im Juni 1787 gegen Levoz entschied, eröffnete dieser im Juli 1789 sein Casino. Daraufhin wurde das Casino am 12. Juli von Soldaten besetzt und das Spiel unterbunden. Diese Eskalation war ein wesentlicher Auslöser für den offenen Aufstand im August,[27] obwohl die Obrigkeit – unter dem Eindruck der Geschehnisse in Frankreich – zurückhaltend vorging und die Soldaten am 25. Juli wieder abzog.[28] Nach einem vom Prozessvertreter des Fürstbischofs beim Reichskammergericht, Christian Jacob Reichsfreiherr von Zwierlein, verfassten (und daher tendenziösen) Bericht[29] wurde noch am Tag des erfolgreichen Aufstandes, dem 18. August 1789, das durch den Fürstbischof privilegierte Casino Vauxhall geschlossen und die Gäste in das Etablissement von Levoz geschickt.[30]

2.3 Das Mandat des Reichskammergerichts

Am Tag der Flucht des Fürstbischofs, dem 27. August 1789, erließ das Reichskammergericht in Wetzlar wegen „der [...] in Lüttich ausgebrochenen höchstärgerlichen, dem kaiserlichen Landfrieden entgegen laufenden Empörung" ein Mandat zur Wiederherstellung der Ordnung im Hochstift.[31] Rechtsgrundlage war der Reichslandfriede von 1495 bzw. dessen Bestätigung und Erweiterung

25 Nève: Lütticher Revolution, S. 14; der Beschluss ist abgedruckt bei Polain: Recueil III/2, S. 911 Fn. 1: „[...] auquel procès messeigneurs viennent d'intervenir judiciellement, pour la conservation du droit qui compète incontestablement aux trois états dans ce pays, de concourir avec Son Altesse dans la législation, tant en matière de police que de justice [...]".

26 Nève: Lütticher Revolution, S. 21 spricht von einer „ernsthaften Pamphletitis" der Beteiligten.

27 Reuter: Revolution und Reaktion, S. 51.

28 Daris: Histoire II, S. 88 f.

29 Vgl. zur Tätigkeit Zwierleins und seines Opponenten Caspar Friedrich Hofmann Baumann: Advokaten und Prokuratoren, S. 61–65.

30 Bei Reuß: Staatsschriften I, S. 16.

31 Abgedruckt bei Reuß: Staatsschriften I, S. 117 f.

durch die Landfriedensordnung von 1521, die in Art. 11 vorsah, dass das Reichskammergericht Landfriedensbrecher „auf anrüffen der beschedigten oder bekriegten oder auch von ambts wegen wie rechts procediren" sollte.[32] Das Mandat erging ausdrücklich „von Amts wegen und aus eigener Bewegung". Ob der Erlass durch den Fürstbischof oder einen Dritten angeregt wurde, ist unklar.[33]

Die Verfügung des Reichskammergerichts richtete sich an „des niederheinisch-Westphälischen Kreises ausschreibende Herren Fürsten sammt und sonders",[34] sah also im Einklang mit der Reichsexekutionsordnung von 1555 die Durchsetzung der Entscheidung durch die Direktoren des Reichskreises vor, dem das Hochstift Lüttich angehörte. Dies waren der Fürstbischof von Münster, Maximilian Franz von Österreich, der zugleich Kurfürst von Köln war, sowie der preußische König und Markgraf von Brandenburg, Friedrich Wilhelm II., in seiner Eigenschaft als Herzog von Kleve und der pfälzische Kurfürst und Herzog von Bayern, Karl Theodor, als Herzog von Jülich.[35] Im Herbst 1789 wurde der spätere Kläger Maximilian von Kempis münsterischer Gesandter im Niederrheinisch-Westfälischen Kreisdirektorium.[36]

2.4 Die Reichsexekution

Die militärische Exekution des kammergerichtlichen Mandates begann sehr zögerlich, weil Preußen an einer vollständigen Umsetzung des Mandats kein Interesse hatte und auf eine Verhandlungslösung setzte. Am 30. November 1789 besetzten preußische und pfälzische Truppen das Hochstift. Die bei der Revolution ins Amt gelangten Magistrate wurden aber nicht abgesetzt und die alte Ordnung nicht wiederhergestellt. Die münsterischen Truppen wurden wegen der unklaren Absichten Preußens zurückgehalten.[37] Die Soldaten standen aber bereit. Ein Vertrag über ihre Versorgung wurde am Tag des preußischen Einmarsches zwischen Kurfürst Max Franz und seinem Hoffaktor Baruch Simon geschlossen.[38]

Mitte April 1790 zogen die preußischen Truppen ab. Auch die pfälzischen Truppen verließen die Stadt Lüttich.[39] Gleichzeitig erließ das Reichskammerge-

32 Wrede: Reichstagsakten II, S. 327; vgl. Reuter: Revolution und Reaktion, S. 28.

33 Nève: Lütticher Revolution, S. 25.

34 Reuß: Staatsschriften I, S. 118.

35 Reuter: Revolution und Reaktion, S. 34 und 54; Einzelheiten zum Exekutionsverfahren ebd. S. 30–33.

36 Hansen: Quellen I, S. 499 mit Fn. 1; Reuter: Revolution und Reaktion, S. 83.

37 Reuter: Revolution und Reaktion, S. 104 f.

38 Schnee: Hoffinanz VI, S. 139.

39 Nève: Lütticher Revolution, S. 27; Reuter: Revolution und Reaktion, S. 193 und 195.

richt eine weitere Verfügung, durch die der Kurrheinische, der Oberrheinische, der Fränkische und der Schwäbische Reichskreis aufgefordert wurden, die Reichsexekution gegen die aufständischen Lütticher zu unterstützen. Daraufhin entsandten Kurmainz und Kurtrier Truppen zur Verstärkung der Exekutionsarmee. Gleichwohl wurden mehrere Versuche zum Einmarsch in das Hochstift im Sommer 1790 von Lütticher Milizen zurückgeschlagen.[40]

Im Dezember 1790 forderte das Reichskammergericht Kaiser Leopold II. in seiner Eigenschaft als Direktor des Burgundischen Reichskreises zur Unterstützung der Exekutionsarmee auf.[41] Dies war rechtlich nicht unproblematisch, denn aufgrund des burgundischen Vertrages von 1548 waren die burgundisch-niederländischen Besitzungen der Habsburger der Gerichtsbarkeit des Reichskammergerichts prinzipiell entzogen.[42] Gleichwohl folgte der Kaiser der Aufforderung. Am 12. Januar 1791 nahmen kaiserliche Truppen Lüttich kampflos ein.[43]

Maximilian von Kempis war als Exekutionskommissar maßgeblich an der Wiederherstellung der alten Ordnung im Fürstbistum Lüttich beteiligt. Gemeinsam mit dem pfälzisch-jülicher Gesandten setzte er unmittelbar nach der Besetzung Lüttichs die Bürgermeister und Ratsherren von Lüttich, die bis zum 18. August 1789 im Amt gewesen waren, wieder ein und lud Fürstbischof von Hoensbroech zur Rückkehr aus dem Trierer Exil ein. Dieser Einladung folgte der Fürstbischof und zog am 13. Februar 1791 in Lüttich ein.[44] Eine besondere Sorge galt der Wiederherstellung der Stände. Ohne den „sens du pays" konnte die zur Erstattung der Kosten der militärischen Exekution an die beteiligten Fürsten nötige Kreditaufnahme nicht bewilligt werden. Gegen das Votum von Kempis wurden deshalb die Angehörigen des Adels ohne nähere Prüfung ihrer Beteiligung an der Rebellion wieder zur Mitwirkung zugelassen. Am 30. März 1791 trat die Ständeversammlung zusammen und versprach die Bezahlung der Kosten.[45]

Der Sieg der alten Ordnung in Lüttich war allerdings nicht von Dauer. Im November 1792 wurde das Hochstift Lüttich erstmals von Truppen des revolutionären Frankreichs besetzt.[46] Endgültig wurde das Fürstbistum 1794 erobert und in der Folge in die französische Republik eingegliedert. Dasselbe Schicksal erlitten die linksrheinischen Gebiete von Kurköln und Kurtrier.

---

40 Nève: Lütticher Revolution, S. 29; Reuter: Revolution und Reaktion, S. 196–199, 226, 251 und 260–263.

41 Nève: Lütticher Revolution, S. 31.

42 Dazu Baums: Luxemburg, S. 31–38.

43 Nève: Lütticher Revolution, S. 31; Reuter: Revolution und Reaktion, S. 345 f.

44 Reuter: Revolution und Reaktion, S. 350, 363 f. und 372.

45 Reuter: Revolution und Reaktion, S. 388 und 393.

46 Reuter: Revolution und Reaktion, S. 397.

3. Der Rechtsstreit zwischen Kempis und Baruch

3.1 Die Geschäfte von Kempis und Baruch

Der Rechtsstreit zwischen Kempis und Baruch entzündete sich an den Tätigkeiten beider während und unmittelbar nach der militärischen Exekution gegen Lüttich. Zunächst ging es um die Proviantlieferungen Baruchs während des Feldzugs auf Grundlage des Vertrages mit dem Kurfürsten Max Franz. Nach dem Vorbringen der Erben Baruchs im späteren Prozess vor den französischen Gerichten behauptete Kempis, er habe dazu beigetragen, dass Baruch den Vertrag erhielt, und forderte dafür eine Provision von monatlich 100 Louis d'or. Insgesamt habe Baruch 610 Louis d'or an Kempis gezahlt. Kempis bestritt die Zahlung nicht, machte aber geltend, er habe nur 450 Louis d'or erhalten.[47]

Ein weiterer geschäftlicher Kontakt zwischen dem adeligen Rat und dem Hoffaktor ergab sich nach dem Ende der Militäroperation, als die Erstattung der enormen Kosten der Exekution in Lüttich in den Vordergrund rückte.

Baruch verhandelte im Auftrag der Lütticher Stände mit den kurfürstlichen Höfen von Köln, Mainz und Trier über eine Herabsetzung der geforderten Summen und erreichte, dass die Forderung auf 1.400.800 Gulden reduziert wurde. Zudem vermittelte Baruch den Ständen von Lüttich eine Finanzierungsmöglichkeit über eine Anleihe (emprunt). Diese sollte von einem „Banquier entrepreneur de l'Emprunt“[48] platziert werden.[49] Die Rolle des „Banquier entrepreneur de l'Emprunt“ übernahm das jüdische Bankhaus von Abraham und Simeon Boas in Den Haag, das in der Platzierung von Staatsanleihen über die Amsterdamer Börse schon jahrzehntelange Erfahrung hatte.[50] Baruch war mit diesem Bankhaus auch familiär verbunden: Eine seiner Töchter, Peß oder Besse, war mit einem Bankier Joachim Simon Boas(s), in Den Haag verheiratet.[51] Das Bankhaus Boas musste 1793 seine Zahlungen einstellen[52] und wurde

---

47 LHA KO 397, Bd. 9, S. 24 (Nr. 339). Nach den Feststellungen des Gerichts hatte Baruch auch mit dem Fürstbischof von Lüttich einen Vertrag über die Versorgung der Exekutionstruppen geschlossen; in der Zusammenfassung des Tatbestandes bei Fournier/Tarte: Décisions notables VII, S. 263 findet sich dieses Detail nicht.

48 LHA KO 397, Bd. 9, S. 25 (Nr. 339).

49 Zur Entwicklung dieser Form der Staatsfinanzierung am Finanzplatz Amsterdam seit dem 17. Jahrhundert Houtman-De Smedt/van der Wee: Entstehung des modernen Geld- und Finanzwesens, S. 456 f.; Riley: Government Finance, S. 35–67; van Dillen: Rijkdom en Regenten, S. 458 f.

50 Riley: Government Finance, S. 45, 151, 165 f., 183, 295 Fn. 38 und 299 Fn. 75.

51 Vgl. Schnee: Hoffinanz VI, S. 145 sowie die Parteibezeichnungen im Gerichtsprotokoll der Sitzung vom 13. Januar 1806: LHA KO 397, Bd. 9, S. 23 (Nr. 339).

52 van Zuiden: Boas, Sp. 40.

liquidiert.[53] Ein direkter Zusammenhang mit dem Anleihegeschäft mit den Ständen des Hochstifts Lüttich ist angesichts des Umfangs der sonstigen Aktivitäten des Hauses eher unwahrscheinlich.

Für seine Bemühungen versprachen die Fürsten Baruch eine Provision von 1 % der (reduzierten) Kostenforderung. Wie Kempis an diesen Geschäften beteiligt war, ist nicht ganz klar. Nach den Feststellungen des Gerichts war Baruch mit dem Vorschlag der Finanzierung über eine Anleihe an die Kurfürsten herangetreten. Kempis war beauftragt worden, den Plan zu unterstützen. Baruch hatte ihm von sich aus eine Beteiligung an seiner Provision vorgeschlagen.[54] Nach dem zeitgenössischen Bericht von Fournier und Tarte hatten die Stände zunächst Kempis um Mithilfe bei der Reduzierung der Kostenforderung gebeten; dieser hatte Baruch eingeschaltet, weil ihm bewusst war, dass seine offene Beteiligung an dem Geschäft Anstoß erregt hätte.[55]

Jedenfalls stellte Baruch am 27. Juli 1791 einen Schuldschein aus, mit dem er sich verpflichtete, an Kempis 500 Louis d'or für dessen Schutz und Wohlwollen („à cause la protection et de la Bienveillance qu'il m'a prêtée") zu zahlen. Die Zahlung sollte vier Tage nach Bereitstellung der Darlehensvaluta durch das Bankhaus Boas erfolgen. Teilweise durfte die Schuld durch Schuldverschreibungen des Bankhauses Boas („obligations de Boas") getilgt werden. Kempis Prozessvertreter Fritsch sprach in seinem Plädoyer von „obligations du pays de Liège Negociées par Boos" [sic!].[56] Demnach sollte Baruch einen Teil der geschuldeten Summe in den Anleihen bezahlen dürfen, die das Hochstift zur Finanzierung der Exekutionskosten mit Hilfe des Bankhauses Boas begeben hatte. Was den Grund für die Ausstellung des Schuldscheines anging, so nahm die Trierer Cour d'appel an, Baruch habe auf diese Weise sicherstellen wollen, dass das von Boas mittels der Anleihe aufgebrachte Kapital an ihn ausgezahlt und ihm die Weiterleitung an die Fürsten überlassen wurde.[57]

Obwohl die Auszahlung des Kapitals durch Boas erfolgte und die Fürsten die versprochenen Summen erhielten, weigerte sich Baruch sein Schuldversprechen gegenüber Kempis zu erfüllen.[58]

---

53 Riley: Government Finance, S. 248.

54 LHA KO 397, Bd. 9, S. 25 (Nr. 339).

55 Fournier/Tarte: Décisions notables VII, S. 263: „Cependant, une certaine prudence lui conseilla de ne pas paraître ostensiblement dans cette affaire."

56 LHA KO 397, Bd. 9, S. 28 (Nr. 339).

57 LHA KO 397, Bd. 9, S. 25 (Nr. 339). Weniger deutlich Fournier/Tarte: Décisions notables VII, S. 264.

58 LHA KO 397, Bd. 9, S. 26 (Nr. 339); Fournier/Tarte: Décisions notables VII, S. 265.

3.2 Der Prozess in Kurköln

Infolge der Weigerung Baruchs, den Schuldschein über 500 Louis d'or, den er für Kempis ausgestellt hatte, zu bedienen, kam es noch vor dem Ende des Kölner Kurstaates zu einer juristischen Auseinandersetzung, die aber nicht die Form eines Zivilprozesses hatte: Kempis beschuldigte Baruch des Betruges bei der Abrechnung seiner Lieferungen; Baruch berichtete daraufhin dem Kurfürsten von den Geldforderungen, die Kempis an ihn gestellt hatte, und den Zahlungen, die er geleistet hatte. Daraufhin richtete Kurfürst Max Franz im Mai 1792 eine Untersuchungskommission ein. Diese stellte fest, dass die Rechnungen Baruchs in Ordnung waren. Hingegen kam die Kommission zu dem Schluss, dass Kempis mit der Annahme der Provisionen seine Pflichten verletzt und den „pays de Liège" geschädigt habe. Der Kurfürst wies seinen Rat Kempis an, den Betrag, den er von Baruch erhalten habe, an die Armenkasse von Bonn zu zahlen. Gegen diese Entscheidung legte Kempis Rechtsmittel beim Reichshofrat in Wien ein, doch dieses wurde zurückgewiesen.[59] Zur Forderung von Kempis aus dem Schuldschein traf der Kurfürst keine Entscheidung, sondern überließ sie den Gerichten.[60]

Weiter gedieh das Verfahren vor dem Einmarsch der Franzosen in Köln nicht mehr. Kurfürst Max Franz soll Kempis wegen der Affäre sein Vertrauen entzogen haben.[61] Ob das Ausscheiden von Kempis aus dem kurfürstlichen Dienst im Jahr 1793, das auf „Differenzen mit dem Kurfürsten Max Franz u. a. in der Frage der Neutralität der Reichsstadt K.[öln]" zurückgeführt wird,[62] in Wahrheit auf dem Zerwürfnis wegen der Provisionszahlungen Baruchs beruht, muss offenbleiben.

3.3 Fortsetzung des Streits vor den französischen Gerichten

3.3.1 Veränderte Bedingungen

In der turbulenten Zeit der französischen Besetzung hatte Maximilian von Kempis vermutlich zunächst andere Sorgen als die Auseinandersetzung mit Baruch Simon weiterzuverfolgen, deren vorläufiges Ergebnis für ihn eher peinlich gewesen war. Nach seinem Ausscheiden aus dem Dienst des Kurfürsten im Jahr

59 LHA KO 397, Bd. 9, S. 26 (Nr. 339).

60 Dies geht deutlich nur aus dem Bericht bei Fournier/Tarte: Décisions notables VII, S. 265 f. hervor.

61 Fournier/Tarte: Décisions notables VII, S. 265.

62 Torunsky: Kempis, S. 278.

1793 zog Kempis von der Residenzstadt Bonn nach Köln. 1794 und 1795 war er kurzzeitig Mitglied der von den Franzosen eingerichteten Bezirksverwaltung für Kurköln und dann der Zentralverwaltung für die Länder zwischen Maas und Rhein.[63] 1796 wurde er eines von sechs Mitgliedern der Munizipalität von Köln. 1797 war er für wenige Tage Präsident des provisorischen Magistrats.[64] Im Zuge der Neuorganisation der Justiz in den linksrheinischen Gebieten wurde er Anfang 1798 Präsident des Kölner Strafgerichts.[65] Kempis war jedoch nicht bereit, eine Reunionsadresse mit der Bitte um eine Annexion der Rheinlande an Frankreich zu unterzeichnen und trat bereits Anfang November 1798 wieder zurück.[66] Offenbar hatte Kempis Schwierigkeiten, sich mit den neuen Machthabern zu arrangieren.

Seine Klage erhob Kempis erst im Revolutionsjahr XII Ende 1803 oder Anfang 1804 vor dem Arrondissementsgericht in Bonn,[67] nachdem Baruch Simon im Alter von 86 Jahren in Mergentheim verstorben war. Baruch hinterließ zehn Kinder, fünf Töchter und fünf Söhne.[68] Gegen diese als Erben Baruchs richtete Kempis seine Klage, wobei mit den Töchtern jeweils auch deren Ehemänner als Beklagte benannt waren.

Unter den Beklagten befand sich neben dem Haager Bankier Joachim Boas und seiner Frau Beß auch Jakob Baruch, Bankier in Frankfurt, der wenige Jahre später Vertreter der Frankfurter Juden beim Wiener Kongress werden sollte. Ein Enkel des Baruch Simon ist der bekannte Schriftsteller Ludwig Börne (1786–1837).[69]

Die Erbengemeinschaft ihrerseits erhob Widerklage auf Rückzahlung der 610 Louis d'or, die Baruch nach seiner Darstellung als Provision wegen der Proviantlieferungen an Kempis gezahlt hatte. Zu der von Kurfürst Max Franz angeordneten Ablieferung dieser Gelder an die Bonner Armenkasse durch Kempis, der wegen seiner Wohltätigkeit den Beinamen „pater pauperum" getragen haben soll,[70] war es anscheinend nicht gekommen.

63 Hansen: Quellen III, S. 326 Fn. 4.

64 Hansen: Quellen III, S. 1176–1178 und IV, S. 15 f.; Müller: Köln, S. 35 und 39.

65 Hansen: Quellen IV, S. 550 mit Fn. 2; Diefendorf: Businessmen and Politics, S. 88 Fn. 6; Torunsky: Kempis, S. 278; Thielen: Politische Partizipation, S. 613.

66 Hansen: Quellen IV, S. 685 mit Fn. 4.

67 Fournier/Tarte: Décisions notables VII, S. 266.

68 Schnee: Hoffinanz VI, S. 144 f.

69 Schnee: Hoffinanz VI, S. 147 f.; Schnee: Baruch, S. 615.

70 Torunsky: Kempis, S. 278.

3.3.2 Die Entscheidung des Arrondissementsgerichts

Vor dem Bonner Gericht war Kempis erfolgreich. Die Erben wurden zur Zahlung aufgrund des Schuldscheins verurteilt. Ihre Widerklage wurde abgewiesen. Allerdings wurde den Erben gestattet, teilweise entsprechend den Zahlungsbedingungen des Schuldscheins mit den vom Bankhaus Boas ausgegebenen Schuldverschreibungen des Hochstifts Lüttich zu zahlen, obgleich diese nach dem Vortrag des Klägers an Wert verloren hatten. Im Hinblick auf den Untergang des Hochstifts (und der Emissionsbank) erscheint fraglich, ob die Lütticher Papiere überhaupt noch einen Wert besaßen. Allerdings hatte sich die Französische Republik in den Friedensverträgen von Campo Formio und Lunéville prinzipiell verpflichtet, Schulden der vormals zum Deutschen Reich gehörenden Staaten zu übernehmen, sofern es sich um „dettes hypothéquées sur le sol" handelte und die Aufnahme der Schulden von den Ständen ordnungsgemäß bewilligt worden war.[71] Ob und in welchem Umfang die Lütticher Papiere vom französischen Staat bedient wurden, ist aus den Quellen zum Prozess Kempis ./. Baruch nicht zu entnehmen.

Auch mit dem Begehren einer Verzinsung seiner Forderung seit 1791 drang Kempis nicht durch. Daher gingen nicht nur die beklagten Erben, sondern auch Kempis in Berufung.

3.3.3 Besetzung der Cour d'Appel

In der Gerichtssitzung vom 12. Thermidor des Revolutionsjahres XIII (1. August 1804) wurde der Eingang der Sache vermerkt.[72] Damit wurde nicht nur ein Gericht für die wohl letzte Folgeentscheidung zur Reichsexekution in Lüttich zuständig, das seine Existenz der Französischen Revolution verdankte, sondern auch ein Spruchkörper, dessen Zusammensetzung nur in den Revolutionsjahren vorstellbar war.

An der Urteilsverkündung, die nach vielmaliger Vertagung der Sache und zwischenzeitlichem Erlass eines Versäumnisurteils gegen die Erbengemeinschaft[73] am 13. Januar 1806 stattfand (der Revolutionskalender war inzwischen abgeschafft worden), nahmen der Präsident des Gerichts, acht Richter und der kaiserliche Generalanwalt teil. Der Präsident (Garreau) und vier der Richter (Dumey, Jouve, de Rozières und Bou(t)tier) stammten aus dem französischen

---

71 Vgl. Art. 4 und 10 des Friedens von Campo Formio 1797 bei Hersche: Napoleonische Friedensverträge, S. 10 und 11 f. und Art. 8 des Friedens von Lunéville ebd., S. 22.

72 LHA KO 397, Bd. 4, S. 472 (Nr. 508).

73 LHA KO 397, Bd. 8, S. 132–136 (Nr. 203).

Kerngebiet, die übrigen vier (Birnbaum, Ebentheurer, Lintz und Seyppel) waren deutscher Muttersprache.[74]

Als Generalanwalt amtierte Claude-Emmanuel Dobsen (1743–1822[75]); dieser blickte vielleicht auf den interessantesten Lebenslauf zurück. Er stammte aus der Picardie im Nordosten Frankreichs und war vor der Revolution Advokat gewesen. Am 31. Mai 1793 trug er maßgeblich zum Sturz der Girondistischen Partei im Konvent und damit zum Aufstieg Robespierres bei. In der Folge war er Richter am berüchtigten Revolutionstribunal, zeichnete sich aber durch besondere Zurückhaltung aus und bewahrte viele Menschen vor der Hinrichtung. Nach einer Verhaftung im Jahr 1795 nahm er zunächst keine Ämter mehr wahr, wurde aber 1799 zum Regierungskommissar beim Trierer Revisionsgericht ernannt. Nach der Umwandlung des Revisionsgerichts in ein Berufungsgericht blieb er dort tätig – später mit dem Titel eines kaiserlichen Generalanwalts. Als die Cour d'Appel 1810/11 zur Cour Impériale wurde, berücksichtigte man Dobsen, der als fachlich wenig kompetent galt, nicht mehr.[76]

Im Vergleich zu Dobsen war die Karriere des Gerichtspräsidenten Pierre Garreau (1748–1827) in relativ ruhigen Bahnen verlaufen. Er hatte schon im Ancien Régime als Anwalt und Staatsanwalt in seiner Heimat an der südlichen Atlantikküste (Charente Maritime) gewirkt und hatte während der Revolutionszeit verschiedene Richter- und Verwaltungsämter inne. Während des Direktoriums war er Abgeordneter des Rates der Fünfhundert.[77]

Besondere Beachtung verdient Nicolas de Rozières (1747–1828[78]) ein Angehöriger einer lothringischen Adelsfamilie, der vor der Revolution Advokat am Parlement von Nancy gewesen war. De Rozières war 1791 emigriert und hatte in der Armee des Fürsten von Condé gegen die französischen Revolutionsarmeen gekämpft. Erst 1801 kehrte de Rozières nach Frankreich zurück und trat in den Justizdienst ein.[79]

---

74 Vgl. zur Zusammensetzung des Appellationsgerichts bei seiner Gründung im Jahr 1802 auch Grilli: Justizorganisation, S. 286 f.

75 Das Sterbedatum, der 22. November 1822, das in der Literatur lange als unbekannt galt, vgl. Dressler: Trierer Gerichte, S. 64, ist aus dem Eintrag im Sterberegister ersichtlich, das über das Internet (abrufbar unter https://archives04.fr/, letzter Zugriff: 7.10.2025) zugänglich ist: Archives des Alpes de Haute-Provence, commune de Digne-les-Bains, Acte de décès, année 1822, Nr. 125.

76 Dressler: Trierer Gerichte, S. 58–64.

77 Seifert: Garreau, S. 127.

78 Das Todesdatum ergibt sich aus dem Eintrag im Sterberegister: Archives de Meurthe-et-Moselle, commune de Nancy, Acte de décès, année 1828 (5 Mi 394/R 207), Nr. 66 (abrufbar unter https://archivesenligne.archives.cg54.fr, letzter Zugriff: 28.10.2025).

79 De Saint-Allais: Nobiliaire II, S. 295 f.

Über die drei übrigen Richter französischer Muttersprache ist wenig zu ermitteln. Joseph Auguste Jouve (1756–1813) war vor seiner Zeit in Trier Rechtsanwalt in Aix-en-Provence gewesen.[80] In Trier trat er ebenso wie Jean Baptiste Dumey[81] der Societé literaire oder Lesegesellschaft bei, in der sich gebildete Persönlichkeiten französischer und deutscher Muttersprache zu Lektüre und geistigem Austausch trafen.[82] Der Richter Bouttier war vor seiner Ernennung in Trier „Hochgeschworener" bei der kurzlebigen Haute Cour Nationale, die 1791 und 1792 für Anklagen gegen hohe Amtsträger zuständig war.[83]

Unter den Richtern deutscher Muttersprache dürfte Johannes Birnbaum (1763–1832) die interessanteste Persönlichkeit sein. Birnbaum kam aus ärmlichen Verhältnissen, hatte zwar eine Lateinschule in Landau besucht, dann aber das Barbierhandwerk erlernt. In der Revolutionszeit wurde er Mitglied des Jakobinerklubs und machte in französischen Diensten Karriere. Vor seiner Ernennung zum Richter am Appellationsgericht war er vom Friedensrichter zum Präfekten des Walddépartements auf dem Gebiet des vormaligen Herzogtums Luxemburg aufgestiegen. Nach dem Ende der französischen Zeit wurde er – als juristischer Autodidakt – Präsident des Appellationsgerichts in Zweibrücken, das für die bayerische Pfalz an die Stelle der Trierer Cour d'Appel trat, und wurde in den Adelsstand erhoben.[84]

Im Gegensatz zu Birnbaum, dem Selfmademan aus der Pfalz, kamen die übrigen drei deutschsprachigen Richter aus dem Trierer Bürgertum: Johann Friedrich Lintz (1749–1829) hatte in Trier studiert, war unter der kurfürstlichen Regierung Anwalt, Schöffe am Trierer Hochgericht und Professor an der juristischen Fakultät der alten Trierer Universität. 1789 wurde er Bürgermeister von Trier. In der Franzosenzeit war er zeitweise Präsident des Départments Sarre, dessen Hauptort Trier war.[85] Johann Philipp Joseph Ebentheurer (1760–1806) kam aus einer alteingesessenen Juristenfamilie. Sein Vater war kurfürstlicher Hofrat und Amtsmeister der Wollweber.[86] Großvater und Urgroßvater des Appellationsrichters waren Professoren an der Trierer Universität. Der Urgroßvater Franz Thilmann Ebentheurer war auch Bürgermeister und an der Überar-

---

80 Stein: Société litéraire, S. 366.

81 Stein: Société litéraire, S. 355.

82 Mitglieder waren auch die deutschsprachigen Richter Birnbaum, Lintz und Seyppel sowie die für Kempis bzw. die Erben Baruch tätigen Prozessvertreter Wilhelm Josef Fritsch (1767–1819) und Johann Adam Aldenhoven, vgl. Stein: Société litéraire, S. 348 (Aldenhoven), 351 (Birnbaum), 357 (Fritsch), 370 f. (Lintz) und 383 (Seyppel); zu den Aktivitäten der Lesegesellschaft ebd. S. 334.

83 Cousin-Jacques: Dictionnaire néologique II, S. 295.

84 Monz: Birnbaum, S. 33; Schelp: Birnbaum, S. 129–132.

85 Groß: Lintz, S. 267 f.

86 Stein: Trierer Reunionsadresse, S. 54.

beitung des Trierischen Landrechts im Jahr 1713 beteiligt.[87] Bernhard Seyppel (1767–1825) war, wie Lintz, schon unter der kurfürstlichen Regierung Richter gewesen.[88] In der französischen Zeit war er als Untersuchungsrichter (directeur du jury d'accusation) an der Verfolgung der Schinderhannesbande beteiligt.[89] Nach dem Ende der napoleonischen Herrschaft wurde er Richter am Rheinischen Revisions- und Kassationshof in Berlin.[90]

Auch wenn nicht für alle Richter detaillierte biographische Informationen verfügbar sind, ist erkennbar, wie groß die Unterschiede in Lebenserfahrung, Muttersprache, Herkunft und Bildung der an der Rechtsprechung der Cour d'Appel beteiligten Männer waren. Den meisten dürfte eine grundsätzliche Bejahung der Revolution und ihrer Ideale gemeinsam gewesen sein, denn sie hatten in der Revolutionszeit ihre Karrieren begonnen oder zumindest erfolgreich fortgesetzt. Gleichwohl lässt sich denken, dass ein Revolutionär der ersten Stunde wie Dobsen oder der ehemalige Jakobiner Birnbaum, der nur infolge des Umsturzes vom Handwerkergesellen zum hohen Richter aufsteigen konnte, die Entwicklung seit 1789 anders betrachteten als ein Adeliger wie de Rozières, der gegen das revolutionäre Frankreich in den Krieg gezogen war. Die Vermutung liegt deshalb nahe, dass die Sache Kempis ./. Baruch und die Erinnerung an die Niederschlagung der Revolution in Lüttich bei den Richtern unterschiedliche Assoziationen und Gefühle auslösten.

3.3.4 Entscheidung der Cour d'Appel

Das Urteil der Cour d'Appel machte den erstinstanzlichen Erfolg von Kempis teilweise zunichte. Im Einklang mit dem Plädoyer des Generalanwalts Dobsen[91] wies das Gericht die Klage aus dem Schuldschein ab. Zugleich blieb es bei der Abweisung der Widerklage.

Die Abweisung der Klage aus dem Schuldschein stützte das Gericht auf die Annahme, dass der Schuldschein auf einem unerlaubten Rechtsgrund („cause illicite") beruhe. Es rekurrierte also auf die Causa-Lehre, die bis zur Reform des Code civil im Jahr 2016 eine wichtige Rolle in der französischen Zivilrechtsdogmatik spielte.[92] Jedoch zitierte das Gericht nicht etwa die Art. 1131 und 1133 des 1804 in Kraft getretenen Code civil. Vielmehr folgte das Gericht der Regel,

87 Krause: Rechtswissenschaft, S. 299 f.

88 Stein: Société litéraire, S. 383.

89 Fleck: „Diebe – Räuber – Mörder", S. 112 mit Fn. 509.

90 Seynsche: Revisions- und Kassationshof, S. 43; zur Karriere Seyppels insgesamt vgl. die biographische Notiz bei Scherf: Trierer Porzellanmanufaktur, S. 29 Anm. 92.

91 Nur überliefert bei Fournier/Tarte: Décisions notables VII, S. 269–271.

92 Zur historischen Entwicklung vgl. nur Christiandl: Introduction before Art. 2:101 Rn. 19.

dass auf Sachverhalte aus der Zeit vor Inkraftsetzung der Kodifikation das früher geltende Recht anzuwenden war.[93]

Im konkreten Fall zitierten die Richter drei Texte aus den justinianischen Rechtsquellen, die sich mit der lex Iulia de repetundis auseinandersetzten.[94] An das Verhalten des kurkölnischen Rates Maximilian von Kempis wurden damit die Maßstäbe angelegt, die für Beamte, insbesondere die Provinzstatthalter, im antiken römischen Reich gegolten hatten. Aus dem römischen Recht leiteten die Richter den Grundsatz her, dass ein Amtsträger aus seiner dienstlichen Tätigkeit neben seiner Besoldung keinen weiteren Gewinn ziehen dürfe. Da die Förderung des Ersatzes der Exekutionskosten durch die Lütticher Stände zu den Dienstaufgaben von Kempis zählte, war die mit dem Schuldschein versprochene Zahlung ein nach der lex Iulia de repetundis verbotener Gewinn. Deshalb war die „cause" des Schuldscheins „illicite".

Das Gericht begnügte sich nicht mit der Abweisung der Klage aus dem Schuldschein, sondern ordnete zusätzlich an, dass der Schuldschein aus den Gerichtsakten entnommen und gesondert verwahrt werden solle. Generalanwalt Dobsen hatte ausgeführt, die Vereinbarung einer Provisionszahlung von Baruch an Kempis sei zu Lasten entweder des Kölner Kurfürsten oder des Landes Lüttich gegangen. Da die Französische Republik die Rechtsnachfolge beider angetreten habe, stehe dem Fiskus eine Klage auf Erstattung der 500 Louis d'or gegen die Erben des Baruch Simon zu. Der Schuldschein müsse daher zur Vorbereitung dieser Klage in Verwahrung genommen werden.[95] Auf diese Forderung wollte das Gericht ausdrücklich keine Rücksicht nehmen, ordnete aber vorsichtshalber die Sicherstellung des Schuldscheins bis auf weiteres an.[96]

Zur Widerklage der Erben auf Rückzahlung der an Kempis gezahlten 610 Louis d'or äußerten sich die Appellationsrichter nur sehr knapp. Aufgrund der Anordnung des Kurfürsten zur Ablieferung des Geldes an die Armenkasse stehe fest, dass sich Baruch und Kempis insoweit „in pari turpitudine" befunden hätten. Zur Abänderung des kurfürstlichen Reskripts sei das Gericht nicht kompetent, daher spreche es sich zu diesem Punkt nicht aus.[97]

Ob Kurfürst Max Franz sich auf die Maxime „In pari turpitudine melior est causa possidentis" bezogen hatte, geht aus dem Text nicht klar hervor. Eher scheint es, als hätte die Cour d'Appel die Entscheidung des Kurfürsten nachträglich mit einer nach dem gemeinen Recht tragfähigen Begründung versehen.

---

93 Fournier/Tarte: Décisions notables VII, S. 272–274; Grilli: Rechtsprechung der Cour d'Appel, S. 79; LHA KO 397, Bd. 9, S. 31 (Nr. 339).

94 D. 48, 11, 1 pr. (Marcian. 14 inst.); D. 48, 11, 4 (Venul. 3 pub. iud.); C. 9, 27, 6 pr. (a. 439).

95 Fournier/Tarte: Décisions notables VII, S. 271.

96 LHA KO 397, Bd. 9, S. 32 (Nr. 339).

97 LHA KO 397, Bd. 9, S. 32 (Nr. 339); Fournier/Tarte: Décisions notables VII, S. 274.

Da Kempis und Baruch beide mit der Zahlung gegen Gesetz und Sittlichkeit verstoßen hatten, war eine Rückforderung ausgeschlossen (vgl. heute § 817 S. 2 BGB).[98] Zugleich billigte das aus der Revolution hervorgegangene Gericht dem Spruch des Kurfürsten die Qualität einer rechtskräftigen Entscheidung zu, die ungeachtet des Umsturzes Bestand haben musste.

4. Fazit

Der Streit um die Zulassung eines Casinos in Spa war der Auslöser, aber nicht der tiefere Grund der Revolution in Lüttich. Dennoch ist die prozessuale Kausalkette, die vom gewerberechtlichen Streit des Kaufmanns Noel Joseph Levoz mit der fürstbischöflichen Obrigkeit in Lüttich über das ex officio erlassene Mandat des Reichskammergerichts und dessen Vollstreckung bis zum Zivilprozess Kempis ./. Baruch führt, aus der Perspektive des Rechtshistorikers faszinierend. In allen Phasen der Rechtsgeschichte, die hier nacherzählt werden durfte, vermengten sich Recht und Politik, doch das Recht wurde von den machtpolitischen Realitäten nicht beiseite geschoben, sondern blieb für die Akteure eine wichtige Orientierung.

Das gilt jedenfalls für die letzte Phase, den Zivilprozess vor der Cour d'Appel de Trèves. Hier tritt die Politik in den Hintergrund. Das Urteil des Trierer Appellationsgerichts ist bemerkenswert wegen dessen, was sich – womöglich wider Erwarten – nicht finden lässt. Es gibt in dem Urteil keinerlei Anhaltspunkte dafür, dass die Niederschlagung der Revolution in Lüttich oder die Führung eines Rechtsstreits über die Kosten dieser Niederschlagung als anstößig gesehen wurde. Es wird auch kein Versuch gemacht, den Fall nach den Regeln des neuen französischen Rechts zu lösen. Vielmehr wird mit Selbstverständlichkeit das zur Zeit des Geschehens geltende Gemeine Recht angewendet. Den Spruch des Kölner Kurfürsten respektieren die Trierer Richter als unantastbare Endentscheidung. Lediglich in der Bezugnahme auf die Causa-Lehre kann man einen gewissen Einfluss der zeitgenössischen französischen Doktrin auf die Entscheidung sehen.

Nicht zu spüren sind auch irgendwelche antisemitischen Tendenzen in der Entscheidung, die allerdings in erheblichem Umfang zu Ungunsten der Erbengemeinschaft nach Baruch Simon ausgeht. Moralische Empörung ruft bei den Richtern lediglich die Korruption des kurkölnischen Rats von Kempis hervor.

Positiv zeichnet sich das Urteil durch Sachlichkeit, Klarheit und eine kurze, aber sorgfältige Begründung aus. Offenbar waren die Richter trotz oder wegen

98 Dazu Liebs: Rechtsregeln, S. 107 (J 94).

der Diversität ihrer Erfahrungen und ihres Bildungshintergrundes zu einer effizienten Kooperation und zu qualitätvoller Arbeit in der Lage. Auch das Plädoyer des Generalanwalts Dobsen rechtfertigt die zeitgenössischen Zweifel an seiner Kompetenz nicht.

Insgesamt ist der Prozess zwischen Baruch und Kempis ein interessantes Zeugnis für die Bewältigung der Zeitgeschichte durch Gerichte, aber auch für die Sachlichkeit und Unparteilichkeit, mit der die bunt zusammengewürfelte Richterbank der Cour d'Appel de Trèves über einen Fall entschied, den man durchaus als hochpolitisch betrachten könnte. Insofern ist der Prozess Kempis ./. Baruch ein Denkmal für Rechtsstaatlichkeit und Fairness beim Trierer Appellationshof. Er regt dazu an, weitere Schätze aus den in den Archiven lagernden Audienzprotokollen des Trierer Gerichts zu heben.

Quellen und Literatur

Archives des Alpes de Haute-Provence, commune de Digne-les-Bains, Acte de décès, année 1822, Nr. 125 (abrufbar unter https://archives04.fr/, letzter Zugriff: 7.10.2025).

Archives de Meurthe-et-Moselle, commune de Nancy, Acte de décès, année 1828 (5 Mi 394/R 207), Nr. 66 (abrufbar unter https://archivesenligne.archives.cg54.fr, letzter Zugriff: 28.10.2025).

Baumann, Annette: Advokaten und Prokuratoren: Anwälte am Reichskammergericht (1690–1806) (Quellen und Forschungen zur höchsten Gerichtsbarkeit im Alten Reich Bd. 51), Köln, Weimar, Wien 2006.

Baums, Theodor: Luxemburg und das Reichskammergericht. Die Lösung des Herzogtums aus dem Heiligen Römischen Reich und ihre Folgen für die Gerichtszuständigkeit bei grenzüberschreitenden Konflikten (Quellen und Forschungen zur höchsten Gerichtsbarkeit im Alten Reich Bd. 81), Wien, Köln 2024.

Christiandl, Gregor: Introduction before Art. 2:101, in: Jansen, Nils/Zimmermann, Reinhard (Hg.): Commentaries on Europan Contract Laws, Oxford 2018, S. 236–248.

Cousin-Jacques (= Beffroy de Reigny, Louis-Abel): Dictionnaire néologique des hommes et des choses, Bd. 2, Paris 1799.

Daris, Joseph: Histoire de la diocèse et de la principauté de Liège, Bd. 2, Lüttich 1872.

De Saint-Allais, Nicolas Viton: Nobiliaire Universel de France, Bd. 2, Paris 1814.

Dressler, Joseph: Geschichte der Trierer Gerichte von 1794 bis 1813 (Schriftenreihe zur Trierer Landesgeschichte und Volkskunde Bd. 1), Trier 1957.

Diefendorf, Jeffrey: Businessmen and Politics in the Rhineland, 1789–1834, Princeton 1980.

Fleck, Udo: „Diebe – Räuber – Mörder". Studie zur kollektiven Delinquenz rheinischer Räuberbanden an der Wende vom 18. zum 19. Jahrhundert, Trier (diss. phil.) 2003.

FOURNIER, M.M./TARTE, J.: Décisions notables de la Cour d'appel de Bruxelles, avec les arrêtes les plus rémarkables des Cours de Liége et de Trèves, Bd. 7, Brüssel 1806.

Freiheitsdrang. Unruhen in vielen Orten und Ländern. Tumulte. Revolution in Lüttich, Politisches Journal nebst Anzeige von gelehrten und andern Sachen 1789, S. 1046–1054.

GRILLI, ANTONIO: Das linksrheinische Partikularrecht und das römische Recht in der Rechtsprechung der Cour d'Appel/Cour Impérial de Trèves nach 1804, in: SCHULZE, REINER (Hg.): Französisches Zivilrecht in Europa während des 19. Jahrhunderts (Schriften zur Europäischen Rechts- und Verfassungsgeschichte Bd. 12), Berlin 1994, S. 67–105.

GRILLI, ANTONIO: Die französische Justizorganisation am linken Rheinufer 1797–1803 (Rechtshistorische Reihe Bd. 190), Frankfurt am Main, Berlin, Bern, New York, Paris Wien 1999.

GROß, GUIDO: Lintz, Johann Friedrich, in: MONZ (Hg.): Trierer Biographisches Lexikon, S. 267 f.

HANSEN, JOSEPH: Quellen zur Geschichte des Rheinlandes im Zeitalter der Französischen Revolution 1780–1801 (Publikationen der Gesellschaft für Rheinische Geschichtskunde Bd. 42), Bd. 1, Bonn 1931; Bd. 3, Bonn 1935; Bd. 4, Bonn 1938.

HERSCHE, PETER (Hg.): Napoleonische Friedensverträge (Quellen zur Neueren Geschichte Bd. 5), Bern ^{2}1973.

HOUTMAN-DE SMEDT, HELMA/VAN DER WEE, HERMAN: Die Entwicklung des modernen Geld- und Finanzwesens Europas in der Neuzeit, in: POHL, HANS (Hg.): Europäische Bankengeschichte, Frankfurt 1993.

JANECKI, MARCELLI (Red.): Handbuch des Preußischen Adels, Bd. 1, Berlin 1895.

KLEIN, ADOLF: Die rheinische Justiz und der rechtsstaatliche Gedanke in Deutschland. Zur Geschichte des Oberlandesgerichts Köln und der Gerichtsbarkeit in seinem Bezirk, in: WOLFRAM, JOSEF/KLEIN, ADOLF (Hg.): Recht und Rechtspflege in den Rheinlanden. Festschrift zum 150jährigen Bestehen des Oberlandesgerichts Köln, Köln 1969, S. 113–264.

KRAUSE, PETER: Rechtswissenschaften in Trier. Die Geschichte der juristischen Fakultät von 1473 bis 1798 (Rechtsgeschichtliche Schriften Bd. 23), Köln, Weimar, Wien 2007.

Landeshauptarchiv Koblenz, Bestand 397, Bde. 4, 8, 9.

LIEBS, DETLEF: Lateinische Rechtsregeln und Rechtssprichwörter, 7. Aufl., München 2007.

MONZ, HEINZ (Hg.): Trierer Biographisches Lexikon, Trier 2000.

MONZ, HEINZ: Birnbaum, Johannes, in: MONZ (Hg.): Trierer Biographisches Lexikon, S. 33.

MÜLLER, KLAUS: Köln von der französischen zur preußischen Herrschaft 1794–1815 (Geschichte der Stadt Köln Bd. 8), Köln 2005.

NÈVE, PAUL L.: Die Lütticher Revolution von 1789 vor dem Reichskammergericht (Schriftenreihe der Gesellschaft für Reichskammergerichtsforschung Bd. 8), Wetzlar 1990.

Nève, Paul L.: Wie ‚Blauhelme' des Heiligen Reiches die ‚glückliche' Lütticher Revolution auf Befehl aufgeklärter Richter niederwarfen, in: Jacobs, Beatrix/Kubben, Raymond/Lesaffer, Randall (Hg.): In the Embrace of France. The Law of Nations and Constitutional Law in the French Satellite States of the Revolutionary and Napoleonic Age (1789–1815) (Studien zur Geschichte des Völkerrechts Bd. 18), Baden-Baden 2009.

Polain, Marie Louis (Hg): Recueil des ordonnances de la principauté de Liège, Bd. 3/1, Brüssel 1855; Bd. 3/2, Brüssel 1860.

Resmini, Bertram: Die Benediktinerabtei St. Maximin vor Trier, Teilbd. 1 (Germania Sacra 3. Folge, Bd. 11 – Die Bistümer der Kirchenprovinz Trier: Das Erzbistum Trier Bd. 13), Berlin, Boston 2016.

Reuß, Johann August (Hg.): Staatsschriften über die Lütticher Revolution und Executionssache, Bd. 1, Ulm 1790.

Reuter, Simon: Revolution und Reaktion im Reich. Die Intervention in Lüttich 1789–1791 (Verhandeln, Verfahren, Entscheiden. Historische Perspektiven Bd. 5), Münster 2019.

Riley, James C.: International Government Finance and the Amsterdam Capital Market 1740–1815, Cambridge, London, New York, New Rochelle, Melbourne, Sydney 1980.

Schelp, Robert: Vom Barbier zum obersten Richter des bayerischen Rheinkreises: Johannes von Birnbaum (1763–1822), in: Glück, Charlotte/Bus, Martin (Hg.): Recht. Gesetz. Freiheit. 200 Jahre Pfälzisches Oberlandesgericht Zweibrücken (Veröffentlichungen der Landesarchivverwaltung Rheinland-Pfalz Bd. 121), Koblenz 2015.

Scherf, Gregor: Die Geschichte der Trierer Porzellanmanufaktur, in: Dühr, Elisabeth (Hg.), „Für Bürger und Fremde, die auf Eleganz halten". Trierer Porzellan. Katalog-Handbuch, Trier 2000, S. 11–39.

Schnee, Heinrich: Baruch, Simon, in: Stolpe-Wernigerode, Otto zu (Hg.): Neue Deutsche Biographie, Bd. 1, Berlin 1953, S. 615.

Schnee, Heinrich: Die Hoffinanz und der moderne Staat, Bd. 6, Berlin 1967.

Schulte-Nölke, Hans: Die CD-ROM-Datenbank zur rheinischen Judikatur im frühen 19. Jahrhundert, in: Schulze, Reiner (Hg.): Rheinisches Recht und europäische Rechtsgeschichte (Schriften zur europäischen Rechts- und Verfassungsgeschichte Bd. 24), Berlin 1998, S. 99–107.

Seifert, Hans Ulrich: Garreau, Pierre, in: Monz (Hg.): Trierer Biographisches Lexikon, S. 127 f.

Seynsche, Gudrun: Der Rheinische Revisions- und Kassationshof in Berlin 1819–1852 (Schriften zur Europäischen Rechts- und Verfassungsgeschichte Bd. 43), Berlin 2003.

Stein, Wolfgang Hans: Literarische Republik im napoleonischen Trier. Die Société litéraire (Lesegesellschaft) von 1799, in: Jahrbuch für westdeutsche Landesgeschichte 33 (2007), S. 293–424.

Stein, Wolfgang Hans: Die Trierer Reunionsadresse vom April 1798 und ihre Signatare, in: Kurtrierisches Jahrbuch 61 (2021), S. 1–266.

Teutschland, in: Politisches Journal nebst Anzeige von gelehrten und andern Sachen 1789, S. 1079–1082.

Thielen, Katharina: Politische Partizipation in der preußischen Rheinprovinz 1815–1845. Eine Verflechtungsgeschichte (Stadt und Geschichte Bd. 10), Wien, Köln 2023.

Torunsky, Vera: Kempis, Maximilian von, in: Soénius, Ulrich S./Wilhelm, Jürgen: Kölner Personenlexikon, Köln 2008, S. 277 f.

van Dillen, J. G.: Van Rijkdom en Regenten. Handboek tot de economische geschiedenis van Nederland tijdens de Republiek, 's-Gravenhage 1970.

van Zuiden, D. S.: Boas (Tobias), in: Molhuysen, F. C./Blok, P. J./Knappert, L. (Hg.): Nieuw Nederlandsch Biografisch Woordenboek, Bd. 5, Leiden 1921.

Wrede, Adolf (Hg.): Deutsche Reichstagsakten unter Kaiser Karl V., Bd. 2, Gotha 1895.

Autorin und Autoren

Prof. Dr. Gregor Albers
Institut für romanistische Grundlagen und vergleichende Geschichte der europäischen Privatrechtsordnungen, Johannes Kepler Universität Linz
E-Mail: gregor.albers@jku.at

Prof. Dr. Kristin Boosfeld
Institut für Ausländisches und Internationales Privatrecht, Abt. 1, Albert-Ludwigs-Universität Freiburg
E-Mail: kristin.boosfeld@jura.uni-freiburg.de

Prof. (em.) Dr. Franz Dorn
vormals Professur für Bürgerliches Recht und Deutsche Rechtsgeschichte, Fachbereich V – Rechtswissenschaft, Universität Trier, Richter am Oberlandesgericht a.D.
E-Mail: dorn@uni-trier.de

Prof. Dr. Carsten Fischer
Professur für Bürgerliches Recht, Deutsche und Europäische Rechtsgeschichte, Fachbereich V – Rechtswissenschaft, Universität Trier
E-Mail: fischerc@uni-trier.de

Prof. Dr. Antonio Grilli
Professor für mittelalterliche, neuere und neueste Rechtsgeschichte, Fakultät Rechtswissenschaft, e-campus Universität, Rom
E-Mail: antonio.grilli@uniecampus.it

Prof. Dr. Stephan Laux
Professur für Geschichtliche Landeskunde, Fachbereich III – Geschichte, Universität Trier
E-Mail: lauxst@uni-trier.de

Prof. Dr. Peter Oestmann
Lehrstuhl für Bürgerliches Recht und Deutsche Rechtsgeschichte, Rechtswissenschaftliche Fakultät, Universität Münster
E-Mail: oestmann@uni-muenster.de

Prof. Dr. Thomas Rüfner
Professur für Bürgerliches Recht, Römisches Recht, Neuere Privatrechtsgeschichte sowie Deutsches und Internationales Zivilverfahrensrecht, Fachbereich V – Rechtswissenschaft, Universität Trier
E-Mail: ruefner@uni-trier.de

Register

Wegen der Häufigkeit ihrer Nennung nicht aufgenommen wurden im Ortsregister die Begriffe Deutschland, Frankreich, Rheinprovinz, Rheinpreußen, Rheinland, rheinische Provinzen, linksrheinische Gebiete, rechtsrheinische Gebiete, Rhein, im Sachregister die Begriffe französisches Recht, rheinisches Recht, deutsches Recht, rheinische Gerichte.

Ortsregister

Personenregister

Sachregister